国家社会科学基金青年项目（项目号：18CRK002）

ACTIVE AGING
AND MULTI-PILLAR OLD-AGE
SECURITY SYSTEM
OPTIMIZATION

积极老龄化与多层次养老保障协同发展研究

成欢 著

社会科学文献出版社
SOCIAL SCIENCES ACADEMIC PRESS (CHINA)

本书还受到四川省科学技术厅软科学项目（项目号：2021JDR0175）和四川省哲学社会科学重点研究基地西南财经大学老龄化与社会保障研究中心项目资助

# 序

    长期以来,社会保障发挥着民生保障安全网、收入分配调节器、经济运行减震器的重要制度功能。进入 21 世纪以来,在老龄社会挑战、风险社会挑战和数字经济快速发展的多重压力下,多层次社会保障制度建设任重道远!如何通过多层次社会保障制度重构,实现政府、市场、家庭及个人责任边界的合理划分,实现多重风险叠加背景下的多层次社会保障体系的可持续发展,成为当下社会保障改革的热点及前沿课题,既有重要的理论探索价值,又有制度创新的意义。养老金制度的完善和养老金融的创新发展,有助于克服传统社会保障制度的既有制度缺陷,在探索多层次、可持续的社会保障制度方面提供了新的制度形式和探索空间。同时,数额庞大、增速很快的养老基金,不但以引人注目的最大机构投资者的身份活跃于资本市场,促进资本市场规模扩大和结构调整,而且通过养老基金与资本市场的互动创新,对老龄金融的发展变革提出了潜在需求,催生养老金融领域的制度创新和技术创新。不仅如此,随着养老金计划的普及以及养老金融时代的到来,一项影响深远的养老金融变革正悄然而至,它甚至打破了传统的经济运行制度载体,一种新的以养老金为载体的社会所有制雏形已出现并产生重大的制度变迁效应。在数字经济时代,这种革命性变迁的影响是深远的,从生产方式、生活方式到思维方式及行为方式都将出现诸多革命性变革。如果说传统工业社会格局下的养老保险计划,为人们提供了退休后的收入保障,那么数字经济时代大力发展养老金融,不但使老年人享有老年收入保障,而且享有养老服务保障和老年精神慰藉。如果说传统工业生产方式以规模化、复杂化的途径组织社会生产,那么数字经济时代的生活方式应当更为灵活、更为自由休闲,老龄金融发展下的退休不再是一个时点的概念，而是更加灵活、更加富有弹性的区间概念。随着人类不断向高龄化方向发展，养老金系统的完善和综合性养老服务需求的满足至关重要。老龄金融必然更多地进入人们的视野，从发展的边缘逐步进入核心领域，从一种补充性退休收入保障计划逐步渗透到生产、流通、消费、交换的各个领域。老龄金融将深度介入数字经济，深度介入数字经济发展下的财富和价值创造，促进经济和社会发展向更好的目标迈进。在此意义上，养老保障制度尤其是老龄金融研究的内涵与外延有待拓展，这是一个很有发展前景的研究领域。

党的二十大报告明确提出"健全覆盖全民、统筹城乡、公平统一、安全规范、可持续的多层次社会保障体系"，这是以共同富裕为目标追求的中国式现代化的必然要求，对增进民生福祉、促进经济社会的协同发展具有重要意义。我国深化社会保障制度改革已进入系统集成、协同高效的阶段，亟须从风险治理的新格局、经济社会长期可持续发展和促进人的全面发展的战略高度，直面新发展环境下多层次社会保障高质量发展的新问题和新挑战。完善多层次养老保障体系是社会保障顶层设计的既定目标，也是积极应对人口老龄化国家战略的重要内容。

专著《积极老龄化与多层次养老保障协同发展研究》是成欢教授在承担完成国家社科基金项目的基础上几经修改而成的又一成果。专著总结提炼了多层次养老保障制度演化的内在规律，深度剖析了多层次协同发展的驱动力和关键因素，全面评估了系统环境对多层次养老保障体系的影响及其传导路径，尝试创新多层次养老保障协同发展的联动机制和配套政策，为积极应对老龄社会挑战、促进多层次养老保障体系高质量发展提供了决策参考和政策储备。该专著在理论分析、问卷调查分析、国际经验借鉴、制度设计及政策建议等方面都具有一定的新颖性，值得关注。如对我国多层次养老保障体系面临少子化与老龄化相伴生、新技术与新业态相交织、不平衡与不充分相作用的严峻挑战，做出前瞻预判，特别突出复杂系统环境的不确定影响，重视家庭人口结构对养老偏好及储蓄行为的影响，聚焦新一轮科技革命发展对劳动力市场的重塑和养老保险制度的冲击，关注多层次养老保障体系对多维老年贫困的缓解、对农村老年贫困和女性老年贫困的改善，强调个人养老金账户的枢纽功能和打通多层次养老金体系纵向衔接通道的重要性等，均具有重要的理论探索价值，其学术观点具有创新价值。同时，在若干关键问题的分析论证上，专著重视立足中国实际的指标分解和模型构建，注重将经典研究工具与政策前沿分析相结合，较好地体现了跨学科方法的融合。如尝试运用相对成熟的指标构建和政策评估方法，增强了政策仿真的有效性和参考价值，有助于科学把握各类群体的制度偏好，预判公众心理和社会效应，有的放矢地降低改革推进的阻力和效果的不确定性，为多层次养老保障制度协同推进取得实质性成效提供决策参考。

成欢教授在承担繁重教学科研工作的情况下，阅读梳理大量中外文献，深入实际进行调研，集多年心血与积淀，严谨治学，完成了这部专著的撰写，可喜可贺！专著的出版，有助于更系统全面地了解积极老龄化国家战略的实施，了解多层次社会保障制度的改革思路及未来发展趋势，更好地把握多层次养老保障改革及服务拓展。希望成欢教授在今后的学术研究中再创佳绩。是为序！

林义

2023 年 12 月 25 日

于蓉城敬一斋

# 目　录

# 导　论

完善多层次养老保障体系是社会保障顶层设计的既定目标，也是积极应对人口老龄化国家战略的重要内容。中国自 20 世纪 90 年代初就确立了以法定基本养老保险、企业补充养老保险和个人自愿储蓄为内容的三层次养老保险体系建设目标，并建成了世界上规模最大的社会保障体系，同时也面临少子化与老龄化相伴生、新技术与新业态相交织、不平衡与不充分相作用的严峻现实，给养老保障体系的高质量发展带来了前所未有的挑战，也对积极老龄化战略下的可持续老年收入保障提出了新的要求，亟须发挥多元主体的能动作用，系统集成、协同高效地推进多层次、多支柱的养老保险体系发展，满足人民群众对老年生活保障的多层次、多样化需求。

## 一　积极老龄化与多层次养老保障协同发展的重要意义

### （一）问题的提出

#### 1. 作为战略问题和政策问题

党和政府高度重视高质量民生保障体系建设，尤其是党的十八大以来，人口老龄化的积极应对和社会保障体系的完善被摆到更加突出的位置，多层次养老保障体系建设尤其是以老龄金融为载体的补充养老保障发展也进入了快车道。

多层次养老保障协同发展首次在国家层面得以具体化，始于《中华人民共和国国民经济和社会发展第十三个五年规划纲要》，在"全民覆盖、保障适度、权责清晰、运行高效，稳步提高社会保障统筹层次和水平，建立健全更加公平、更可持续的社会保障制度"的改革目标下，要求分清基本养老保险中政府、企业、个人等的责任，完善养老保险筹资机制，并明确提出了构建包括职业年金、企业年金和商业保险的多层次养老保险体系，持续扩大覆盖面。与此同时，构建以人口战略、养老服务、社保体系、健康保障、社会参与等为支撑的人口老龄化应对体系也得以明确。

2021年2月26日，十九届中央政治局以完善覆盖全民的社会保障体系为主题进行的第二十八次集体学习，习近平总书记主持学习并发表《促进我国社会保障事业高质量发展、可持续发展》的重要讲话，对当前改革的系统性、整体性、协同性做出了判断，以为广大人民群众提供更可靠、更充分的保障，不断满足人民群众多层次、多样化的需求为目标，强调加快多层次、多支柱养老保险体系发展，规范发展第三支柱养老保险。

其后，《中华人民共和国国民经济和社会发展第十四个五年规划和2035年远景目标纲要》以"兜底线、织密网、建机制"的要求和"健全覆盖全民、统筹城乡、公平统一、可持续的多层次社会保障体系"目标为导向，首次明确了发展多层次、多支柱养老保险体系，提高企业年金覆盖率，规范发展第三支柱养老保险，并确定实施积极应对人口老龄化国家战略。党的二十大更是以增进民生福祉、提高人民生活品质为目标追求，再次强化了发展多层次、多支柱养老保险体系的改革举措。

为此，系统总结积极老龄化趋势下中国养老保障制度演进的历史脉络，梳理多层次养老保障运行的现实特征和国内外趋势，深度剖析驱动多层次养老保障协同发展的内在规律和动力机制，评估系统环境对多层次养老保障体系的影响及传导路径，创新助力多层次联动的体制机制并提出优化多层次养老保障协同发展的可选路径，具有重要的战略意义和政策价值。

2. 作为理论问题与现实问题

以国内外养老保障体系改革的研究成果为基础，结合现实发展，本书通过文献研究、政策研究和调查研究发现国内外多层次养老保障体系改革研究呈现一些值得重视的特点。

一是国际社会尤其是国际组织的追踪研究更多将焦点集中于养老保障改革系统环境的变化。其研究更多关注信息技术和数字化发展、零工经济和非正规就业对养老金制度运行的影响；关注新冠疫情下老年救助和公共养老金体系在提供基本保障、缓解老年贫困方面发挥的重要作用，以及疫情对制度运行的影响；关注"双碳"目标对养老基金投资管理的影响。其研究旨在分析养老保障制度运行面临的新形势、探讨改革优化。从研究趋势看，防范老年贫困风险，缓解新冠疫情带来的负面影响，跃升为较养老金总体替代率提升、养老保障制度可持续发展更为重要的应急议题。

二是国内理论研究的战略性和协同性增强。更多研究立足人口老龄化战略、社会保障系统性改革目标及顶层设计的高度审视养老金改革的推进和养老保障制度的发展；更多以党的十八大以来国家在基本养老保险制度优化及企业年金、职业年金、延税型养老保险、个人养老金制度等方面出台的系列政策为切入，以"十三五""十四五"规划对多层次养老保险制度建设的设计为导向，紧密结合党的十九大、二十大精神，对新形势下中国养老保障制度建设目标、问题清单、改革内容、政策措施等进行深度解读和趋势预判；更多将养老保障改革融入老龄社会建设、新经济发展、国家治理等战略议程中，系统研究的协同性增强。

三是应时而需的实践发展推动着政策研究的不断丰富。近年来，随着资本市场的发展和家庭金融产品的不断丰富，老龄社会认知、金融素养和养老储蓄意识作为影响补充养老保险发展的重要因素不断被提及，对多层次养老金体系的研究范围也从传统的基本保险、企业年金和个人延税型养老保险拓展到更广泛的养老金融范畴，多层次、多支柱养老保险体系被赋予更丰富的内涵。与此同时，在医养结合、康养结合趋势下，第三支柱养老保险产品与社区养老、康养服务的结合，老年经济保障与长期照护保险的兼容也成为以现实需求为导向的重要研究方向。

此外，从笔者 2019 年在成都、贵阳、武汉、杭州、上海、北京六城市开展的调研来看，① 多层次养老保障协同发展的话题更多停留在政策议程上，② 大多数民众对补充养老保障制度的微观体验和可及性不足，对家庭养老金融资产配置的认知有限，大多数公民对社会保险等法定保障以外的其

---

① 调研主要针对企业一般员工及其人力资源管理部门工作人员，发放个人问卷 336 份、企业问卷 72 份，并通过个别访谈的方式提高问卷填写有效率。受访企业 90% 为私营及其他类型企业，10% 为国有企业，与中国民营经济的市场主体结构基本一致。由于前期调研结果的有限性，未对问卷进行扩大使用。

② 2022 年中国颁布《个人养老金实施办法》并在全国 36 个城市试点，金融机构加大了对养老金融产品和服务的供给力度，民众和企业对补充养老保障制度的认知有所提升，较 2019 年的调研情况有较大改善。

他制度和政策不熟悉，企业对补充养老保障参与的积极性和预算空间有限，预调研结论相对单一。实地调研发现的主要现状如下。

就员工个人而言，一是以社会保险"五险"为主要保障形式，部分员工享有住房公积金（68%），少数购买有商业保险（38%），企业年金（89%）缺失占绝大多数。

二是员工家庭刚性支出占较大比重，排名前五的分别为住房（86%）、日常生活消费（75%）、子女教育（72%）、医疗（62%）、赡养老人（41%）；员工家庭余钱多以存款（81%）、互联网理财产品（76%）、银行理财产品（65%）、基金（38%）、债券（30%）、股票（26%）等方式存在。

三是风险感知和养老金融素养偏低，受访员工表示对人口老龄化、社保一卡通、财政转移支付、养老理财、机构养老、居家养老等概念比较清楚；对养老基金入市、划转国有股充实社保基金、全国社保基金、企业（职业）年金、住房反向抵押贷款/养老保险、个人税收递延型保险、养老目标基金、养老信托等更专业的概念不太清楚。

四是较少考虑自己的老年风险问题（68%），但可能偏好的养老方式是"希望与子女住在一起，照护养老"（42%）、"住自己家，有丰富的养老服务上门提供"（38%）、"专门的养老社区"（31%）、"养老院"（26%），选择"将房子抵押给金融机构换养老金，以房养老"（5%）、"卖房给保险公司缴大笔保费入住全国连锁的高端康养社区"（8%）的人较少。

五是对政府举办的社会养老保险制度信任度普遍较高（62%），在对老年保障经济责任承担主体的权重认知上，认为个人、家庭、企业、中央及地方政府的责任权重大体相当；对于政府激励个人自愿购买养老储蓄等金融产品的方式，更倾向于政府现金补贴个人缴费（68%）和政府在住房、子女教育等其他方面给予个人现金补贴或缴费返还（65%），并希望企业也能承担一些匹配缴费的责任（42%）。

就企业而言，一是企业人工成本和社保支出占据相当比重。多数企业（67%）月人均雇工成本在5000元至10000元之间、少数企业（21%）在5000元以下；企业雇工成本占企业总支出的比重集中在21%～30%（39%）、10%～20%（28%）、31%～40%（23%）三个区间内；社会保险（五险）

支出占企业雇工成本的比重多为 31%~40%（71%）和 21%~30%（23%）。

二是除"五险一金"之外，企业为员工提供其他保险保障计划的并不多。多数企业为员工缴纳住房公积金（56%），或仅为部分员工缴纳（32%）；但大多数企业（92%）尚未建立企业年金，且五年之内没有建立企业年金计划的打算（80%）；部分企业为员工购买意外险（32%）、健康险（21%）和人寿保险（16%），认为市场上提供的可供企业选择的福利保障产品较少（68%）；如果增加员工养老保障福利，企业更倾向于为员工购买享受政府税收优惠（76%）或财政补贴（82%）的特定产品。

三是对于激励企业自愿建立或购买补充养老保障的措施，大多数企业倾向于社保缴费降至更低水平（86%）、政府补贴企业筹资（75%）、企业筹资可抵税（72%）、企业其他税费负担更轻（70%）。认为员工养老经济保障责任的筹资主体排序靠前的仍然是员工个人（89%）、家庭（75%）、地方政府（71%）、中央政府（68%）和企业（62%）。

鉴于此，本书在多层次养老保障协同发展的问题剖析和影响因素分析中，更多地关注：（1）复杂系统环境影响下的多层次养老保障体系的短板；（2）人口老龄化的微观影响机制和养老金融发展；（3）新技术对劳动力市场的重塑并由此传导至养老保障制度运行上的影响效应；（4）多维老年贫困与多层次养老保障；（5）多层次养老保障的转续通道与制度协同发展的机制创新。系列研究的开展，具有重要的理论意义和现实价值。

**（二）研究价值和意义**

1. 具有一定的战略研究价值

本书将多层次养老保障改革融入积极应对人口老龄化的战略框架中，结合多层次养老保障制度演进的历史脉络和内在规律，提炼多层次养老保障协同发展的驱动力；从社会保障顶层设计的战略高度，审视多层次养老保障协同发展的战略要义、主次要矛盾和关键要点；从老龄金融发展、财政转移支付优化、市场主体结构更新、劳动力市场变革等制度环境变化着手，突出对策研究的系统性、联动性和战略前瞻性。

2. 具有理论意义和制度创新价值

一方面，本书基于人口因素、社会文化因素、制度供需鸿沟、经济社会结构调整、企业改革及劳动力市场变迁等驱动多层次养老保障协同发展的动因，立足跨学科的视角提炼多层次养老保障改革的关键要素、影响机理、改革路径及预期效果，将生命周期理论、行为金融理论、多维贫困理论、长寿经济理论和老龄社会理论等相关理论融合，拓展积极应对人口老龄化的战略研究空间和理论视野。

另一方面，本书将国家层面的人口战略、养老保障的顶层设计与家庭养老储蓄偏好、微观主体行为激励、劳动力市场微观筛选机制等因素相结合，并通过测度多层次养老保障制度对经济贫困、健康贫困和精神贫困的影响，将经济保障、服务保障和精神慰藉统筹于多层次养老保障体系中，提出的制度优化路径具有一定的集成创新价值。

**3. 研究具有政策意义和决策支持价值**

一是有助于科学把握各类群体的制度偏好，预判公众心理和社会效应，有的放矢地降低改革推进的阻力和效果的不确定性。笔者在初期对政策对象开展摸底调查，通过问卷设计的预调研方式，针对多层次养老保障体系的短板，摸底基本养老保险应保群体及相关企业补充养老保障的覆盖情况及其对企业年金、商业保险、银行理财等第二、第三支柱养老金制度的基本认知和态度，对老龄社会的基本预期和家庭养老方式的偏好，发现补充养老保障制度发展相对滞后、公众对其知晓度和参与度严重不足。

二是政策研究目标群体的广泛性和代表性，为多层次养老保障制度协同推进取得实质性成效提供决策依据。笔者实证研究以中国健康与养老追踪调查（CHARLS）2013 年、2015 年、2018 年的调研数据和中国家庭金融调查（CHFS）2019 年数据为样本，涵盖全国近 30 个省（区、市）、数百个县的数万计样本，分析描述的社会现状和结论显示的因果联系，具有一定的代表性和解释力。

三是在政策预判和效果分析中，笔者尝试运用相对成熟的指标构建方法和政策评估方法，增强了政策仿真的有效性和参考性。笔者运用因子分析生成相关综合性指标，通过降维方式简化复杂变量关系；通过系统矩估计构建动态模型；采用 Probit 模型和 Tobit 模型研究政策引致的个人倾向及行为水平；基于长期平衡的养老金精算模型优选政策方案；引入倾向得分匹配双重差分（PSM-DID）对政策效应进行跨期评估；对国际社会的多层次养老保障体系实践发展进行总结梳理和比较研究。

四是立足跨学科的视角，尝试综合运用文献研究、政策研究、调查研究、实证研究和比较研究得出的研究结论，对老龄社会构建中多层次养老保障协同发展提出有针对性的建议，具有一定的政策意义和决策支持价值，能够为多层次养老保障协同发展的"中国方案"提供一定的前瞻性的政策储备和探索。

## 二　多层次养老保障协同发展的机制创新与路径优化

中国多层次养老保障体系改革经过长期的理论探索和实践创新，取得了积极的成效，积累了宝贵的经验，也总结出了制度发展的短板以及需要反思的教训。以积极老龄化战略为导向，新的发展阶段，需要积极应对人口结构转变、新技术发展、经济社会结构转型等一系列新环境带来的新挑战，强化理论创新和机制创新，从制度演进的历史规律与现实发展的结合上，国际经验与国内试点探索的创新融合上，系统梳理多层次养老保障制度发展的脉络特征，探索多层次养老保障协同发展的动力机制和影响因素，分析家庭人口结构对居民养老储蓄及补充养老保障体系发展的影响，测度新技术发展对劳动力市场的重塑以及对多层次养老保障的冲击，评估多层次养老保障体系对老年多维贫困的缓解，并通过对养老金个人账户制度的研究，探索多层次养老保障协同发展的创新机制，以此推进制度改革的优化。

### （一）多层次养老保障体系的制度演进与现实特征分析

对多层次养老保障体系制度演进和现实发展的梳理，有助于从历史的、动态的、跨经济周期和社会发展阶段的视角系统呈现中国多层次养老保障制度建设的重要历史节点及其反映的制度变迁规律，反映中国经济社会发展，尤其是现代企业制度建立和劳动力市场变革过程中，多层次养老保障制度在特定发展环境下的探索实践和政策制定过程；反映多层次养老保障制度演进和现实发展受人口、经济、社会、文化等因素的制约，受经济发展阶段、企业改革进程、城乡社会建设、民生需求和金融市场发展的协同影响，受经济体制改革中政策制定者及实施者认知程度的制约，一定程度上也受国际组织养老保障政策推进和国际社会改革的影响。

从中国养老保障制度的演进脉络来看，多层次养老保障协同发展本质上反映的是政府与市场边界的动态调整和差别组合，也反映了个人、企业、政府和社会在老年保障和风险管理上的责任履行。通过对制度运行的历史和现状梳理，笔者发现以下几个特点。（1）受限于经济社会发展和人民风险保障需求的阶段性，中国养老保障建设长期以经济保障为主，新中国成立之初就形成了劳动保险制度和职工团险的二元保障格局。中国人民保险公司针对不同性质的企业和不同劳动属性的职工设计了多样化的保险产品，为补充养老保险的丰富和企业年金的发展奠定了重要基础。（2）国企改革和城镇化的发展驱动着劳动力市场的持续新增和分化，对中国法定养老保险的"一层独大"、公共养老金制度"碎片化"、补充养老保险发展动力不足的多层次养老保障体系现状影响深远。（3）中国补充养老保险发展不足与资本市场发育程度、市场主体成熟度、经济社会的阶段性需求和主要矛盾密切关联，是市场主体缺位、养老金融产品创新和市场供给不足的长期体现。（4）财政转移支付对多层次养老金体系的长期参与，助推了中国覆盖城乡居民的"准国民年金"制度的基本成形。

为此，完善多层次养老保障体系的顶层设计，明确不同层次养老金制度的目标定位，厘清个人、企业、政府、市场与社会之间的责任边界，发挥不同支柱养老金计划的优势功能，并结合企业和劳动力市场发展的最大实际深化养老保障体系改革，是促进多层次养老保障协同发展的基本路径。

**（二）积极老龄化视阈下多层次养老保障协同发展的驱动力研究**

积极的人口老龄化战略，为多层次养老保障体系的构建和完善提供了明确的方向和指引，也为老龄社会和多层次养老保障协同发展注入了长期活力。多层次养老保障体系是一个复杂系统，其协同发展是养老保障体系内部子系统和外部环境共同作用的结果。

研究发现，（1）中国养老保障供需鸿沟长期存在，养老金总体替代率不足，不同性别之间、城乡间、不同就业性质的劳动者间存在差异，企业年金覆盖面有限，个人养老储蓄和保险产品配置不充分，单一的老年保障途径和收入来源无法满足多样化需求，是推动多层次养老保障协同发展的直接动因。（2）人口因素是驱动多层次养老保障协同发展的根本动因。人口老龄化趋势加速社会政策支持体系重构，全国不同省份老龄化呈现的区域差异也催生了多样化的现实需求和政策目标。其中，中国农村老龄化水平远高于城镇，女性老龄化问题较男性突出，养老保障问题也更加凸显。（3）经济社会因素是驱动多层次养老保障协同发展的现实要求。城乡企业的改革分化及其从业人员在不同所有制企业间、城乡间的流动，个体私营经济及农业转移人口就业的正规化，塑造了以第一层次为主体的多层次养老保险体系；同时，新经济新业态劳动力市场的高流动性和活跃度，也突破了传统劳动关系的界限，动摇了基本养老保险的征缴基础，对更加便携、更为灵活、保障更加差异化的二、三层次的养老保障创新提出了新的要求，成为驱动多层次养老保障协同发展的新动力。（4）中国居民储蓄意愿较强、市场投资者数量和投资规模可观、具备一定投资能力和家庭资产管理驱动，居民家庭大规模待转化的养老储蓄资产和业已存在的"准养老储蓄"产品，为多层次养老保障协同发展提供了潜在条件。

为此，重视养老保障制度历史演进的内在规律和改革发展的路径依赖，重视经济、社会、人口、文化等系统环境对多层次养老保障协同运行的影响，运用系统思维，历史地、辩证地看待养老保障协同发展的短板与难题，有助于深度剖析多层次养老保障协同发展的驱动力，分解制度发展的影响因素，构建改革推进的动力机制。

**（三）家庭人口结构影响下的居民养老储蓄与多层次养老保障体系优化**

伴随经济的快速发展，中国老龄少子化与家庭规模小型化趋势明显，家庭人口结构的变化对家庭老年风险的积极应对也提出了新的要求。国家更多鼓励个人和家庭为获得更充足的老年收入保障储蓄，并出台系列政策丰富养老金融产品，规范并积极推进第三支柱个人养老金制度发展，为家庭养老金融资产配置提供了更多的市场化途径和保值增值方式。

以探索激活第三支柱个人养老金制度发展的激励机制和内在动因为目标，笔者通过现状研究发现居民家庭养老金融资产配置的几个特征。（1）中国大部分居民家庭持有1～2套住房，并将其作为家庭归宿和养老保障的重要物质载体。相比之下，居民家庭对轻资产配置的流动性偏好更强，养老资产储备不足，现金、存款和理财是大多数家庭持有的主要金融资产，风险资产的持有更偏好股票。（2）中国居民家庭金融资产配置存在区域差异。中西部地区居民家庭活期存款份额更大，东部地区人均持有资产水平高于中西部地区，定期存款和理财的持有比重更高。农村居民家庭流动性偏好更强，持有现金和活期存款占比远高于城镇；城镇居民家庭流动性资产持有水平更高，对股票、基金、非人民币资产等风险资产更为偏好。（3）中国居民家庭对商业保险的配置严重不足，购买重大疾病保险、寿险、商业医疗保险的比重相对更高，长期看护保险和收入保障保险的家庭持有比例极低。

家庭人口结构对居民养老储蓄意愿和养老水平的影响是多元化的，其影响机制和效应因家庭规模、家庭少儿和老年人占比以及不同类别的养老储蓄产品而存在差异。笔者通过实证研究发现以下几个特征。（1）受代际赡养影响，家庭规模增大反而对家庭养老储蓄意愿有所抑制，老龄少子化趋势和家庭规模小型化利于家庭对社会化养老的参与，会促进家庭对商业养老保险的购买和养老资产的配置。（2）商业养老保险对居民家庭而言更可及，当长期持有的保险保障功能基本满足，居民家庭养老储蓄的重心会转移至流动性更强、形式更多元的非保险类养老资产配置。（3）新形势下的多孩家庭，并没有因为抚育幼子的经济压力而挤出家庭养老储蓄安排，反而进行了更加理性的生育选择和储蓄规划。（4）受流动性偏好和养老储蓄的阶段性影响，老龄化程度较高的家庭商业养老保险的保额配置较高，进一步购买保险的意愿减弱，但对非保险类养老资产的配置意愿仍然较强、持有水平也更高。（5）与城镇相比，农村户籍家庭的养老储蓄意愿更弱、养老储蓄水平更低；西部地区家庭购买商业养老保险的意愿更弱、商业养老保险的保额配置更低，东部地区家庭进行养老资产配置的意愿更强，家庭养老资产持有水平更高。（6）家庭劳动适龄人口尤其是户主的人口特征、经济地位和风险偏好也影响着家庭养老储蓄的意愿与水平。家庭成员受教育程度、健康状况、房产等重资产持有、家庭收支水平和总收入、社会养老保险参与等因素与家庭人口结构共同影响着家庭养老储蓄的经济决策和现实水平。

为此，强化个人养老储蓄制度顶层设计，明确个人养老金定位；创新养老金融产品和服务，增强养老储蓄的可及性；优化激励机制和系统性的政策支持，提升公众认知，增强养老储蓄的可得性；以系统思维协同推进人口战略、金融普惠与敬老孝老文化的和谐共生，是优化养老保障改革、促进多层次养老保障协同发展的重要政策思路。

**（四）新一轮科技革命影响下的多层次养老保障协同发展研究**

新一轮科技革命对经济形态和业态的重塑、对劳动力市场变革有着深远影响，对基本养老保险制度的可持续性和补充养老保障体系的创新发展也提出了新的要求。笔者将智能自动化作为反映新一轮科技革命发展的重要维度，并将其界定为工业自动化和网络智能化两个递进的差异化发展阶段，以新技术发展对高技能劳动力和低技能劳动力的影响为切入，测度劳动力市场的变化，并评估新一轮科技革命对中国养老保险制度的充足性、持续性和多层次协同度的影响。

研究发现，（1）新一轮科技革命发展对养老保险制度水平的提升有积极的促进作用，尤其是网络智能化的应用和发展，催生了更多的就业形态、创造了新的就业岗位，也直接影响了第一层次基本养老保险的征缴基础，其就业创造效应和收入效应冲抵了新技术发展对传统就业结构改善带来的负面影响，也为更加职业化、更加灵活便携的第二、第三支柱补充养老金计划发展提供了更大的空间和产品创新弹性。（2）工业自动化发展下机器对人的替代，影响了劳动力市场的就业状态和人岗匹配，进而对基本养老保险制度可持续性产生负面影响。对多层次养老保障协同度的影响，不论是工业自动化的发展还是网络智能化的普及，其对劳动力市场的创造效应和收入效应大于替代效应，拓展了更为多元的就业方式和收入来源，催生了更为多样化的保险保障需求，为此，两者均对多层次养老保障协同度的提升产生了积极影响。（3）从中介效应来看，新一轮科技革命发展对多层次养老保障体系的影响主要通过劳动力市场的重塑来传导。在工业自动化的发展下，低技能劳动者更容易被替代，该群体也更需要较长的时间适应网络智能化对传统就业的改进，更容易受到新技术发展的冲击，并直接影响基本养老保险的征缴，进而抑制养老保险制度水平的提升。而高技能劳动者的不可替代性更强，新技术发展下的就业创造效应也正好为更多的高技能劳动者提供了更多的可匹配岗位，因此，不论是工业自动化的发展还是网络智能化的普及，高技能劳动者均受到更加积极的影响。

为此，全面提升劳动者专业素质，夯实就业关联的法定养老保险参保基础；创新激励机制，拓宽金融普惠，激活劳动者对二、三层次养老金融产品的现实需求；统筹新技术应用，有效引导劳动力市场重塑和多层次体系协同发展是当前改革需要协同关注的前瞻性问题。

### （五）以缓解老年贫困为目标的多层次养老保障协同发展研究

中国式现代化是人口规模巨大的现代化，也是老年人口规模巨大的现代化。老年贫困风险随着老年人口的增多、平均寿命的延长而不断增高，如何通过多层次养老保障体系的完善提升制度的减贫效应，是本书关注的基本问题。

以积极老龄化为视角，笔者通过评估中国老年群体的经济贫困、健康贫困和精神贫困的多维贫困现状，分析老年贫困和多层次养老保障体系相互影响的机理，并通过实证研究评估多层次养老保障体系对老年贫困的缓解效应。研究发现：（1）老年津补贴制度、普惠型国民年金、老年贫困救助的完善和基本保险保障水平的逐步提高，使涵盖养老救助、养老保险和养老福利的多层次养老保障体系能够在一定程度上有力防范老年贫困风险；（2）多层次养老保障体系对经济贫困的缓解效应较大，被养老保障覆盖的老年群体在经济收入的改善上有明显提升，但对消费贫困的缓解效应较小；（3）多层次养老保障体系对精神贫困的缓解能够起到一定的促进作用，其影响效应小于经济贫困，养老保障制度的参与和多渠道老年经济保障收入的增加，对老年人的抑郁程度和负面精神状态有一定缓解，但在生活满意度的正向提升上，仍然非常有限；（4）多层次养老保障体系对健康贫困的影响较小，老年人被多层次养老保障体系覆盖，对躯体生活自理障碍的缓解作用不大，而对工具性日常生活活动障碍的缓解作用较前者略高，但整体作用仍然有限。

为此，亟须在动态发展中不断扩大多层次养老保障体系的覆盖范围；在多层次体系内统一制度模式、强化缴费激励、夯实待遇基础；根据现实需要不断丰富多层次养老保障协同发展的制度内涵，促进老年经济保障、服务保障与家庭保障及人文关怀的融合发展，促进康养融合、医养协同发展，促进多层次养老保障体系下的缴费型制度与非缴费型制度协同发展。

**（六）以个人账户为载体的多层次养老保障协同发展机制研究**

促进多层次养老保障协同发展是社会保障改革进入系统集成、协同高效阶段的重要内容。立足新经济新业态的发展以及非正规就业和劳动力市场变革的新趋势，结合补充养老保险改革的提速，笔者通过测度多层次养老金体系发展不平衡不充分、各支柱转移衔接不畅产生的便携性损失，尝试以个人账户为载体构建打通各层次协同发展通道的体制机制。

研究发现，（1）在多层次养老保障体系内建立唯一的具有金融属性的个人养老金账户具备前期基础。中国基本养老保险参保人数已超 10 亿，基本养老金个人账户覆盖率较广，加载有金融功能的全国社会保障卡覆盖中国 96.8% 的人口；第二支柱企业年金和职业年金持有账户人数 7200 万[①]；第三支柱个人养老金账户开立人数 1954 万[②]，存在广阔的统筹扩面空间。（2）中国多层次养老保险体系的转移接续，主要停留在第一层次的横向转移，虽能满足流动就业人员基本养老保险关系存续的需求，但在一定程度上存在权益损失，同时也缺乏对多层次养老保障体系在不同制度间的纵向转续安排。（3）在强化第一支柱公共养老金制度社会互济功能的前提下，优化个人账户制度及其转移衔接办法，允许有限比例的个人账户缴费在多层次框架下转移和灵活配置，有助于盘活多账户的沉淀资金，激励自愿性的养老金计划扩面，提高总体养老金替代率。

为此，优化多层次体系下的养老金个人账户制度；优先发展集合年金计划，探索政府或雇主对二、三支柱的匹配缴费；出台二、三层次纵向转移衔接办法，增强制度的便携性和可及性；明确第一层次个人账户属性及基金权益归属，打通多支柱通道。利于各支柱功能定位的明晰和养老保障制度弹性的提高，有助于安全规范下的福利改进，促进多层次养老保障协同发展。

### （七）积极老龄化视阈下多层次养老保障协同发展的国际比较

受人口预期寿命延长和出生率持续降低的影响，近几十年来，全球持续经历着前所未有的人口结构变化，人口老龄化趋势加速发展，社会抚养比显著提高。为此，世界各国普遍建立的强制性养老保障制度，为广泛的社会群体积极应对老年风险提供了基本的资源和保险保障通道。同时，为有效应对长寿风险、保证老年收入的充足，各国积极鼓励自愿性养老储蓄制度发展，以拓宽养老保障来源，提升总体老年保障水平。

经历了 20 世纪 80 年代风靡一时的养老金体系私有化改革，多数国家多层次养老保障体系的构建重新向强化以现收现付制为主体的养老金制度回

---

[①] 《2021 年度人力资源和社会保障事业发展统计公报》，中国政府网，2022 年 6 月 7 日，https://www.gov.cn/xinwen/2022－06/07/content_5694419.htm。

[②] 《国务院新闻办发布会介绍就业和社会保障工作情况》，中国政府网，2023 年 3 月 2 日，https://www.gov.cn/xinwen/2023－03/02/content_5744174.htm。

归。各国纷纷通过提升退休人员的最低生活水平、强化公共养老金体系内的基本保障来实现多层次养老保障体系的兜底功能。同时，建立与宏观经济环境和制度发展变化同步的自动待遇调整机制，通过结构性改革和参数式改革相结合的方式促进补充养老保障制度发展，以保证养老金待遇的充足性。各国也更加重视老年贫困人口的经济保障，以及对高龄老人尤其是女性老年群体的经济支持，并通过发展自愿性的养老储蓄计划优化老年收入结构，促进多层次养老保障协同发展。

促进多层次养老保障协同发展，全球主要经济体除了广泛探索自动加入机制和待遇自动调整机制分别在自愿性养老金计划和强制养老保障制度中的运用，以保证制度的广覆盖、制度保障的充足性和制度运行的可持续性，制度弹性也是改革优化的重点，亟须创新多层次养老保障协同发展的体制机制，打通多层次养老金计划的转移接续通道。以美国为典型代表的个人退休账户（Individual Retirement Account，IRA）为满足多层次养老保障协同发展下的制度灵活性和便携性需求提供了参考。

### 三 多层次养老保障协同发展的基本思路、方法与创新

#### （一）基本思路

本书立足积极老龄化和系统论视角，以多层次养老保障协同发展的宏观路径和微观机理为脉络，基于跨学科的研究方法，通过回答"多层次养老保障协同发展的历史演进脉络和现实运行特征是什么？多层次养老保障协同发展的驱动力和内在规律如何？有哪些系统环境和因素对多层次养老保障体系产生冲击？影响效应和传导机制是什么？多层次养老保障体系能否缓解多维老年贫困风险？如何借鉴国际经验创新多层次养老保障协同发展的体制机制？"等一系列问题，深入探索积极老龄化视阈下多层次养老保障协同发展的机制创新与路径优化。

本书按照"梳理历史脉络，提炼现实特征—剖析动力机制，分解系统因素—测度影响效应，创新机制设计"的研究逻辑，形成"总—分"的研究路径。

具体而言，（1）构建理论分析框架，剖析积极老龄化视阈下养老保障多层次改革的问题实质，通过分析其战略价值和现实价值、理论意义和政

策意义，确立机制创新的价值导向和路径优化方向；（2）总结多层次养老保障体系的制度演进和现实运行特征，剖析多层次养老保障协同发展的动力机制和内在规律；（3）研究影响基本养老保险、企业年金、个人养老金等养老保障制度协同发展的关键因素及其效应大小，包括探讨家庭人口结构对居民家庭养老储蓄及第三支柱发展的影响，测度新一轮科技革命发展对劳动力市场的重塑和对养老保障充足性、可持续性和协同度的影响，评估多层次养老保障对老年多维贫困的缓解；（4）基于长期平衡原则和生命周期理论，对多层次养老保障体系下的最优费率和替代率结构展开精算，评估适度制度水平对养老金计划转移的权益保护、参保积极性调动、制度扩面及可持续性的影响，并基于政策仿真，探索多层次养老金计划转移接续的创新机制和配套政策，以期寻求多层次养老保障协同发展的优化路径；（5）结合老龄社会建设和多层次养老保障体系改革的国际经验和国内实践，优化改革路径和配套改革思路，提炼出有利于积极老龄化战略和社会保障系统性改革有力推进的政策建议。

**（二）研究方法**

1. 文献研究和政策研究

基于国内外众多的文献资料库、政策和数据库，梳理国内外人口老龄化、劳动经济、老龄金融、养老、社会保障制度改革等相关文献、政策文件及基础数据；广泛搜集国内外多层次养老保障体系的制度建设和地方实践经验创新，探索积极老龄化与多层次养老保障体系的改革发展与研究趋势。

2. 比较研究

将多层次养老保障体系视为老龄社会建设、民生保障和国家治理的重要内容，立足国内外改革实际和政治、经济、社会、历史、文化等多重因素共同作用的复杂系统审视其改革发展。通过比较研究，分析总结地方多层次实践的制度基础、制度条件和制度安排的内在动因，总结国际社会具有典型性的差异化多层次模式及其协同机制，提炼其可供借鉴研究的经验。

3. 跨学科研究

综合运用多学科理论和方法研究多层次养老保障体系改革问题。以积极社会政策和人口政策构建的理论分析范式为主，结合行为经济学和公共政策领域政府、企业与个人养老储蓄参与行为的经典博弈，研究多层次养老保障协同发展的驱动力，考察家庭人口结构、新技术发展等外部环境变化对家庭偏好和决策的影响、对劳动力市场的重塑；基于社会学理论对多维贫困的量化和关注，研究养老保障制度对缓解老年贫困风险的积极影响。本书还用到了长期精算平衡模型，基于跨生命周期的工作和闲暇选择、消费、投资和储蓄安排，探讨了中国应保群体差异化的行为选择、权益保护和激励效应。

4. 调查研究

本书以前期研究为基础，在初期，选择了分布于东中西部地区的典型城市开展问卷调查；利用参加学术会议等相关外出机会，同与会专家和青年学者、当地相关企业、相关部门、实务工作者、应保个人等就多层次养老保障体系的制度建设和运行情况、人口老龄化、养老金融发展、就业和职业转变、个人和家庭风险偏好及养老决策等情况进行直接或间接的交流。

5. 实证研究

本书依托《中国人口统计年鉴》《中国劳动统计年鉴》《中国金融年鉴》《中国民政统计年鉴》等结构化的数据、三次全国人口普查数据以及中国家庭追踪调查（CFPS）、中国劳动力动态调查（CLDS）、中国健康与养老追踪调查（CHARLS）、中国老年社会追踪调查（CLASS）及中国家庭金融调查（CHFS）等长期追踪调查的微观数据库进行现状研究；立足清理后的样本数据，运用因子分析等降维方式简化复杂变量关系，构建系统矩估计动态模型，研究新技术发展对劳动力市场的冲击和对养老保障体系的影响；基于 Probit 模型和 Tobit 模型研究政策引致的个人倾向及行为选择；基于长期平衡的养老金精算模型优选政策方案；引入倾向得分匹配双重差分（PSM-DID）对政策效应进行跨期评估。

（三）尝试的研究创新与特色

1. 拓宽历史的比较分析视野，提炼多层次养老保障协同发展的"中国路径"

中国社会化的养老保障制度建设伴随中国特色社会主义市场经济制度的建立和特有的改革开放进程，其呈现出的改革路径和阶段性特征，根植于特定时期的经济发展需要、企业改革需求、劳动就业优化、社会文化发展，是历史的映射，也是现实的要求。为此，笔者尝试在全球视野和国际比较的基础上，强化对制度演进和历史发展规律的系统性总结和探索，找寻影响中国多层次养老保障制度格局形成的根本性因素和制度发展的驱动力，探寻个人、企业、政府与市场等微观主体在多层次养老保障体系中的角色变迁与关系演变，从历史的比较分析中理解现实的制度运行现状和短板、总结改革的创新探索和长期的实践经验，从拓宽的历史的比较分析视野中，预测未来的发展趋势和制度优化。

本书提炼出的多层次养老保障协同发展的制度演进特征，呈现了中国特有的发展路径。

（1）中国多层次养老保障制度的建构，源于多种经济成分下不同所有制或不同规模企业并存的发展现实。新中国成立之初相继颁布的《劳动保险条例》《职工团体人身保险办法》《国家机关工作人员退休处理暂行办法》，是多层次养老保障体系发展的重要制度基础，也决定了长时期以来中国养老保障多层次协同不足、法定制度碎片化的制度格局。

（2）中国多层次养老保障体系呈现明显的"国家办保障"特征，国家的内涵，涵盖了兼具经济属性和社会职能的国有企业。这与中国传统文化构建起的"家国同构"体系一脉相承。国际社会推崇的、体现政府和市场明显分界、纵向层次分明的"三支柱"和"五支柱"项目，被整合进了更为"中庸"的中国多层次养老保障制度设计中，这也使得除了家庭保障之外，中国法定职工养老保险制度"社会统筹"和"个人账户"的兼容设计成为多层次养老保障制度的主体，长期发挥着支撑性的养老保障功能；企业年金和职业年金的制度设计，也成为中国正规就业领域福利保障体系沿袭行业统筹传统的小众延伸；财政转移支付推动的城乡居民养老保险建成了中国式的"准国民年金"；个人养老金制度，却难以在"家国同构"的社会文化中找到制度根基。

（3）中国改革开放是一个巨大的实验场，不断迸发出前所未有的经济活力和特区奇迹，在此背景下，中国多层次养老保障体系建设也不断涌现出具有地方特色的实践经验和创新探索，并最终上升为国家政策，影响着制度顶层设计和改革路径的不断优化。民营经济、小微经济、共享经济、零工经济和数字经济在中国国民经济运行和社会发展中迸发出的活力和影响力，也有力地冲击着传统养老保障制度格局赖以存在的根基，个人养老金制度在老龄社会的积极建构和银发经济趋势下，不断尝试适应新的发展。

2. 丰富老龄化和养老保障内涵，聚焦多层次养老保障协同发展的"中国目标"

近几十年来，人口老龄化的积极应对和养老保障体系的多层次内涵在实践发展中不断得到丰富。一方面，老龄化理念的演进体现了老龄社会建构的包容性和活力。"成功老龄化"强调对自身和环境资源的有效管理，以达到最大获得和最小丧失，引导消极老龄观向积极老龄观转变；"生产性老龄化"，即老有所为，更强调老年群体作为重要的社会资源，在社会活动、家庭生活及经济参与中发挥的重要作用，提倡老年群体继续贡献，在晚年生活中"发光发热"；"健康老龄化"则以延长寿命和增加生活满意度为目标，更加注重老年人的生命质量和生活质量；"积极老龄化"则囊括了生活质量、健康创造、社会参与、保障等多维度的可及性和可得性，是更加积极的、更具活力的老年社会状态和发展机遇。另一方面，多层次制度的内涵发展体现了养老保障的全面性和多样性。以公共（政府）养老保险、私人（雇主）养老保险和个人养老储蓄为内容的"三支柱"体系，体现的是经济保障在老年生活保障中的主体作用；拓展后的"五支柱"，则增加了以国家财政为支撑的非缴费型制度和包含家庭保障、精神慰藉等非经济保障的非正式制度。

以此为背景，本书重视多维老年贫困风险的缓解、关注养老保障制度建设共建共享、强调补充养老保障和老龄金融发展的普惠属性，聚焦多层次养老保障协同发展的"中国目标"。

（1）立足中国高龄老人、农村老年人和老年女性群体贫困风险的高发和老年生活的脆弱性，通过 PSM-DID 模型的构建，对多层次养老保障对老年贫困的缓解效应进行了评估。在指标构建和变量分解上，笔者将高龄老人津贴、低保五保补助、商业险、企业年金、基本保险等项目分散在养老救助、养老保险和养老福利三个子系统中，明确了财政转移支付在中国多层次养老保障体系中的重要支撑作用，理清了以养老救助为基本、养老保险为主体、养老福利为延伸的制度现实，找到了多层次养老保障体系在老年贫困缓解中的目标定位及其在经济贫困、健康贫困和精神贫困上的着力点。

（2）以中国经济社会发展的主要矛盾转变为根本，紧密结合人民对美好生活的向往总体上已经从"有没有"转向"好不好"的社会现实，将民众对养老保障体系高质量发展的多样化、多层次、多方面的需求与多层次养老保障协同发展的激励机制优化相衔接。测度中国企业年金的可及性和可得性，探究基于职业和行业发展的公平共享目标及其扩面机制的优化；立足中国老龄少子化、老年保障途径单一、家庭养老金融资产持有不足但储蓄和风险投资偏好仍然较高的供需鸿沟，探寻家庭养老金融资产优化配置、第三支柱个人养老金市场激活的制度目标和实现路径。

（3）以新经济新业态发展和非正规就业的扩面为趋势，以新一轮科技革命对劳动力市场和就业形态的重塑为预判，重新审视了不同养老保障制度的目标定位和协同发展的合力发挥。通过影响效应的分析、精算模型的构建，笔者发现个人养老金制度的灵活性、便携性和储蓄性，天然地使其成为多层次养老保障制度设计中的枢纽，也使得普惠性养老金融的制度目标得以明晰。个人养老金制度的普及，不仅能够增强养老金融产品的多元选择、拓宽养老金来源渠道，还有助于非正规就业人员和灵活就业者的基本保障水平提升，避免养老保险关系转移中的权益损失，增强其老年风险管理的可及性和可得性。

**3. 拓展理论和政策研究视角，探索多层次养老保障协同发展的"中国方案"**

中国多层次养老保障制度的历史演进、现实运行、社会需求和系统环境与中国特色的社会主义市场经济发展密不可分，与中国经济社会的主要矛盾转变紧密相连，成为国家治理和民生保障中不可忽视的重要内容。以现状分析、影响效应分析和机制分析为基础，笔者尝试拓展传统的理论和政策研究视角，探索积极老龄化趋势下多层次养老保障协同发展的"中国方案"。

（1）直面人口结构变化对家庭养老方式和决策机制的影响，增强养老储蓄的可及性和可得性。一是强化个人养老储蓄制度的顶层设计，明确个人养老金定位，使其不仅成为有经济能力和储蓄意愿的个人多元化的养老储蓄渠道，还能够在经济收入和养老金融素养有限、长远规划和风险管理意识薄弱、基本保障缺失的非正规就业、灵活就业和新经济就业人群中扮演基本保障补缺的制度角色，满足未来社会对养老储蓄便携性、灵活性的需求。同时，明确第一层次个人账户属性及基金权益归属，打通多支柱通道，并出台二、三层次纵向转移衔接办法，增强制度弹性。

二是有效激励金融机构积极融入人口老龄化战略，以普惠金融为导向，利用不同产品的优势特征和差异化目标定位，开发适合大多数家庭不同生命周期的养老金融产品，强化养老与非养老金融产品的区别性和关联性，在丰富养老金融市场供给的同时，完善与之配套的养老金融服务及其网络体系，增强养老金融的共建共享和普惠性。

三是分层建立针对不同目标人群和养老金计划的协同激励机制，对中高收入人群引入跨生命周期的综合性税收激励方案，以家庭为单位，研究多层次养老金体系下的税收优惠政策协同，在多层次税优额度的总额控制下，设计个人收入所得税与其他税种的优惠置换；对中低收入人群可以家庭为单位，通过默认加入机制的设计，辅以现金激励或匹配缴费，提升该部分群体的养老储蓄体验和认知。

四是立足系统思维协同推进人口战略、金融普惠、敬老孝老文化与养老保障政策的和谐共生。积极出台适应人口和家庭发展的家庭支持政策，以解决好"一老一小"问题为切入，将家庭老年津贴、子女津贴、赡养和抚养相关的个税优惠、假期陪伴等社会福利项目有效嵌入多层次养老保障体系之中；整合金融对家庭全生命周期的系统支持，以及对经济保障和服务保障的支撑；优化人口政策，营造老龄社会的积极氛围，提升民众和市场机构对老龄社会的共建共享体验和养老金融认知，为家庭生育选择、抚养赡养安排和经济决策提供切实可行的公共服务支持和政策救济通道，促进不同板块政策支持体系的协同发展。

（2）充分利用新一轮科技革命发展对产业结构、经济形态和劳动力市场结构的优化和重塑，稳固基本养老保险的制度运行基础，拓展补充养老金制度优势功能，促进多层次养老保障协同发展。一是及时监测新一轮科技革命对高、低技能劳动力和不同区域、不同行业的影响，全面提升劳动者专业素质，夯实就业关联的法定养老保险参保基础。通过对低技能劳动者的职业培训和就业引导，帮助其在新技术对产业结构的升级优化或行业冲击下实现新的职业重塑，稳定就业关联的法定养老保险费基。

二是创新激励机制，以行业和工会组织为基础，强化新业态从业人员和非正规就业人员的职业归属及劳动风险保障，通过政府有效的现金补贴或税收减免计划，支持企业或雇主加入集合年金计划，为弱雇佣绑定关系的从业人员匹配缴费。以灵活、多元的集合年金计划扩面代替准入门槛较高的企业年金扩面，并打通二、三支柱的产品对接通道和雇主（政府）匹配缴费（补贴）通道。

三是针对新技术应用的区域差异，有效引导劳动力市场重塑和多层次养老保障协同发展。针对经济发达、新技术渗透率和承接力更高的地区，利用新技术发展下的就业创造效应和收入效应，优化多层次养老保障体系运行的人群基础和征缴来源，激活高质量就业群体的多样化养老保障需求，激励其对补充层次养老金计划的参与；针对网络智能化水平更高、小微经济和民营经济更发达的地区，推动以雇主匹配缴费为主导的集合年金计划适度扩面；针对工业自动化发展水平远高于网络智能化的重工业省份，则需重视新技术的应用和产业升级对基本养老保险覆盖面的影响和制度的可持续性，强化全国统筹对区域基金平衡的调剂作用。

（3）提升多层次养老保障体系的公平性、包容性和协同性，统筹制度的多维贫困缓解功能、基本保障功能和福利提升功能。一是在动态发展中不断扩大多层次养老保障体系的覆盖范围，重点解决中小微企业和农业转移人口、灵活就业、新经济从业者在基本养老保险制度中的持续参保问题，解决未参保城乡居民在基本养老保险制度中的缴费激励不足问题，完善弱势群体的一次性趸缴或非缴费制度，优化残障人士、孤寡群体等特殊群体和女性群体在特殊阶段的政策和多层次养老保障制度供给结构；统一"4050"人员的全国性政策优待和救济机制。

二是在多层次养老保障体系内统一制度模式，完善城乡居民养老保险制度的梯度定额缴费机制，促成其与城镇职工基本养老保险"费基＋费率"模式的梯度折算，以适应城镇化进程的推进和城乡劳动力市场的动态调整。同时，优化财税支持政策和缴费激励模式。可将政府的匹配缴费上移至多层次养老保障体系的第二层次企业年金，根据城镇职工基本养老保险目标群体的多样化养老储蓄需求，在法定的基本养老保险制度之外，对自愿性的雇主保险计划进行财政支持和匹配缴费，在就业群体与非就业群体之间建立统一的普惠式国民年金制度。

三是促进多层次养老保障体系内部多支柱项目的协同发展，打通三层次之间的制度通道，夯实基本养老保险全国统筹和社会统筹，将个人账户从第一层次分离，拓宽二、三支柱的发展空间和收入约束下的个人参与空间。根据财税政策在三层次中的不同分布，优化全国统一的国民年金制度框架和财税支持体系，发挥财税激励在多层次养老保障协同发展中的优势作用；促进老年经济保障、服务保障与家庭保障及人文关怀的融合发展；促进康养融合、医养协同发展；促进多层次体系下的缴费型制度与非缴费型制度协同发展。

# 第一章　中国多层次养老保障体系的
# 制度演进与现实特征

随着人口老龄化趋势的发展和人们对保障充足的老年生活的追求，养老保障多层次改革早已成为国际社会共识。鉴于实践模式的多样性，理论界对"多层次"的制度内涵界定不尽相同，从广义上看，以社会救助为基础、社会保险为主体、社会福利为补充的多维架构曾被看作多层次体系的政策诠释；国际社会讨论更多的则是世界银行于1994年提出的"三支柱"模式以及在此基础上得以完善的"五支柱"体系。[①] 中国自20世纪90年代初正式建立由法定基本养老保险、企业补充养老保险和个人自愿储蓄为支柱的三层次养老保险体系，经过三十余年的发展，建成了覆盖面广、体系完备的第一层次法定养老保险和保障力强的普惠型"零支柱"，搭建了促进补充养老金计划发展的政策框架，并越来越重视经济保障与服务保障、精神慰藉等的融合发展，多层次制度架构基本成形。

## 一　中国多层次养老保障体系的制度演进

多层次养老保障体系，其本质是建立在多责任主体、多保障目标下的老年风险保障制度和福利保险体系的总和。各层次养老保障制度由支柱性

---

① 世界银行提出的"三支柱"模式，即收入关联的确定给付型养老金计划、雇主建立的基金积累的养老金计划、个人自愿储蓄型养老金计划；"五支柱"即在"三支柱"的基础上增加了非缴费国民年金计划和非正式的家庭赡养、精神慰藉等其他非经济保障形式。参见 World Bank，*Averting the Old Age Crisis: Policies to Protect the Old and Promote Growth*（NY：Oxford University Press，1994）；Holzmann，R.，Hinz，R.，*Old-Age Income Support in the 21st Century—An International Perspective on Pension Systems and Reform*（World Bank Group，2005）。

的养老金计划或养老保障项目组成。根据国情的不同、举办主体的区别和层次功能的差异，其发展在不同国家往往呈现秩序性和阶段性，其制度演进也呈现本土化特征。

**（一）多层次养老保障体系的初建期**

中国养老保障体系建设长期以经济保障为主。新中国成立后，多层次养老保障的萌芽以 20 世纪 50 年代劳动保险制度与职工团体险发展并存的两层次保险保障格局为标志，中国人民保险公司早期保险产品的多样化经营和集体企业对补充养老保险的探索，为后期企业年金和个人养老保险产品的发展奠定了重要的组织基础和市场基础。20 世纪 90 年代第一层次基本养老保险制度建立的同时，也确定了中国基本养老保险、企业补充养老保险和职工个人储蓄性养老保险相结合的三层次养老保障思路。然而，受早期制度设计和国有企业改革路径的影响，基本养老保险个人缴费完全积累的账户设计长期挤占着补充层次个人养老储蓄的积累；行业统筹企业的先天优势和后期发展的路径依赖，也影响着补充养老保险制度的目标定位和门槛准入。多层次养老保障体系初建的制度演进如表 1－1 所示。

表 1－1　多层次养老保障体系初建的制度演进

| 制度演进 | 特征 | 标志 |
|---|---|---|
| 建构渊源 | 两层次保险保障格局初显 | 劳动保险、职工团体险并存 |
| | 补充养老保险的组织基础和市场基础 | 中国人民保险公司保险产品的多元化经营 |
| | 企业年金计划雏形 | 地方集体企业对补充养老保险的探索 |
| 建构思路 | 首次正式提出"基本养老保险、企业补充养老保险和职工个人储蓄性养老保险相结合"的三层次思路 | 《国务院关于企业职工养老保险制度改革的决定》（国发〔1991〕33 号） |
| | 首次明确建立企业补充养老保险的规范流程 | 《劳动部关于印发〈关于建立企业补充养老保险制度的意见〉的通知》（劳部发〔1995〕464 号） |
| 路径依赖 | 明确"统账模式"设计，多层次功能被整合在第一层次 | 《国务院关于深化企业职工养老保险制度改革的通知》（国发〔1995〕6 号） |
| | 行业统筹企业成为第二层次企业年金的主要覆盖群体 | 《关于直属企业试行离退休费用统筹的请示》（财综字〔1986〕80 号） |

资料来源：根据相关文件整理编制。

1. 多层次养老保障制度的建构渊源

中国多层次养老保障制度的建构，源于多种经济成分下不同所有制或不同规模企业并存的发展现实。新中国成立初期，分别于 1951 年 2 月和 1955 年 12 月颁布的《劳动保险条例》和《国家机关工作人员退休处理暂行办法》，在公有制背景下，确定了财政兜底或出资的基本保险制度安排。部分职工规模有限、无法满足《劳动保险条例》实施要求的单位，[①] 则通过团体人身保险的方式解决职工的劳动保险问题。1951 年 9 月颁布的《职工团体人身保险办法》，以中国人民保险公司为开办机构，针对尚未实施劳动保险或已经实施劳动保险但希望多增加福利的单位职工开办多种团体人身保险业务，作为国家实施劳动保险的辅助或补充。这种以集体方式投保的具有储蓄性质的人身保险，早在 1949 年底就在上海市试办，并于次年在全国陆续推行，至 1953 年初，全国已有近 100 万人参加各类团体保险。[②] 从举办主体和保险模式的差异上看，这一时期劳动保险和职工团体险的并存，初步呈现了两个层次的保险保障格局。

尽管劳动保险和职工团体险曾有中断，但 20 世纪 80 年代，随着经济社会建设的逐步恢复和经济体制改革的推进，一方面是以为企业减负为目标的退休费用社会统筹逐步实施；另一方面则是广泛在集体经济和个体经济中试办由集体单位、个体劳动者缴纳保险费的社会保险，[③] 多样化的项目创新和地方试点探索不断呈现。1982 年职工团体人身保险恢复试办后，为满足新的所有制形式发展，城镇集体企业职工法定养老金保险继续由中国人民保险公司承办，[④] 其业务范围相继覆盖全民、集体、三资、私营企业职工和农民的养老保险、国营企业的待业保险及公众的人身保险等，并与相关

---

① 1951 年的《劳动保险条例》对实施劳动保险的企业单位进行了一定程度的限制，规定该条例在有正式职工 100 人以上的国营、公私合营及合作经营的工厂、矿场及其附属单位以及业务管理单位，铁路、航运、邮电的各企业单位与附属单位实行。后有修订，实施范围逐步扩大。

② 中国保险学会、中国保险报编著《中国保险业二百年（1805—2005）》，当代世界出版社，2005；王安：《保险中国 200 年》，中国言实出版社，2008。

③ 详见国务院体改办《关于调整时期经济体制改革的意见》（1986 年 6 月 12 日）和《经济体制改革的总体规划》（1982 年 2 月 25 日）两份文件。

④ 《城镇集体经济组织职工养老金保险试行办法》，百度文库，1983 年 10 月 1 日，https://wenku. baidu. com。

部门配合，创设独生子女养老保险、义务兵养老保险等项目，[①] 为多层次养老保障体系的建设奠定了重要的组织基础和市场基础。

从地方试点来看，四川南充于 1982 年出台的《南充市城镇集体所有制企业职工老年社会保险暂行办法》中关于"基本 + 补充"的退休金制度设计，以及对个人缴款发给凭证、按月计入、分户立账、可转移、可清退的相关规定，较早从筹资模式和给付模式的差异上，对养老保障的多层次思路展开探索。[②] 同年，上海市也出台相关文件支持集体企业按月为职工向中国人民保险公司缴纳保险费，符合条件的职工退休后按月可向保险公司领取养老金。[③] 其后，山西、福建、北京、广州等地也对"基本 + 补充"的养老保险形式进行了模式各异的探索。[④] 从经办和管理机构上看，山西、福建的保险缴费和养老金发放均以中国人民保险公司管理运营为基础，其补充养老保险缴费额均根据集体单位的盈利状况分档确定，并规定了个人缴费的最低限额；北京则在全员劳动合同制基础上以职工工资总额 2% 的比例提取补充养老保险基金，并由企业存入银行，领取时由企业分配；广州在本单位全年工资总额 10% 限额内从留利中提取补充养老保险基金，依据"贡献大、工龄长、补充多"的原则进行分配。可以看出，不论是在筹资模式、给付原则上还是在基金的运营管理上，地方集体企业对补充养老保险的多样化探索，均呈现企业年金制度的雏形。

2. 多层次养老保障制度的建构思路

伴随计划经济向市场经济转轨的历史进程和企业改革的不断深化，1991年《国务院关于企业职工养老保险制度改革的决定》（国发〔1991〕33 号）颁布实施，以退休费用社会统筹和社会化的养老保障方式转型为主要方向，通过强调职工个人的缴费义务，鼓励企业根据自身经济能力提取自有资金中的奖励及福利基金为职工建立企业补充养老保险，允许试行职工自愿参

---

① 中国（海南）改革发展研究院"社会保障制度改革"课题组：《七城市社会保障制度改革情况——考察报告》，中国改革信息库，1992 年 7 月 1 日，http：//www. reformdata. org/1992/0701/12760. shtml。

② 劳动人事部保险福利局编《城镇集体经济组织职工社会保险办法汇集》，劳动人事出版社，1983。

③ 冯慧娟：《我国退休职工队伍的变化和退休制度的沿革》，《中国劳动科学》1986 年第 9 期。

④ 根据各地相关政策文件整理，四地实施时间分别为：1986 年、1989 年、1989 年、1990 年。

加的个人储蓄性养老保险与企业补充养老保险挂钩等政策。至此，中国养老保险多层次体系的建构思路首次以官方文件的形式得以明确。

这一时期，国际社会在人口老龄化趋势的影响下，个人账户基金完全积累的养老金计划颇为盛行，世界银行、国际货币基金组织等在总结智利、新加坡和瑞士多层次社会保障模式的基础上，提出了多层次体系下的多种养老金计划类别，包括：国家举办的以收入再分配为特征或以强制储蓄为特征的基本养老金计划、由企业建立的国家予以税收等各项优惠政策的补充养老金计划、由劳动者个人或家庭建立的以自愿储蓄或其他方式建立的补充性退休收入保障计划。世界银行总结：一个有效的养老保障计划应兼具储蓄、再分配和保险三项功能，包括各司其职的非积累的强制性公共管理层次、积累的强制性私营层次和自愿性私人层次，这一"现收现付的基本保障 + 基金积累的补充保障"的框架性设计，即后来国际社会长时期被引用较多的多层次养老保障"三支柱"模式。[①]

1995 年，《国务院关于深化企业职工养老保险制度改革的通知》发布，继续鼓励各地根据实际情况建立企业补充养老保险和个人储蓄性养老保险。同年 12 月，《关于建立企业补充养老保险制度的意见》颁布实施，对补充养老保险的实施主体和条件、决策程序和管理组织、资金来源、记账方式和计发办法、供款方式和水平、享受条件和待遇给付、经办机构和委托程序、投资运营、基金转移等内容做出相应规定，并以中国大连和上海等地、电力企业等代表性行业以及美国和日本等代表性国家的年金计划方案为模板供各地参考，积极推动中国第二层次养老年金计划的发展。

1997 年，《国务院关于建立统一的企业职工基本养老保险制度的决定》明确强调基本养老保险只能保障退休人员基本生活的原则，要求各地将改革企业职工养老保险制度与建立多层次的社会保障体系紧密结合起来，鼓励各地区和有关部门在国家政策指导下大力发展企业补充养老保险，发挥商业保险的补充作用，使退休人员生活水平既满足按劳分配原则，也体现地区发展水平及企业经济效益的差异。

---

[①]　World Bank，*Averting the Old Age Crisis*：*Policies to Protect the Old and Promote Growth* （NY：Oxford University Press，1994）.

### 3. 多层次养老保障制度的路径依赖

多层次养老保障制度的早期发展是经济社会转型及其配套政策尝试同步跟进的真实写照，其中，业已形成的两项制度基础对后期多层次养老保障协同发展产生了深远影响，形成路径依赖。一是对补充层次自愿性个人养老储蓄制度和产品市场产生影响的基本养老保险"统账模式"中的个人缴费及基金完全积累的个人账户设计；二是对第二层次企业年金发展产生影响的养老保障行业统筹。

（1）"统账模式"设计：多层次功能长期在第一层次整合

从国际社会实践惯例来看，现收现付的社会统筹和基金积累的个人账户多定位不同的制度功能、分属于不同的养老保障层次。而中国多层次框架内基本养老保险"统账结合"的制度设计，不论是在理论界还是实务界，仍长时期存在争议。其中一类观点认为，现收现付的社会统筹基金应作为低水平的基本养老金处于第一层次，个人账户养老金应直接与个人缴费和待遇挂钩，处于补充的第二层次；另一类观点则与之相反，认为应该以个人账户为核心，以社会统筹基金为补充，在基本层次实现多重目标，既适应经济转轨时期的效率优先，又兼顾社会公平。

为此，在前期"大统筹、小账户"的既有模式基础上，1989年，以深圳和海南两地为样本，遵循"大账户、小统筹"的制度设计和筹资思路，中国启动社会保障综合改革试点，其社会保险个人账户和社会统筹的缴存规模分别为18：6和22：8，其中养老保险个人账户规模为14%和18%。其间，学界和实务部门均对相应政策设计展开多次论证。中国劳动主管部门始终对"大账户"模式持商榷态度，主推养老待遇与个人缴费挂钩的社会统筹；财经体改系统则倾向"大账户"模式，并对个人账户在基本层次或补充层次的设计上做了二次论证。然而，从试点成效看，"大账户 + 小统筹"的"海南试点"仅覆盖应参加企业的58%，[①] 扩面效率并不高，1994年海南调整相应政策，规定个人缴费部分不再进入个人账户，而是纳入社会统筹调剂使用，同时在补充保险层次建立个人账户基金积累的养老金计划。

1995年，《国务院关于深化企业职工养老保险制度改革的通知》在基本养

---

① 谢冠洲：《海南社会保障制度改革与发展》，《特区展望》1994年第4期。

老保险层次统一了"统账结合"的制度模式，将个人账户基金完全积累的筹资模式与现收现付的社会统筹模式整合在第一层次的基本养老保险制度中，并发布"大账户"和"大统筹"两个实施方案供各地选择试行。次年，全国有七省市和五省市，分别基于"大账户"和"大统筹"模式开展试点，其余省市和行业统筹则在两模式基础上进行二次中和。"统账模式"具体规模的多样化探索，直到 1997 年《国务院关于建立统一的企业职工基本养老保险制度的决定》发布，个人缴费比例及个人账户规模才得以在全国范围内统一，① 并遵循"大统筹、小账户"的路径在《关于完善城镇社会保障体系的试点方案》中将社会统筹与个人账户的规模维持在 20∶8。此后，个人缴费完全积累的个人账户以 8% 的规模长期存在于第一层次基本养老保险制度中。

（2）行业统筹：第二层次企业年金覆盖群体长期单一且集中

中国福利保障体系沿袭行业统筹的传统。20 世纪 80 年代后期养老保险行业统筹的开始，是以 1986 年 7 月劳动人事部、财政部批转水利电力部《关于直属企业试行离退休费用统筹的请示》，同意水利电力部直属企业试行离退休费用统筹为标志，旨在破解劳动保险制度筹资机制破坏后国家保险变企业保险的困局，缓解离退休人员渐入高峰后企业养老负担的压力。其后，铁路、邮电、电力、水利、建筑五部门的行业统筹逐步实现。至 1993 年，交通部、邮电部、水利部、民航总局、煤炭部、有色金属工业总公司、电力部、石油天然气总公司、工商银行、农业银行、中国银行、建设银行、交通银行等 11 个行业 17 个部门的所属企业实行了基本养老保险行业统筹。② 至 1997 年末，行业统筹社会保险机构积累基本养老保险基金约 150 亿元。③

与此同时，《企业职工养老保险基金管理规定》、《社会保险财务制度（试行）》（1993）、《劳动部关于建立社会主义市场经济体制时期劳动体制改革总体设想》相关办法的相继颁布，进一步强化了基本养老保险、补充

---

① 1997 年不得低于本人缴费工资的 4%，1998 年起每两年提高 1 个百分点，最终达到本人缴费工资的 8%；有条件的地区和工资增长较快的年份，个人缴费比例提高的速度应适当加快。按本人缴费工资 11% 的数额为职工建立基本养老保险个人账户，个人缴费全部记入个人账户，其余部分从企业缴费中划入。

② 《国务院关于企业职工养老保险统筹问题的批复》（国函〔1993〕149 号），百度文库，1993 年 10 月 15 日，https://wenku.baidu.com。

③ 王文军：《行业统筹下放地方管理衔接问题的探讨》，《中国劳动》1998 年第 10 期。

养老保险和个人储蓄性养老保险多层次的实施，电力、邮政等行业统筹单位和部分城市也纷纷出台补充养老保险和个人储蓄性养老保险试点的改革方案，探索建立多层次社会保险制度。

然而，随着 90 年代末城镇基本养老保险制度在全国范围内的建立，《国务院关于实行企业职工基本养老保险省级统筹和行业统筹移交地方管理有关问题的通知》发布，要求在省级行政区划范围内统一养老保险制度，将原行业管理的养老保险交由地方社保机构管理。原行业统筹的 2014 个统筹单位、1393 万在职职工和 421.6 万离退休职工的养老保险关系和基金面临转接，这也使得原行业统筹的养老保险待遇在第二层次的补充养老保险制度层面进一步强化。此后，企业补充养老保险的覆盖群体主要集中在实行行业统筹的中央企业和国有企业中。

**（二）多层次养老保障体系的发展期**

进入 21 世纪，随着经济体制改革的深化，中国国有企业改革进入攻坚克难期，城市化进程的推进也使大量农村务工人员涌入城市，劳动力市场的重塑，对社会保险制度的及时跟进提出了新的要求。这一时期，中国多层次体系建设的重点长期集中在第一层次基本养老保险制度的补缺扩面上；第二层次企业年金从制度建立到配套政策的出台，初步搭建了制度运行的基本政策框架；第三层次个人养老储蓄仅迈出了局地试点探索的步伐，全国性的政策尚未出台，仍然长期停留在制度准备和政策酝酿阶段。多层次养老保障体系的发展如表 1－2 所示。

表 1－2　多层次养老保障体系的发展

| 制度演进 | 特征 | 标志 |
| --- | --- | --- |
| 第一层次基本养老保险 | 首次明确农民合同制职工参保转续问题 | 《劳动和社会保障部关于完善城镇职工基本养老保险政策有关问题的通知》（劳社部发〔2001〕20 号） |
| | 明确非公有制企业、城镇个体工商户和灵活就业人员为重点的参保扩面 | 《国务院关于完善企业职工基本养老保险制度的决定》（国发〔2005〕38 号） |
| | 试点事业单位养老保险并入城镇职工基本制度 | 《国务院关于印发事业单位工作人员养老保险制度改革试点方案的通知》（国发〔2008〕10 号） |
| | 统一农民工参保和职工流动中的社保转移问题 | 《国务院办公厅关于转发人力资源社会保障部 财政部城镇企业职工基本养老保险关系转移接续暂行办法的通知》（国办发〔2009〕66 号） |

续表

| 制度演进 | 特征 | 标志 |
|---|---|---|
| 第一层次<br>基本养老<br>保险 | 建立、统一覆盖城乡居民的基本养老保险制度 | 《国务院关于开展新型农村社会养老保险试点的指导意见》（国发〔2009〕32号） |
| | | 《国务院关于开展城镇居民社会养老保险试点的指导意见》（国发〔2011〕18号） |
| | | 《国务院关于建立统一的城乡居民基本养老保险制度的意见》（国发〔2014〕8号） |
| | 解决就业关联制度和非就业关联制度的社保转移问题 | 《人力资源社会保障部 财政部关于印发〈城乡养老保险制度衔接暂行办法〉的通知》（人社部发〔2014〕17号） |
| 第二层次<br>企业年金 | 企业补充养老保险正式更名为企业年金 | 《国务院关于印发完善城镇社会保障体系试点方案的通知》（国发〔2000〕42号） |
| | 企业年金制度正式建立 | 《企业年金试行办法》（2004劳社部令第20号）、《企业年金基金管理试行办法》（2004劳社部令第23号） |
| | 企业年金税收优化 | 《财政部、国家税务总局关于补充养老保险费补充医疗保险费有关企业所得税政策问题的通知》（财税〔2009〕27号）、《国家税务总局关于企业年金个人所得税征收管理有关问题的通知》（国税函〔2009〕694号）、《关于企业年金 职业年金个人所得税有关问题的通知》（财税〔2013〕103号） |
| | 企业年金基金管理 | 《关于规范企业年金基金管理服务有关问题的通知》（人社厅发〔2009〕35号）、《企业年金基金管理办法》（人社部令第11号）、《关于企业年金集合计划试点有关问题的通知》（人社部发〔2011〕58号）、《关于扩大企业年金基金投资范围的通知》（人社发〔2013〕23号）和《关于企业年金养老金产品有关问题的通知》（人社发〔2013〕24号） |
| | 企业年金计划扩面 | 《国务院办公厅关于印发分类推进事业单位改革配套文件的通知》（国办发〔2011〕37号文）、《人力资源社会保障部、民政部关于鼓励社会团体、基金会和民办非企业单位建立企业年金有关问题的通知》（人社部发〔2013〕51号）、《国务院办公厅关于印发机关事业单位职业年金办法的通知》（国办发〔2015〕18号） |

续表

| 制度演进 | 特征 | 标志 |
| --- | --- | --- |
| | 明确大力发展商业养老保险 | 《国务院关于印发完善城镇社会保障体系试点方案的通知》（国发〔2000〕42号） |
| | 自贸区试点个人税收递延养老保险产品 | 《关于在天津滨海新区试点补充养老保险的通知》（保监发〔2008〕28号） |
| | | 《国务院关于推进上海加快发展现代服务业和现金制造业建设国际金融中心和国际航运中心的意见》（国发〔2009〕19号） |
| | 做好个人税收递延型养老保险试点工作 | 《政府工作报告》（2013） |
| | 制定实施免税、延期征税等优惠政策，加快发展企业年金、职业年金、商业保险，构建多层次社会保障体系 | 《中共中央关于全面深化改革若干重大问题的决定》（2013） |
| | 适时开展个人税收递延型商业养老保险试点 | 《国务院关于加快发展现代保险服务业的若干意见》（国发〔2014〕29号） |
| 第三层次个人养老储蓄计划 | 推出个人税收递延型商业养老保险 | 《政府工作报告》（2015） |
| | 研究启动个人税收递延型商业养老保险试点 | 《国务院批转发展改革委关于2015年深化经济体制改革重点工作意见的通知》（国发〔2015〕26号） |
| | 推进个人税收递延型商业养老保险试点、住房反向抵押养老保险试点，出台加快发展现代商业养老保险的若干意见 | 《国务院批准国家发展改革委关于2016年深化经济体制改革重点工作意见的通知》（国发〔2016〕21号） |
| | 大力发展企业年金、职业年金、个人储蓄性养老保险和商业医疗保险，在试点基础上推出个人税收递延型养老保险 | 《国务院关于印发国家人口发展规划（2016—2030年）的通知》（2016） |
| | 推进个人税收递延型商业养老保险试点 | 《"十三五"国家老龄事业发展和养老体系建设规划》（2017） |
| | 积极发展企业年金和职业年金，开展个人税收递延型商业养老保险试点 | 《国务院批转国家发展改革委关于2017年深化经济体制改革重点工作意见的通知》（国发〔2017〕27号） |
| | 2017年底前启动个人税收递延型商业养老保险试点 | 《国务院办公厅关于加快发展商业养老保险的若干意见》（国办发〔2017〕59号） |

资料来源：根据政府官网相关文件搜集整理。

1. 第一层次基本养老保险的发展

伴随着企业改革和经济转型，中国基本养老保险制度模式统一后，以"广覆盖"为首要原则，制度覆盖面不断扩大，制度弹性不断增大。

一方面，是基本养老保险制度的扩容。2000 年前后中国城镇企业职工的养老保险制度模式基本定型后，养老保险制度补缺逐渐集中于农民工和被征地农民，后扩展至一般农村居民和城镇居民。

早在 2001 年，《关于完善城镇职工基本养老保险政策有关问题的通知》就首次明确了城镇基本养老保险"农民合同制职工"的参保转续问题。然而，由于农民工输入地与输出地之间就业市场的差异，地方政府在处理农民工社会保险问题上的政策导向和具体细则也有所不同，除参照城镇职工基本养老保险办法执行外，全国试点还包括"仿城模式"和"独立模式"两种。前者具有"双低"特征，即在城镇基本养老保险制度模式下，根据农民工群体的收入特征，设置较低的缴费比例或缴费基数，以保证城镇不同就业群体保障制度的统一，同时满足不同经济能力群体的保障需求。"独立模式"则是与"仿城模式"完全不同的农民工综合保险，完全独立于城镇基本养老保险体系之外，根据农民工群体的就业特征，单独设置包括工伤、医疗和老年补贴在内的综合费率，并在运营管理环节引入商业保险公司分保机制，上海、成都两地的农民工综合保险试点成为当时的典型。

这一阶段出现的特殊社会群体失地农民，与农民工群体存在共同特征，均面临离开土地而短期内又无法稳定融入新环境的现实问题，面临户籍身份转换、就业方式转变，进而可能失业或以灵活就业人员身份谋业等问题，部分失地农民也可能长期成为农村失地而无业的居民。因此，全国被征地农民养老保险主要通过保障型、保险型和保障与保险相结合的模式将其纳入社会保险范畴。如：保障型以当地城镇最低生活保障水平为基准，用部分征地补偿款或通过个人自愿性补缴共同建立个人账户，以积累失地农民年老时的退休金，不足部分由财政补贴；保险型则由政府部分代缴，将被征地农民纳入城镇基本养老保险范围；保障与保险结合型依据被征地农民的年龄状况对劳动就业人口和非劳动就业人口分类保障。

2005 年，《国务院关于完善企业职工基本养老保险制度的决定》明确了要以非公有制企业、城镇个体工商户和灵活就业人员参保工作作为重点，扩大基本养老保险覆盖范围。2008 年，《国务院关于印发事业单位工作人员养老保险制度改革试点方案的通知》发布，城镇企业职工和机关事业单位人员"双轨"运行的社会保险制度试点合并统一。2009 年，为解决进城务工人员及其他城镇就业人员就业流动过程中社会保险的便携性问题，《城镇企业职工基本养老保险关系转移接续暂行办法》在全国范围内统一了农民工社会保险制度。以"仿城模式"和"基础养老金 + 个人账户养老金完全积累"为样板的农村养老保险地方试点也于 2009 年在全国范围内实现了制度统一①，开启了以"国民年金"为基础的农民养老普惠新时代。2011 年，参照农村养老保险模式，城镇居民社会养老保险在全国范围内开展，② 并于 2014 年实现两种制度的合并，建立起不同于就业关联的、全国统一的城乡居民基本养老保险制度。③ 至此，中国覆盖城乡的第一层次基本养老保险制度建成。

另一方面，是基本养老保险制度的优化。除了扩大第一层次基本养老保险的覆盖面，这一时期，国家还通过做实个人账户、加强基本养老保险基金征缴与监管、改革基本养老金计发办法强化缴费激励、探索建立基本养老金正常调整机制、提高统筹层次、提高社会保险管理服务水平、强化制度转移衔接等方式实现基本养老保险制度的优化，并推进社会保险法制化进程。2010 年，《社会保险法》颁布实施。为解决城乡劳动力在就业关联的基本养老保险与非就业关联制度间的灵活转换问题，《城乡养老保险制度衔接暂行办法》颁布实施，明确规定了城镇职工基本养老保险与城乡居民社会养老保险制度的转移衔接问题。④

2. 第二层次企业（职业）年金的发展

有别于初建期的试点探索，多层次养老保障框架下的第二层次企业年金发展，以全国统一的政策推行为标志。2000 年，《关于完善城镇社会保障

---

① 《国务院关于开展新型农村社会养老保险试点的指导意见》（国发〔2009〕32 号），中国政府网，2009 年 9 月 1 日，20https://www.gov.cn/gongbao/content/2009/content_1417926.htm。
② 《国务院关于开展城镇居民社会养老保险试点的指导意见》（国发〔2011〕18 号），中国政府网，2011 年 6 月 7 日，https://www.gov.cn/gongbao/content/2011/content_1884887.htm。
③ 《国务院关于建立统一的城乡居民基本养老保险制度的意见》（国发〔2014〕8 号），中国政府网，2014 年 2 月 26 日，https://www.gov.cn/zhengce/content/2014-02/26/content_8656.htm。
④ 《人力资源社会保障部 财政部关于印发〈城乡养老保险制度衔接暂行办法〉的通知》（人社部发〔2014〕17 号），人社部官网，2014 年 2 月 24 日，http://www.mohrss.gov.cn/xxgk2020/fdzdgknr/zcfg/gfxwj/shbx/201402/t20140228_125006.html。

体系的试点方案》正式将企业补充养老保险更名为企业年金，继续鼓励有条件的企业建立，并确立市场化的运营管理原则，包括基金完全积累、设立个人账户、企业和职工共同缴费、工资总额 4% 以内企业缴费可税前列支。2004 年，《企业年金试行办法》和《企业年金基金管理试行办法》相继颁布并于当年 5 月正式实施，正式确立了以单一信托模式为市场化运营基础的中国第二层次养老金计划制度框架，并对年金计划的建立条件和规范、缴费及给付标准、税收政策、管理机构资格等进行了明确。

由于企业年金信托模式的确立，新增了银行和证券机构等账户管理人、投资管理人、受托人和托管人角色，原来以保险公司为主体的企业补充养老保险业务空间被一分为四，原来以团体养老保险形式存在的企业补充养老保险无法享受税收优惠政策。2005 年，保监会发布《关于规范团体保险经营行为有关问题的通知》，明确团体保险以保险合同形式为不少于 5 人①的团体成员提供保障。

其后，《关于试行养老保障委托管理业务有关事项的通知》拓宽了养老财富的管理渠道。文件规定养老保险公司作为管理人，可以接受政府机关、企事业单位及其他社会组织等团体委托人和个人委托人的委托，为其提供养老保障以及与养老保障相关的资金管理服务，包括方案设计、受托管理、账户管理、投资管理、待遇支付、薪酬递延、福利计划等服务事项。

然而，第二层次的养老金计划仍然以企业年金制度为主体，全国统一的运营规范发布后，企业年金制度发展主要围绕三大路径展开。

一是税优政策的优化。2009 年，《财政部、国家税务总局关于补充养老保险费、补充医疗保险费有关企业所得税政策问题的通知》将企业缴费的税收优惠比例由 2000 年确立的 4% 提高至 5%；同年 12 月，国家税务总局下发《国家税务总局关于企业年金个人所得税征收管理有关问题的通知》，规定企业年金个人缴费部分免税，但企业缴费包括企业计入个人账户的缴费，仍需在扣除时单独计税，企业年金个人所得税 TEE 模式②形成，直至 2013 年 12 月，《关于企业年金 职业年金个人所得税有关问题的通知》颁布，规定了

---

① 2015 年更新为不少于 3 人。
② TEE 模式，T 即 tax 需征税，E 即 ex 表示税收延迟缴纳或当期免除。三个字母分别代表缴费、投资管理和待遇领取的三个阶段。

个人缴费的税优额度为4%，企业缴费从税前列支，至此，2009年确立的TEE税制转变为了EET模式。

二是基金管理的完善。《关于规范企业年金基金管理服务有关问题的通知》专门就企业年金基金管理机构服务不到位、管理费收取混乱以及企业年金建立过程中的不规范行为进行了梳理纠正。2011年，试行近七年的《企业年金基金管理办法》正式更新发布，扩大了企业年金基金的投资范围、提升了收益型资产的投资比例，同时强化了企业年金的投资监管，年金计划管理和信息披露等内容也进行了细化调整。新修订办法更加强化受托人地位，并引入集合年金计划和保留账户管理的相关规定，使企业年金运营管理的信托模式更加完善。同时，《关于企业年金集合计划试点有关问题的通知》也专门就集合年金计划的设立、变更、终止及其管理运营和信息披露进行了规范。其后相继颁布的《关于扩大企业年金基金投资范围的通知》和《关于企业年金养老金产品有关问题的通知》两项通知，更加丰富了企业年金基金投资产品的类别和范围。2015年，《企业年金基金管理办法》再次修订，并对受托人、托管人、账户管理人、投资管理人等企业年金管理角色和基金管理的信息披露及流程规范等内容予以完善，取消了企业年金基金管理机构的注册资本要求。

三是覆盖群体的扩大。早在2008年，山西、上海、浙江、广东、重庆五省市就开展了事业单位养老保险制度改革试点，其改革内容包括单位和个人共同负担缴费、退休待遇与缴费挂钩、基金逐步实行省级统筹、建立职业年金制度、实行社会化管理服务等多项规定。2011年，国家考虑事业单位改革的系统性和统筹性，发布了《中共中央、国务院关于分类推进事业单位改革的指导意见》，明确了事业单位在机构、人事制度、收入分配、财政和养老保险等方面的改革方向，并通过出台《国务院办公厅关于印发分类推进事业单位改革配套文件的通知》，针对五个试点省份，具体印发了包括建立事业单位职业年金制度在内的9项配套文件。职业年金与企业年金的制度模式基本一致，是机关事业单位养老保险配套改革中强制扩面的年金。其后，《人力资源社会保障部、民政部关于鼓励社会团体、基金会和民办非企业单位建立企业年金有关问题的通知》发布，以鼓励更多的社会群体为职工建立年金计划。随着机关事业单位改革在全国范围内的推进，2015年，与《国务院关于机关事业单位工作人员养老保险制度改革的决定》相配套的《机关事业单位职业年金办法》发布。

3. 第三层次个人养老储蓄计划的发展

中国第三层次的个人养老储蓄计划主要依托商业性年金保险，正式的个人税收递延型养老保险产品和个人养老金制度长时期处于研究酝酿和局地试点状态。

《关于完善城镇社会保障体系的试点方案》在统一下调基本养老保险账户规模、推动企业年金计划建立的同时，也明确鼓励个人储蓄型养老保险的开展。其后，《国务院关于保险业改革发展的若干意见》（简称"国十条"）发布，明确大力发展商业养老保险等人身险业务，以满足城乡群众多层次的保险保障需求。2008 年，个人税收递延型养老保险在天津滨海新区启动试点，以个人账户形式鼓励探索个人和团体补充养老保险的建立，并分别给予企业和个人 8% 和 30% 的税收优惠。① 同年 12 月，《国务院办公厅关于当前金融促进经济发展的若干意见》鼓励发挥保险保障对经济社会稳定运行的促进作用，积极推进个人、团体养老等保险业务发展，鼓励支持通过商业保险建立多层次养老保障计划，明确对养老保险投保人给予延迟纳税等税收优惠展开研究。这是中国第三支柱个人税收递延型商业养老保险被提上发展日程的重要标志之一。

此后，上海自贸区成为继天津滨海新区之后的第二个个人税收递延型养老保险产品试点地。多层次体系下延税型养老保险试点的研究酝酿也不断在历年的政府工作报告和经济体制改革的重点工作中提及，国家人口发展规划、老龄事业发展规划和保险业发展规划均将其列入重点研究的工作内容之中，直至 2017 年，《国务院办公厅关于加快发展商业养老保险的若干意见》发布，明确于 2017 年底前启动个人税收递延型商业养老保险试点。

**（三）多层次养老保障体系的建设期**

随着中国经济向高质量、内涵式的"包容性增长"转变，人民群众对老年经济保障的需求也逐渐呈现多样化，从"有没有"向"好不好"转变。由于长期集中于第一层次"保基本"的制度建设，中国多层次养老保障体系"一层独大"，多层次体系失衡。在覆盖城乡居民的基本养老保险制度建

---

① 《保监会印发"滨海新区补充养老保险试点实施细则"》，中国政府网，2008 年 6 月 21 日，https://www.gov.cn/gzdt/2008 - 06/21/content_1023419.htm? from = 814e.com。

成之后，为充分发挥市场配置资源的决定性作用，满足人民群众多样化的养老保障需求，提高养老金总体替代率，国家将多层次体系的改革优化着力点更多地由第一层次向第二、三层次转移，以激活补充养老保险市场，促进多层次养老保障协同发展。第三层次养老金计划的政策推进与多层次协同发展如表1-3所示。

表1-3 第三层次养老金计划的政策推进与多层次协同发展

| 层次 | 内容 | 政策来源 |
|---|---|---|
| 第一层次 | 基本养老保险全国统筹 | 人社部 |
| 第二层次 | 企业年金办法正式出台 | 《企业年金办法》（2017人社部令第36号） |
| 第三层次 | 配套政策 | 《养老目标证券投资基金指引（试行）》（中国证券监督管理委员会公告〔2018〕2号） |
| | 延税型养老保险产品试点（上海、福建、苏州工业园） | 《关于开展个人税收递延型商业养老保险试点的通知》（财税〔2018〕22号） |
| | 专属养老保险产品试点（浙江、重庆） | 《中国银保监会办公厅关于开展专属商业养老保险试点的通知》（银保监办发〔2021〕57号） |
| | 专属养老理财产品试点（武汉、成都、深圳、青岛） | 《中国银保监会办公厅关于开展养老理财产品试点的通知》（银保监办发〔2021〕95号） |
| | 专属养老理财产品试点（"四地四机构"扩展为"十地十机构"） | 《中国银保监会办公厅关于扩大养老理财产品试点范围的通知》（银保监办发〔2022〕19号） |
| | 专属养老保险产品试点（扩大至全国和所有保险公司） | 《中国银保监会办公厅关于扩大专属商业养老保险试点范围的通知》（银保监办发〔2022〕13号） |
| | 第三支柱需求侧着力 | 《中国银保监会 中国人民银行关于加强新市民金融服务工作的通知》（银保监发〔2022〕4号） |
| | 第三支柱个人养老金制度建立 | 《国务院办公厅关于推动个人养老金发展的意见》（国办发〔2022〕7号） |
| | 规范第三支柱既有试点产品 | 《中国银保监会关于规范和促进商业养老金融业务发展的通知》（银保监规〔2022〕8号） |
| | 第三支柱个人养老金实施办法 | 《人力资源社会保障部 财政部 国家税务总局 银保监会 证监会关于印发〈个人养老金实施办法〉的通知》（人社部发〔2022〕70号） |

| 层次 | 内容 | 政策来源 |
|---|---|---|
| 第三层次 | 金融机构具体实施办法 | 《个人养老金投资公开募集证券投资基金业务管理暂行规定》（证监会公告〔2022〕46号） |
| | 金融机构具体实施办法 | 《中国银保监会关于印发商业银行和理财公司个人养老金业务管理暂行办法的通知》（银保监规〔2022〕16号） |
| | 第三支柱个人养老金实施（北京、上海等36城市试点） | 《人力资源社会保障部办公厅 财政部办公厅 国家税务总局办公厅关于公布个人养老金先行城市（地区）的通知》（人社厅函〔2022〕169号） |
| | 第三支柱其他养老金产品（合肥、广州、成都、西安、青岛） | 《中国银保监会办公厅 中国人民银行办公厅关于开展特定养老储蓄试点工作的通知》（银保监办发〔2022〕75号） |
| | 金融机构具体实施办法 | 《银保监会关于保险公司开展个人养老金业务有关事项的通知》（银保监规〔2022〕17号） |
| | 第三支柱其他养老金产品 | 《中国银保监会办公厅关于开展养老保险公司商业养老金业务试点的通知》（银保监办发〔2022〕108号） |
| | 配套政策 | 《个人养老金理财产品行业信息平台管理实施办法（试行）》 |

资料来源：根据国家相关部门官网资料整理。

这一时期，第二层次的制度建设集中体现在实行13年之久的《企业年金试行办法》得以修订。2017年12月，人力资源和社会保障部、财政部联合印发《企业年金办法》并于2018年2月正式实施。新修订的办法强化了对符合条件建立年金企业的鼓励引导，下调了筹资规模上限并对企业缴费分配差距做出限制，明确了职工个人账户中企业缴费及其投资收益的归属原则，适当放宽了待遇领取条件和方式，并规定领取时企业年金可购买商业养老保险产品，迈出了第二层次养老金计划与第三支柱商业养老保险衔接的初步尝试。新办法的实施，使企业年金计划更富弹性、更加灵活。第一层次的基本养老保险，则主要着力于平衡养老基金的区域差异及基金投资监管，旨在使制度更可持续，更加安全规范。2022年初，基本养老保险全国统筹实施。

与第一、二层次相对应的，多层次养老保障体系建设期的显著特征是第三支柱的密集补短和政策出台。早在2018年3月，证监会就发布《养老目标证券投资基金指引（试行）》并推出"养老目标基金"，引导形成专门的养老投资基金产品类别，发挥公募基金专业理财在居民养老投资中的作用。同年 5 月 1 日，上海市、福建省（含厦门市）和苏州工业园区三地正式开启第三支柱的个人税收递延型养老保险试点。[①] 其后，为规范试点工作的有序推进，《个人税后递延型商业养老保险产品开发指引》和《个人税收递延型商业养老保险业务管理暂行办法》等配套政策相继实施。

由于单一的个人延税型养老保险自 2018 年 3 月试点以来成效并不突出，为探索多元发展路径，2021 年 6 月和 9 月，国家相继启动了专属商业养老保险试点和养老理财产品试点。前者选择浙江省（含宁波市）和重庆市为试点地区，以积极探索服务新产业、新业态从业人员和各种灵活就业人员养老需求为目标，创新开发投保简便、缴费灵活、收益稳健的专属商业养老保险产品普惠让利，鼓励行业联动、单位匹配缴费。后者选择工银理财在武汉市和成都市、建信理财和招银理财在深圳市、光大理财在青岛市开展养老理财产品试点，从银行渠道丰富第三支柱养老金融产品，满足人民群众多样化养老需求。

2022 年 3 月 1 日，专属商业养老保险试点扩大到全国范围和所有保险公司，养老理财产品试点范围也由"四地四机构"扩展为"十地十机构"[②]。当月，《中国银保监会 中国人民银行关于加强新市民金融服务工作的通知》发布，旨在积极引导各类金融机构积极参与养老保险第三支柱建设，引导理财公司研发符合长期养老需求和生命周期特点的养老理财产品；支持保险机构针对新市民养老需求和特点，探索开发安全性高、保障性强、投保简便、交费灵活、收益稳健的商业养老保险产品；支持商业银行研究养老储蓄产品，探索开展养老储蓄业务试点，以拓宽新市民养老资金来源。同年 3 月 22 日，银保监会批复同意国民养老保险股份有限公司开业，成为中国第十家专业养老保险公司，为第三支柱发展提供了重要的市场条件。

---

① 《关于开展个人税收递延型商业养老保险试点的通知》（财税〔2018〕22 号），中国政府网，2018 年 4 月 2 日，https://www.gov.cn/zhengce/zhengceku/2018 – 12/31/content_5439299.htm。

② 在武汉、成都、青岛、深圳的基础上，增加北京、沈阳、长春、上海、重庆、广州六个城市；试点机构则扩大至工银理财、建信理财、交银理财、中银理财、农银理财、中邮理财、光大理财、招银理财、兴银理财和信银理财十家理财公司。

2022 年 4 月，《国务院办公厅关于推动个人养老金发展的意见》的印发标志着个人养老金制度建立，开启了第三支柱系统性建设的元年。自愿参与的个人养老金资金账户资金可投资银行理财、储蓄存款、商业养老保险、公募基金等，并在每年 12000 元的限额内享受税收优惠。当月，《中国银保监会关于规范和促进商业养老金融业务发展的通知》发布，以规范第三支柱的既有试点产品；证监会发布《关于推动公募基金行业高质量发展的意见》明确提出加大中低波动型产品开发创设力度，开发适配个人养老金长期投资的基金产品。同年 11 月，《个人养老金实施办法》发布，并决定从 11 月 25 日起，在北京、上海、广州、西安、成都等 36 个城市（地区）启动试点，个人养老金制度正式进入实质性推动落地阶段。与此同时，商业银行、理财公司和保险公司开展个人养老金业务的具体规范出台，同一时期颁布的《个人养老金投资公开募集证券投资基金业务管理暂行规定》也对纳入个人养老金的养老目标基金风格、业绩、规模等都做出明确规定，强化了长周期考核及对投资人的保护。

在第三支柱个人养老金制度建设之外，与个人延税型养老保险、专属商业养老保险、养老理财相并列的特定养老储蓄试点[①]和养老保险公司商业养老金业务试点[②]也相继于 2022 年 11 月底、2023 年 1 月初在试点城市有序开展，极大地丰富了第三支柱养老金融产品的供给。

## 二　中国多层次养老保障协同发展的现实特征

### （一）不同所有制企业社会保险依存度高，多层次起步向好

20 世纪 90 年代初，中国首次提出三层次养老保险体系的构建思路、建

---

[①]　《中国银保监会办公厅 中国人民银行办公厅关于开展特定养老储蓄试点工作的通知》（银保监办发〔2022〕75 号），中国政府网，2022 年 7 月 15 日，https://www.gov.cn/zhengce/zhengceku/2022 – 07/29/content_5703512.htm。自 2022 年 11 月 20 日起，由工商银行、农业银行、中国银行和建设银行在合肥、广州、成都、西安和青岛开展特定养老储蓄试点。

[②]　《中国银保监会办公厅关于开展养老保险公司商业养老金业务试点的通知》（银保监办发〔2022〕108 号），中国政府网，2022 年 11 月 24 日，https://www.gov.cn/zhengce/zhengceku/2022 – 12/01/content_5729922.htm。自 2023 年 1 月 1 日起在北京市、上海市、江苏省、浙江省、福建省、山东省、河南省、广东省、四川省、陕西省 10 个省份开展；参与试点养老保险公司为：中国人民养老保险有限责任公司、中国人寿养老保险股份有限公司、太平养老保险股份有限公司、国民养老保险股份有限公司。

立基本养老保险之初，正值社会主义市场经济体制建立初期，国家正大力推进劳动、工资制度改革，为劳动力的全社会流动创造条件。

1992 年，全国劳动力资源总数为 72120 万人，但职工人数仅为 14792 万人，中国劳动力资源主要集中在农村，城镇劳动力资源主要集中在国有企业，国有单位职工为 10889 万人，[①]占职工总数的 73.6%。与此相对应的是，当年中国有 50 多万户企业的 8500 多万名职工参加了退休费用社会统筹[②]，占国有企业职工的比重为 78.1%。

到 1993 年，中国劳动力资源已达 8.2 亿人，增长迅速。工资化改革后，城乡工资劳动者 27696 万人，占从业人员总量的 45.7%。从结构上看，工资劳动者中，乡镇企业职工占 44.6%，城乡私营企业职工占比 1.1%，城镇职工占 54.3%，其中 73.8% 为国有企业职工。这一年，全国 59 万户各类企业的 7336 万名职工参加了退休费用社会统筹，参保职工占国有企业的比重仅为 66.1%，受国企改革减员的影响，较 1992 年有所下降。同时，当年 3100 个企业实行企业补充养老保险，涉及职工 50 万人，6000 个企业实行个人储蓄型养老保险，参加人数达 70 万人。

如表 1-4 所示，从多层次协同度来看，1993 年，补充养老保险建立企业户数和涉及职工数分别占基本养老保险的 0.53% 和 0.68%，第三层次的个人储蓄性养老保险参保率略高于第二层次，占基本养老保险参与企业户数和涉及职工人数的比重分别为 1.02% 和 0.95%。1994 年，中国《劳动法》颁布实施，社会化的用工制度更加规范，补充养老保险尤其是灵活便携的个人储蓄性养老保险，为社会保险尚无法覆盖的非公有制单位提供了重要的劳动用工保险保障选择，以单位为参保对象，1995 年，个人储蓄性养老保险覆盖面有了较大的跃升，国企改革和集体经济转型背景下的基本养老保险和企业补充养老保险扩面，增速反而有限。

可见，受公有制为主体的经济制度和社会保险制度的目标定位影响，在养老保险制度建立之初，中国基本养老保险的覆盖面和发展水平就远高于补充养老保险；在非公有制经济迅速发展、企业所有制改革和劳动用工

---

① 《关于 1992 年劳动事业发展的公报》，人社部官网，2011 年 7 月 23 日，http://www.mohrss. gov.cn/SYrlzyhshbzb/zwgk/szrs/tjgb/201107/t20110723_69881.html。

② 不包括铁路、邮电、水利、电力、中国建筑工程总公司等实行本系统内统筹的单位和职工。

形式规范化的影响下，非公有制企业充分利用二、三层次相对灵活的养老金计划为职工提供规范性的劳动保护，职工对第三层次个人储蓄性养老保险的参与度高于第二层次企业补充养老保险。

表 1 - 4　1993～1995 年制度初建期多层次养老保险协同度

| 年份 | 基本养老保险 | | 企业补充养老保险 | | | | 个人储蓄性养老保险 | | | |
| | 企业数（万户） | 职工数（万人） | 企业数（万户） | 占比（%） | 职工数（万人） | 占比（%） | 企业数（万户） | 占比（%） | 职工数（万人） | 占比（%） |
|---|---|---|---|---|---|---|---|---|---|---|
| 1993 | 59 | 7336 | 0.31 | 0.53 | 50 | 0.68 | 0.6 | 1.02 | 70 | 0.95 |
| 1994 | 65 | 8494 | 1.2 | 1.85 | 300 | 3.53 | 0.6 | 0.92 | 70 | 0.82 |
| 1995 | – | 8738 | – | – | 206 | 2.36 | – | – | 220 | 2.52 |

注：（1）"占比"为企业补充养老保险或个人储蓄性养老保险占基本养老保险参保企业或职工的比重，以此体现多层次协同发展的水平，即"协同度"；（2）1994 年中国实行了城镇企业职工个人缴费制度，完成社会保险费由企业一方向多方负担的转变，从当年起，实现了由"退休费用统筹"向"基本养老保险社会统筹"的转变。

资料来源：根据历年《劳动事业发展年度公报》（各年名称有变，未进行列示，余同）相关资料整理计算。

### （二）企业年金长期增长缓慢，多层次协同度低

1996 年，全国 68850 万就业者中，乡镇企业从业人员和城乡私营个体从业人员显著增加，分别为 13508 万人和 6188 万人，占当年工资劳动者的比重分别为 39.1% 和 17.9%；国有企业和集体企业职工数持续下降。[1] 当年，全国 28 个省（区、市）和 5 个系统统筹部门出台了以"社会统筹与个人账户相结合"为原则的基本养老保险改革方案，由个人缴费的个人账户基金积累开始集于第一层次的基本养老保险，其后，随着不同所有制企业职工不断被整合进基本养老保险制度范围，多以单位为参保对象的个人储蓄性养老保险萎缩，国家公报数据无二、三层次补充养老保险的数据公布，直至 2000 年企业补充养老保险正式更名为企业年金。

企业年金制度从正式更名到相关试行办法颁布并确立单一信托模式，20多年来，其建立年金企业户数已从 2006 年的 2.4 万户增长到 2021 年的 11.8万户，涉及职工数由 964 万人增加到 2875 万人（见表 1 - 5）。然而，相比城

---

[1]　根据相关年份《中国统计年鉴》《中国劳动统计年鉴》《劳动与社会保障事业发展公报》等计算整理。

镇企业职工基本养老保险的参保职工数，企业年金应保群体的覆盖面仍然很有限，与第一层次基本养老保险的协同度依然较低，集中体现在以下三个方面。

一是企业年金增长速度呈现随机性特征。如图1-1所示，不论是建立年金企业户数还是缴费职工数，从时间序列看，其不同年份新建立计划和涉及职工人数波动较大，振幅较宽，且呈现上升或下降的阶段性。相比之下，城镇企业职工基本养老保险参保人数相对稳定，波动性和阶段性不明显。

二是企业年金缴费职工数占城镇基本养老保险参保职工数的比重较低。从多层次养老金体系的定位来看，第一层次为国家举办的公共养老金计划，对就业人员强制参保，体现的是政府责任和国家保障，而第二层次的企业年金由企业根据经济能力自愿建立，体现的是雇主责任和单位保障。两层次养老保险制度的目标对象和应保群体基本重合。然而，从2000年到2021年，企业年金缴费职工数占基本养老保险企业参保职工数的比重长期维持在10%以下，从2000年的6.14%仅提升至2021年的8.23%，增加2.09个百分点（见表1-5）。

三是企业年金普惠属性弱化，覆盖群体呈寡占态势。相比早已超过3亿人的城镇职工基本养老保险企业人员覆盖面，企业年金覆盖群体长期集中于原实行行业统筹的中央企业和国有企业，至2021年企业年金缴费职工尚未突破3000万人，增速趋缓。与低协同度的覆盖面形成对比的是，企业年金基金规模逐年上升，2021年其基金积累占城镇职工基本养老保险基金累计结余的比重已超过50%（见表1-5），越来越多的养老金财富在小众群体中得到积累分配，弱化了企业年金作为雇主责任险的普惠属性，准公共产品呈现俱乐部产品特征，与第二支柱的目标定位不相匹配。

表1-5 2000~2021年企业年金与基本养老保险的协同发展

| 年份 | 城镇职工基本养老保险 | | 企业年金 | | | 协同度 | |
| | 企业参保职工（万人） | 累计结余（亿元） | 企业户数（万户） | 缴费职工（万人） | 资产金额（亿元） | 覆盖面（%） | 基金积累（%） |
| --- | --- | --- | --- | --- | --- | --- | --- |
| 2000 | 9124 | 947 | — | 560 | 192 | 6.14 | 20.27 |
| 2001 | 9198 | 1054 | — | 193 | 49 | 2.10 | 4.65 |
| 2006 | 14131 | 5489 | 2.4 | 964 | 910 | 6.82 | 16.58 |
| 2007 | 15183 | 7391 | 3.2 | 929 | 1519 | 6.12 | 20.55 |

续表

| 年份 | 城镇职工基本养老保险 | | 企业年金 | | | 协同度 | |
|---|---|---|---|---|---|---|---|
| | 企业参保职工（万人） | 累计结余（亿元） | 企业户数（万户） | 缴费职工（万人） | 资产金额（亿元） | 覆盖面（%） | 基金积累（%） |
| 2008 | 16587 | 9931 | 3.3 | 1038 | 1911 | 6.26 | 19.24 |
| 2009 | 17743 | 12526 | 3.4 | 1179 | 2533 | 6.64 | 20.22 |
| 2010 | 19402 | 15365 | 3.7 | 1335 | 2809 | 6.88 | 18.28 |
| 2011 | 21565 | 19497 | 4.5 | 1577 | 3570 | 7.31 | 18.31 |
| 2012 | 22981 | 23941 | 5.5 | 1847 | 4821 | 8.04 | 20.14 |
| 2013 | 24177 | 28269 | 6.6 | 2056 | 6035 | 8.50 | 21.35 |
| 2014 | 25531 | 31800 | 7.3 | 2293 | 7689 | 8.98 | 24.18 |
| 2015 | 26219 | 35345 | 7.6 | 2316 | 9526 | 8.83 | 26.95 |
| 2016 | 27826 | 38580 | 7.6 | 2325 | 11075 | 8.36 | 28.71 |
| 2017 | 29268 | 43885 | 8.0 | 2331 | 12880 | 7.96 | 29.35 |
| 2018 | 30104 | 50901 | 8.7 | 2388 | 14770 | 7.93 | 29.02 |
| 2019 | 31177 | 54623 | 9.6 | 2548 | 17985 | 8.17 | 32.93 |
| 2020 | 32859 | 48317 | 10.5 | 2718 | 22497 | 8.27 | 46.56 |
| 2021 | 34917 | 52574 | 11.8 | 2875 | 26406 | 8.23 | 50.23 |

注："协同度"，即对应各项指标中企业年金与基本养老保险的比值。

资料来源：根据历年《劳动和社会保障事业发展统计公报》相关资料整理计算。

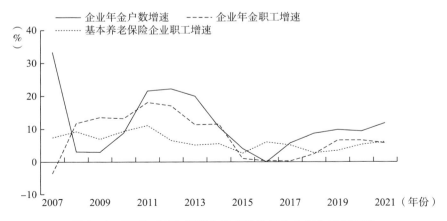

**图 1-1　2007~2021 年基本养老保险与企业年金扩面速度**

资料来源：根据历年《劳动和社会保障事业发展统计公报》相关资料整理绘制。

### （三） 地区发展不均衡，多层次协同不足

中国企业年金发展整体滞后，多层次协同度低的总体特征也影响着地区发展，如表 1 - 6 和表 1 - 7 所示。

一是多层次协同度相对较好的省份数量极低，整体呈现结构降级的趋势。从各省（区、市）的情况看，2013 年，中国企业年金职工账户数占城镇职工基本养老保险参保职工数的比重超过 10% 的仅有 5 个省（区、市），分别为北京（12.0%）、山西（10.9%）、上海（10.9%）、云南（11.2%）、甘肃（24.1%），该比重高于 10% 、5% 到 10% 之间和低于 5% 的省（区、市）数量结构为 5：12：14（见表 1 - 6）。如表 1 - 7 所示，对比 2020 年，以覆盖面为衡量的协同度指标 10% 以上的省份从 2013 年的 5 个下降至 2 个，仅剩山西（10.2%）和上海（13.1%），按照 5% 和 10% 为阈值统计的协同度省份分布结构为 2：7：22，更多的省份企业年金缴费职工数占基本养老保险参保职工的比重集中在 5% 以下，协同发展水平方面较 2013 年呈现降级的趋势。

二是地方政府对大型企业单一年金计划的拓展空间有限，对其他经济类型企业引导激励不足。在各省（区、市）备案的企业年金份额较小，2013 年，年金计划在人社部备案的中央企业年金计划建立户数占全国总计划数的 38.2% ，资金规模达 53% ；2020 年，两项指标分别增至 49.4% 和 57% 。更多大型企业单一年金计划集中至人社部，地方拓展空间有限，然而从各地企业年金参与职工数来看，全国各地区覆盖面协同度指标集中在 2% 至 3% 的水平，地方政府对其他经济类型企业建立集合年金计划的引导激励严重不足。

三是同一省份内部多层次体系发展差异较大。从全国 6 个单列市的发展情况看，企业年金计划职工账户数和资产金额占所在省份总和比重相对较大的为厦门市和深圳市，2013 年，前者建立企业年金职工数占福建省的比重达 41% ，年金资金规模占比 19.5% ，后者年金资金规模占比达 40.1% ，职工数占比为 32.2% ，单列的大连市在覆盖面（34.3%）和资金占比（18.4%）上，占辽宁全省的比重较大。从纵向发展来看，2020 年，深圳市协同度对应的两项指标分别上升至 94.5% 和 61.4% ，几乎相当于广东全省的参保职工数，年金基金规模也实现了超 50 个百分点的增幅；单列的厦门市参加企业年金职工数占比升至福建全省的 60.6% ，基金规模占 21.2% 。同一省份内部严重的

区域差异，也为各地推进集合年金计划的发展留足了空间。

表 1－6　2013 年企业年金与基本养老保险的地区发展

| 地区/<br>备案地 | 城镇职工基本养老保险 | | 企业年金 | | 协同度 | |
| --- | --- | --- | --- | --- | --- | --- |
| | 参保职工<br>（万人） | 累计结余<br>（亿元） | 职工账户数<br>（万户） | 资产金额<br>（亿元） | 覆盖面<br>（％） | 基金积累<br>（％） |
| 北京 | 1091.3 | 1671.3 | 130.62 | 258.39 | 12.0 | 15.5 |
| 天津 | 352.3 | 318.9 | 23.41 | 35.65 | 6.6 | 11.2 |
| 河北 | 859.6 | 813.1 | 47.64 | 60.12 | 5.5 | 7.4 |
| 山西 | 491.9 | 1124.8 | 53.52 | 157.58 | 10.9 | 14.0 |
| 内蒙古 | 323.8 | 456.0 | 28.50 | 28.17 | 8.8 | 6.2 |
| 辽宁 | 1171.7 | 1226.6 | 37.56 | 91.07 | 3.2 | 7.4 |
| 吉林 | 406.8 | 421.6 | 15.19 | 31.85 | 3.7 | 7.6 |
| 黑龙江 | 639.9 | 429.5 | 18.63 | 36.16 | 2.9 | 8.4 |
| 上海 | 992.4 | 1077.0 | 108.65 | 383.85 | 10.9 | 35.6 |
| 江苏 | 1987.8 | 2516.1 | 65.70 | 210.99 | 3.3 | 8.4 |
| 浙江 | 1976.5 | 2297.0 | 39.86 | 145.50 | 2.0 | 6.3 |
| 安徽 | 592.2 | 745.4 | 50.17 | 154.54 | 8.5 | 20.7 |
| 福建 | 679.6 | 415.9 | 40.21 | 105.13 | 5.9 | 25.3 |
| 江西 | 547.1 | 385.0 | 19.26 | 57.26 | 3.5 | 14.9 |
| 山东 | 1800.4 | 1857.9 | 61.64 | 129.36 | 3.4 | 7.0 |
| 河南 | 1024.4 | 840.0 | 64.17 | 80.16 | 6.3 | 9.5 |
| 湖北 | 823.5 | 817.1 | 30.06 | 86.94 | 3.7 | 10.6 |
| 湖南 | 762.2 | 797.5 | 24.25 | 66.12 | 3.2 | 8.3 |
| 广东 | 3761.7 | 4673.1 | 105.92 | 150.98 | 2.8 | 3.2 |
| 广西 | 365.8 | 446.6 | 28.16 | 26.87 | 7.7 | 6.0 |
| 海南 | 174.4 | 101.4 | 2.41 | 5.56 | 1.4 | 5.5 |
| 重庆 | 497.8 | 557.3 | 8.67 | 26.76 | 1.7 | 4.8 |
| 四川 | 1124.1 | 1749.7 | 34.66 | 69.16 | 3.1 | 4.0 |
| 贵州 | 254.7 | 355.2 | 14.93 | 37.28 | 5.9 | 10.5 |
| 云南 | 268.6 | 503.1 | 30.21 | 86.75 | 11.2 | 17.2 |
| 西藏 | 10.5 | 32.0 | 0.83 | 1.30 | 7.9 | 4.1 |

续表

| 地区/<br>备案地 | 城镇职工基本养老保险 | | 企业年金 | | 协同度 | |
| --- | --- | --- | --- | --- | --- | --- |
| | 参保职工<br>（万人） | 累计结余<br>（亿元） | 职工账户数<br>（万户） | 资产金额<br>（亿元） | 覆盖面<br>（%） | 基金积累<br>（%） |
| 陕西 | 493.0 | 414.9 | 37.98 | 77.40 | 7.7 | 18.7 |
| 甘肃 | 188.5 | 321.6 | 45.49 | 53.90 | 24.1 | 16.8 |
| 青海 | 62.8 | 82.0 | 5.36 | 7.62 | 8.5 | 9.3 |
| 宁夏 | 101.8 | 166.3 | 9.01 | 13.15 | 8.9 | 7.9 |
| 新疆 | 332.5 | 644.8 | 11.98 | 39.61 | 3.6 | 6.1 |
| 人民银行 | 12.7 | —— | —— | —— | —— | —— |
| 农发行 | 4.9 | 10.7 | —— | —— | —— | —— |
| 新疆生产建设兵团 | —— | —— | 0.91 | 4.19 | —— | —— |
| 大连 | —— | —— | 12.88 | 16.72 | —— | —— |
| 青岛 | —— | —— | 5.73 | 13.59 | —— | —— |
| 宁波 | —— | —— | 5.86 | 6.75 | —— | —— |
| 厦门 | —— | —— | 16.48 | 20.55 | —— | —— |
| 深圳 | —— | —— | 34.11 | 60.53 | —— | —— |
| 人社部 | —— | —— | 785.64 | 3197.22 | —— | —— |
| 全国合计 | 24177.2 | 28269.4 | 2056.26 | 6034.73 | —— | —— |

注：（1）企业年金分地区数据自 2013 年开始单独呈现新疆生产建设兵团、大连、青岛、宁波、厦门、深圳等单列市情况；（2）人力资源社会保障部（人社部）一栏为在人社部备案的单一计划中央企业，各省（区、市）统计的为当地企业；（3）中国人民银行和中国农业发展银行为基本养老保险单独统筹单位；（4）中央调剂金账户（调剂账户）为基本养老保险在全国统筹前实行中央调剂金制度的各省资金调剂账户；（5）协同度，即对应各项指标中企业年金与基本养老保险的比值。

资料来源：根据《人力资源和社会保障事业发展统计公报》《全国企业年金基金业务数据摘要》相关数据整理编制。

表 1-7　2020 年企业年金与基本养老保险的地区发展

| 地区/<br>备案地 | 城镇职工基本养老保险 | | 企业年金 | | 协同度 | |
| --- | --- | --- | --- | --- | --- | --- |
| | 参保职工<br>（万人） | 累计结余<br>（亿元） | 职工账户数<br>（万户） | 资产金额<br>（亿元） | 覆盖面<br>（%） | 基金积累<br>（%） |
| 北京 | 1466.4 | 5763.3 | 98.3 | 827.0 | 6.7 | 14.3 |
| 天津 | 496.5 | 358.6 | 24.3 | 149.3 | 4.9 | 41.6 |
| 河北 | 1257.8 | 641.6 | 42.5 | 254.1 | 3.4 | 39.6 |

| 地区/ 备案地 | 城镇职工基本养老保险 | | 企业年金 | | 协同度 | |
|---|---|---|---|---|---|---|
| | 参保职工 （万人） | 累计结余 （亿元） | 职工账户数 （万户） | 资产金额 （亿元） | 覆盖面 （%） | 基金积累 （%） |
| 山西 | 654.7 | 1505.4 | 66.7 | 456.5 | 10.2 | 30.3 |
| 内蒙古 | 474.6 | 407.8 | 28.7 | 181.3 | 6.0 | 44.5 |
| 辽宁 | 1209.3 | 226.3 | 33.5 | 205.9 | 2.8 | 91.0 |
| 吉林 | 512.4 | 341.2 | 13.8 | 115.7 | 2.7 | 33.9 |
| 黑龙江 | 790.3 | −368.9 | 17.2 | 115.1 | 2.2 | — |
| 上海 | 1094.9 | 1214.1 | 142.9 | 974.6 | 13.1 | 80.3 |
| 江苏 | 2593.4 | 4231.8 | 61.0 | 588.5 | 2.4 | 13.9 |
| 浙江 | 2313.9 | 2457.8 | 55.4 | 457.6 | 2.4 | 18.6 |
| 安徽 | 914.4 | 1863.3 | 59.0 | 412.9 | 6.5 | 22.2 |
| 福建 | 991.6 | 710.2 | 35.8 | 374.8 | 3.6 | 52.8 |
| 江西 | 806.7 | 724.0 | 28.6 | 180.3 | 3.5 | 24.9 |
| 山东 | 2292.1 | 1475.7 | 83.3 | 507.8 | 3.6 | 34.4 |
| 河南 | 1724.1 | 1078.7 | 66.4 | 295.6 | 3.8 | 27.4 |
| 湖北 | 1147.9 | 963.2 | 34.6 | 324.0 | 3.0 | 33.6 |
| 湖南 | 1222.1 | 1864.9 | 27.1 | 232.8 | 2.2 | 12.5 |
| 广东 | 4161.9 | 12338.3 | 77.7 | 573.7 | 1.9 | 4.6 |
| 广西 | 644.9 | 631.3 | 20.0 | 130.3 | 3.1 | 20.6 |
| 海南 | 231.1 | 248.8 | 4.4 | 25.8 | 1.9 | 10.4 |
| 重庆 | 781.5 | 1025.9 | 20.4 | 133.6 | 2.6 | 13.0 |
| 四川 | 1882.6 | 3367.4 | 48.8 | 366.7 | 2.6 | 10.9 |
| 贵州 | 553.5 | 878.4 | 20.8 | 166.7 | 3.8 | 19.0 |
| 云南 | 515.8 | 1340.5 | 35.8 | 287.4 | 6.9 | 21.4 |
| 西藏 | 42.2 | 185.1 | 1.1 | 10.4 | 2.6 | 5.6 |
| 陕西 | 884.7 | 747.7 | 55.1 | 399.6 | 6.2 | 53.4 |
| 甘肃 | 319.8 | 376.6 | 23.1 | 160.4 | 7.2 | 42.6 |
| 青海 | 109.7 | 23.3 | 7.9 | 45.7 | 7.2 | 196.1 |
| 宁夏 | 171.6 | 241.9 | 5.4 | 42.5 | 3.1 | 17.6 |

续表

| 地区/<br>备案地 | 城镇职工基本养老保险 | | 企业年金 | | 协同度 | |
|---|---|---|---|---|---|---|
| | 参保职工<br>（万人） | 累计结余<br>（亿元） | 职工账户数<br>（万户） | 资产金额<br>（亿元） | 覆盖面<br>（%） | 基金积累<br>（%） |
| 新疆 | 542.8 | 1330.3 | 13.1 | 109.2 | 2.4 | 8.2 |
| 中央机关 | 36.1 | 95.5 | — | — | — | — |
| 人民银行 | 11.8 | −2.6 | — | — | — | — |
| 农发行 | 5.7 | 28.0 | — | — | — | — |
| 调剂账户 | — | 1.1 | — | — | — | — |
| 新疆生产建设兵团 | — | — | 2.0 | 20.2 | — | — |
| 大连 | — | — | 9.3 | 40.9 | — | — |
| 青岛 | — | — | 11.8 | 49.1 | — | — |
| 宁波 | — | — | 5.4 | 33.4 | — | — |
| 厦门 | — | — | 21.7 | 79.6 | — | — |
| 深圳 | — | — | 73.5 | 352.5 | — | — |
| 人社部 | — | — | 1341.6 | 12815.7 | — | — |
| 全国合计 | 32858.8 | 48316.5 | 2718.0 | 22497.2 | — | — |

注：（1）企业年金分地区数据自 2013 年开始单独呈现新疆生产建设兵团、大连、青岛、宁波、厦门、深圳等单列市情况；（2）人力资源社会保障部（人社部）一栏为在人社部备案的单一计划中央企业，各省（区、市）统计的为当地企业；（3）中国人民银行和中国农业发展银行为基本养老保险单独统筹单位；（4）中央调剂金账户（调剂账户）为基本养老保险在全国统筹前实行中央调剂金制度的各省资金调剂账户；（5）协同度，即对应各项指标中企业年金与基本养老保险的比值。

资料来源：根据《人力资源和社会保障事业发展统计公报》《全国企业年金基金业务数据摘要》相关数据整理编制。

### （四）国民年金逐步发展，多层次体系中"零支柱"形成

中国自 20 世纪 80 年代末就开始启动试点农村养老保险，至 1998 年全国已有 2123 个县（市）和 65% 的乡（镇）开展了农村社会养老保险工作，参保人口达 8025 万人。[1] 然而，由于早期试点的"老农保"[2] 实行个人缴费完全积累，缴费水平极低，保障水平和资金使用率严重不足，1998 年 31.4

---

[1] 《1998 年劳动和社会保障事业发展年度统计公报》，人社部官网，2006 年 2 月 7 日，http://www.mohrss.gov.cn/SYrlzyhshbzb/zwgk/szrs/tjgb/200602/t20060207_69891.html。

[2] 即 2009 年新型农村养老保险国家试点之前实行的农村养老保险。

亿元农村养老保险基金收入仅支出 5.4 亿元，当期结余 26 亿元，期末滚存结余 166.2 亿元。① 由于农村居民社会化养老保障意识普遍缺乏，制度吸引力严重不足，单纯依靠基层行政力量扩面效果不佳，历年参保人数呈下降趋势，如图 1-2 所示。

2009 年，一方面，国家启动了以"基础养老金 + 个人账户基金积累"为模式的新型农村养老保险试点（简称"新农保"），通过中央和地方政府对个人缴费及基础养老金待遇的双向财政补贴推动农村养老保险覆盖面的扩大，当年，新农保参保人数跃升至 8691 万人。另一方面，为解决困难老人、高龄老人的老年经济保障问题，《民政部办公厅关于转发宁夏建立高龄老人津贴制度有关政策的通知》指出，将全国第一个建立高龄老人津贴制度的省区宁夏作为模板向全国推广，指出全国 80 岁以上高龄老人已达 1805 万，并以每年 100 万以上的速度增长，鼓励有条件的地区建立困难老人、高龄老人津贴制度。

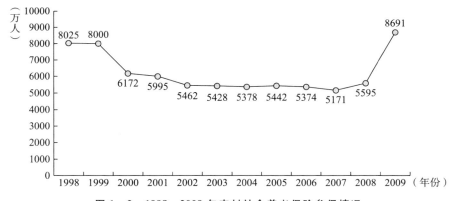

**图 1-2　1998~2009 年农村社会养老保险参保情况**

注：2009 年为新型农村社会养老保险国家试点启动首年，即"新农保"实施；此前年份实施制度为"老农保"。

资料来源：根据历年《人力资源和社会保障事业发展统计公报》相关资料整理绘制。

以 2009 年新农保国家试点为起点，以"财政补贴型"制度扩面模式为蓝本，2011 年国家启动城镇居民养老保险（简称"城镇居保"）试点，并于2012 年开始鼓励地方启动两种制度的合并实施。在国家积极扩面的推动下，新农保参保人数激增，2011 年已达 32643 万人，远超过城镇企业职工参保人

① 《1998 年劳动和社会保障事业发展年度统计公报》，人社部官网，2006 年 2 月 7 日，http://www.mohrss.gov.cn/SYrlzyhshbzb/zwgk/szrs/tjgb/200602/t20060207_69891.html。

数，至 2021 年，城乡居民养老保险覆盖群体已达 54794 万人，惠及全体国民的绝大多数（见表 1-8）。同时，从个人缴费和财政补贴的对比情况看，财政补贴占基金收入的比重长期超过 50%，2014~2017 年甚至达到了 70% 以上水平（见图 1-3）。2018 年后，"财政补贴推动型"的制度特征越发明显，相关公报开始公布受资助的贫困人口社会养老保险受益面而不再显示个人缴费情况，2018 年当年，全国 60 岁以上享受城乡居民基本养老保险待遇的贫困老人2195 万人，实际享受代缴保费的贫困人员 2741 万人，城乡居民基本养老保险使 4936 万贫困人员直接受益。2019 年，国家共为 2529.4 万建档立卡贫困人口、1278.7 万低保对象、特困人员等贫困群体代缴城乡居民养老保险费近 42亿元，为 2885.5 万贫困老人发放养老保险待遇，6693.6 万贫困人员从中受益；全国 5978 万符合条件的建档立卡贫困人员参加基本养老保险，基本实现贫困人员基本养老保险应保尽保。[1]

此外，中国城乡居民养老保险当年基金支出占基金收入的比重较高，惠及的 60 岁及以上的非缴费老年群体较多，也体现了国家财政推动下的国民年金制度建设（见图 1-4）。

不难看出，普惠特征明显的高龄老人津贴制度和城乡居民养老保险制度，通过国家财政强有力的介入，实现了对传统补缺型社会福利制度的重大变革和创新，在多层次养老保障体系中，完成了由临时性、不确定救济向常态化、制度性保障的"零支柱"[2]转变。我国惠及大多数国民的"国民年金"显露雏形。

表 1-8　2010~2021 年城乡居民养老保险制度试点整合及发展情况

| 年份 | 制度类别 | 参加人数（万人） | 其中：领取待遇人数（万人） | 基金收入（亿元） | 其中：个人缴费（亿元） | 基金支出（亿元） | 累计结存（亿元） |
| --- | --- | --- | --- | --- | --- | --- | --- |
| 2010 | 新农保 | 10277 | 2863 | 453 | 225 | 200 | 423 |

---

[1]　《2018 年度人力资源和社会保障事业发展统计公报》，人社部官网，2019 年 6 月 11 日，http://www.mohrss.gov.cn/SYrlzyhshbzb/zwgk/szrs/tjgb/201906/t20190611_320429.html.

[2]　出自世界银行在 2005 年提出的养老保障"五支柱"体系，即在 1994 年提出的"三支柱"基础上，增加了由国家财政补贴的非缴费型"零支柱"和非经济保障的"四支柱"。参见 Holzmann, R., Hinz, R., *Old-Age Income Support in the 21st Century—An International Perspective on Pension Systems and Reform*（World Bank Group, 2005）。

续表

| 年份 | 制度类别 | 参加人数（万人） | 其中：领取待遇人数（万人） | 基金收入（亿元） | 其中：个人缴费（亿元） | 基金支出（亿元） | 累计结存（亿元） |
|---|---|---|---|---|---|---|---|
| 2011 | 新农保 | 32643 | 8525 | 1070 | 415 | 588 | 1199 |
| | 城镇居保 | 539 | 235 | 40 | 6 | 11 | 32 |
| 2012 | | 48370 | 13075 | 1829 | 594 | 1150 | 2302 |
| 2013 | | 49750 | 13768 | 2052 | 636 | 1348 | 3006 |
| 2014 | | 50107 | 14313 | 2310 | 666 | 1571 | 3845 |
| 2015 | | 50472 | 14800 | 2855 | 700 | 2117 | 4592 |
| 2016 | 城乡居保 | 50847 | 15270 | 2933 | 732 | 2150 | 5385 |
| 2017 | | 51255 | 15598 | 3304 | 810 | 2372 | 6318 |
| 2018 | | 52392 | 15898 | 3838 | — | 2906 | 7250 |
| 2019 | | 53266 | 16032 | 4107 | — | 3114 | 8249 |
| 2020 | | 54244 | 16068 | 4853 | — | 3355 | 9759 |
| 2021 | | 54794 | 16213 | 5339 | — | 3715 | 11396 |

注：2018 年起相关公报数据不再公布个人缴费情况。

资料来源：根据历年《人力资源和社会保障事业发展统计公报》相关资料整理绘制。

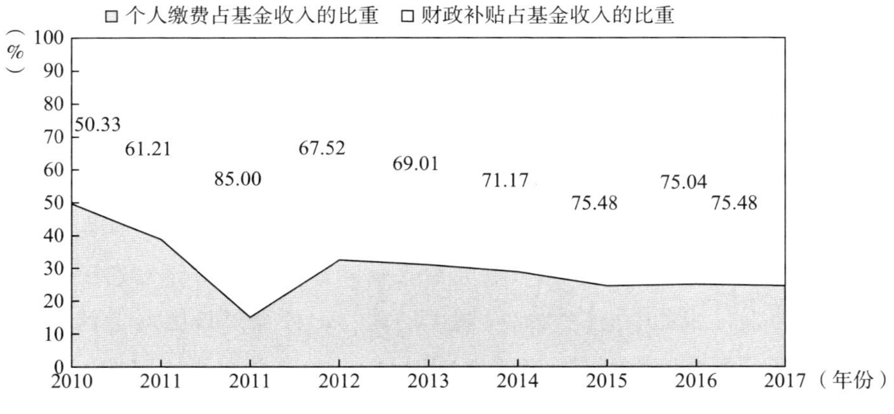

图 1-3　2010～2017 年城乡居民养老保险个人缴费和财政补贴情况

注：2010 年对应数据为国家试点第二年的"新农保"数据；连续并列的两个 2011 年对应数据，前者表示"新农保"试点，后者表示 2011 年首年启动的城镇居民养老保险试点；2012 年及其之后的数据为合并实施后的城乡居民养老保险数据。

资料来源：根据历年《人力资源和社会保障事业发展统计公报》相关资料整理绘制。

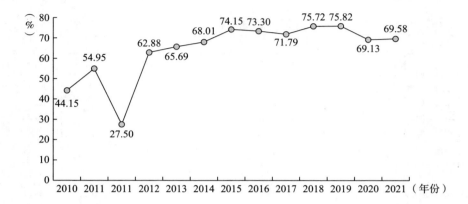

**图 1 - 4　城乡居民养老保险基金支出占基金收入的比重**

注：2010 年对应数据为国家试点第二年的"新农保"数据；连续并列的两个 2011 年对应数据，前者表示"新农保"试点，后者表示 2011 年首年启动的城镇居民养老保险试点；2012 年及其之后的数据为合并实施后的城乡居民养老保险数据。

资料来源：根据历年《人力资源和社会保障事业发展统计公报》相关资料整理绘制。

**（五）养老金融产品日渐丰富，多层次体系不断补短**

**1. 年金化的养老金产品不断创新**

一是以银行大额存单为载体的养老储蓄产品开发。我国居民储蓄率长期处于偏高水平，商业银行曾创新定期存款产品付息方式，通过月月付息产品的发行，满足以养老为目标的长期储蓄需求。2015 年，为规范大额存单业务发展，拓宽存款类金融机构负债产品市场化定价范围，中国人民银行制定了《大额存单管理暂行办法》。2016 年，原办法第六条"个人投资人认购大额存单起点金额不低于 30 万元"被修改为"个人投资人认购大额存单起点金额不低于 20 万元"。认购金额大幅降低后，按月付息选项的大额存单产品增多。加之中国存款保险制度的建立，公众对该类养老储蓄产品的偏好增强、市场选择增多。如表 1 - 9 所示，大额存单兴盛时期，全国部分在售的月月付息存款产品期限范围多集中在 3 年及以下，认购金额多以 20 万元起步，预期最高年利率可达 4.18%，为公众提供了可及的养老资产配置通道，拓宽了养老经济保障来源。

表 1 - 9　全国部分在售大额存单（月月付息）情况

| 发行机构 | 付息方式 | | | 认购范围（万元） | 期限（月） | 年利率（%） |
|---|---|---|---|---|---|---|
| | 按月付息 | 其他分期付息 | 一次性还本付息 | | | |
| 农业银行 | √ | | √ | 20 ~ 500 | 1 ~ 36 | 1.60 ~ 4.13 |
| 平安银行 | √ | | √ | 20 + | 1 ~ 36 | 1.65 ~ 3.92 |
| 江苏银行 | √ | | √ | 20 ~ 50 | 1 ~ 60 | 2.28 ~ 4.18 |
| 兴业银行 | √ | | √ | 20 + | 36 | — |
| 华夏银行 | √ | | √ | 20 ~ 100 | 1 ~ 36 | 1.6 ~ 4.18 |
| 中信银行 | √ | | √ | 20 ~ 100 | 1 ~ 36 | 1.62 ~ 4.13 |
| 工商银行 | √ | √ | √ | 20 ~ 200 | 3 ~ 24 | 1.6 ~ 4.12 |
| 中国银行 | √ | | √ | 20 ~ 800 | 1 ~ 36 | 1.59 ~ 4.13 |
| 建设银行 | √ | | | 50 ~ 800 | 1 ~ 36 | 1.64 ~ 4.13 |
| 浦发银行 | √ | | √ | 20 ~ 100 | 1 ~ 36 | 1.55 ~ 3.99 |
| 招商银行 | √ | | √ | 30 ~ 100 | 1 ~ 36 | 1.62 ~ 4.18 |
| 浙商银行 | √ | | √ | 20 ~ 100 | 1 ~ 36 | 1.62 ~ 4.18 |
| 渤海银行 | √ | | √ | 20 ~ 30 | 1 ~ 36 | — |
| 南京银行 | √ | | √ | 20 ~ 100 | 1 ~ 36 | 1.62 ~ 4.18 |
| 交通银行 | √ | | | 20 + | 36/60 | 1.65 ~ 4.13 |

资料来源：根据 2019 年"大额存单"兴盛时期的各大银行官网产品信息整理绘制。

二是带有养老标签的银行理财发行。中国银行理财业务自 2005 年《商业银行个人理财业务管理暂行办法》颁布后逐步开展，2007 年部分商业银行开始发售带有养老标签的理财产品，银行养老理财产品在中国的探索发展已十余年。2018 年，《商业银行理财业务监督管理办法》明确了商业银行需设立理财子公司分业经营理财业务；自 2019 年起，各大银行理财子公司相继获批；至 2022 年末，全国共 31 家理财子公司获批筹建，包括 6 家国有大行、11 家股份行、8 家城商行、1 家农商行以及 5 家合资银行。[①]

在银行理财子公司计划筹建、即将面临业务调整的时期，至 2019 年 10

①　《"后备军"持续扩容　中小银行加速布局设立理财子公司》，中国金融新闻网，2022 年 12 月 28 日，https://www.financialnews.com.cn/cf/money/202212/t20221228_262273.html。

月，全国有 15 家银行销售明确带有养老标签的理财产品，产品类别合计 29 种共发行 341 期，如表 1 - 10 所示。

表 1 - 10　部分在售养老理财产品市场供给情况

| 序号 | 机构 | 产品名称 | 期数 | 收益类别 | 运行模式 | 期限（月） | 起售金额（万元） |
|---|---|---|---|---|---|---|---|
| 1 | 中国银行 | （养老专属）中银策略—稳富 | 4 | 非保本浮动 | 开放/净值 | 6 ~ 12 | 1 |
| | | （养老专属）中银策略—稳富 | 1 | 非保本浮动 | 封闭/净值 | 24 + | 5 |
| | | （长三角养老）中银策略—稳富 | 1 | 非保本浮动 | 开放/净值 | 6 ~ 12 | 1 |
| | | （养老专属）中银平稳理财计划—智荟系列 | 5 | 非保本浮动 | 封闭/净值 | 24 + | 5 |
| 2 | 贵阳银行 | 爽银财富—混合型养老理财 | 1 | 非保本浮动 | 开放/净值 | 24 + | 10 |
| | | 爽银财富—金债型养老理财 | 1 | 非保本浮动 | 开放/净值 | 24 + | 5 |
| 3 | 兴业银行 | 安愉养老财富人民币理财 | 1 | 非保本浮动 | 开放/非净值 | 24 + | 5 |
| 4 | 交通银行 | 沃德养老 | 1 | 非保本浮动 | 封闭/净值 | 24 + | 10 |
| 5 | 平安银行 | 平安财富—和盈资产管理类之"平安养老"人民币理财 | 13 | 非保本浮动 | 开放/非净值 | 24 + | 20 |
| 6 | 浦发银行 | 浦发银行天年优享养老精选 1 号理财 | 1 | 非保本浮动 | 开放/净值 | 24 + | 10 |
| | | 乐享盈之夕阳红理财 | 1 | 保证收益 | 开放/非净值 | 12 | 5 |
| | | 乐享盈之夕阳红理财 | 1 | 保证收益 | 开放/非净值 | 24 | 5 |

续表

| 序号 | 机构 | 产品名称 | 期数 | 收益类别 | 运行模式 | 期限（月） | 起售金额（万元） |
|---|---|---|---|---|---|---|---|
| 7 | 上海银行 | 上海银行"慧财"（养老无忧）理财 | 84 | 保证收益 | 封闭/非净值 | 4 | 5 |
| | | 上海银行"慧财"（养老无忧）理财 | 118 | 保证收益 | 封闭/非净值 | 12 | 5 |
| 8 | 邮储银行 | 邮银财富·瑞享养老 | 2 | 非保本浮动 | 开放/净值 | 24 + | 5 |
| | | 邮银财富·债券2016年（养老金客户专属） | 2 | 非保本浮动 | 封闭/非净值 | 6～12 | 5 |
| 9 | 福建南安农商行 | 福万通·夕阳红 | 16 | 保本浮动 | 封闭/非净值 | 6～12 | 5 |
| 10 | 建设银行辽宁 | "乾元—天长利久（养老金）理财" | 11 | 非保本浮动 | 封闭/非净值 | 1～3 | 5 |
| 11 | 山西盂县农商行 | 盂盈日进静怡养老人民币理财 | 1 | 保本浮动 | 封闭/非净值 | 12 + | 5 |
| 12 | 建设银行陕西 | "乾元—养颐三秦"保本养老金人民币理财 | 5 | 保本浮动 | 封闭/非净值 | 3～6 | 5 |
| 13 | 交通银行 | 久久养老3年 | 15 | 非保本浮动 | 封闭/非净值 | 12 + | 5 |
| | | 添利久久养老 | 1 | 非保本浮动 | 封闭/非净值 | 24 + | 5 |
| | | 久久养老沪 | 1 | 非保本浮动 | 封闭/非净值 | 36 + | 5 |
| 14 | 上海农商行 | 福通·社区养老人民币理财 | 36 | 非保本浮动 | 封闭/非净值 | 6 | 5 |
| 15 | 宁波银行 | 惠添利（养老分红净值型） | 11 | 非保本浮动 | 封闭/净值 | 12 + | 5 |
| | | 养老理财 | 1 | 非保本浮动 | 开放/非净值 | 6～12 | 5 |

| 序号 | 机构 | 产品名称 | 期数 | 收益类别 | 运行模式 | 期限（月） | 起售金额（万元） |
|------|------|----------|------|----------|----------|------------|------------------|
| 16 | 建设银行新疆 | 乾元—养颐（养老金专享） | 2 | 非保本浮动 | 封闭/非净值 | 6～12 | 5 |
| | | 乾元—养颐三秦 | 3 | 保本浮动 | 封闭/非净值 | 3～6 | 5 |
| 17 | 盛京银行 | 红玫瑰智盈系列（重阳节夕阳红卡特供） | 1 | 非保本浮动 | 封闭/非净值 | 12＋ | 5 |

资料来源：根据 Wind 数据库 2019 年 10 月相关资料整理绘制。

三是普惠特征明显的个人养老保障管理产品曾广受市场欢迎。同样在分业经营的影响下，2006 年前后，商业养老保险相关业务陆续从原寿险公司分离，专门的商业养老保险公司相继成立并在 2009 年保监会发布的《关于试行养老保障委托管理业务有关事项的通知》指导下，开始向团体委托人提供养老保障及其资金的管理服务；2015 年，《养老保障管理业务管理办法》颁布，养老保障管理业务开始接受个人委托，从产品设计和功能上看，养老保障管理产品成为养老保险或养老金公司向个人或机构发售的理财产品。

尽管 2021 年末银保监会下发《关于规范和促进养老保险机构发展的通知》，要求养老保险机构清理压降养老特点不明显的业务，终止或剥离与养老无关的保险资产管理业务，压降清理现有短期个人养老保障管理业务。至 2022 年末，国寿养老、平安养老、长江养老、太平养老、大家养老 5 家养老险公司个人养老保障管理业务规模与 2021 年末相比已缩减 3200 亿元，规模仅存约 2200 亿元，压降幅度接近 60%。[①] 然而，从产品的可及性和可得性来看，个人养老保障管理产品普惠特征明显，相比银行理财产品略高的起售额度和单一的销售渠道，其在普通公众中渗透率更高。

如表 1－11 所示，2019 年前后，在个人养老保障管理产品发展的繁荣时期，全国范围内面向个人发售的养老保障管理产品起购门槛较银行理财产品更低，开放式产品多为 1000 元，封闭式产品为 1 万元；渠道优势上，除了养

---

① 券商中国：《再压降 3000 多亿！养老险公司这类业务今年要完成清理，这家已提前完》，证券时报网，2023 年 3 月 2 日，http://www.stcn.com/article/detail/806777.html。

老保险公司和具有资质的银行，蚂蚁金服、腾讯理财、京东金融等互联网代销平台成为满足公众普惠金融需求的重要通道。此外，个人养老保障管理产品封闭期限更短，尤其是互联网金融平台上的在售产品，以30天以内、30天到180天的产品居多。至2019年7月，腾讯理财通保险产品分类中，共23只在售产品，其中22只为养老保障管理产品，1只为万能险产品，大多数为封闭期在1个月至1年之间，近七日年化收益率在3.113%至4.734%之间。[1]

从2018年末的市场业绩看，养老保障产品全行业业务管理规模达6483亿元，较团体产品而言，个人养老保障管理产品业务规模具有压倒性的优势，约占行业业务总规模的95%，其中，国寿养老、建信养老、平安养老三家合计产品规模超80%，产品市场集中度高。[2]

表1-11 部分在售个人养老保障管理产品市场供给情况

| 序号 | 机构 | 产品名称 | 期数 | 收益类别 | 运行模式 | 预期收益（%） | 期限（月） | 起售金额（千元） |
|---|---|---|---|---|---|---|---|---|
| 1 | 长江养老 | 长江盛世天伦安稳组合 | 1 | 非保本浮动 | 开放/净值 | — | 12+ | — |
| | | 长江安享天伦开放式组合 | 4 | 非保本浮动 | 开放/净值 | — | 1+ | 1 |
| | | 长江安享天伦开放式组合 | 5 | 非保本浮动 | 开放/净值 | — | 6+ | 1 |
| | | 长江安享天伦封闭式组合 | 4 | 非保本浮动 | 封闭/非净值 | 5.25 | 12 | 10 |
| | | 长江安享天伦封闭式组合 | 8 | 非保本浮动 | 封闭/非净值 | 5.45 | 12 | 10 |
| | | 长江安享人生封闭式组合 | 9 | 非保本浮动 | 封闭/非净值 | 5.10 | 12 | 10 |

① 《互联网保险理财"额度秒空"很平常 养老保障产品7日年化收益率最高4.734%》，证券日报网，2019年7月5日，http://www.zqrb.cn/jrjg/insurance/2019-07-05/A1562263532528.html。

② 根据国寿养老、平安养老、长江养老、太平养老、泰康养老、原安邦养老、建信养老等机构官网相关信息披露整理。

续表

| 序号 | 机构 | 产品名称 | 期数 | 收益类别 | 运行模式 | 预期收益（%） | 期限（月） | 起售金额（千元） |
|---|---|---|---|---|---|---|---|---|
| 2 | 国寿养老 | 国寿福寿嘉年（国寿嘉年月月盈） | 4 | 非保本浮动 | 开放/净值 | — | 1+ | 1 |
| | | 国寿福寿广源（福寿广源半年盈） | 3 | 非保本浮动 | 开放/净值 | — | 6+ | 1 |
| | | 国寿福寿广源（国寿福盈今生年年盈） | 1 | 非保本浮动 | 开放/净值 | — | 12+ | 1 |
| | | 国寿福寿丰年（国寿丰年可转债） | 12 | 非保本浮动 | 封闭/净值 | — | 24 | 10 |
| | | 国寿福寿嘉年 | 141 | 非保本浮动 | 封闭/非净值 | 4.30 | 10 | 10 |
| | | 国寿福寿嘉年（国寿嘉年定期盈） | 1 | 非保本浮动 | 封闭/非净值 | 4.60 | 12 | 10 |
| 3 | 安邦养老 | 安邦养老养生6号（安享利开放式权益型投资组合） | 1 | 非保本浮动 | 开放式 | — | 7天+ | 10 |
| | | 安邦安增益31天 | — | 非保本浮动 | 契约型开放式 | — | 31天+ | 1 |
| 4 | 太平养老 | 太平金中金B款（太平养老颐养270） | — | 非保本浮动 | 契约型开放式 | — | 270天+ | 1 |
| | | 太平金中金B款（太平养老颐养66） | — | 非保本浮动 | 契约型开放式 | — | 66天+ | 1 |
| 5 | 平安养老 | 平安养老富盈人（平安养老富盈180天） | — | 非保本浮动 | 契约型开放式 | — | 180天+ | 1 |
| | | 平安养老金通（平安养老金通366天） | — | 非保本浮动 | 契约型开放式/净值 | — | 366天+ | 1 |
| 6 | 泰康养老 | 泰康养老汇选悦泰 | — | 非保本浮动 | 开放/净值 | — | 灵活申赎 | 1 |

| 序号 | 机构 | 产品名称 | 期数 | 收益类别 | 运行模式 | 预期收益（%） | 期限（月） | 起售金额（千元） |
|---|---|---|---|---|---|---|---|---|
| 7 | 建信养老 | 建信养老飞越366 | — | 非保本浮动 | 契约型开放式/净值 | — | 366天+ | 1 |

资料来源：根据各养老保险公司官网披露信息、腾讯理财通、支付宝等平台相关资料整理绘制，截至 2019 年 11 月。

2. 个人税收递延型养老保险试点基础上的专属商业养老保险运行良好

中国自 2018 年 5 月在上海市、福建省（含厦门市）和苏州工业园区试点实施个人税收递延型商业养老保险，开启了有国家政策支持的第三层次个人养老金制度探索。与此同时，传统商业养老保险产品供给不断丰富，城乡居民养老金供给来源补短拓展。相关数据显示，2019 年，保险公司累计开发销售养老年金保险产品 830 款，实现保费收入 415 亿元，至 2019 年三季度末，商业养老保险、年金保险有效承保人次超过 5800 万，累计积累了超过 5100 亿元的保险责任准备金。[①]

然而，受产品设计尤其是管理便捷性和税优激励不足的影响，延税型保险展业效果不佳。至 2020 年末，共计 23 家保险公司参与个人税收递延型商业养老保险试点，19 家公司出单，累计实现保费收入 4.3 亿元，参保人数仅为 4.9 万，参保对象多为单位集体投保的企业职工，对普通就业人员吸引力不足，上海在三个试点地区中贡献了 81% 的投保人和 64% 的保费收入[②]；2021 年 10 月底，23 家参与试点的保险公司累计实现保费收入近 6 亿元，投保略超 5 万人，与上年度相比，增幅极其有限。[③]

试点 3 年后，在总结前期经验的基础上，2021 年 6 月，国家在浙江省（含宁波市）和重庆市启动新的专属商业养老保险试点，旨在解决新产业、新业态从业人员和各种灵活就业人员的多元化养老保险需求问题。截至

---

① 《国新办：银行业保险业运行及服务实体经济情况》，共产党员网，2019 年 10 月 21 日，https://www.12371.cn/2019/12/06/ARTI1575568617427295.shtml。

② 《试点两年保费仅 3 亿元，税延养老为何"遇冷"》，财经网，2020 年 6 月 8 日，https://www.mycaijing.com/article/detail/417692。

③ 《中保协秘书长：保险业将在民生领域重点发力》，新华网，2022 年 2 月 9 日，http://www.xinhuanet.com/finance/2022-02/09/c_1128327305.htm。

2021 年 10 月底，专属商业养老保险累计保费收入约 2 亿元，承保人数超 1.7 万，其中网约车司机约 5600 人，[①] 至 2022 年 1 月底，6 家试点公司累计承保保单迅速增至 5 万件，累计保费 4 亿元，其中快递员、网约车司机等新产业、新业态从业人员投保增至 1 万人。[②] 鉴于专属养老保险发展的良好态势，2022 年 3 月，局地试点扩大到全国范围，试点保险公司也从原有的 6 家拓展到所有养老保险公司。通过普惠让利和行业增信的方式，专属商业养老保险产品推广的有效性和渗透率不断提高，至 2023 年 1 月，全国已累计实现保费 42.7 亿元，保单件数 37.4 万件。[③]

3. 养老目标基金初具规模

养老目标基金是以追求养老资产的长期稳健增值为目的，鼓励投资者长期持有，采用成熟的资产配置策略，合理控制投资组合波动风险的公开募集证券投资基金，主要包括养老风险目标基金和养老目标日期基金两类。2006 年，汇丰晋信发行了中国首只具有养老属性的混合型目标日期基金；2012 年，天弘基金推出中国首只养老主题基金"天弘安康养老混合型基金"，此后养老主题基金日渐增多。2018 年，证监会正式发布《养老目标证券投资基金指引（试行）》，同年 8 月，国内首批 12 只养老目标基金成立，规模总计 41.07 亿元，由此开启了公募基金在个人养老金制度建设上的探索。至 2019 年，产品 60 余只，规模增量达 200 亿元；2022 年 8 月末，产品数量增至 183 只，其中目标风险型 FOF 基金共 103 只，规模 879.70 亿元，目标日期型 FOF 基金产品 80 只，规模为 188.03 亿元，[④] 合计规模突破千亿，约占 FOF 基金规模的 47%，成为其重要组成部分。

4. 养老信托与住房反向抵押养老金融产品初步探路

中国养老信托起步晚、发展并不充分，主要涉及养老金信托、养老理财信托、养老消费信托、养老产业信托和养老慈善信托。2014 年 12 月，中

① 《商业养老保险产品加速创新 第三支柱"保障网"日益完善》，北京市地方金融监管局官网，2022 年 1 月 24 日，https://jrj.beijing.gov.cn/jrgzdt/202201/t20220124_2598655.html。

② 《中国银保监会办公厅关于扩大专属商业养老保险试点范围的通知》，中国政府网，2022 年 2 月 22 日，https://www.gov.cn/zhengce/zhengceku/2022 – 02/22/content_5674947.htm。

③ 《信贷投放、养老金融、住房贷款……银保监会有关部门负责人谈市场热点问题》，中国政府网，2023 年 2 月 25 日，https://www.gov.cn/xinwen/2023 – 02/25/content_5743254.htm。

④ 《养老目标基金发展四年规模突破千亿 你的养老投资新选择》，新浪财经，2022 年 8 月 31 日，https://finance.sina.com.cn/jjxw/2022 – 08 – 31/doc-imizmscv8540914.shtml。

信信托与四川晚霞康之源养老产业投资有限公司推出"中信和信居家养老消费信托",成为国内首只面市的养老消费信托。[①] 2016 年,国内首批金融养老信托产品"安愉人生"系列是面向私人银行客群的家族信托产品,至 2017 年,养老型家族信托市场规模超 400 亿元,涉及 14 家银行以及 21 家信托机构。[②] 2019 年,中航信托在中国乡村发展基金会的委托下设立了"雅安公益养老慈善信托"。[③] 2022 年末,泰康人寿与泰康健投、五矿信托,在寿险市场率先推出信托直付养老社区的"养老类保险金信托"。[④]

此外,以"以房养老"为主题,由商业银行提供的住房反向抵押贷款和由保险公司提供的住房反向抵押养老保险产品也在全国范围内推广,但市场占有率较低。早在 2013 年,国家就提出鼓励开展老年人住房反向抵押养老保险试点,并于 2014 年和 2016 年相继在北京、上海、广州、武汉等城市开展试点,但试点之初,仅幸福人寿和人保寿险两家公司开展了住房反向抵押保险业务。2018 年,产品试点扩大到全国范围。相关数据显示,至 2019 年 8 月,全国住房反向抵押保险期末有效保单 126 件,仅 126 户家庭 186 位老人参保,人均月养老金水平 7000 余元,最高月领取养老金水平超 3 万元,为小众产品。[⑤] 从单个公司产品来看,至 2021 年 6 月底,209 位老人(143 户家庭)参与幸福人寿"以房养老"项目,已发养老金 6320.78 万元,抵押房产总值 3.37 亿元,平均投保年龄 71 岁,月人均领取养老金近 8000 元。[⑥]

5. 个人养老金制度实施开启第三支柱元年

2022 年 11 月,以税收优惠和个人账户为特征的个人养老金制度在全国 36 个先行城市和地区启动实施,至 2022 年底,1954 万人参加,613 万人缴

① 《国内首只养老消费信托面世》,中证网,2014 年 12 月 21 日,https://www.cs.com.cn/sylm/jsbd/201412/t20141221_4596352.html。
② 《中国家族信托白皮书(2017)》,中央财经大学绿色金融研究院官网,2019 年 11 月 8 日,http://iigf.cufe.edu.cn/info/1012/1314.htm。
③ 《养老信托尚处起步阶段 产品种类逐渐丰富 服务模式不断升级》,中国金融新闻网,2022 年 11 月 21 日,https://www.financialnews.com.cn/trust/hyzx/202211/t20221121_259807.html。
④ 《"养老类保险金信托"落地》,中国银行保险报网,2022 年 11 月 18 日,http://www.cbimc.cn/content/2022-11/18/content_471884.html。
⑤ 《银保监会详解以房养老、网贷整治等下一步怎么干》,新浪财经,2019 年 10 月 21 日,http://finance.sina.com.cn/roll/2019-10-21/doc-iicezuev3771754.shtml。
⑥ 《22 万亿的"以房养老"市场 保险业已经干了五年》,百度百家号,2021 年 8 月 10 日,https://baijiahao.baidu.com/s?id=1707683366666959957&wfr=spider&for=pc。

费，总缴费金额 142 亿元。同时，以安全规范、长期保值增值为原则，监管部门批准了 137 只公募基金、19 个商业养老保险、18 支理财产品、465 个储蓄存款等个人养老金投资产品供参加人根据自己的投资偏好自主选择。[①]

在以个人养老金制度为核心的第三支柱建设下，养老金融产品的类别不断得到丰富。从保险板块来看，一方面是养老年金保险，2022 年实现原保险保费收入 642 亿元，保单件数 2252 万件，期末累计积累责任准备金 6659 亿元；加上其他有养老保障功能的商业保险，商业养老保险期末积累责任准备金已超过 5 万亿元。[②] 另一方面是专属商业养老保险，至 2023 年 1 月，累计实现保费 42.7 亿元，保单件数 37.4 万件，其中新产业、新业态和各种灵活就业人员保单件数超过 6 万件，保费超过 1.7 亿元。[③] 从银行养老金融产品来看，截至 2023 年 1 月，特定养老储蓄业务余额 263.2 亿元，具有"稳健、长期、普惠"特征的养老理财产品存续 51 只，47 万投资者累计购买金额 1004 亿元。[④]

## 三 中国多层次养老保障协同发展的本质特征与基本路径

本章通过对多层次养老保障体系制度演化和现实发展特征的梳理，有助于从历史的、动态演进的视角系统呈现中国多层次养老保障体系协同发展的重要历史节点及其反映的制度变迁规律，反映中国经济社会发展，尤其是在现代企业制度建立和劳动力市场变革过程中，多层次养老保障制度在特定发展环境下的探索实践和政策制定过程；反映出多层次养老保障制度演进和现实发展受人口、经济、社会、文化等多因素的制约，受经济发展阶段、企业改革进程、城乡社会建设、民生需求和金融市场发展的协同

---

① 《今年就业开局良好 确保全年就业大局总体稳定》，百度百家号，2023 年 3 月 2 日，https://baijiahao.baidu.com/s? id = 1759306791482683363&wfr = spider&for = pc。

② 《盘点去年〈政府工作报告〉保险任务完成情况 保险业交出高质量发展成绩单》，中国金融新闻网，2023 年 3 月 1 日，https://www.financialnews.com.cn/bx/bxsd/202303/t20230301_265635.html。

③ 《银保监会：截至 2023 年 1 月，专属商业养老保险累计保费 42.7 亿元，保单件数 37.4 万件》，新浪财经，2023 年 2 月 24 日，https://finance.sina.com.cn/jjxw/2023 - 02 - 24/doc - imyhuzcq8568409.shtml。

④ 《信贷投放、养老金融、住房贷款……银保监会有关部门负责人谈市场热点问题》，中国政府网，2023 年 2 月 25 日，https://www.gov.cn/fuwu/2023 - 02/25/content_5743254.htm。

影响，受经济体制改革中政策制定者及实施者认知程度的制约，一定程度上也受到国际组织养老保障政策推进和国际社会改革的影响。

养老保障体系的多层次设计和协同发展，从本质上看，反映的是政府与市场边界的动态调整和差别组合，也反映了个人、企业、政府和社会在老年保障和风险管理上的责任履行。中国多层次养老保障体系的协同本质和发展路径，呈现如下特征。

一是供给主体单一，政府履责更多的二元格局早现。一方面，受限于经济社会发展和人民风险保障需求的阶段性，中国养老保障建设长期以经济保障为主，在新中国建立之初，就形成了劳动保险制度和职工团险的二元保障格局。中国人民保险公司针对不同性质企业和劳动属性职工设计的多样化保险产品，在劳动保险制度之外发挥了重要的补充作用，为补充养老保险的丰富和企业年金的发展奠定了重要基础。另一方面，在企业改革和城镇化趋势的推动下，新的劳动群体不断涌现，劳动力市场持续分化，致使中国政府将养老保障制度建设的重心长期集中于法定保险的人群扩面和制度补缺上，单一层次制度碎片化严重；个人缴费履责的基金制个人账户统筹于公共养老金计划中，长期制约着多层次体系的协同发展。

二是需求格局固化，补充养老保障的俱乐部产品特征长期存在。一方面，中国第一层次的法定养老保险以全体就业者为目标群体，由正规就业不断向非正规就业人员扩面。然而，受行业统筹的历史因素和企业发展水平限制，企业年金的实际目标群体长期惠及于盈利水平和经济实力更强的大型企业，并成为机关事业单位强制建立的法定养老金计划，中小企业和民营经济受雇者可及性弱。另一方面，商业团体保险和年金险等准养老保障产品市场份额小，通常作为少数具备经济条件的企业法定"五险"之外的福利补充，对大多数企业和就业者的可及性弱。

三是供给与需求缺位错位，市场配置资源的优势功能弱化。一方面，补充养老保障长期发展不足与中国资本市场发育程度、养老金融和银发经济发展滞后密切相关，是市场主体缺位、养老金融产品创新和市场供给不足的长期体现。另一方面，中国企业年金制度实施二十余年来，市场份额极其有限，覆盖范围长期固化，市场始终无法激活；同时，自第三支柱个人养老金制度实施以来，个人养老账户实际缴存资金人数仅为账户开立人数的 31%，市场积极性较高，但公众实际参与不足，存在因制度设计缺陷而产生的供给与需求之间的鸿沟。

为此，完善多层次养老保障体系的顶层设计，明确不同层次养老金制度的目标定位，厘清个人、企业、政府、市场与社会之间的责任边界，发挥不同支柱养老金计划的优势功能，并结合企业和劳动力市场发展的最大实际深化养老保障体系改革，是促进多层次养老保障协同发展的可选路径。

# 第二章 积极老龄化视阈下多层次养老保障协同发展的驱动力

积极的人口老龄化战略，为多层次养老保障体系的构建和完善提供了明确的方向和指引，为老龄社会发展和多层次养老保障体系注入了长期的活力。多层次养老保障体系是一个复杂系统，其协同发展是养老保障体系内部子系统和外部环境相互作用的结果。从内部子系统的协同联动看，养老保障供需鸿沟长期存在，养老金总体替代率不足、企业年金覆盖面有限、个人养老储蓄参与不充分，老年保障途径和收入来源单一但个人需求多元化，是推动多层次养老保障协同发展的直接动因，弥补养老保障鸿沟也是多层次养老保障协同发展的目标追求。从外部环境的动态影响看，人口因素是驱动多层次养老保障协同发展的根本动因，经济社会因素是驱动多层次协同发展的现实要求。一方面，人口老龄化趋势加速社会政策支持体系重构，全国31个省（区、市）人口老龄化所呈现的区域差异也催生了多样化的现实需求和政策目标。另一方面，城乡企业的改革分化及其从业人员在不同所有制企业间、城乡间的流动，塑造了以第一层次为主体的多层次养老保险体系；新经济、新业态的发展对便携性更高、灵活性更强的第二、三层次协同发展也提出了新的要求。此外，中国居民家庭大规模待转化的养老储蓄资产为多层次养老保障协同发展提供了潜在条件。

## 一 人口老龄化是多层次养老保障协同发展的根本动因

人口结构变动及其呈现的老龄化趋势对经济社会政治文化的影响是渐进性、根本性、系统性的。对以养老保险为核心的多层次养老保障体系而言，一方面，从制度运行的内部系统受到的影响来看，人口结构老化、老龄人口增多、劳动适龄人口逐渐减少，将提高整个社会和养老保险制度的抚养比，从缴费端和给付端均会给以现收现付制为筹资模式的养老金计划带来冲击，使其面临偿付能力不足和制度可持续性的风险。同时，随着人口老龄化趋势的加重，也会对社会生产率及资本回报率产生影响，老年人口绝对数量的持续增加、人口余命的普遍延长，也同样会影响以基金制为筹资模式的养老金计划保值增值和待遇给付。另一方面，从养老保险制度以外的多层次体系受到的影响来看，人口结构的变化和老龄化趋势的发展，也改变了社会供给和需求、优化了社会生产和消费结构，除了基本生活保障以外，人们对老年生活的品质和经济保障要求更高、更加多样化，对以积极老龄化为牵引的身心健康、社会参与度、自立和社会安全感的追求也更加强烈。因此，多层次体系内部，除了第一支柱的基本养老保险，以防止老年贫困为目标的普惠型"零支柱"，以提升养老金替代率为目标的雇主责任层面和个人养老金融资产自愿配置层面的二、三支柱，以经济保障以外的物质服务保障和精神慰藉为核心的第四支柱，都将协同进入老年保障的大系统中。

**（一）人口老龄化趋势加速社会政策支持体系重构**

从 2000 年正式进入老龄社会以后，中国已经在前十年跨过了第一个快速人口老龄化期，至 2020 年，60 岁及以上的老年人口达 2.64 亿人，约占总人口的 18.7%，[①] 与进入老龄社会之初相比，老年人口占比增长 8.4 个百分点，2010～2020 年就升高了 5.4 个百分点，人口老龄化发展速度明显超过 2000 年初开始正式进入老龄社会的前十年。随着 20 世纪五六十年代"婴儿潮"时期的出生人口相继跨入老年期，中国人口老龄化也将步入更加急速的"快车道"，亟须重构以积极老龄化战略为导向的老年保障体系。

如图 2-1 所示，三次全国人口普查数据显示了人口发展的基本趋势和特征。

1. 人口结构的明显位移

从全年龄段来看，2000 年"五普"时期、2010 年"六普"时期和 2020

---

① 《新时代高质量发展的人口机遇和挑战——第七次全国人口普查公报解读》，国家统计局官网，2021 年 5 月 12 日，http://www.stats.gov.cn/sj/sjjd/202302/t20230202_1896484.html。

年"七普"时期的全年龄段人口分布，其趋势线和人口结构发生了明显的位移。在 2000 年"五普"期间，新生人口、10 岁前后的青少年以及 30 岁到 40 岁之间的青年人群占总人口的比重相对较高，处于全年龄趋势线的高点或峰顶位置，人口在［10，15］岁和［30，40］岁的两个年龄段集中，［40，50］岁的年龄区间形成了低矮山峰，但 60 岁以后的趋势线斜率不高，没有级差明显的峰顶峰谷形成，相对平稳，属于轻度化的老龄社会。2010 年"六普"时期，代表人群集中趋势的"双峰"已后延至［20，25］岁和［40，50］岁的区间位置，十年前［40，50］岁年龄区间形成的低矮山峰已顺延至［50，60］岁的区间，60 岁以上人口趋势线的斜率更高、曲线面积随时间的推移明显扩大。可见，由人口出生率降低、生命余命延长以及时间推移的客观因素决定的老龄人口自然沉淀和人口老龄化水平提升已不断加深。

到 2020 年"七普"时期，［60，70］岁的老年群体小高峰已经出现，同时，其新生人口占比已非常低，较前两次普查数据呈大幅度下降趋势，"七普"时期的年龄集中高峰主要分布在［30，35］岁和［50，58］岁两段年龄区间内，相较前两次人口普查，年龄区间越来越短、年龄结构比重有所降低，与"六普"相比下降近 3 个百分点。

2. 女性人口老龄化表现更突出

从性别结构看，2000 年"五普"时期，中国男性人口明显高于女性，尤其在新生人口和 15 岁及以下的青少年中表现尤为突出，男性人口趋势线明显位于女性趋势线上方；进入 70 岁以后，高龄老年人口中，女性预期寿命更长。2010 年"六普"时期与"五普"类似，新生人口和 20 岁以下的青少年男性明显多于女性；随着时间的推移，可以看出在［20，65］岁的区间内，男女性别比不断缩小，女性人口数逐渐扩大，但仍然低于男性；老年性别差异上，女性人数高于男性的趋势线交叉点已前置至 65 岁。

尽管从 2000 年"五普"开始，70 岁及以上高龄老年女性人口数就明显持续多于男性，然而，2020 年"七普"时期，包括新生人口在内的 50 岁及以下男性人口数仍然占绝对优势。不难看出，当前和未来的老龄化问题，更多的，需要弥合好性别鸿沟，长远考虑女性老年群体在经济、照护服务和精神慰藉等层面更长期的、全方位多层次的养老保障问题。

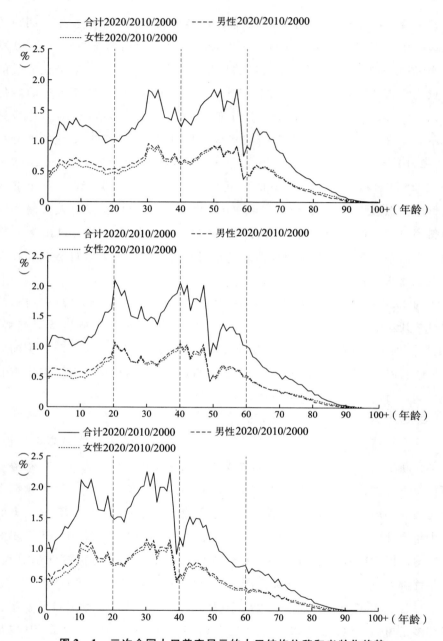

**图 2 - 1   三次全国人口普查显示的人口结构位移和老龄化趋势**

注：图示为按性别分年龄段对应人口数占总人口的比重。

资料来源：依据历年人口普查资料整理绘制。

**（二）人口老龄化呈现的区域差异催生多样化的现实需求和政策目标**

1. 全国 31 个省（区、市）人口老龄化水平高低不一，多层次养老保障协同发展的政策目标和制度侧重点需差异化匹配

2020 年，中国 65 岁及以上人口占比已近 14%，基本进入深度老龄化社会，① 高于全国平均水平、同步或提前进入深度老龄化社会的地区有 12 个，远超全国省市数的 1/3，如图 2 - 2 所示。其中，深度老龄化程度最高的省市为辽宁和重庆，是全国仅有的两个 65 岁及以上人口占比超 17% 的省份，均具有重工业和制造业为传统优势产业的经济特征，劳动力市场受国企改革影响较大。紧随其后的是四川，其 65 岁及以上老年人口占比为 16.93%，与排名第四和第五的上海和江苏拉开了一定差距，几乎与排名前二的省市具有相同的人口结构和产业特征。

此后，包括黑龙江、吉林、山东、安徽、湖南、天津、湖北、河北等地的老龄化程度均在全国平均水平之上。与之形成对比的是，属于西部少数民族地区的宁夏、青海、新疆三地初步进入老龄社会，其 65 岁及以上老龄人口占比不到 9%，而西藏尚未进入老龄社会，60 岁和 65 岁及以上的老年人口比重分别为 8.52% 和 5.67%；东南沿海经济活力程度更高、劳动力市场流动性更强的广东，老龄化水平较低，老年人口比重仅高于新疆和西藏。人口发展的区域差异也促进了基本养老保险全国统筹的实施，以及补充层次的个人养老金制度在部分城市的先行试点。

2. 全国及 31 个省（区、市）从城市、城镇和乡村的区域划分上看，人口老龄化程度发展不均，乡村老龄化水平远高于城市和城镇，需发挥救助兜底和普惠式保险保障在多层次养老保障体系中的重要作用

如表 2 - 1 所示，全国乡村、城镇和城市 65 岁及以上老年人口占总人口的比重分别为 17.7%、11.8% 和 10.8%，乡村老龄化水平远高于城镇和城市，已进入深度老龄化社会。全国 31 个省（区、市）中，以 65 岁及以上老年人口占比超过 14% 为标准，其中 24 个省（区、市）的农村地区进入深度老龄化社会，约占全国 31 个省份的 80%；而城镇和城市进入深入老龄化社会的省市各有 5 个。从普遍性上看，城镇与城市之间的老龄化水平差距不

---

① 按照国际通行划分标准，当一个国家或地区 65 岁及以上人口占比超过 7% 时，即进入老龄化社会；达到 14%，为深度老龄化社会；超过 20%，则进入超老龄化社会。

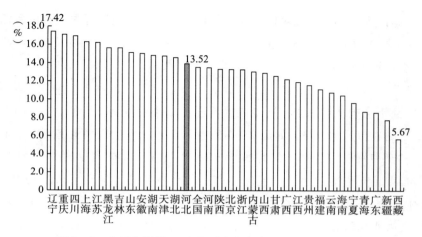

**图 2 - 2　全国各地区 65 岁及以上老年人口占总人口的比重**

注：图示为按性别分各年龄段对应人口数占总人口的比重。

资料来源：依据第七次全国人口普查资料整理绘制（不含港澳台，余同）。

大，差距多在［-3.9，2.8］之间，而城乡和镇乡之间差距较大，差异区间分别可达［-14.0，1.7］和［-10.1，0.2］。

从同一省份内部不同区域老龄化趋势的一致性来看，属于经济发达地区的北京、天津、上海，东北三省的吉林、黑龙江，西部地区的云南、宁夏、西藏等地城、镇、乡三区域间的老龄化程度差距较小；在全国农村地区老龄化水平普遍高于城市的趋势下，对于青海和新疆两地的老龄化程度，农村地区略低于城市。而城镇作为城市化发展的过渡区域，是城市和乡村的中间地带，全国有 22 个省份的城镇老龄化水平略高于城市，为城乡养老保障协同发展提供了重要的缓冲。

**表 2 - 1　"七普"期间全国各地区城—镇—乡 65 岁及以上老年人口比重及差距**

单位：%

| 序号 | 地区 | 乡 | 镇 | 城 | 城—乡 | 镇—乡 | 城—镇 |
|------|------|------|------|------|--------|--------|--------|
| 1 | 重庆 | 26.1 | 16.0 | 12.1 | -14.0 | -10.1 | -3.9 |
| 2 | 江苏 | 24.5 | 14.7 | 12.4 | -12.1 | -9.8 | -2.3 |
| 3 | 辽宁 | 22.0 | 16.3 | 15.5 | -6.5 | -5.7 | -0.8 |
| 4 | 四川 | 21.9 | 14.6 | 12.3 | -9.7 | -7.3 | -2.4 |
| 5 | 浙江 | 20.9 | 11.7 | 9.8 | -11.1 | -9.3 | -1.9 |

续表

| 序号 | 地区 | 乡 | 镇 | 城 | 城—乡 | 镇—乡 | 城—镇 |
|---|---|---|---|---|---|---|---|
| 6 | 山东 | 20.6 | 13.1 | 11.2 | − 9.5 | − 7.5 | − 2.0 |
| 7 | 安徽 | 20.0 | 11.8 | 10.9 | − 9.1 | − 8.2 | − 0.9 |
| 8 | 上海 | 19.1 | 13.5 | 16.2 | − 2.9 | − 5.6 | 2.8 |
| 9 | 湖北 | 19.1 | 12.8 | 11.6 | − 7.5 | − 6.3 | − 1.2 |
| 10 | 湖南 | 18.9 | 13.2 | 10.7 | − 8.2 | − 5.7 | − 2.5 |
| 11 | 吉林 | 18.3 | 13.3 | 14.4 | − 3.9 | − 5.0 | 1.1 |
| 12 | 山西 | 18.0 | 9.9 | 9.8 | − 8.1 | − 8.1 | − 0.1 |
| 13 | 天津 | 18.0 | 11.9 | 14.4 | − 3.6 | − 6.1 | 2.5 |
| 14 | 全国 | 17.7 | 11.8 | 10.8 | − 7.0 | − 5.9 | − 1.0 |
| 0 | 陕西 | 17.6 | 12.0 | 10.0 | − 7.6 | − 5.6 | − 2.0 |
| 15 | 内蒙古 | 17.6 | 10.8 | 10.9 | − 6.7 | − 6.8 | 0.1 |
| 16 | 河南 | 17.4 | 10.6 | 10.2 | − 7.2 | − 6.8 | − 0.4 |
| 17 | 河北 | 17.3 | 11.8 | 11.5 | − 5.8 | − 5.6 | − 0.2 |
| 18 | 黑龙江 | 17.2 | 14.9 | 14.7 | − 2.5 | − 2.3 | − 0.2 |
| 19 | 福建 | 16.0 | 10.0 | 8.1 | − 7.9 | − 5.9 | − 1.9 |
| 20 | 北京 | 15.5 | 11.0 | 13.2 | − 2.4 | − 4.6 | 2.2 |
| 21 | 甘肃 | 15.4 | 9.5 | 10.5 | − 4.9 | − 5.9 | 1.0 |
| 22 | 江西 | 15.3 | 9.9 | 9.4 | − 6.0 | − 5.4 | − 0.5 |
| 23 | 广西 | 15.2 | 10.9 | 8.6 | − 6.6 | − 4.3 | − 2.3 |
| 24 | 贵州 | 14.8 | 9.1 | 8.3 | − 6.5 | − 5.7 | − 0.8 |
| 25 | 广东 | 13.0 | 9.8 | 6.4 | − 6.6 | − 3.2 | − 3.4 |
| 26 | 海南 | 12.5 | 11.0 | 7.9 | − 4.6 | − 1.5 | − 3.2 |
| 27 | 云南 | 12.1 | 9.7 | 9.1 | − 3.0 | − 2.4 | − 0.6 |
| 28 | 宁夏 | 12.0 | 7.5 | 8.8 | − 3.2 | − 4.5 | 1.3 |
| 29 | 青海 | 9.0 | 7.4 | 9.2 | 0.2 | − 1.6 | 1.8 |
| 30 | 新疆 | 7.1 | 7.3 | 8.8 | 1.7 | 0.2 | 1.5 |
| 31 | 西藏 | 6.2 | 4.4 | 5.0 | − 1.2 | − 1.7 | 0.5 |

资料来源：依据第七次全国人口普查资料整理绘制。

## 二　老年保障单一是多层次养老保障协同发展的直接动因

### （一）老年群体对家庭保障依赖程度高，扶助方式单一

从不同健康状况老年人的居住情况看，大多数健康和基本健康的老年

人，与配偶同住的比重均超过了 40%，即便是身体状况不太好的老年人，不论生活能否自理，其与配偶共同居住的比重均在 30% 上下（见图 2-3）。可以看出，相当一部分老年人生活独立、经济独立，对老年经济保障有多样化的需求，但随着年龄的增长，老年伴侣彼此的相互支持作用逐渐减弱，需要可持续的经济保障和照护。同时，与子女同住的老年人也占有较大比重，尤其是随着老年人健康状况的改变，不健康但生活能自理的老人与子女同住的比例可达 23.97%，生活不能自理的老人与子女同住的比例达 32.22%，远高于健康状况尚好的老年人（见图 2-3）。

目前，机构养老在老年人群的生活中并不大众，健康老人选择机构养老的极少，生活无法自理的老人选择机构养老的占比仅为 8.28%。值得关注的是，在健康和基本健康的老年人中，以及在不健康但生活能自理的老年人中，独居者占比高达 18.41%，生活无法自理的独居老人仍有 6.66%。这部分人群，需要从多层次养老保障体系中的"零支柱"和"第四支柱"获得更多支持。

分城、镇、乡三个不同区域看，如表 2-2 所示，"独居（无保姆）"和"与配偶同住"的老年人比重，农村地区较城市和城镇地区都更高；在无法实现与配偶同住时，居住在城市和城镇的老年人，"有照护者共同居住"的更多，而农村老年人更多的是独居，"有照护者共同居住"的少。为此，农村地区也成为多层次养老保障协同发展的薄弱地带。

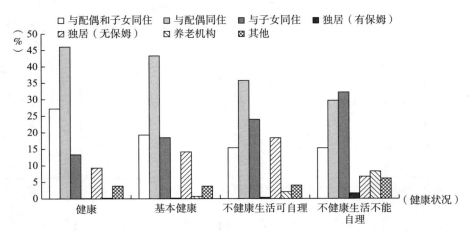

图 2-3　"七普"期间 60 岁及以上老年人健康状况与居住情况

资料来源：依据第七次全国人口普查资料整理绘制。

**表 2 – 2 "七普"期间全国城—镇—乡的 60 岁及以上老年人健康状况与居住情况**

单位：%

| 居住情况 | 健康和基本健康 | | | 不健康 | | |
| --- | --- | --- | --- | --- | --- | --- |
| | 城 | 镇 | 乡 | 城 | 镇 | 乡 |
| 有照护者共同居住 | 43.6 | 41.9 | 35.5 | 43.1 | 44.3 | 39.9 |
| 与配偶同住 | 42.8 | 43.2 | 47.6 | 31.9 | 32.7 | 36.4 |
| 独居（无保姆） | 9.6 | 10.4 | 12.7 | 13.9 | 14.7 | 17.6 |
| 养老机构 | 0.3 | 0.5 | 0.3 | 6.6 | 3.9 | 1.7 |
| 其他 | 3.7 | 4.1 | 3.8 | 4.5 | 4.5 | 4.4 |

注："有照护者共同居住"包括与配偶和子女共同居住、与子女居住、独居（有保姆）三类情况；"不健康"包括生活可自理和不可自理两类人群。

资料来源：依据第七次全国人口普查资料整理绘制。

**（二）老年群体对基本养老金依赖程度高，生活来源单一**

从不同健康状况老年人的生活来源看，如图 2 – 4 所示，养老金和家庭成员供养是老年人生活的主要经济来源。然而，即便是健康老年人，主要依靠养老金生活的比重仍接近 40%，不健康老年人对家庭成员供养的依赖，超过了 50%。养老金对老年群体的支持度随着其身体健康状况的变差而降低，家庭成员对老年群体的支持度随着其身体健康状况的变差而增强。在健康和基本健康的老年人中，依靠劳动收入生活的占有一定比重，分别接近 30% 和 20%，可见仍有相当部分老年群体在退休后选择继续就业。财产性收入和其他收入对老年人群的支持度较小。值得关注的是，不健康人群中靠最低生活

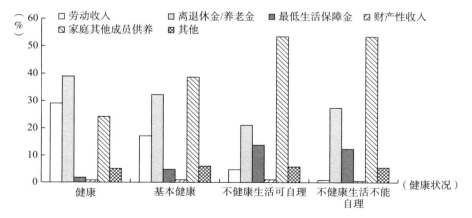

**图 2 – 4 "七普"期间 60 岁及以上老年人健康状况与主要生活来源**

资料来源：依据第七次全国人口普查资料整理绘制。

保障金生活的比例超过 10%。这也对养老保障的充足性和多样化提出了更高要求。"七普"期间全国 60 岁及以上老年人健康状况与主要收入来源"城—镇—乡"分布如表 2 - 3 所示。

**表 2 - 3　"七普"期间全国城—镇—乡的 60 岁及以上老年人健康状况与主要收入来源**

单位：%

| 主要收入来源 | 健康和基本健康 | | | 不健康 | | |
|---|---|---|---|---|---|---|
| | 城 | 镇 | 乡 | 城 | 镇 | 乡 |
| 劳动收入 | 7.9 | 22.0 | 39.0 | 1.1 | 3.1 | 5.5 |
| 离退休金/养老金 | 70.8 | 33.2 | 10.8 | 59.6 | 21.8 | 8.4 |
| 最低生活保障金 | 1.1 | 3.0 | 4.4 | 5.8 | 12.5 | 16.8 |
| 财产性收入 | 0.7 | 0.9 | 1.1 | 0.5 | 0.8 | 1.2 |
| 家庭其他成员供养 | 16.2 | 34.6 | 38.0 | 28.9 | 55.4 | 62.0 |
| 其他 | 3.3 | 6.4 | 6.8 | 4.1 | 6.5 | 6.2 |

注："其他"项目合并了原表中的"失业保险金"；"不健康"包括生活可自理和不可自理两类人群；"离退休金/养老金"在正文描述时简化表述为"养老金"；"家庭其他成员供养"在正文描述时简化表述为"家庭成员供养"。

资料来源：依据第七次全国人口普查资料整理绘制。

## 三　企业和劳动力市场变迁是多层次养老保障协同发展的现实要求

以养老保险为核心的中国社会化的保险保障制度，不论是改革开放之初的地方性探索，还是与社会主义市场经济体制正式确立同步的制度建立，都直接配套服务着中国城乡经济社会发展和企业改革，并随着不同市场主体的新生和分化，呈现不同的制度建设重点和协同发展需求。

### （一）城乡企业改革分化与就业流动

城乡企业的改革分化及其从业人员在不同所有制企业间、城乡间的流动，构建了以第一层次为主体的多层次养老保险体系。

1. 乡镇企业和集体经济的一度繁荣，支撑了二、三层次养老保险的协同发展

党的十一届三中全会以后，中国生产力得到极大解放，尤其在广大农村地区，大量农村劳动力从单一的土地劳作中挣脱出来，促进了中国乡镇企业、集体经济和个体经济的发展。尤其是《国务院关于发展社队企业若

干问题的规定（试行草案）》和《国务院关于社队企业贯彻国民经济调整方针的若干规定》相继在 1979 年和 1981 年颁布，对农村社队企业因地制宜，发展种养、加工、建筑、运输和各种服务行业起到了较大的推动作用。相关规定鼓励部分工业产品和零部件生产可有计划地从城市扩散到农村，更加激发了体制外企业和非正规市场流通渠道的活力。

其后，1984 年，在《关于开创社队企业新局面的报告》中，社队企业被更名为乡镇企业，并由乡—村、社—队兴办的形式拓展到联营合作及可通过其他形式合作的工业和个体企业，加速了乡镇企业的发展。1990年《乡村集体所有制企业条例》颁布，① 随后，国家劳动部首次在年度公报中发布"乡镇企业工资劳动者"数据，1993 年已达到 12346 万人，首次超过城镇国有单位职工，分别占城乡工资劳动者和城镇职工总数的45% 和 82%。② 这一时期，社会统筹和城镇基本养老保险尚未覆盖乡村企业和个体企业职工，更多地是由企业补充养老保险和个人养老储蓄为其提供保障。

1995 年，中国《劳动法》颁布实施，工资劳动者数量稳步提升，城乡就业更加正规化。1997 年，党的十五次代表大会上，混合所有制概念被提出，非公有制经济的补充角色和作为社会主义市场经济重要组成部分的地位被确立，《乡镇企业法》于当年实施，全国性的集体所有制企业产权改革逐步在全国开展，中国经济类别走向多元化，作为经济载体的企业也在城乡之间、城镇内部出现了再次分化。如表 2－4 所示，国家更加注重对城乡经济活动人口和工资劳动者的监测，而在 1994 年，城乡私营个体工资劳动者首次实现了从 310 万人到 2149 万人的跃升，并于 1996 年陡增至 6188 万人。与此同时，集体经济的比重大幅度下降，民营企业比重迅速上升，反映在表 2－4 中的即国有企业、集体企业的数量逐年减少，而其他类型企业数量不断增加。2000 年前后，中国国有企业职工人数较 20 世纪 90 年代初

---

① 《中华人民共和国乡村集体所有制企业条例》，中国政府网，1990 年 5 月 11 日，https：//www. gov. cn/gongbao/content/2011/content_1860727. htm。

② 《关于 1993 年劳动事业发展的公报》，人社部官网，2006 年 2 月 7 日，http：//www. mohrss. gov. cn/SYrlzyhshbzb/zwgk/szrs/tjgb/200602/t20060207_69882. html；《关于 1992 年劳动事业发展的公报》，人社部官网，2011 年 7 月 23 日，http：//www. mohrss. gov. cn/SYrlzyhshbzb/zwgk/szrs/tjgb/201107/t20110723_69881. html。

至少下降了 1/3、集体企业职工人数下降了 50% 以上。

也正是在城乡就业主体和企业分化的基础上，20 世纪 80 年代至 90 年代，以集体和单位为基本单元，中国企业补充养老保险和个人储蓄性养老保险在非公有制经济以外的乡镇企业和集体经济中存在相当比例的参保人群，多层次养老保障协同度尚可，兼具保障性、灵活性的二、三层次补充养老保险，为不同所有制形式的企业改革以及劳动用工形式的规范化、灵活化提供了可靠的制度保障。

2. 个体私营经济及农民工就业正规化，夯实第一层次法定制度覆盖面

随着国有企业改革的深化和不断推进，大量下岗职工面临再就业和职业属性转变的问题，催生了个体私营经济；同时，国有企业内部也面临新的分化，通过改制或重组，形成了部分非公有的股份制企业。中央企业的强化和国有企业的集中，也使得第二层次的企业年金更多地集中在大型中央企业和国有企业之中，其他类型企业对年金计划的可及性和可得性较弱，第二层次年金计划的覆盖面长期得不到拓展。

随着股份制改革和城乡劳动力转移，进入 2000 年以后，国家监测数据更多地将焦点转向三次产业就业人员的结构变化，以及城镇单位就业与私营和个体就业人员的结构变化，并越来越多地聚焦大量从农村流动至城镇就业的进城务工人员，尤其是涉及户籍归属地和就业地跨区域迁移的大量进城务工人员。

从表 2-4 可以看出，城镇私营和个体就业人员大幅增加，从 1998 年前后约占城镇就业人员比重的 16% 增至 2007 年前后的 27%。与此同时，中国一、二、三产业就业人员结构从 1999 年数据首次公布的 5:2.3:2.7 发展到 2021 年的 2:3:5，三次产业就业人员结构变化之大尤其在一、三产业体现得尤为明显，这也体现出中国农村劳动力逐渐从第一产业中解放，并不断进入城镇、融入第三产业就业的社会现实。

中国农民工数量占城镇就业人员的比重，也长期保持在 60% 至 70% 的区间，外出农民工占全部农民工的占比长期维持在 60% 左右。至此，作为法定保险的城镇职工基本养老保险制度，就像一个"大框"，所有正规化就业的群体，都在《劳动法》保护下首先被纳入法定制度范围，夯实了第一层次在多层次养老保障体系中的地位和权重。

**表 2 – 4  1992～2021 年基本养老保险制度建立至今的市场主体类别及劳动力市场分化**

单位：亿人（劳动力资源总数），万人（其他分项）

| 年份 | 劳动力资源总数 | 职工数 | 国有单位 | 其中： | | | |
|---|---|---|---|---|---|---|---|
| | | | | 城镇集体单位 | 其他单位 | 城镇个体劳动者和私营企业 | |
| 1992 | 7.2 | | 14792 | 10889 | 3621 | 282 | 838 |

| 年份 | 劳动力资源总数 | 全国从业人员 | 其中： | 工资劳动者中： | | 城镇职工中： | | |
| | | | 工资劳动者 | 城乡私营工资劳动者 | 乡镇企业工资劳动者 | 城镇职工 | 国有单位职工 | 城镇集体单位职工 | 其他类型单位职工 |
|---|---|---|---|---|---|---|---|---|---|
| 1993 | 8.2 | 60590 | 27696 | 310 | 12346 | 15040 | 11094 | 3603 | 343 |
| 1994 | 8.25 | 61469 | 28998 | 2149 | 12000 | 14849 | 10890 | 3211 | 748 |

| 年份 | 劳动力资源总数 | 经济活动人口 | 全国从业人员 | 其中： | 工资劳动者中： | | 城镇职工中： | | |
| | | | | 工资劳动者 | 城乡私营个体工资劳动者 | 乡镇企业工资劳动者 | 城镇职工 | 国有单位职工 | 城镇集体单位职工 | 其他类型单位职工 |
|---|---|---|---|---|---|---|---|---|---|---|
| 1995 | 8.3 | 69660 | 68910 | 30677 | 2907 | 12862 | 14908 | 10955 | 3076 | 877 |
| 1996 | 8.3 | 69665 | 68850 | — | 6188 | 13508 | 14845 | 10949 | 2954 | 942 |
| 1997 | 8.5 | 70580 | 69600 | 2669 | | 14668 | 10766 | 2817 | 1086 | |

| 年份 | 全国从业人员 | 其中： | 其中： | 城镇在岗职工中： | | | |
| | | 城镇从业人员 | 私营个体从业人员 | 在岗职工数 | 国有单位 | 集体单位 | 其他单位 |
|---|---|---|---|---|---|---|---|
| 1998 | 69957 | 20678 | 3232 | 12337 | 8809.3 | 1899.6 | 1627.6 |

| 年份 | 全国就业人员 | 第一产业 | 第二产业 | 第三产业 | 城镇就业人员 | 城镇单位就业人员 | 国有单位 | 集体单位 | 其他单位 |
|---|---|---|---|---|---|---|---|---|---|
| 1999 | 70586 | 35364 | 16235 | 18987 | 21014 | 12130 | 8336 | 1652 | 1785 |
| 2000 | 71150 | 35575 | 16009 | 19566 | 21274 | 11613 | 7878 | 1447 | 1935 |
| 2001 | 73025 | 36513 | 16284 | 20228 | 23940 | 11166 | 7640 | 1291 | 2235 |

续表

| 年份 | 全国就业人员 | 第一产业 | 第二产业 | 第三产业 | 城镇就业人员 | 城镇单位就业人员 | 城镇私营和个体就业人员 | |
|---|---|---|---|---|---|---|---|---|
| 2002 | 73740 | 36870 | 15780 | 21090 | 24780 | 10985 | 4267 | |
| 2003 | 74432 | 36546 | 16077 | 21809 | 25639 | 10970 | 4922 | |
| 2004 | 75200 | 35269 | 16920 | 23011 | 26476 | 11099 | 5515 | |
| 2005 | 75825 | 33970 | 18084 | 23771 | 27331 | 11404 | — | |
| 年份 | 全国就业人员 | 第一产业 | 第二产业 | 第三产业 | 城镇就业人员 | 城镇单位就业人员 | 城镇私营和个体就业人员 | |
| 2006 | 76400 | 32561 | 19225 | 24614 | 28310 | 11713 | — | |
| 2007 | 76990 | 31444 | 20629 | 24917 | 29350 | 12024 | 7891 | |
| 年份 | 全国从业人员 | 第一产业 | 第二产业 | 第三产业 | 城镇从业人员 | 城镇单位从业人员 | 农民工总量 | 外出农民工数 | — |
| 2008 | 77480 | 30654 | 21109 | 25717 | 30210 | 12193 | 22542 | 14041 | — |
| 2009 | 77995 | 29708 | 21684 | 26603 | 31120 | — | 22978 | 14533 | — |
| 2010 | — | — | — | — | — | — | 24223 | 15335 | — |
| 2011 | 76420 | 34.80% | 29.50% | 35.70% | 35914 | — | 25278 | 15863 | — |
| 2012 | 76704 | 33.60% | 30.30% | 36.10% | 37102 | — | 26261 | 16336 | — |
| 2013 | 76977 | 31.40% | 30.10% | 38.50% | 38240 | — | 26894 | 16610 | — |
| 2014 | 77253 | 29.50% | 29.90% | 40.60% | 39310 | — | 27395 | 16821 | — |
| 2015 | 77451 | 28.30% | 29.30% | 42.40% | 40410 | — | 27747 | 16884 | — |
| 2016 | 77603 | 27.70% | 28.80% | 43.50% | 41428 | — | 28171 | 16934 | — |
| 2017 | 77640 | 27.00% | 28.10% | 44.90% | 42462 | — | 28652 | 17185 | — |
| 2018 | 77586 | 26.10% | 27.60% | 46.30% | 43419 | — | 28836 | 17266 | — |
| 2019 | 77471 | 25.10% | 27.50% | 47.40% | 44247 | — | 29077 | 17425 | — |
| 2020 | 75064 | 23.60% | 28.70% | 47.70% | 46271 | — | 28560 | 16959 | — |
| 2021 | 74652 | 22.90% | 29.10% | 48.00% | 46773 | — | 29251 | 17172 | — |

注：（1）从历年公布数据情况看，相同类别的数据指标存在阶段性差异，空白数据为当年统计公报未公布的数据，显示了劳动人社部门数据监测的侧重点和时期差异；（2）自 2001 年开始，"从业人员"表述被调整为"就业人员"。

资料来源：根据历年《人力资源和社会保障事业发展统计公报》相关数据整理编制。

**（二）新经济和新业态发展呈现更高的便携性和灵活性要求**

新经济、新业态的发展对便携性更高、灵活性更强的二、三层次养老保险协同发展提出了新的要求。

中国覆盖城乡的基本养老保险制度在 2015 年前后实现制度统一，城镇个体就业人员、农民工、机关事业单位职工在城镇职工基本养老保险制度内统一了基本保障安排，而城镇非就业居民和农村居民则在城乡居民基本养老保险制度内得到了基本保障。从 20 世纪 90 年代初养老保险社会统筹启动和城镇职工基本养老保险制度建立，到 2015 年制度统一并基本实现全覆盖，中国多层次养老保障协同发展的思路仍然以"保基本、广覆盖、可持续"为重点，且更多是公共养老保险对劳动就业市场法定参保行为的规范、对非就业居民自愿参保行为的鼓励，而对二、三层次补充养老保险的定位仍然停留在经济条件优越的企业和个人的补充选择层面，目标定位更多着眼于养老金替代率的提升，因此，受制于预算约束，大多数企业的福利保障计划和多数就业者的养老金融安排，被第一层次基本养老保险挤出。

然而，也是在 2015 年前后，以数字产业、智能产业、云端经济等为代表的新经济、新业态快速发展，平台经济、共享经济、个人自媒体和流量经济的涌现也催生了大量的新业态从业人员和灵活就业者。区别于传统经济发展下的私营个体从业人员，新经济发展下的非正规就业群体，拥有一定流量收入，具备提早规划保险保障的经济条件，但由于雇佣关系的非合同绑定性、就业的灵活性，往往未参加法定基本养老保险或是以较低的缴费水平参保。为此，二、三层次养老金计划和产品创新成为满足新就业群体保险保障需求的制度要求。

现阶段，中国经济形态向非正规经济发展，呈现的特征如下。

**1. 个体工商户占市场主体比重、小微企业占企业总体的比重较大**

如图 2 - 5 所示，中国登记在册的市场主体 1.54 亿户，较 2020 年增长 11.1%，为十年前的 2.5 倍，其中，个体工商户从 20 世纪 80 年代初不到 1 万户的规模增长至 1.03 亿户，约占市场主体总数的 70%，主要集中在批发零售、住宿餐饮和居民服务等领域，且每个个体工商户带动的平均就业人员为 2.68 人，额外带动中国 2.76 亿人的常态化就业。① 与此相对应，占比相对小的 4842.3 万户企业中，小微企业 4034 万户，占企业总数的 83.3%。② 这使得整个劳动力市场对保险保障制度等配套公共政策呈现高灵活化、高便携性的需求，经济整体发展趋势也呈现非正规化的特征。

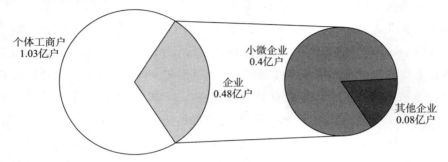

**图 2 - 5　2021 年中国市场主体类别及占比**

资料来源：根据国家市场监督管理总局官网数据整理绘制。

从城市和区域发展看，中国南方主要城市非正规经济发展更活跃，新增注册小微企业数远高于北方。至 2020 年，全国 57% 的小微企业聚集于中国南方地区，广东、江苏、浙江位居前三，合计占比达 26%。从区域一体化的集群优势看，长三角地区更活跃，存量优势更大，而川渝地区新增明显。目前，中国小微企业平均生命周期 4.13 年，其中生命期小于 3 年的小微企业占比接近 50%。③ 因此，区域集群的企业性质和生命属性，极大地影响着区域经济类型、劳动力市场活跃度以及就业人员和企业对养老保险制度的参与和养老金融产品的安排，决定了多层次养老保障协同发展的区域差异和重点。

2. 民营经济在国民经济中占有绝对优势

如图 2 - 6 所示，中国民营企业数量从 2012 年的 1085.7 万户增长到 2021 年的 4457.5 万户，增长了 3 倍，民营企业在企业总量中的占比，也由

---

① 《全国市场主体突破 1.5 亿户 个体工商户突破 1 亿户》，中国政府网，2022 年 1 月 28 日，https://www.gov.cn/xinwen/2022 - 01/28/content_5670906.htm；《全国个体工商户超 1 亿户 约占市场主体总量 2/3》，中国政府网，2022 年 2 月 10 日，https://www.gov.cn/xinwen/2022 - 02/10/content_5672828.htm。

② 《市场主体稳定发展 夯实经济行稳致远的基石》，人民网，2022 年 2 月 5 日，http://finance.people.com.cn/n1/2022/0205/c1004 - 32345803.html。

③ 《任泽平：2021 中国中小微企业经营现状研究》，新浪专栏，2021 年 12 月 20 日，https://finance.sina.com.cn/zl/china/2021 - 12 - 20/zl-ikyamrmz0029687.shtml。

十年前的 79.4% 提升至 2021 年的 92.1%，在国民经济中占有绝对优势，是中国第二层次集合年金计划潜在的重要目标群体。同时，从企业新设和退出比例看，2021 年，中国民营企业新设 852.5 万户，注吊销 390 万户，新设退出比为 2.2：1，呈现相对活跃的发展态势和从业人员流动。

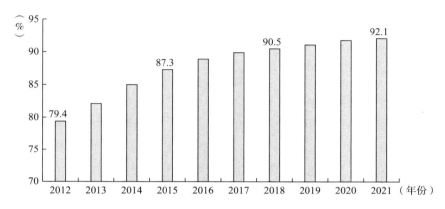

**图 2 - 6  2012~2021 年中国民营企业数量在企业总数中的比重**

资料来源：根据国家市场监督管理总局官网数据整理绘制。

3. 新设市场主体以新经济和服务业为主，劳动力市场流动性和活跃度高

从 2021 年新设市场主体类别看，以数字和智能产业、云端经济等为代表的"四新经济"新设企业 383.8 万户，同比增长 15.8%，占新设企业总量的 42.5%。同时，住宿和餐饮业也占有较大比重，当年新设市场主体 305.9 万户，文化、体育和娱乐业新设市场主体 52.3 万户，两行业退出的市场主体分别为 183.2 万户和 19.4 万户，新设主体和退出主体之比值分别为 1.7 和 2.7。[①] 行业变动性相对较大，就业人员流动性强，增加了从业人员保险保障的便携性、灵活性、保障性需求。分区域来看，广东是众多市场主体注册的首选地，2021 年新增市场主体 286.3 万户，江苏和山东分别位列第二和第三；从增速上看，江西、海南、福建同比增幅居全国前三，分别为 102.81%、52.45% 和 50.60%。[②] 因此，从目前市场主体较活跃的城

①  《市场监管总局：新经济形态成为我国经济发展新亮点》，和讯网，2022 年 1 月 29 日，http://news.hexun.com/2022 - 01 - 29/205227685.html。

②  《中国市场主体发展活力研究报告（2021）》，商务部国际贸易经济合作研究院官网，2022 年 3 月 17 日，https://caitec.org.cn/n6/sy_xsyj_yjbg/json/6033.html。

市排名看，除了区位因素和地区本身的经济成熟度，开放性、支持性的政策因素也起着重要的催化作用。

4. 灵活就业群体规模庞大、增速可观

长期以来，中国灵活的就业形式更多地表现为正规就业场景下的少数非正规雇工方式，如同一单位内部存在的劳务派遣制员工、业务外包人员和非全日制的用工等。目前，中国灵活就业群体规模已达 2 亿人，占劳动年龄人口的比重超 20%，广泛分布在建筑业、服务业和制造业的庞大外出务工农民群体是其重要的组成部分。[①] 同时，与传统灵活就业群体不同，更多涌现的新灵活就业者集中于电商、自媒体运营、网约车、快递外卖、个体户码商等领域，在人社部发布的《职业分类大典（2022）》中，与 2015 年相比，新职业净增 158 个，其中 97 个为数字职业。相关数据显示，至 2021 年底，中国主播账号累计近 1.4 亿个，2022 年累计培养外卖运营师近 7000 人，"58 同城"平台入驻劳动者从 2021 年的 60 万人增至 2022 年的 130 万人，劳动者收入同比增加了 50%，达达快送面向社会提供的数十万骑士招募覆盖全国超 2700 个县区市。[②]

新的灵活就业形式突破了传统劳动关系的界限，动摇了基本养老保险的征缴基础。相关调查显示，近 50% 的灵活就业人员缺少劳动合同或签订的是短期临时合同，而这一比例在全职劳动者中仅为 10%。因此，工作的流动性、灵活性，也带来雇佣双方劳动关系认定和五险一金缴纳的障碍，多数企业合规缴费不足。多数灵活就业人员也因为城乡户籍限制和跨区流动而缴费意愿趋低。因此，更加便携、更为灵活、保障更差异化的二、三层次养老保障创新，成为驱动多层次养老保障协同发展的新动力。[③]

## 四 大规模待转化养老储蓄资产是多层次养老保障协同发展的潜在需要

养老保障体系的多层次架构体现的是以积极应对老年风险为目标的差

---

① 北京腾景大数据应用科技研究院、蚂蚁集团研究院：《灵活就业群体调查暨 2022 年二季度灵活就业景气指数报告》，财新网，2022 年 8 月 16 日，http://download. caixin. com/upload/bgquanwen. pdf。

② 《中国共享经济发展报告（2023）》，国家信息中心官网，2023 年 2 月 23 日，http://www. sic. gov. cn/News/557/11823. htm。

③ 《灵活就业群体调查暨 2022 年二季度灵活就业景气指数报告》，未来智库，2022 年 2 月 7 日，https://www. vzkoo. com/document/202211026080193bd968509a840a35a9. html。

异化养老资源配置和分层次安排。从经济保障的角度，除了当期部分工资收入的延迟满足，向不同养老金计划缴款，还存在个人预防性储蓄的资金安排动机和家庭资产保值增值的需求，以此增加个人和家庭抵御风险的能力、增强安全感、提高总体经济水平。

然而，中国多层次养老保险体系总体协同度不够，第二、三层次的补充养老保险覆盖面极小，尤其是自愿性的个人养老金制度参与及养老金融产品的购买不足，制度功能发挥有限。与此相对应，中国个人和家庭持有的更广义的待转化养老储蓄资产，可以实现家庭金融资产配置下的不同项目转换，是多层次养老保障协同发展的潜在需要。

**（一）居民相对旺盛的储蓄投资能力是激活养老金融发展的潜在动力**

一是居民储蓄意愿和能力相对较强，为激活养老金融意愿和行为引导奠定基础。消费、投资和储蓄是拉动国民经济发展的"三驾马车"。而在微观层面，中国城镇居民的储蓄能力和储蓄意愿相对更强。从中国人民银行长期对城镇储户的追踪调查结果来看，近年来，中国城镇储户的储蓄意愿显著提升，选择"更多储蓄"的人群占比从 2017 年的 40.8% 稳步上升至 2022 年的 61.8%；受宏观经济形势和国内外资本市场的影响，选择"更多投资"的人群比例呈收缩态势，由 2017 年的 33% 下降至 2022 年的 15.5%；受刚性需求的影响，城镇居民对消费的支出意愿相对稳定，长期维持在 25% 上下的水平（见图 2－7）。

同时，如图 2－8 所示，从中国住户存款规模及增长趋势看，2015 年到 2022 年这 8 年间，中国住户人民币存款从 55.2 万亿元增长到 2022 年的 121.2 万亿元，成为一般性储蓄向养老储蓄分流的现实基础。

二是市场投资者数量和投资规模可观，为家庭金融资产的合理配置提供条件。中国居民有一定程度的投资能力和家庭资产管理驱动。相关数据显示，至 2021 年，中国个人股票投资者超过 1.97 亿人，基金投资者超过 7.2 亿人，[①] 投资者分布广泛。同时，从投资者持有资产情况看，2021 年，在 A 股市场占比最大的一般个人投资者，当年新增 1958 万人，持有股票市

---

① 《2021 年度证券公司投资者服务与保护报告》，中国证券业协会官网，2022 年 5 月 14 日，ht-tps：//www. investor. org. cn/information_ release/news _ release _ from _ authorities/hyxhfb/202205/t20220523_569331. shtml。

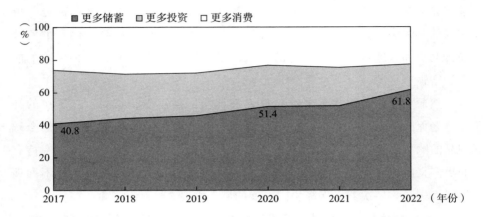

**图 2 - 7　2017 ~ 2022 年中国城镇储户消费、储蓄和投资意愿**

注：各年度数据源自当年第四季度中国人民银行在全国 50 个城市针对全国 2 万户城镇储户进行的抽样问卷调查结果。

资料来源：根据中国人民银行 2017 ~ 2022 年的《第四季度城镇储户问卷调查报告》相关数据整理绘制。

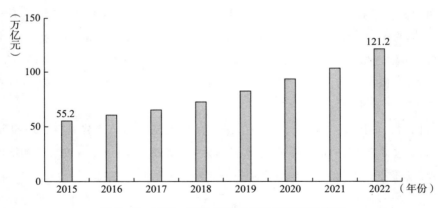

**图 2 - 8　2015 ~ 2022 年中国住户存款增长情况**

资料来源：根据中国人民银行"金融机构信贷收支统计"相关数据整理编制。

值 25.6 万亿元，持股占比达到 34%，远高于分别为 22.4%、7.2% 和 5.3% 的专业投资者、个人大股东和政府的持股比例。[①] 此外，从人均持有的资产

---

[①] 《A 股最新揭秘！个人投资者占比 34%，持股最高！公募话语权增强，产业资本持续减持》，新浪财经，2022 年 6 月 16 日，https://finance.sina.com.cn/stock/zqgd/2022 - 06 - 16/doc-imizmscu7127944.shtml。

规模看，深交所 2021 年完成的个人投资者状况调查报告显示，投资者证券账户平均资产规模达 60.6 万元，较 2020 年增加 0.9 万元。①

**（二）　住户存款存在向多层次养老保障体系适度释放的空间预期**

从更广泛意义上看，居民储蓄通常是指一定时期内居民可支配收入与居民消费之间的剩余，它表现为对各种（实物的和金融的）资产持有。从生命周期持久收入假设理论来看，这是由人们为追求跨时效用最大化而在不同生命周期中平滑消费的动机所致；从预防性储蓄动因来看，生活在风险社会，居民以储蓄来增加自身的安全感，以备未来不时之需；从目标性储蓄理论解释，理性人通常会有意识地考虑结婚、生育、年老退休等重大事件并对其做出相应的经济安排，有目的的储蓄。因此，释放储蓄空间，将中长期储蓄转化为专门的养老金融产品，根据不同地区的储蓄率水平推进差异化的多层次养老保障协同发展，成为重要的改革预期和制度优化方向。

一方面，中国人民币存款以住户存款居多，住户存款中定期及其他存款占比更大，如图 2 - 9 所示。从住户存款结构看，其占境内人民币存款总额的比重持续上升，至 2022 年已达 46.3%，较 2015 年提升近 7 个百分点；在住户存款内部，以定期及其他存款为主的存款份额占比较大，其占住户存款总额的比重接近 70%，如表 2 - 5 所示。相比代表流动性偏好的活期存款，定期存款的长期持有性、收益性和安全性相对有保障，能够视为准养老储蓄资产，并具备向年金型养老金融产品转化的条件。

**表 2 - 5　2015 ~ 2022 年中国住户存款及其结构**

单位：万亿元，%

| 年份 | 境内存款 | 住户存款 | 占境内存款比重 | 活期存款 | 占住户存款比重 | 定期及其他存款 | 占住户存款比重 |
|------|---------|---------|--------------|---------|--------------|--------------|--------------|
| 2015 | 139.1 | 55.2 | 39.7 | 20.6 | 37.3 | 34.6 | 62.7 |
| 2016 | 155.2 | 60.7 | 39.1 | 23.7 | 39.0 | 37.0 | 61.0 |
| 2017 | 168.2 | 65.2 | 38.8 | 25.3 | 38.8 | 39.9 | 61.3 |

---

①　《2021 年个人投资者状况调查报告》，深交所官网，2022 年 4 月 7 日，https：//investor. szse. cn/ institute/bookshelf/report/index. html。

续表

| 年份 | 境内存款 | 住户存款 | 占境内存款比重 | 活期存款 | 占住户存款比重 | 定期及其他存款 | 占住户存款比重 |
|------|---------|---------|--------------|---------|--------------|--------------|--------------|
| 2018 | 180.8 | 72.4 | 40.1 | 27.2 | 37.6 | 45.3 | 62.6 |
| 2019 | 196.2 | 82.1 | 41.9 | 29.9 | 36.4 | 52.3 | 63.7 |
| 2020 | 215.7 | 93.4 | 43.3 | 33.1 | 35.4 | 60.3 | 64.6 |
| 2021 | 235.8 | 103.3 | 43.8 | 34.8 | 33.7 | 68.6 | 66.4 |
| 2022 | 261.8 | 121.2 | 46.3 | 38.8 | 32.0 | 82.4 | 68.0 |

资料来源：根据中国人民银行"金融机构信贷收支统计"相关数据整理编制。

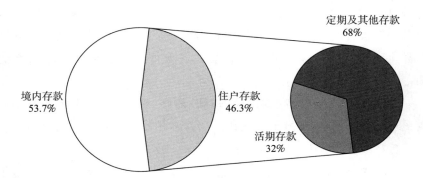

**图 2-9　2022 年中国存款结构**

资料来源：根据中国人民银行"金融机构信贷收支统计"相关数据整理编制。

另一方面，从区域发展的差异性来看，以绝对数衡量，2022 年人均住户存款指标中，北京市达到 26.78 万元，位居全国第一，第二为上海市，达 21.16 万元，浙江以 12.74 万元居全国第三，第四是江苏（10.72 万元），第五是山西（9.48 万元），第六是河北（9.31 万元）。[①] 与此同时，从按城镇居民人均可支配收入和人均消费支出差值占比来衡量的城镇居民储蓄率来看，近年来，全国城镇居民储蓄率平均水平维持在 36% 上下。2021 年，全国 31 个省（区、市）城镇居民储蓄率高于全国平均水平的有 15 个，分别为北京、广西、山西、江西、西藏、河北、陕西、内蒙古、安徽、浙江、上海、山东、河南、湖南、江苏，储蓄率集中在［37%，43%］的区间；

---

[①] 《京沪人均存款超过 20 万》，今日头条，2023 年 2 月 14 日，https://www.toutiao.com/article/7199576639641272847/？source＝seo_tt_juhe。

而低于全国水平的 16 个省（区、市），储蓄率集中在［27%，35%］的区间内，全国城镇储蓄率最低的黑龙江省与居首位的北京市相差 16 个百分点，如图 2 - 10 和表 2 - 6 所示。为此，根据不同地区的居民储蓄情况，合理推进第三支柱个人养老金制度试点，差异化探索激活养老金融市场，促进二、三次协同发展的制度优化路径，成为住户存款向多层次养老金计划转换的基本途径。

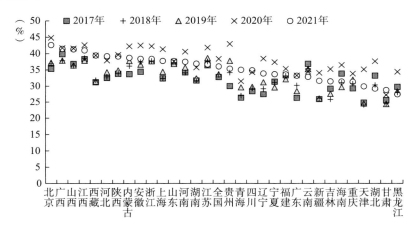

**图 2 - 10　2017 ~ 2021 年中国各省（区、市）城镇居民储蓄率分布情况**

注：居民储蓄率（%）=（居民人均可支配收入 - 居民人均消费支出）/居民人均可支配收入×100%。

资料来源：根据《中国统计年鉴（2022）》相关数据整理绘制。

**表 2 - 6　按 2021 年排序的 2017 ~ 2021 年全国 31 个省（区、市）城镇居民储蓄率水平**

单位：%

| 序号 | 地区 | 2017 年 | 2018 年 | 2019 年 | 2020 年 | 2021 年 |
|------|------|---------|---------|---------|---------|---------|
| 1 | 北京 | 35 | 37 | 37 | 45 | 43 |
| 2 | 广西 | 40 | 38 | 38 | 42 | 41 |
| 3 | 山西 | 37 | 36 | 36 | 42 | 41 |
| 4 | 江西 | 38 | 39 | 38 | 43 | 41 |
| 5 | 西藏 | 31 | 32 | 31 | 39 | 39 |
| 6 | 河北 | 33 | 33 | 34 | 38 | 39 |

续表

| 序号 | 地区 | 2017 年 | 2018 年 | 2019 年 | 2020 年 | 2021 年 |
|------|------|---------|---------|---------|---------|---------|
| 7 | 陕西 | 34 | 34 | 35 | 40 | 39 |
| 8 | 内蒙古 | 34 | 36 | 38 | 42 | 39 |
| 9 | 安徽 | 34 | 37 | 37 | 42 | 38 |
| 10 | 浙江 | 38 | 38 | 38 | 42 | 38 |
| 11 | 上海 | 32 | 32 | 34 | 41 | 38 |
| 12 | 山东 | 37 | 37 | 37 | 38 | 38 |
| 13 | 河南 | 34 | 34 | 36 | 41 | 38 |
| 14 | 湖南 | 32 | 32 | 32 | 36 | 37 |
| 15 | 江苏 | 36 | 38 | 39 | 42 | 37 |
| 0 | 全国 | 33 | 33 | 34 | 38 | 36 |
| 16 | 贵州 | 30 | 34 | 38 | 43 | 35 |
| 17 | 青海 | 26 | 27 | 30 | 32 | 35 |
| 18 | 四川 | 28 | 29 | 30 | 34 | 35 |
| 19 | 辽宁 | 27 | 29 | 31 | 38 | 34 |
| 20 | 宁夏 | 31 | 31 | 30 | 37 | 34 |
| 21 | 福建 | 33 | 33 | 32 | 35 | 34 |
| 22 | 广东 | 26 | 30 | 28 | 33 | 33 |
| 23 | 云南 | 37 | 35 | 35 | 34 | 33 |
| 24 | 新疆 | 26 | 26 | 26 | 34 | 32 |
| 25 | 吉林 | 29 | 26 | 28 | 35 | 31 |
| 26 | 海南 | 34 | 31 | 30 | 36 | 31 |
| 27 | 重庆 | 29 | 31 | 32 | 34 | 31 |
| 28 | 天津 | 25 | 24 | 25 | 35 | 30 |
| 29 | 湖北 | 33 | 30 | 30 | 38 | 29 |
| 30 | 甘肃 | 26 | 25 | 24 | 27 | 29 |
| 31 | 黑龙江 | 30 | 28 | 28 | 34 | 27 |

注：居民储蓄率（％）＝（居民人均可支配收入－居民人均消费支出）/居民人均可支配收入×100％。

资料来源：根据《中国统计年鉴（2022）》相关数据整理绘制。

**（三）稳健型中长期理财丰富了第三层次个人养老金制度的产品供给**

自 2018 年《关于规范金融机构资产管理业务的指导意见》（简称"资管新规"）过渡实施以来，由于产品净值化管理等规定，加之分业经营的理财子公司成立，债券市场大幅波动，近年来中国理财产品市场进行了调整优化。至 2022 年，其市场规模维持在 117.27 万亿元，涉及产品 6.41 万只，新发产品在资金规模上占有较大比重，2.94 万只产品涉及金额 89.62 万亿元（见表 2－7）。与家庭金融资产配置的其他方式相比，购买银行、证券和保险公司的理财产品，购买基金信托产品及股票，成为中国城镇居民位列前三的投资方式，其中，以理财产品的持有更为普遍，这一优先偏好人群占比，在被调查者中接近 50%（见图 2－11）。

表 2－7 2020～2022 年中国理财产品规模

单位：万只，万亿元

| 年份 | 产品合计 | | 新发产品 | | 存续产品 | |
|------|------|------|------|------|------|------|
| | 只数 | 金额 | 只数 | 金额 | 只数 | 金额 |
| 2020 | 10.8 | 150.42 | 6.9 | 124.56 | 3.9 | 25.86 |
| 2021 | 8.39 | 151.19 | 4.76 | 122.19 | 3.63 | 29 |
| 2022 | 6.41 | 117.27 | 2.94 | 89.62 | 3.47 | 27.65 |

注：由于资管新规的实施，2019 年及之前的数据公布口径与 2020 年之后存在差异，为体现改革后的现状趋势，故选择近期数据。

资料来源：根据中国理财网年度理财报告整理绘制。

理财产品作为一般性储蓄的替代和升级，正逐步向期限持有期长、收益稳健的净值型产品发展，这也为养老理财产品的创新扩容和第三支柱个人养老金制度的默认产品扩面提供了市场条件。

第一，持有理财产品的投资者数量逐年增长，且呈现区域分化。至 2022 年，中国持有理财产品的投资者数量已增至 9671 万个，是 2020 年的 2 倍有余；其中，理财产品市场机构投资者极少，主要以个人投资者为主，其数量已达9575.32 万人，约占总投资者的 99%，持有的理财产品资金规模约占 90%。[1] 从

---

[1] 银行业理财登记托管中心：《中国银行业理财市场年度报告（2022 年）》，中国理财网，2023 年 2 月 17 日，https://www.chinawealth.com.cn/resource/830/846/863/51198/52005/6432896/1676954220021774455537.pdf。

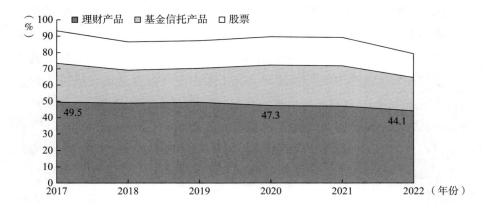

**图 2-11　2017～2022 年中国城镇储户偏爱的前三位投资方式**

注：各年度数据源自当年第四季度中国人民银行在全国 50 个城市针对全国 2 万户城镇储户进行的抽样问卷调查结果。

资料来源：根据中国人民银行 2017～2022 年《第四季度城镇储户问卷调查报告》相关数据整理绘制。

2020 年中国 31 个省（区、市）个人投资者持有理财产品的金额分布看，理财产品市场的发展基本与区域经济发展水平尤其是人均可支配收入水平密切相关，当年理财产品资金规模在全国位列前五的省份分别为浙江、江苏、山东、上海和广东，四川、北京、天津、河南、安徽理财产品市场也得到一定发展，然而，更广大的西部地区、部分南部地区和西南地区，理财产品市场规模有限。

第二，从理财产品的持有期限看，新发封闭式理财产品期限普遍提升，为养老理财产品的开发创新营造了良好的市场环境。2022 年，市场新发封闭式理财产品的加权平均期限为 339～581 天；2022 年 12 月，1 年期以上的封闭式产品存续规模占全部封闭式产品的比例为 72.60%（见图 2-12），比上年同期增长 9.64 个百分点；2021 年，90 天以内的短期封闭式理财产品实现清零。

第三，固定收益类理财产品和风险等级在中低级以下的产品仍然是理财产品的主流，这与跨生命周期的养老金融产品本质属性和风险收益要求相契合。相关数据显示，至 2022 年，固定收益类理财产品存续规模为 26.13 万亿元，占全部理财产品存续规模的比重达 94.50%，混合类和权益

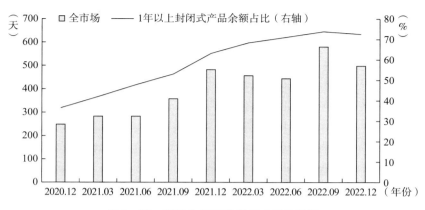

**图 2 - 12 理财市场新发封闭式产品期限**
资料来源：中国理财网年度理财报告。

类等产品的存续规模极小。① 与此同时，风险等级为二级（中低）及以下的理财产品存续规模为 24.54 万亿元，约占总体规模的 88.73%，较 2021 年同期增加 5.76 个百分点，而风险等级为四级（中高）和五级（高）的理财产品占比仅为 0.38%。②

## 五 弥补养老保障供需鸿沟是多层次养老保障协同发展的目标追求

从广义上看，多层次养老保障体系以管理老年风险、提高老年生活保障为目标，通过集中在"零支柱"体现的财政手段、在传统三支柱框架下体现的保险工具及养老金融配置、在第四支柱体现的家庭保障和精神慰藉等多种保障形式，将老年经济保障与服务保障有机整合。然而从狭义层面看，多层次养老保障体系最基础的功能则是防止老年贫困、为老年群体提供充足的老年经济收入。为此，以经济保障为核心，明确不同养老金计划和养老保障制度的功能定位，通过促进多层次养老保障协同发展弥补供需鸿沟，成为养老保障制度优化的重要目标。

---

① 银行业理财登记托管中心：《中国银行业理财市场年度报告（2022 年）》，中国理财网，2023 年 2 月 17 日，https://www.chinawealth.com.cn/resource/830/846/863/51198/52005/6432896/1676954220021774455537.pdf

② 银行业理财登记托管中心：《中国银行业理财市场年度报告（2022 年）》，中国理财网，2023 年 2 月 17 日，https://www.chinawealth.com.cn/resource/830/846/863/51198/52005/6432896/1676954220021774455537.pdf

目前，具有"普惠"属性的"零支柱"在老年救助、高龄老人津贴以及城乡居民养老保险的基础养老金和缴费补贴上，应补尽补，提供了相对充实的基本保障。从基本养老金转移支付情况看，① 2022 年财政预算数为10155.76 亿元，实际执行 9277.63 亿元，2023 年预算数为 10736.98 亿元，近两年财政投入平均水平约占中央对地方财政转移支付总额的 10.5%，② 并随着目标群体的变化而不断优化。养老保障第四支柱在全社会敬老爱老氛围的营造下，在政府公共服务均等化以及养老服务业和康养产业蓬勃发展的助推下不断得到强化。因此，驱动多层次协同发展的养老保障供需鸿沟主要体现在传统的三支柱架构内，包括基本养老保险替代率不足、企业年金覆盖面极低、个人养老金制度及相关养老金融产品持有人群有限等。

**（一）养老金水平对收入替代存在鸿沟**

**1. 全国养老金平均替代率水平不高，男女差异大**

中国第一层次基本养老保险制度经过三十余年的发展，已在城乡范围内实现制度统一，并覆盖法定就业人群、退休人群和广大城乡居民。为解决区域平衡和制度可持续性问题，中国基本养老保险全国统筹已于 2022 年正式实施。目前，第一层次养老保险的制度鸿沟，主要体现为养老金替代率的提升问题，如表 2-8 所示。从全国情况看，城镇企业职工月人均养老金从 2005 年的 714 元上涨至 2021 年的 3037 元，上涨 3 倍有余，在历年待遇调整的影响下，养老金逐年上涨。然而，从退休收入对就业人员工资收入及城镇居民可支配收入的替代来看，养老金水平呈现逐年下降的趋势，其替代率由 2005 年的 58% 下降至 2021 年的 43%，下降了 15 个百分点，与城镇居民月人均可支配收入的差距也从 2005 年的 160 元扩大到了 914 元。如果考虑性别差异，由于女性退休年龄早于男性、有效缴费期限更短，因此，大多数女性退休人员的养老金水平远低于全国平均线，替代率不足和养老金待遇鸿沟的严峻形势在女性退休者中表现得更为明显。

---

① 基本养老金转移支付主要包括企业职工养老保险补助经费（中西部地区、老工业基地）、城乡居民基本养老保险补助经费（东部地区 50%、中西部地区全额）和机关事业单位养老保险制度改革补助经费（中西部地区、老工业基地、京外中央单位）三部分。

② 《2022 年财政收支情况》，中国政府网，2023 年 1 月 31 日，https://www.gov.cn/xinwen/2023-01/31/content_5739311.htm。

表 2-8 2005~2021 年中国城镇企业职工养老金水平及其待遇差

| 年份 | 城镇企业职工月人均养老金（元） | 城镇居民月人均可支配收入（元） | 与月人均可支配收入的差距（元） | 城镇单位就业人员平均工资（元） | 养老金替代率（%） |
|---|---|---|---|---|---|
| 2005 | 714 | 874 | 160 | 1517 | 58 |
| 2012 | 1686 | 2047 | 361 | 3147 | 54 |
| 2017 | 2500 | 3033 | 533 | 5003 | 50 |
| 2020 | 2940 | 3652 | 712 | 6463 | 45 |
| 2021 | 3037 | 3951 | 914 | 7072 | 43 |

注：养老金替代率 = 养老金水平/工资水平；城镇单位就业人员平均工资 = （城镇非私营单位平均工资 + 城镇私营单位平均工资）/2；2005 年为直接数据。

资料来源：根据国家统计局数据库整理编制。

2. 养老金水平在地区间、城乡间、不同就业性质的劳动者间存在差异

从 2020 年全国 31 个省（区、市）的养老金待遇差距看，月人均养老金水平集中在［2622，4865］的区间内，低于全国平均水平的省市有 12 个，分别为云南、江西、甘肃、河南、黑龙江、贵州、安徽、四川、广西、海南、湖南、吉林等地；全国月人均养老金水平在 4000 元以上的省市仅有 4 个，分别是西藏、上海、北京、青海，涉及省份较少。

同时，受地区社会平均工资影响，同一省份养老金待遇水平与相对替代率的表现并不完全一致。如表 2-9 所示，月人均养老金最高的西藏，其养老金替代率处于全国排名第三的水平，为 64%，而养老金替代率以 71% 位居全国首位的山西，其月平均养老金为 3494 元，位居全国第六；上海和北京两市月人均养老金分别为 4467 元和 4365 元，位列全国第二、第三，然而，其养老金替代率却低于全国平均水平，仅为 43% 和 39%。因此，不同地区养老金水平的差距、同一地区养老金绝对水平与相对替代率之间的差距，均成为拓宽老年经济保障渠道、提高养老金总体替代率、推动多层次养老保障协同发展的重要动力来源。

此外，中国城乡居民养老保险由于采用"基础养老金 + 个人账户完全积累"的"半普惠"模式，依赖财政转移支付更多，个人缴费相对少，因此，养老金水平普遍较低，总体替代率严重不足。这也使得弥补城乡之间、就业人员与非就业居民之间、正规就业与非正规就业人员之间的养老金待遇鸿沟成为应时之需。

表 2 - 9  2020 年全国 31 个省（区、市）城镇企业职工养老金水平

| 序号 | 省（区、市） | 城镇企业职工月平均养老金（元） | 城镇单位就业人员月平均工资（元） | 养老金替代率（%） |
|---|---|---|---|---|
| 1 | 西藏 | 4865 | 7557 | 64 |
| 2 | 上海 | 4467 | 10501 | 43 |
| 3 | 北京 | 4365 | 11199 | 39 |
| 4 | 青海 | 4080 | 6155 | 66 |
| 5 | 浙江 | 3731 | 7049 | 53 |
| 6 | 山西 | 3494 | 4902 | 71 |
| 7 | 山东 | 3490 | 5970 | 58 |
| 8 | 天津 | 3412 | 7273 | 47 |
| 9 | 新疆 | 3360 | 5789 | 58 |
| 10 | 宁夏 | 3346 | 6140 | 54 |
| 11 | 江苏 | 3275 | 6977 | 47 |
| 12 | 广东 | 3218 | 7306 | 44 |
| 13 | 福建 | 3171 | 6116 | 52 |
| 14 | 重庆 | 3163 | 6229 | 51 |
| 15 | 陕西 | 3111 | 5469 | 57 |
| 16 | 内蒙古 | 3079 | 5537 | 56 |
| 17 | 河北 | 3075 | 5094 | 60 |
| 18 | 湖北 | 3028 | 5556 | 54 |
| 19 | 辽宁 | 2943 | 5228 | 56 |
| 20 | 云南 | 2931 | 5793 | 51 |
| 21 | 江西 | 2880 | 5294 | 54 |
| 22 | 甘肃 | 2845 | 5146 | 55 |
| 23 | 河南 | 2832 | 4874 | 58 |
| 24 | 黑龙江 | 2830 | 4718 | 60 |
| 25 | 贵州 | 2830 | 5692 | 50 |
| 26 | 安徽 | 2816 | 5768 | 49 |
| 27 | 四川 | 2813 | 5912 | 48 |

| 序号 | 省（区、市） | 城镇企业职工月平均养老金（元） | 城镇单位就业人员月平均工资（元） | 养老金替代率（%） |
|------|------|------|------|------|
| 28 | 广西 | 2749 | 5333 | 52 |
| 29 | 海南 | 2745 | 5750 | 48 |
| 30 | 湖南 | 2734 | 5428 | 50 |
| 31 | 吉林 | 2622 | 5005 | 52 |

注：城镇单位就业人员平均工资 =（城镇非私营单位平均工资 + 城镇私营单位平均工资）/2。

资料来源：根据《中国统计年鉴（2021）》相关数据绘制。

**3. 养老金整体替代率水平需与经济发展同步并抵御通胀风险**

前文分析的养老金绝对水平和替代率，通常表现为名义收入，在考虑经济增长和通胀因素的自动待遇调整机制尚未建立健全的情况下，养老金实际收入水平和替代率水平将更低。

如图 2 - 13 所示，受经济周期影响，中国 GDP 增速和通胀水平也呈现周期性变化，2017 年到 2021 年近五年来，中国 GDP 增速和通胀率年均水平分别维持在 6% 和 3%，但不同年份间仍存在较大差值的波动。与此相对应，基本退休收入保障通常具有福利刚性的特征，为保持社会稳定、缓解老年贫困风险，基本养老金绝对水平通常是稳步向上的增长趋势，不会出现较大波动。因此，激活补充养老保障通道、拓展老年经济保障资源，有助于养老金实际水平的稳定和提升。

**（二）企业年金目标群体覆盖存在鸿沟**

目前在中国由雇主举办的第二层次年金计划中，以机关事业单位工作人员为参保对象的职业年金为强制性制度，以广大企业及其员工为目标群体的企业年金为自愿性养老金计划，国家鼓励有条件的企业建立。然而，长期以来，中国企业年金覆盖面一直局限在极小的企业类型中，这一制度的天然优势未能得到充分发挥，现有覆盖面与潜在目标群体之间存在较大鸿沟。

**1. 集合年金计划的庞大潜在需求尚未实现转化**

作为与职业、行业、人员激励和雇主关联的补充养老金计划，企业年金尤其是集合年金计划，在中国有着庞大的目标群体。如表 2 - 10 所示，相关数据显示，截至 2021 年底，全国登记在册的市场主体已达 1.54 亿户，其中，企

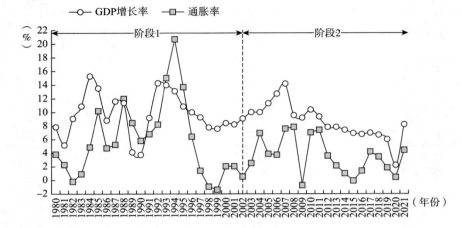

**图 2 - 13   1980 ~ 2021 年中国经济增速及其通胀水平**

注："通胀率"即按 GDP 平减指数衡量的通货膨胀率（年通胀率）。

资料来源：根据世界银行数据库相关指标整理绘制。

业 4842.3 万户，个体工商户 1.03 亿户；从结构上看，个体工商户占市场主体总量的 67.1%，登记在册小微企业 4034 万户，占企业总量的 83.3%；中国企业占市场主体比重从 2012 年到 2021 年长期维持在 [24.9%，31.5%] 的水平，民营企业长期是企业中的绝大多数。然而，对比中国企业年金的发展不难发现，由于缺乏适应新业态和非正规就业趋势的集合年金计划扩面，依托大企业建立起来的单一年金计划不论是企业户数还是覆盖职工范围，新增都极其有限，且年度增长呈无序状态，建立年金企业的户数占全部企业数从 2012 年的 0.4% 一直降到了 2021 年的 0.24%，造成了庞大的潜在需求与固化的市场供给之间的严重错位和极度不平衡。

**表 2 - 10   2007 ~ 2021 年中国市场主体与企业年金发展情况**

| 年份 | 全国市场主体（企业、个体工商户、农民专业合作社）（亿户） | 全国企业占市场主体比重（%） | 民营企业占全国企业比重（%） | 建立年金企业 | | | | |
| --- | --- | --- | --- | --- | --- | --- | --- | --- |
| | | | | 户数（万户） | 增速（%） | 占全国企业比重（%） | 缴费职工数（万人） | 增速（%） |
| 2007 | – | – | – | 3.2 | – | – | – | – |
| 2012 | 0.55 | 24.9 | 79.40 | 5.47 | 21.8 | 0.40 | 1846.55 | 17.1 |

续表

| 年份 | 全国市场主体（企业、个体工商户、农民专业合作社）（亿户） | 全国企业占市场主体比重（%） | 民营企业占全国企业比重（%） | 建立年金企业 | | | | |
|---|---|---|---|---|---|---|---|---|
| | | | | 户数（万户） | 增速（%） | 占全国企业比重（%） | 缴费职工数（万人） | 增速（%） |
| 2013 | 0.61 | 25.2 | 82.10 | 6.61 | 20.8 | 0.43 | 2056.29 | 11.4 |
| 2014 | 0.69 | 26.2 | 85.00 | 7.43 | 12.4 | 0.41 | 2292.78 | 11.5 |
| 2015 | 0.77 | 28.2 | 87.30 | 7.55 | 1.6 | 0.35 | 2316.22 | 1.0 |
| 2016 | 0.87 | 29.8 | 88.90 | 7.63 | 1.1 | 0.29 | 2324.75 | 0.4 |
| 2017 | 0.98 | 30.9 | 89.90 | 8.04 | 5.4 | 0.27 | 2331.39 | 0.3 |
| 2018 | 1.1 | 31.5 | 90.50 | 8.74 | 8.7 | 0.25 | 2388.17 | 2.4 |
| 2019 | 1.23 | 31.3 | 91.10 | 9.6 | 9.8 | 0.25 | 2547.94 | 6.7 |
| 2020 | 1.38 | 31.3 | 91.80 | 10.52 | 9.6 | 0.24 | 2717.53 | 6.7 |
| 2021 | 1.54 | 31.4 | 92.10 | 11.75 | 11.7 | 0.24 | 2875.24 | 5.8 |

注：基于《关于做好原有企业年金移交工作的意见》（劳社部发〔2007〕12号）的实施，表中企业年金户数以2007年为基点；2012年开始，分地区数据公布。

资料来源：根据国家市场监督管理总局相关数据和人力资源和社会保障部《全国企业年金基金业务数据摘要》整理编制。

**2. 企业年金在地方企业中扩面不足**

从地方发展和区域平衡来看，企业年金建立户数和资产权重主要集中于在人社部备案的中央企业和单一年金计划中，地方企业及其员工享有年金计划严重不足，如表2-11所示。2013~2021年，全国建立企业年金计划由66120个上升至117529个，增长77.8%，而这近10年间，在人社部备案的中央企业单一年金计划却增长近五倍，占全国建立年金企业总数的比重由2013年的7.35%上升至2021年的24.07%。

建立年金计划的地方企业长期集中在厦门、上海、广东、江苏、广西、北京、浙江、山东、福建等沿海或经济活跃度较高的地区。同时，从企业年金计划个数和资产金额的匹配度来看，各地建立年金计划的企业结构并不相同。厦门、广西等企业年金计划个数位居全国前列的地区，其年金资产在全国的权重并不占优势，中小企业的活跃度相对较高；而山西、陕西等年金资产权重在全国占有相对优势的地区，企业年金计划个数占比相对低，年金计划集中于地方性大企业，经济活跃度相对不足。

以上路径依赖和企业年金覆盖面固化的现状，表明了央地之间、地区与地区之间多层次养老保障体系发展的不平衡和制度鸿沟。

表 2 – 11　2013 年与 2021 年中国企业年金区域发展情况对比

| 类别 | 位次 | | 户数（个） | 权重（%） | 位次 | | 户数（个） | 权重（%） | 位次 | | 资产金额（万元） | 权重（%） |
|---|---|---|---|---|---|---|---|---|---|---|---|---|
| | | | 2013 年 | | | | 2021 年 | | | | 2021 年 | |
| 一类区域 5 个（权重≥5%） | 1 | 厦门 | 11655 | 17.63 | 1 | 人社部 | 27807 | 24.07 | 1 | 人社部 | 15005.61 | 56.83 |
| | 2 | 上海 | 8551 | 12.93 | 2 | 厦门 | 12299 | 10.65 | 2 | 上海 | 1122.86 | 4.25 |
| | 3 | 广东 | 6153 | 9.31 | 3 | 上海 | 10757 | 9.31 | 3 | 北京 | 971.31 | 3.68 |
| | 4 | 人社部 | 4860 | 7.35 | 4 | 北京 | 5435 | 4.70 | 4 | 江苏 | 698.67 | 2.65 |
| | 5 | 江苏 | 3683 | 5.57 | 5 | 广东 | 5116 | 4.43 | 5 | 广东 | 685.87 | 2.60 |
| 二类区域 16 个（1%≤权重<5%） | 6 | 广西 | 2778 | 4.20 | 6 | 江苏 | 4694 | 4.06 | 6 | 山东 | 621.25 | 2.35 |
| | 7 | 北京 | 2689 | 4.07 | 7 | 浙江 | 4507 | 3.90 | 7 | 浙江 | 546.21 | 2.07 |
| | 8 | 河南 | 2588 | 3.91 | 8 | 广西 | 3707 | 3.21 | 8 | 山西 | 525.98 | 1.99 |
| | 9 | 山东 | 2558 | 3.87 | 9 | 山东 | 3614 | 3.13 | 9 | 陕西 | 485.02 | 1.84 |
| | 10 | 浙江 | 2098 | 3.17 | 10 | 福建 | 2640 | 2.29 | 10 | 安徽 | 475.93 | 1.80 |
| | 11 | 福建 | 1726 | 2.61 | 11 | 四川 | 2522 | 2.18 | 11 | 四川 | 452.49 | 1.71 |
| | 12 | 大连 | 1631 | 2.47 | 12 | 青岛 | 2476 | 2.14 | 12 | 福建 | 438.34 | 1.66 |
| | 13 | 青岛 | 1553 | 2.35 | 13 | 深圳 | 2374 | 2.05 | 13 | 深圳 | 402.25 | 1.52 |
| | 14 | 深圳 | 1305 | 1.97 | 14 | 安徽 | 2369 | 2.05 | 14 | 湖北 | 379.97 | 1.44 |
| | 15 | 天津 | 1222 | 1.85 | 15 | 云南 | 1967 | 1.70 | 15 | 河南 | 345.06 | 1.31 |
| | 16 | 辽宁 | 1124 | 1.70 | 16 | 河南 | 1897 | 1.64 | 16 | 云南 | 324.09 | 1.23 |
| | 17 | 湖北 | 987 | 1.49 | 17 | 天津 | 1895 | 1.64 | 17 | 河北 | 297.5 | 1.13 |
| | 18 | 安徽 | 972 | 1.47 | 18 | 湖北 | 1689 | 1.46 | 18 | 湖南 | 279.35 | 1.06 |
| | 19 | 四川 | 932 | 1.41 | 19 | 陕西 | 1627 | 1.41 | 19 | 辽宁 | 236.93 | 0.90 |
| | 20 | 江西 | 693 | 1.05 | 20 | 江西 | 1526 | 1.32 | 20 | 江西 | 220.87 | 0.84 |
| | 21 | 黑龙江 | 658 | 1.00 | 21 | 大连 | 1521 | 1.32 | 21 | 内蒙古 | 208.19 | 0.79 |
| 三类区域 17 个（权重<1%） | 22 | 山西 | 630 | 0.95 | 22 | 辽宁 | 1510 | 1.31 | 22 | 贵州 | 205.95 | 0.78 |
| | 23 | 云南 | 626 | 0.95 | 23 | 山西 | 1504 | 1.30 | 23 | 甘肃 | 188.86 | 0.72 |
| | 24 | 河北 | 590 | 0.89 | 24 | 重庆 | 1390 | 1.20 | 24 | 天津 | 173.59 | 0.66 |

续表

| 类别 | 2013 年 | | | | 2021 年 | | | | 2021 年 | | | |
|---|---|---|---|---|---|---|---|---|---|---|---|---|
| | 位次 | | 户数（个） | 权重（%） | 位次 | | 户数（个） | 权重（%） | 位次 | | 资产金额（万元） | 权重（%） |
| 三类区域 17 个（权重 < 1%） | 25 | 新疆 | 470 | 0.71 | 25 | 新疆 | 1341 | 1.16 | 25 | 重庆 | 161.81 | 0.61 |
| | 26 | 宁波 | 436 | 0.66 | 26 | 河北 | 1311 | 1.13 | 26 | 广西 | 154.65 | 0.59 |
| | 27 | 陕西 | 422 | 0.64 | 27 | 黑龙江 | 1299 | 1.12 | 27 | 新疆 | 134.21 | 0.51 |
| | 28 | 内蒙古 | 379 | 0.57 | 28 | 湖南 | 1217 | 1.05 | 28 | 吉林 | 133.91 | 0.51 |
| | 29 | 重庆 | 367 | 0.56 | 29 | 内蒙古 | 1113 | 0.96 | 29 | 黑龙江 | 132.15 | 0.50 |
| | 30 | 贵州 | 348 | 0.53 | 30 | 贵州 | 912 | 0.79 | 30 | 厦门 | 97.84 | 0.37 |
| | 31 | 吉林 | 325 | 0.49 | 31 | 甘肃 | 890 | 0.77 | 31 | 青岛 | 62.96 | 0.24 |
| | 32 | 湖南 | 307 | 0.46 | 32 | 吉林 | 716 | 0.62 | 32 | 青海 | 51.1 | 0.19 |
| | 33 | 甘肃 | 302 | 0.46 | 33 | 宁波 | 526 | 0.46 | 33 | 宁夏 | 48.35 | 0.18 |
| | 34 | 海南 | 216 | 0.33 | 34 | 宁夏 | 488 | 0.42 | 34 | 大连 | 47.75 | 0.18 |
| | 35 | 宁夏 | 163 | 0.25 | 35 | 海南 | 354 | 0.31 | 35 | 宁波 | 33.05 | 0.18 |
| | 36 | 青海 | 109 | 0.16 | 36 | 青海 | 325 | 0.28 | 36 | 海南 | 28.57 | 0.11 |
| | 37 | 西藏 | 12 | 0.02 | 37 | 兵团 | 154 | 0.13 | 37 | 兵团 | 15.22 | 0.06 |
| | 38 | 兵团 | 2 | 0.00 | 38 | 西藏 | 40 | 0.03 | 38 | 西藏 | 12.7 | 0.05 |

注：（1）企业年金分地区数据 2012 年开始公布，2013 年开始单独呈现厦门、宁波、青岛等单列市情况，故表中数据选取 2013 年数据作为基点；（2）人力资源和社会保障部（人社部）一栏为在人社部备案的单一计划中央企业，各省（区、市）统计的为当地企业。

资料来源：根据人力资源和社会保障部《全国企业年金基金业务数据摘要》整理编制。

### （三）个人养老储蓄与养老金融参与存在鸿沟

有别于第一层次法定养老保险而与第二层次企业年金类似，第三层次的个人税收递延型养老保险、其他商业性养老保险和年金险、养老理财、养老基金、养老储蓄等能够为个人和家庭提供多样化选择的养老金融产品和养老储蓄制度安排，仍然面临参与者少、市场发展滞后的问题，是多层次养老保障协同发展的短板。

1. 商业养老保险发展不足，保险深度和密度低①

专门的商业养老保险在中国发展时间短，目前尚处于全国试点阶段，

---

①　保险深度指地区内保费收入总和占当地生产总值的比例；保险密度指地区内人均保费。

因此，以具备同类属性的人身保险为参照，测度其市场结构和发展水平。

（1）市场集中度高，市场主体发展不均衡、不充分

一方面，从人寿保险涉及的具体类别看，分红险、投连险和万能险能够为待遇领取人提供一定保障的现金流，普通寿险更多包含生死两全的产品设计，同样具有年金因素，因此，通过分析其市场结构和发展水平，笔者对商业性养老保险做出市场预判。2019年相关数据显示，中国91家人身险公司（包含4家专门性养老保险公司）经营寿险产品，年度保费收入21121.51亿元，保险深度2.13%；若以当年7.75亿就业人员数为衡量标准，保险密度为2725元/人；以全国人口数为衡量，则保险密度降至1509元/人，保险密度和保险深度呈现双低的现状。同时，从市场集中度看，91家公司中，当年保费排名前十的公司合计保费金额占总寿险保费的71%，市场集中度极高。其中，泰康养老、平安养老、大家养老、太平养老的四家专门性养老保险公司的合计保费额仅为1943亿元（泰康养老贡献62%），占寿险总保费的比重不足0.1%。[①]

另一方面，立足医养结合的关联性和产品的替代性看，2019年健康保险实现保费收入4974.05亿元，保险深度0.5%，若以当年7.75亿就业人员数为衡量标准，保险密度为642元/人；以全国人口数为衡量，则保险密度降至355元/人，保险密度和保险深度比寿险更低。从市场集中度看，91家公司中，当年保费排名前十的公司合计保费金额占健康险总保费收入的80%，市场集中度高出寿险市场近10个百分点。其中，人保健康、平安健康、昆仑健康、和谐健康、瑞华健康五家专门性健康险公司保费收入合计17096亿元，仅占健康险保费总额的3.4%。[②]

（2）区域发展不平衡，极化现象严重

如表2-12所示，从各地区的人身保险市场发展情况看，保险密度位居全国前二的深圳和北京两市，是唯有的两个保费密度超过7000元的城市，与位列第三和第四的上海、大连存在较大差距。而从全国普遍的情况看，19个省（区、市）的保险密度不足2000元，其中，青海、云南、广西、贵州、西藏低于1000元，全国保险密度最低的为西藏（339元）。保险深度

---

① 《中国保险年鉴2020》，《中国保险年鉴》社，2020。
② 《中国保险年鉴2020》，《中国保险年鉴》社，2020。

上，全国没有超过 5% 的地区，最高为甘肃 4.9%，最低为西藏 0.7%，其次是贵州 1.6%。

表 2－12　2019 年中国各地区人身保险密度和深度

| 序号 | 地区 | 保险密度（元/人） | 保险深度（%） | 序号 | 地区 | 保险密度（元/人） | 保险深度（%） |
|---|---|---|---|---|---|---|---|
| 1 | 深圳 | 7608 | 3.8 | 19 | 四川 | 1950 | 3.5 |
| 2 | 北京 | 7236 | 4.4 | 20 | 福建 | 1923 | 1.9 |
| 3 | 上海 | 4922 | 3.1 | 21 | 吉林 | 1905 | 4.2 |
| 4 | 大连 | 4050 | 4.1 | 22 | 河北 | 1866 | 4.0 |
| 5 | 青岛 | 3789 | 3.1 | 23 | 宁夏 | 1864 | 3.5 |
| 6 | 江苏 | 3481 | 2.8 | 24 | 山西 | 1759 | 3.9 |
| 7 | 厦门 | 3447 | 2.5 | 25 | 辽宁 | 1722 | 3.7 |
| 8 | 浙江 | 3037 | 3.0 | 26 | 新疆 | 1700 | 3.2 |
| 9 | 天津 | 2982 | 3.3 | 27 | 湖南 | 1443 | 2.5 |
| 10 | 广东 | 2981 | 3.8 | 28 | 海南 | 1390 | 2.5 |
| 11 | 宁波 | 2462 | 1.8 | 29 | 安徽 | 1300 | 2.2 |
| 12 | 山东 | 2289 | 3.5 | 30 | 江西 | 1232 | 2.3 |
| 13 | 湖北 | 2245 | 2.9 | 31 | 甘肃 | 1157 | 4.9 |
| 14 | 重庆 | 2208 | 2.9 | 32 | 青海 | 932 | 1.9 |
| 15 | 黑龙江 | 2111 | 5.3 | 33 | 云南 | 916 | 1.9 |
| 16 | 陕西 | 2103 | 3.2 | 34 | 广西 | 904 | 2.1 |
| 17 | 内蒙古 | 2035 | 3.0 | 35 | 贵州 | 734 | 1.6 |
| 18 | 河南 | 1970 | 3.5 | 36 | 西藏 | 339 | 0.7 |

资料来源：根据《中国保险年鉴 2020》相关数据整理编制。

2. 个人和家庭对第三层次的个人养老金计划及其他养老金融产品参与不足

基于中国家庭金融调查（CHFS）2019 年在全国 29 个省份的 345 个县（含区、县级市）针对 34643 户开展的抽样调查，筛选清理后东中西部地区样本数分别为 13906 户、9519 户、10077 户。将定期存款和理财等风险性较弱、具备一定资金保值增值功能的养老金融产品视为具备第三层次养老金融元素的准产品，从表 2 - 13 可以看出，定期存款是大多数家庭的金融资产安排，从东、中、西部地区的地域分界来看，其分别占家庭平均金融资产总和的 25.79%、28.66% 和 26.04%；中、西部地区对活期存款的持有，占家庭平均金融资产总和的比例要分别高出东部地区 12.72 个百分点和 13.57 个百分点；然而，东部地区理财产品的持有比例更高，其家庭资产在活期存款、定期存款和理财产品的分布上更为均衡。

整体而言，抽样调查仍然显示出家庭养老金融资产的安排缺失，第三层次产品创新不足，个人和家庭对第三层次的个人养老金计划及其他养老金融产品参与不够。

表 2 - 13　2019 年中国家庭金融资产分布及持有情况

单位：元，%

| 资产类别 | 东部 | | | 中部 | | | 西部 | | |
|---|---|---|---|---|---|---|---|---|---|
| | 均值 | 资产占比 | 持有人群占比 | 均值 | 资产占比 | 持有人群占比 | 均值 | 资产占比 | 持有人群占比 |
| 现金 | 9867 | 7.48 | 79.17 | 4734 | 11.54 | 75.89 | 5572 | 12.70 | 76.63 |
| 活期存款 | 33139 | 25.14 | 59.23 | 15533 | 37.86 | 51.12 | 16980 | 38.71 | 56.18 |
| 定期存款 | 33993 | 25.79 | 21.52 | 11757 | 28.66 | 13.64 | 11420 | 26.04 | 12.81 |
| 理财产品 | 32744 | 24.84 | 18.18 | 6058 | 14.77 | 9.87 | 5842 | 13.32 | 8.8 |
| 基金 | 2909 | 2.21 | 2.42 | 333 | 0.81 | 0.7 | 489 | 1.11 | 0.98 |
| 债券 | 672 | 0.51 | 0.46 | 228 | 0.55 | 0.18 | 58 | 0.13 | 0.13 |
| 股票 | 12529 | 9.50 | 6.77 | 2244 | 5.47 | 2.31 | 2661 | 6.07 | 2.03 |
| 衍生品 | 45 | 0.03 | 0.04 | 51 | 0.13 | 0.03 | 0 | 0.00 | 0 |
| 非人民币资产 | 5288 | 4.01 | 0.29 | 14 | 0.04 | 0.09 | 751 | 1.71 | 0.09 |
| 黄金 | 642 | 0.49 | 0.37 | 69 | 0.17 | 0.13 | 87 | 0.20 | 0.17 |

资料来源：根据中国家庭金融调查（CHFS）2019 年数据整理编制。

# 第三章 家庭人口结构影响下的居民养老储蓄与多层次养老保障体系优化

伴随经济的快速发展，中国人口结构也出现较大转变，老龄少子化与家庭规模小型化趋势明显。一方面，由于人民生活质量的不断提升，医疗技术和科技的快速发展，国民人均预期寿命不断延长，至 2021 年已提升至 78.2 岁[①]；中国老年人口占比持续上升，至 2021 年末，65 岁及以上老年人口超 2 亿，约占总人口的 14.2%，进入深度老龄化社会。另一方面，由于中国实施的阶段性计划生育政策以及育儿成本的增加，青年一代生育意愿持续下降，人口出生率严重下跌。为提高少儿人口占比，2016 年中国实施全面二孩政策，当年人口出生率实现小幅提升，从 2015 年的 11.99‰ 上升至 2016 年的 13.57‰；2020 年 8 月，中国实施全面三孩政策，人口出生率仍然降至 8.52‰，2022 年持续降至 6.77‰，首次出现近几十年来的负增长[②]；预计至 2030 年少儿占比将下降至 17% 左右。[③] 伴随老龄少子化的是家庭规模小型化，第三次全国人口普查数据显示，1982 年中国家庭规模为 4.41 人/户，而到了 2020 年，第七次全国人口普查数据显示，家庭规模骤减至 2.62 人/户。

在传统保障体系下，家庭人口结构的变化对家庭老年风险的积极应对

---

① 《2021 年我国卫生健康事业发展统计公报》，国家卫生健康委员会官网，2022 年 7 月 12 日，http://www.nhc.gov.cn/cms-search/xxgk/getManuscriptXxgk.htm？id=51b55216c2154332a660157abf28b09d。

② 《中华人民共和国 2022 年国民经济和社会发展统计公报》，国家统计局官网，2023 年 2 月 28 日，http://www.stats.gov.cn/sj/zxfb/202302/t20230228_1919011.html。

③ 《国家人口发展规划（2016—2030 年）》，中国政府网，2017 年 1 月 25 日，https://www.gov.cn/zhengce/content/2017-01/25/content_5163309.htm？eqid=b06d8e33000442b500000000264 8c2361。

提出了新的要求。国家更多地鼓励个人和家庭为充足的老年收入保障储蓄，并出台系列政策规范养老金融市场、丰富养老金融产品，积极推进第三支柱个人养老金制度发展，为家庭养老金融资产配置提供更多的市场化途径和保值增值方式。在前期个人延税型养老保险试点、专属商业养老保险试点和养老理财产品试点基础上，2021年11月，《中共中央、国务院关于加强新时代老龄工作的意见》发布，又一次明确完善多层次养老保障体系，促进和规范发展第三支柱养老保险。2022年4月，《国务院办公厅关于推动个人养老金发展的意见》发布，标志着个人养老金制度在中国正式建立。自愿参与的个人养老金账户资金可投资银行理财、储蓄存款、商业养老保险、公募基金等，并在每年12000元的限额内享受税收优惠。同年11月，《个人养老金实施办法》发布，并从11月25日起，在北京、上海、广州、西安、成都等36个城市（地区）启动试点，个人养老金制度正式进入实质性实施阶段。

本章正是在此背景下，以激活个人养老储蓄的体制机制创新为目标，拟梳理中国家庭人口结构变化及家庭金融资产配置现状，并通过测度家庭规模、少儿抚养比和老年抚养比与家庭养老资产持有情况的因果关系，预判个人及家庭进行养老储蓄的意愿和参与水平，从行为金融学的视角，提炼中国养老金融发展的优化路径，探索激活第三支柱个人养老金制度发展的激励机制和内在动因，以此营造积极老龄化的社会氛围，促进多层次养老保障体系协同发展。

## 一　家庭人口结构、居民养老储蓄与多层次养老保障协同发展

### （一）家庭、养老储蓄与养老保障体系的重要社会功能

从宏观经济运行和社会发展的广义视角看，人口结构的转变，将对经济社会发展产生持续而深远的影响，由于人口结构不仅内含最重要的年龄因素，也广泛涉及性别、婚姻、教育水平等多方面的差异，因此，人口因素对经济社会的影响乃至文化的重塑，也是全方位多层次的。宏观层面，学者们更为聚焦的问题在人口转变对投资、储蓄、增长的经济社会效应上，[1] 尤其关注人

---

[1]　王德文、蔡昉、张学辉：《人口转变的储蓄效应和增长效应——论中国增长可持续性的人口因素》，《人口研究》2004年第5期。

口老龄化对宏观经济的影响。[①]

社会养老保障体系，作为重要的风险管理手段和国家治理工具，扮演着社会"稳定器"和"安全阀"的重要角色，其制度演变也与家庭储蓄、投资结构和金融体系及其结构变化有着密切的关联。[②] 有学者依据人口老龄化初期、高老龄化和超老龄化三个层次，提出包含代际转移现收现付的横向养老保障收入再分配、个人生命周期养老保障纵向收入再分配、社会养老保障综合收入再分配的三维养老结构设计，以探索人口老龄化层次提升与三维养老保障结构优化的联动发展规律，并指出在老龄化初期，一维养老保障可以实现适度水平；在高老龄化层次，需要一维加二维；在超老龄化层次，则需三维养老保障叠加。[③] 这与多层次养老保障协同发展的基本路径相一致，也是各国强化个人养老储蓄，在基本养老保障基础上强化二、三支柱补充养老保障体系发展的人口动因。

家庭，作为社会最基本的单元，是微观主体参与经济社会活动的集中体现，家庭规模及其年龄结构等因素也影响着家庭金融资产配置、养老资源安排等重要决策，影响着多层次养老保障体系的运行和经济社会发展。

**（二）家庭人口结构、社会保障参与和储蓄投资偏好的关联**

家庭人口结构、社会保障参与、储蓄投资偏好三者的互动关系主要体现在以下四个方面。

一是人口预期寿命延长、人口结构改变对社会制度建设提出了更高的要求。随着医疗条件的改善和技术进步，健康状况较差的老年人也能实现高龄生存，人们的预期寿命普遍延长，高龄老人客观量测的躯体功能和认知功能却呈现显著下降的趋势，这也给社会和亿万家庭带来严峻挑战，经济社会发展和人类寿命提高带来正效应的同时，也会产生一定成本，需要整个社会和万千家庭对养老保障的整合和重建。[④] 人口预期寿命延长也提高

---

① 翟振武、郑睿臻：《人口老龄化与宏观经济关系的探讨》，《人口研究》2016 年第 2 期。

② 袁志刚、张冰莹：《养老体系、家庭资产需求与金融结构研究》，《复旦学报》（社会科学版）2020 年第 4 期。

③ 穆怀中：《一维到三维：人口老龄化层次提升与养老保障结构优化》，《中国软科学》2023 年第 1 期。

④ 曾毅、冯秋石：《中国高龄老人健康状况和死亡率变动趋势》，《人口研究》2017 年第 4 期。

了中国的国民储蓄率;不考虑时间效应,幼年人口负担比提高可能会减少国民储蓄率,而老年人口负担比提高可能会增加国民储蓄率;考虑时间效应,幼年人口负担比提高则会增加国民储蓄率,老年人口负担比提高则将减少国民储蓄率。[①]

二是人口老龄化对家庭养老金融资产的配置和养老储蓄行为的影响。一方面,中国家庭金融资产结构受家庭人口年龄结构影响明显,尤其随着家庭户主年龄超过 60 岁或整个家庭超过 60 岁老龄人口比重的增加,家庭对风险资产投资的参与会显著下降,家庭人口老龄化导致其无风险资产配置比重上升。[②] 具体而言,户主年龄对家庭投资股票、基金等风险资产的可能性以及投资深度的影响可能呈倒 U 形曲线,对银行储蓄投资的影响正向显著,而低风险债券类产品投资决策未表现出明显的生命周期特征;拥有更多金融财富和更高受教育程度的家庭,更有可能参与更多的投资项目,房产对基金、股票投资的影响以"助推"效应为主,而对收入的影响可能呈现先增后减的"钟"形分布。[③] 家庭人口老龄化对人身保险需求可能起到抑制作用,家庭少儿人口占比与家庭人身保险需求则呈正相关。[④]

另一方面,老年人群的储蓄投资行为也随着不同的老年阶段呈现差异化特征。由于退休之后面临收入减少的冲击,此时多数家庭资产积累也达到一个高点,仍然会继续对储蓄和投资做出决策。研究发现,退休不会造成家庭风险性金融资产配置比例的显著变化,但会引起风险资产种类构成的明显变动,现金、股票和基金在家庭金融资产中所占比重显著下降,银行存款、理财产品和借出款所占比重则显著上升。[⑤] 除了养老储蓄的预防动

① 范叙春、朱保华:《预期寿命增长、年龄结构改变与我国国民储蓄率》,《人口研究》2012年第 4 期。

② 陈丹妮:《人口老龄化对家庭金融资产配置的影响——基于 CHFS 家庭调查数据的研究》,《中央财经大学学报》2018 年第 7 期;齐明珠、张成功:《人口老龄化对居民家庭投资风险偏好的影响》,《人口研究》2019 年第 1 期。

③ 李丽芳、柴时军、王聪:《生命周期、人口结构与居民投资组合——来自中国家庭金融调查(CHFS)的证据》,《华南师范大学学报》(社会科学版)2015 年第 4 期。

④ 樊纲治、王宏扬:《家庭人口结构与家庭商业人身保险需求——基于中国家庭金融调查(CHFS)数据的实证研究》,《金融研究》2015 年第 7 期。

⑤ 贾男:《老龄化背景下退休对城镇家庭金融资产选择的影响——基于模糊断点回归设计》,《统计研究》2020 年第 4 期。

机，中国 55 岁及以上（准）老年人家庭的金融资产积累基于遗产动机的因素也一定程度存在。①

三是少儿人口生育和抚养对家庭养老金融资产的配置和养老储蓄行为的影响。家庭收入、规模大小、户主年龄和家庭不同年龄人口占比等家庭人口结构变量对消费结构和储蓄率均存在一定影响。中国城镇和农村家庭的户主年龄与储蓄率略呈 U 形结构，家庭微观储蓄率与经典的生命周期假设不一致。②

家庭人口结构影响风险资产选择的机制在于，成年个体将抚养子女视为一种"投资"行为，为给子女创造良好环境，更愿意奋斗和承担风险；与之相反，赡养老人则更多被视为一种"回报"行为，使成年个体承担风险的意愿递减。成年个体在抚养子女和赡养老年人方面的不同动机将影响风险偏好，进而影响风险资产选择。少儿人口占比的上升可能提高金融市场参与以及风险资产配置比重。③ 二孩生育对家庭金融资产配置行为也可能产生正向影响，孩子数量增多使家庭即期和预期支出增加，从而使家庭面临流动性需求，为获得更多财富积累，家庭可能更倾向于投资回报较高的资产，从而增加了当期金融资产的配置。④

四是社会保障、文化传统、伦理道德等因素对家庭养老金融资产的配置和养老储蓄行为的影响。参与社会养老保险在很大程度上可能增加普通家庭投资风险金融资产的概率和风险金融资产配额，以优化资源配置，这种正向影响在净资产较低的家庭中表现更为明显。⑤ 通常家庭人口年龄结构老化程度越高，家庭成员参加社会养老保险的比例越高，该效应城市高于农村；家庭人口年龄结构老化程度越高，家庭持有风险性金融资产的概率

---

① 蔡桂全、张季风：《中国老年人家庭储蓄成因的实证研究——基于遗产动机的视角》，《人口学刊》2020 年第 4 期。

② 倪红福、李善同、何建武：《人口结构变化对消费结构及储蓄率的影响分析》，《人口与发展》2014 年第 5 期。

③ 蓝嘉俊、杜鹏程、吴泓苇：《家庭人口结构与风险资产选择——基于 2013 年 CHFS 的实证研究》，《国际金融研究》2018 年第 11 期。

④ 贾男、周颖、杨天池：《二孩生育对家庭金融资产配置有何影响——数量效应与政策效应评估》，《财经科学》2021 年第 1 期。

⑤ 吴洪、徐斌、李洁：《社会养老保险与家庭金融资产投资——基于家庭微观调查数据的实证分析》，《财经科学》2017 年第 4 期。

和比重越低，社会养老保险对家庭其他风险资产产生收入效应和替代效应，家庭收入较低时，替代效应较大。①

此外，文化传统、伦理道德和信念体系等非正规制度也会对微观经济主体的经济行为产生较大影响。② 家庭金融资产总量的快速增加必然带动家庭保险消费需求的不断增长，然而这一被国际经验证明了的保险理论，尚未在中国得到证实。③ 儒家文化对中国居民消费、储蓄和代际支持等经济行为有着潜在的影响，家庭和家族作为经济互助、互保、风险共担的组织，在养老保障中有着重要作用。家庭作为养老制度安排的载体同样也具有内在缺陷，应建立健全金融保险市场，以市场化手段提供有保障的养老安排，并分离出家庭的经济功能，使其成为市场保险的补充和丰富，从而使家庭成员之间的关系和家庭结构更趋稳定。④

## 二 中国家庭人口结构与家庭金融资产配置现状

### （一）中国家庭人口发展趋势

1. 家庭规模小型化趋势明显

中国家庭规模小型化趋势明显，自 1982 年计划生育政策实施后中国家庭平均人口数逐年下降，如表 3 - 1 所示，2020 年，中国家庭户均人口不足 3 人，为 2.62 人/户，相比 1982 年计划生育政策实行之初的 4.41 下降了 40.6%。2016 年全面二孩政策实施，但户均家庭人口数的下降趋势仍然持续，相比 2010 年第六次人口普查时约 3 人/户的家庭规模，2020 年平均家庭规模下降至 2.62 人/户，下降了 12.7%。除了前期生育政策的阶段性效应，生育观念、育儿成本、经济因素等，也从多方面影响着"大家庭"的解体，呈现小型化的明显趋势。

---

① 蹇滨徽、徐婷婷：《家庭人口年龄结构、养老保险与家庭金融资产配置》，《金融发展研究》2019 年第 6 期。

② 林义：《文化与社会保障改革发展漫谈》，《中国社会保障》2012 年第 3 期。

③ 李丽芳、柴时军、王聪：《生命周期、人口结构与居民投资组合——来自中国家庭金融调查（CHFS）的证据》，《华南师范大学学报》（社会科学版）2015 年第 4 期。

④ 孙涛、黄少安：《非正规制度影响下中国居民储蓄、消费和代际支持的实证研究——兼论儒家文化背景下养老制度安排的选择》，《经济研究》2010 年第 1 期。

表3－1 1982～2020年中国家庭平均人口数及规模演变

单位：人／户

| 年份 | 家庭平均规模 | 年份 | 家庭平均规模 |
|---|---|---|---|
| 1982 | 4.41 | 2010 | 3.10 |
| 1995 | 3.70 | 2020 | 2.62 |
| 2000 | 3.44 | — | — |

资料来源：根据历年《中国人口统计年鉴》相关数据整理绘制。

同时，结合本章拟用于实证研究的样本数据中国家庭金融调查（CHFS）最新发布的2019年微观数据和多年调查情况看，[①] 样本数据呈现的家庭人口结构特征与统计年鉴的结构化数据和普查数据基本吻合。表3－2为样本数据年龄及性别分布特征。将家庭以1～3人为小型、4～6人为中型、7人及以上为大型的标准分类，不同调查年度样本数据的不同类别家庭占比呈现一致性变化，即小型家庭占比增加，从2011年的57.53%增加至2019年的67.36%，近十年间占比提升约10个百分点；占比居中的中型家庭有所降低，从2011年的38.92%下降至2019年的30%；7人及以上的大型家庭在抽样调查样本中占比极小，2011年约为3.56%，2019年下降至2.64%，如表3－3所示。从样本数据的家庭规模分布来看，仍以2人户和3人户家庭居多，两者占比之和接近60%，如表3－4所示。

表3－2 抽样调查数据特征

单位：%

| | 户主年龄分布 | 家庭平均年龄分布 | 性别 | 户主性别分布 | 全样本性别分布 |
|---|---|---|---|---|---|
| 年龄＜35岁 | 6.59 | 24.75 | 男性 | 75.21 | 50.56 |
| 35岁≤年龄＜50岁 | 24.76 | 29.46 | | | |

---

① 中国家庭金融调查（CHFS），在全国29个省（自治区、直辖市）开展抽样调查，内容涉及家庭金融资产与负债、收入及消费、社会保障与保险、人口特征和劳动就业等。从2011年开始持续多年，每两年调查一次。当前可使用的最新数据为2019年调查数据，调查样本量34643户，样本覆盖全国29个省，345个县（含区、县级市），具有一定代表性。

| | 户主年龄分布 | 家庭平均年龄分布 | 性别 | 户主性别分布 | 全样本性别分布 |
|---|---|---|---|---|---|
| 50 岁≤年龄＜65 岁 | 38.07 | 23.35 | 女性 | 24.79 | 49.44 |
| 65 岁≥年龄 | 30.55 | 22.42 | | | |

资料来源：根据中国家庭金融调查（CHFS）2019 年数据整理编制。

表 3 – 3　2011～2019 年不同类型家庭占比

单位：%

| 年份 | 小型家庭 | 中型家庭 | 大型家庭 |
|---|---|---|---|
| 2011 | 57.53 | 38.92 | 3.56 |
| 2013 | 57.85 | 38.22 | 3.93 |
| 2015 | 55.71 | 39.38 | 4.91 |
| 2017 | 65.53 | 31.70 | 2.76 |
| 2019 | 67.36 | 30.00 | 2.64 |

资料来源：根据中国家庭金融调查（CHFS）历年数据整理编制。

表 3 – 4　家庭规模分布

单位：户，%

| 家庭规模 | 占比 | 家庭规模 | 占比 |
|---|---|---|---|
| 1 | 9.78 | 5 | 9.21 |
| 2 | 35.07 | 6 | 6.14 |
| 3 | 22.54 | 7 | 1.76 |
| 4 | 14.64 | 大于 7 | 0.87 |

资料来源：根据中国家庭金融调查（CHFS）2019 年数据整理编制。

2. 少子化和老龄化趋势双向发展

一方面，总体趋势上，2000～2021 年，中国少儿人口总量和占比总体上呈现下降趋势，尽管在 2010 年以后有略微稳定的回升；与此对应，中国老年人口总量和占比呈快速上升的态势，两者呈现明显的反向发展趋势，如图 3 – 1 所示。

从不同年龄组的人口分布看，中国已进入深度老龄化社会，"一老一小"的"一增一减"趋势明显。2021 年末，全国 0～15 岁人口为 2.6 亿人，占全国总人口的 18.6%；16～59 岁人口为 8.82 亿人，占比为 62.5%；60 岁及以上人口为 2.67 亿人，约占全国总人口的 18.9%，其中 65 岁及以上人口为 2.01 亿人，占 14.2%。这一数据与 2020 年相比，0～15 岁人口减少 528 万人，16～59 岁人口增加 247 万人，60 岁和 65 岁及以上人口分别增加 329 万人和 992 万人。[①]

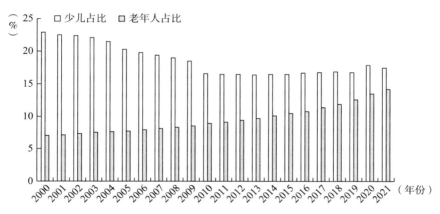

**图 3-1　2000～2021 年中国少儿占比和老年人占比变化趋势**
资料来源：根据历年《中国统计年鉴》相关数据整理绘制。

另一方面，城乡差异上，中国城镇地区少子化特征较农村更明显，如表 3-5 所示。依据 2019 年中国家庭金融调查（CHFS）微观数据的分析结果，约 69.87% 的家庭无未成年子女，[②] 家庭中有 1 个和 2 个未成年子女的家庭占比分别为 19.12% 和 9.30%，而 3 个或 3 个以上的占比则更低，分别为 1.34% 和 0.36%，这反映出中国家庭普遍的低生育率和少子化。其中，城镇地区无未成年子女的家庭占比较农村家庭高出 8.61 个百分点。从家庭老年人口数量分布看，超过 40% 的家庭有老年人口，有 1 个和 2 个老年人的家庭分别占 21.29% 和 20.51%，极少家庭居住有 3 个及以上的老年人口。其中，农村地区有 1 个及以上老年人口的家庭占比基本均高于城镇。

---

① 《2021 年国民经济和社会发展统计公报》，国家统计局官网，2022 年 2 月 28 日，http：//www. stats. gov. cn/sj/zxfb/202302/t20230203_1901393. html？eqid = a840c61300030aa500000006642e87ff。

② 借鉴《中国统计年鉴》划分，将 14 岁及以下定义为少儿，65 岁及以上定义为老年。

表 3 - 5    中国家庭少儿及老年人口数量分布

单位：人，%

| 类别 | 中国家庭少儿人口数量分布 | | | | | 中国家庭老年人口数量分布 | | | | |
|---|---|---|---|---|---|---|---|---|---|---|
| | 0 | 1 | 2 | 3 | 大于3 | 0 | 1 | 2 | 3 | 大于3 |
| 总体 | 69.87 | 19.12 | 9.30 | 1.34 | 0.36 | 57.86 | 21.29 | 20.51 | 0.30 | 0.04 |
| 城镇 | 74.66 | 18.28 | 6.49 | 0.46 | 0.11 | 57.69 | 20.05 | 21.98 | 0.25 | 0.04 |
| 农村 | 66.05 | 19.79 | 11.60 | 2.01 | 0.55 | 58.05 | 22.21 | 19.37 | 0.33 | 0.04 |

资料来源：根据中国家庭金融调查（CHFS）2019 年数据整理编制。

## （二）中国居民家庭金融资产配置偏好

家庭金融资产配置是指不同金融资产的分配状况。广义上的金融资产，即一种索取实物资产的无形权利，可直接在金融市场交易，能够为持有者带来货币收入流量的资产，包括银行存款、债券、股票、衍生金融工具等，通常比土地、房地产等实物资产有更强的流动性。下文结合中国家庭金融调查的问卷设计，将具有直接风险保障和养老储蓄功能的保险产品单列，根据问卷涉及的不同类别资产属性尤其是流动性特征，将其他金融资产分为重资产和轻资产。其中，轻资产包括现金、银行存款、理财产品、股票、基金、债券、衍生品、非人民币资产和黄金；考虑到房产在中国居民家庭中的特殊地位，以及生活必需品和投资品的多重属性，将房产作为重资产。

1. 重资产持有数量家庭占比呈橄榄形分布

中国居民家庭对重资产的配置主要集中于房产，其持有不同数量房产的家庭分布，"两头小中间大"，呈现明显的橄榄形特征。从调查数据看，无房者和四套房以上的多房者数量少，大多数家庭持有 1 套房，其次为 2～3 套房。根据生命周期理论将投资者按年龄组分类：35 岁以下；35 到 50 岁之间；50 岁到 65 岁之间；65 岁及以上。

如表 3 - 6 所示，受访者中，90% 以上的居民家庭持有房产，大部分人有 1 套房，有 4 套房及以上的家庭占比极低。加入户主年龄维度后，可以发现，户主年龄在 50 岁到 65 岁之间且同时拥有 1 套住房的家庭数占比最大，达 28.51%，该年龄段人群也是持有 2～3 套房最多的，占 6.33%。户主年龄在 65 岁及以上且拥有 1 套住房的家庭占比为 23.34%，居第二；居第三的为户主年龄在 35 岁到 50 岁之间的家庭，持有 1 套住房和 2 ~ 3 套住房的占比分别为 17.49% 和 4.92% 。

表 3 - 6　家庭持有房产现状

单位：套，%

| | 家庭房产数量 | | | |
|---|---|---|---|---|
| | 0 | 1 | [2, 3] | 4 ≤ |
| 总体 | 9.91 | 73.20 | 16.45 | 0.44 |
| 户主年龄 < 35 | 1.57 | 3.87 | 1.06 | 0.04 |
| 35 ≤ 户主年龄 < 50 | 2.12 | 17.49 | 4.92 | 0.16 |
| 50 ≤ 户主年龄 < 65 | 2.73 | 28.51 | 6.33 | 0.16 |
| 65 ≤ 户主年龄 | 3.49 | 23.34 | 3.06 | 0.08 |

注：描述性分析章节剔除整体缺失、异常样本，保留样本 33502 户，保留单项异常样本，单项异常数据赋值为 0。

资料来源：根据中国家庭金融调查（CHFS）2019 年数据整理编制。

从受访家庭持有房产的现状看，大部分居民家庭持有一套住房，多数仅满足基本生活需求，为刚需品和生活必需品。从中国居民家庭传统的住房持有偏好看，大多数家庭将房产作为家庭归宿和养老保障的重要物质载体，因此，可将这类房产视为具有养老属性的资本品。由于占用了家庭大量现金流或储备资金，因此，房产的持有可能对其他形式的家庭养老储蓄产生挤出效应。同时，从持有多套房极少的家庭占比现状看，将其作为风险投资品的现象在受访人群中并未显现。

2. 轻资产配置流动性偏好较强，养老资产储备不足

（1）不同规模居民家庭的金融资产配置

从持有人群占比来看，样本数据中，现金、存款和理财仍然是大多数家庭持有的主要金融资产，小型家庭金融资产的分散配置相对活跃，大型家庭财富相对集中；由于家庭户较少，在非人民币资产的持有上，均值呈现水平较高的特征，但持有人群占比小。不同规模家庭各项金融资产持有现状如表 3 - 7 所示。

表 3 – 7　不同规模家庭各项金融资产持有现状

单位：元，%

| 资产类别 | 小型家庭 | | | 中型家庭 | | | 大型家庭 | | |
|---|---|---|---|---|---|---|---|---|---|
| | 均值 | 资产占比 | 持有人群占比 | 均值 | 资产占比 | 持有人群占比 | 均值 | 资产占比 | 持有人群占比 |
| 现金 | 6559 | 7.88 | 77.53 | 8517 | 12.48 | 77.13 | 5460 | 4.77 | 80.07 |
| 活期存款 | 23116 | 27.77 | 54.91 | 24284 | 35.59 | 59.01 | 15863 | 13.85 | 49.77 |
| 定期存款 | 23435 | 28.15 | 18.07 | 16161 | 23.68 | 14.05 | 9367 | 8.18 | 10.25 |
| 理财产品 | 19347 | 23.24 | 12.91 | 13163 | 19.29 | 13.64 | 3191 | 2.79 | 7.86 |
| 基金 | 493 | 0.59 | 0.36 | 96 | 0.14 | 0.12 | 0 | 0.00 | 0 |
| 债券 | 7555 | 9.08 | 4.77 | 5098 | 7.47 | 2.82 | 689 | 0.60 | 0.8 |
| 股票 | 1794 | 2.16 | 1.78 | 794 | 1.16 | 0.98 | 67 | 0.06 | 0.23 |
| 金融衍生品 | 47 | 0.06 | 0.03 | 6 | 0.01 | 0.02 | 0 | 0.00 | 0 |
| 非人民币资产 | 492 | 0.59 | 0.23 | 13 | 0.02 | 0.05 | 79727 | 69.63 | 0.23 |
| 黄金 | 412 | 0.50 | 0.25 | 103 | 0.15 | 0.22 | 140 | 0.12 | 0.34 |

注：全样本数据小型、中型、大型家庭样本量分布为 22579∶10045∶878。

资料来源：根据中国家庭金融调查（CHFS）2019 年数据整理编制。

为进一步研究居民家庭日常流动性需求、养老储蓄和风险投资偏好，本研究对应三类资产持有动机对相关数据归类并进行标准化处理，以观察中国居民家庭养老金融资产配置存在的鸿沟。一方面，本研究将具有保本保息、流动性强、安全性高等特点的现金和活期存款归类为流动资产；将定期存款、理财产品、基金、债券等持有期相对较长、风险偏低、仅具有保值或稳健增值功能的金融产品视为具有养老储蓄属性的养老资产；将股票、金融衍生品、非人民币资产、黄金等具有较强投资属性且风险相对较高的资产归类为风险资产。另一方面，对相关数据去除零值后进行对数化处理，以观察其核密度，判断家庭金融资产配置的行为选择和概率分布。不同规模家庭持有各类金融资产占比如表 3 – 8 所示。

如图 3 – 2 和表 3 – 9 所示，总体而言，各类家庭在不同类别资产的持有上，其平均资产规模和中位数基本一致，标准差较小，分布集中于 [5，15] 的区间。然而，从内部差异看，一是在三类资产的分布上，流动资产的带宽相对更宽，分布更广，居民普遍持有流动资产，不同家庭表现趋同；

表 3 - 8　不同规模家庭持有各类金融资产占比

单位：%

| 分类 | 流动资产 | 养老资产 | 风险资产 |
| --- | --- | --- | --- |
| 小型家庭 | 86.8 | 26.9 | 5.1 |
| 中型家庭 | 86.5 | 24.1 | 3.0 |
| 大型家庭 | 85.9 | 16.2 | 1.3 |

资料来源：根据中国家庭金融调查（CHFS）2019 年数据整理编制。

养老资产和风险资产在小型家庭和中型家庭的集中度更高，三类资产在不同类型家庭中的表现存在差异。二是在不同规模家庭对各类资产的持有方面，大型家庭对风险资产的持有密度带宽更宽，峰值更低，对养老资产持有呈现的概率分布反而相对陡峭集中；相比之下，小型家庭和中型家庭对各类资产的持有比大型家庭更充分。三是从家庭金融资产配置来看，仍然存在养老资产储备普遍不足的鸿沟。

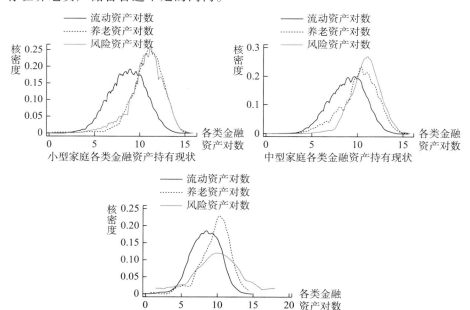

图 3 - 2　不同规模家庭各类金融资产持有现状

注："各类资产对数"为 ln（资产金额 + 1）。

资料来源：中国家庭金融调查（CHFS）2019 年数据整理绘制。

表 3 – 9　不同规模家庭各类金融资产持有现状

| | 小型家庭 | | | 中型家庭 | | | 大型家庭 | | |
|---|---|---|---|---|---|---|---|---|---|
| | 流动资产 | 养老资产 | 风险资产 | 流动资产 | 养老资产 | 风险资产 | 流动资产 | 养老资产 | 风险资产 |
| 最小值 | 0 | 0 | 0 | 0 | 0 | 2.30 | 0 | 0.69 | 1.38 |
| 中位数 | 8.63 | 10.82 | 11.00 | 8.99 | 10.31 | 11.00 | 8.52 | 9.90 | 9.90 |
| 最大值 | 16.12 | 16.01 | 15.83 | 15.61 | 15.89 | 15.76 | 14.91 | 14.51 | 18.07 |
| 均值 | 8.60 | 10.68 | 10.89 | 8.85 | 10.12 | 10.93 | 8.34 | 9.77 | 9.93 |
| 标准差 | 2.05 | 1.99 | 1.88 | 1.99 | 2.13 | 1.72 | 2.01 | 2.07 | 4.12 |
| 偏度 | − 0.21 | − 1.04 | − 1.41 | − 0.28 | − 0.82 | − 0.73 | − 0.26 | − 1.00 | − 0.15 |
| 峰度 | 3.02 | 5.42 | 8.03 | 3.04 | 4.37 | 5.39 | 3.34 | 5.19 | 3.79 |
| 持有占比（％） | 86.31 | 26.53 | 5.28 | 86.27 | 23.69 | 3.18 | 85.78 | 15.65 | 1.20 |

资料来源：根据中国家庭金融调查（CHFS）2019 年数据整理编制。

（2）东中西部地区居民家庭的金融资产配置

以中国家庭金融调查（CHFS）2019 年抽样调查数据为样本参照，中国大多数居民家庭的流动性偏好较强，在金融资产的配置上，对现金、活期存款和定期存款的持有仍然是大多数家庭的标配。如表 3 – 10 所示，不论是东部地区还是中西部地区，表示持有现金的受访者均接近 80％，表示持有活期存款的受访者均超过 50％。持有定期存款和理财产品的人群占比显著低于持有流动性更强的现金和活期存款的人群占比。同时，受访人群除了对低风险、流动性和保障性较高的轻资产偏好以外，在对其他风险资产的持有方面，股票有着明显优势，持有人群占比明显高于现金、存款和"准存款（理财）"以外的其他金融资产。

从居民家庭各项金融资产的占比看，活期存款、定期存款、理财产品三项在东中西部家庭金融资产中占比较高，接近总资产的 80％。其中，在占比排名前三的金融资产中，中西部地区家庭活期存款占比更大，定期存款其次，理财产品较前两者存在一定差距；而东部地区家庭三项金融资产占比差距不大。这也体现了东部地区与中西部地区居民在流动性偏好、资产储备、风险偏好上表现出的家庭金融资产配置差异。

表 3 - 10　不同地区家庭各项金融资产持有现状

单位：元，％

| 资产类别 | 东部 | | | 中部 | | | 西部 | | |
|---|---|---|---|---|---|---|---|---|---|
| | 均值 | 资产占比 | 持有人群占比 | 均值 | 资产占比 | 持有人群占比 | 均值 | 资产占比 | 持有人群占比 |
| 现金 | 9867 | 7.48 | 79.17 | 4734 | 11.54 | 75.89 | 5572 | 12.70 | 76.63 |
| 活期存款 | 33139 | 25.14 | 59.23 | 15533 | 37.86 | 51.12 | 16980 | 38.71 | 56.18 |
| 定期存款 | 33993 | 25.79 | 21.52 | 11757 | 28.66 | 13.64 | 11420 | 26.04 | 12.81 |
| 理财产品 | 32744 | 24.84 | 18.18 | 6058 | 14.77 | 9.87 | 5842 | 13.32 | 8.80 |
| 基金 | 2909 | 2.21 | 2.42 | 3338 | 0.81 | 0.70 | 489 | 1.11 | 0.98 |
| 债券 | 672 | 0.51 | 0.46 | 228 | 0.55 | 0.18 | 58 | 0.13 | 0.13 |
| 股票 | 12529 | 9.50 | 6.77 | 2244 | 5.47 | 2.31 | 2661 | 6.07 | 2.03 |
| 金融衍生品 | 45 | 0.03 | 0.04 | 51 | 0.13 | 0.03 | 0 | 0.00 | 0 |
| 非人民币资产 | 5288 | 4.01 | 0.29 | 14 | 0.04 | 0.09 | 751 | 1.71 | 0.09 |
| 黄金 | 642 | 0.49 | 0.37 | 69 | 0.17 | 0.13 | 87 | 0.20 | 0.17 |

注：全样本数据东部、中部、西部样本量分布为 13906：9519：10077。

资料来源：根据中国家庭金融调查（CHFS）2019 年数据整理编制。

　　同理，如图 3 - 3 所示，从对数化处理的核密度分布看，东、中、西部居民家庭对流动资产的持有更为普遍，而对养老资产和风险资产的持有分化较大、核密度分布集中度更高。不同区域内，相比东部地区，中西部地区在流动资产和养老资产的持有上分布更广，水平相对均衡。表 3 - 11 显示了不同地区家庭各类金融资产持有现状相关参数。

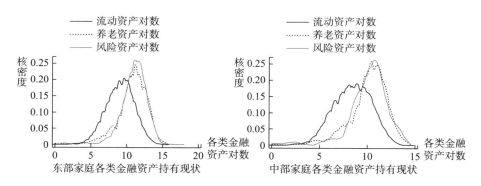

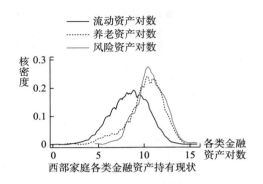

西部家庭各类金融资产持有现状

**图 3 - 3　不同地区家庭各类金融资产持有现状**

注："各类金融资产对数"为 ln（资产金额＋1）。

资料来源：根据中国家庭金融调查（CHFS）2019 年数据整理绘制。

**表 3 - 11　不同地区家庭各类金融资产持有现状相关参数**

|  | 中部家庭 | | | 东部家庭 | | | 西部家庭 | | |
|---|---|---|---|---|---|---|---|---|---|
|  | 流动资产 | 养老资产 | 风险资产 | 流动资产 | 养老资产 | 风险资产 | 流动资产 | 养老资产 | 风险资产 |
| 最小值 | 0 | 0 | 0 | 0 | 0 | 0.69 | 0 | 0.69 | 4.60 |
| 中位数 | 8.51 | 10.30 | 11.00 | 9.21 | 11.00 | 11.28 | 8.51 | 10.30 | 10.71 |
| 最大值 | 16.11 | 14.70 | 14.94 | 15.83 | 16.01 | 18.06 | 15.83 | 15.31 | 15.83 |
| 均值 | 8.42 | 10.13 | 10.33 | 9.04 | 10.82 | 11.05 | 8.36 | 10.13 | 10.74 |
| 标准差 | 1.98 | 1.95 | 2.13 | 1.99 | 2.04 | 1.82 | 2.05 | 2.00 | 1.59 |
| 偏度 | - 0.19 | - 1.07 | - 1.52 | - 0.23 | - 1.03 | - 1.31 | - 0.28 | - 0.96 | - 0.25 |
| 峰度 | 2.83 | 5.12 | 7.89 | 3.14 | 5.46 | 7.94 | 3.01 | 4.45 | 3.71 |
| 持有占比（％） | 84.20 | 20.58 | 2.68 | 88.08 | 33.39 | 7.45 | 85.77 | 18.97 | 2.32 |

资料来源：根据中国家庭金融调查（CHFS）2019 年数据整理编制。

（3）城乡不同户籍居民家庭的金融资产配置

农村与城镇居民家庭对金融资产的持有和配置，最大的差距集中体现在以下三方面。如表 3 - 12 所示，一是家庭户均资产水平差距大，在持有资产占比相对较大的活期存款和定期存款中，城镇居民户均持有水平是农村居民的 3 倍左右，即便是农村居民户均资产占比更大的现金，其平均持有水平仍然较城镇低 41.3％，理财产品与城镇的差距甚至近 15 倍。二是在流动性更高的资产内部，农村居民家庭持有的现金和活期存款占比远高于城镇家庭，但定期存款在农村居民家庭占比更高，理财产品在城市居民家庭占比更高。三是相比城镇居民家庭对股票、基金、非人民币等风险资产的偏好，农村居民家庭对基金、债券、股票、衍生品、非人民币资产、黄金的持有极少。

表 3 - 12　城乡不同户籍家庭各项金融资产持有现状

单位：元，%

| 资产类别 | 总体家庭 | | | 城镇居民家庭 | | | 农村居民家庭 | | |
|---|---|---|---|---|---|---|---|---|---|
| | 均值 | 资产占比 | 持有人群占比 | 均值 | 资产占比 | 持有人群占比 | 均值 | 资产占比 | 持有人群占比 |
| 现金 | 7117 | 8.94 | 77.48 | 8326 | 7.66 | 77.32 | 4889 | 18.82 | 77.77 |
| 活期存款 | 23276 | 29.25 | 56.01 | 30161 | 27.76 | 61.93 | 10588 | 40.76 | 45.08 |
| 定期存款 | 20885 | 26.25 | 16.66 | 27744 | 25.54 | 19.41 | 8245 | 31.74 | 11.59 |
| 理财产品 | 17070 | 21.45 | 13 | 25400 | 23.38 | 17.84 | 1718 | 6.61 | 4.07 |
| 基金 | 1449 | 1.82 | 1.5 | 2074 | 1.91 | 2.26 | 297 | 1.14 | 0.11 |
| 债券 | 361 | 0.45 | 0.28 | 554 | 0.51 | 0.41 | 6 | 0.02 | 0.04 |
| 股票 | 6639 | 8.34 | 4.08 | 10120 | 9.31 | 6.18 | 222 | 0.86 | 0.21 |
| 金融衍生品 | 33 | 0.04 | 0.02 | 49 | 0.04 | 0.03 | 4 | 0.02 | 0.01 |
| 非人民币资产 | 2425 | 3.05 | 0.18 | 3741 | 3.44 | 0.25 | 0.4 | 0 | 0.03 |
| 黄金 | 312 | 0.39 | 0.24 | 478 | 0.44 | 0.35 | 7 | 0.03 | 0.05 |

注：（1）不同家庭户籍以户主的户籍为归属；（2）全样本数据城镇与农村的样本量分布为21718∶11784。

资料来源：根据中国家庭金融调查（CHFS）2019 年数据整理编制。

同理，从对数化处理的核密度分布看，农村居民家庭对流动资产的持有更为普遍，平均资产规模也相对更低，对养老资产和风险资产的持有核密度分布集中度更高（见图 3 - 4）。城乡区域内部，相比农村地区，城镇地区居民家庭在养老资产和风险资产的持有上分布更集中。表 3 - 13 显示了不同户籍家庭各类金融资产持有现状的各项参数。

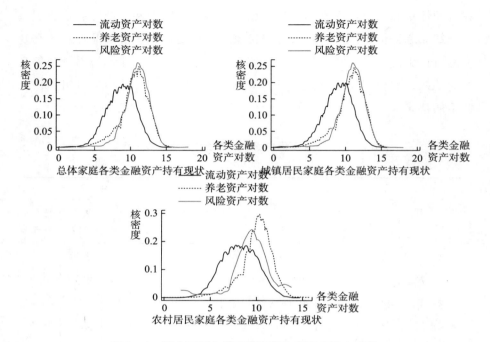

**图 3 - 4　城乡不同户籍家庭各类金融资产持有现状**

注："各类金融资产对数"为 ln（资产金额 + 1）。

资料来源：根据中国家庭金融调查（CHFS）2019 年数据整理绘制。

**表 3 - 13　不同户籍家庭各类金融资产持有现状**

|  | 总体家庭 | | | 城镇家庭 | | | 农村家庭 | | |
|---|---|---|---|---|---|---|---|---|---|
|  | 流动资产 | 养老资产 | 风险资产 | 流动资产 | 养老资产 | 风险资产 | 流动资产 | 养老资产 | 风险资产 |
| 最小值 | 0 | 0 | 0 | 0 | 0 | 0 | 0 | 0 | 1.38 |
| 中位数 | 8.69 | 10.81 | 11.00 | 9.21 | 11.08 | 11.06 | 8.51 | 10.30 | 10.46 |
| 最大值 | 16.11 | 16.01 | 18.06 | 16.11 | 16.01 | 18.06 | 15.76 | 15.76 | 14.91 |
| 均值 | 8.66 | 10.51 | 10.88 | 9.07 | 10.84 | 10.95 | 8.38 | 9.95 | 10.25 |
| 标准差 | 2.03 | 2.04 | 1.85 | 1.98 | 2.01 | 1.83 | 2.01 | 1.96 | 2.02 |
| 偏度 | - 0.23 | - 0.97 | - 1.28 | - 0.32 | - 1.06 | - 1.30 | - 0.20 | - 0.99 | - 1.18 |
| 峰度 | 3.02 | 5.01 | 7.78 | 3.29 | 5.28 | 8.23 | 2.89 | 5.22 | 6.22 |
| 持有占比（%） | 86.28 | 25.39 | 4.54 | 88.34 | 34.40 | 8.63 | 84.79 | 18.76 | 1.15 |

资料来源：根据中国家庭金融调查（CHFS）2019 年数据整理编制。

　　**3. 社会养老保险覆盖面较广，商业养老保险持有严重不足**

　　从样本数据看，受访家庭的社会养老保险参与率相对较高，在小型家庭和大型家庭中，家庭成员全部或部分参与的比重之和为 90% 左右（见表3 – 14）。相比之下，受访家庭对商业保险的持有严重不足。如表 3 – 15 所示，重大疾病保险在各类受访家庭中更受欢迎，配置比例相对更高，小型、中型、大型家庭配置有该险种的比例分别为 4.38%、6.75% 和 4.44%，为持有商业保险家庭占比最高的险种；寿险的家庭配置占比略低于重大疾病保险，位居第二，小型、中型和大型家庭配置该险种的占比分别为 3.01%、2.74% 和 1.37%；商业医疗保险位居第三；长期看护保险和收入保障保险的家庭持有比例都极低。

　　长期以来，中国商业养老保险产品供给少，除了 2018 年在局地试点的延税型商业养老保险外，样本数据调查开展的 2019 年以前，没有专门性的商业养老险。为避免持有商业养老保险的受访家庭占比较低而影响数据实证分析，本研究基于医养结合的视角和风险管理意识，将具有分红和年金给付功能的寿险、具有养老照护功能的长期看护保险和其他健康险类别，均视为广义上的商业养老保险并予以归类，将该部分人群对人身险的持有行为均界定为广义的养老金融资产配置行为。

**表 3 – 14　社会养老保险参与情况**

单位：户，%

| | 小型家庭 | 中型家庭 | 大型家庭 |
|---|---|---|---|
| 样本数 | 22579 | 10045 | 878 |
| 全部参与占比 | 60.39 | 26.07 | 1.13 |
| 部分参与占比 | 27.24 | 41.30 | 90.22 |
| 全部未参与占比 | 12.37 | 32.63 | 8.65 |

　　注：（1）参照问卷设计，社会养老保险包含了涉及城镇职工基本养老保险和城乡居民养老保险的所有类别；（2）本表统计的是 15～65 岁劳动人口的社会养老保险参与。

　　资料来源：根据中国家庭金融调查（CHFS）2019 年数据整理编制。

**表 3 – 15　商业保险参与情况**

单位：户，%

| 类别 | 小型家庭 | 中型家庭 | 大型家庭 |
|---|---|---|---|
| 寿险 | 3.01 | 2.74 | 1.37 |

| 类别 | 小型家庭 | 中型家庭 | 大型家庭 |
|------|---------|---------|---------|
| 长期看护保险 | 0.09 | 0.20 | 0.11 |
| 商业医疗保险 | 1.91 | 3.04 | 1.82 |
| 重大疾病保险 | 4.38 | 6.75 | 4.44 |
| 收入保障保险 | 0.20 | 0.26 | 0.34 |

注：原始问卷中寿险包括了分红、返本等选项类别；健康险包括了长期看护、商业医疗、重大疾病、收入保障四类。

资料来源：根据中国家庭金融调查（CHFS）2019年数据整理编制。

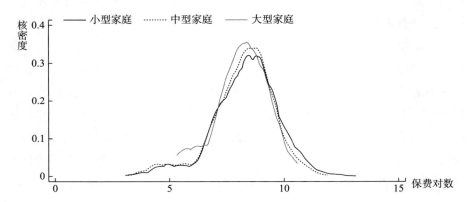

**图 3 - 5　不同规模家庭商业保险持有情况**

注："保费对数"为 ln（保费金额 + 1）。

资料来源：根据中国家庭金融调查（CHFS）2019年数据整理绘制。

## 三　中国家庭人口结构对居民养老储蓄的影响

### （一）数据来源

笔者拟在前文现状描述和理论分析的基础上，就家庭人口结构对居民养老储蓄意愿与家庭养老金融资产持有的影响展开实证研究。数据来源如前文所述，以中国家庭金融调查（CHFS）2019年数据为样本，涉及全国34643户家庭，覆盖29个省的345个县（含区、县级市）。结合研究需要，剔除少数缺失值与异常值的家庭样本4941个和户主年龄在18岁以下的家庭样本10个，共计分析样本29692户展开研究。

### （二）指标分解与变量选取

基于老龄少子化和家庭规模小型化的发展趋势，本研究对家庭人口结构的聚焦主要集中在家庭规模、家庭少儿占比、家庭老年人占比三个指标上，并将其作为解释变量。家庭人口结构对居民家庭养老储蓄的影响主要涉及两方面：一是对家庭养老储蓄意愿的影响，测度的是倾向性及其大小；二是对家庭养老储蓄规模和金融资产配置水平大小的影响，测度的是因果关联及其程度。具体到被解释变量，对应前文描述性统计的不同维度，居民家庭养老储蓄以家庭持有商业养老保险和家庭持有养老资产来衡量，分别对应2组4个变量：一是通过家庭是否持有商业养老保险和养老资产测度家庭养老储蓄意愿；二是通过家庭商业养老保险配置保额和养老资产持有水平测度家庭养老储蓄参与水平和养老金融资产配置程度。具体变量选取如下。

1. 被解释变量

①家庭持有商业养老保险

家庭购买有商业养老保险①，是为1，否为0。

②商业养老保险参与程度

家庭商业养老保险保额的对数。

③家庭持有养老资产

如前文定义，养老资产包括定期存款、理财产品、基金、债券。家庭持有以上任意金融产品，是为1，否为0。

④养老资产配置水平

家庭持有的养老资产金额的对数。

2. 解释变量

①家庭规模

家庭规模的大小以家庭人口数量的多少为依据，如家庭人口数为3，则家庭规模为3。

---

① 如前文描述性统计分析所定义，考虑指标的关联性和目标数据的总体占比较小，为提升实证分析的可靠性，笔者将商业养老保险这一指标扩大为包含具有分红功能、年金给付的寿险，以及医养结合视角下涉及的长期看护保险、医疗保险、重大疾病保险、收入保障保险等健康险。

②家庭少儿占比

借鉴《中国统计年鉴》对少儿的年龄划分，设定年龄在 14 岁及以下的家庭成员为少儿，家庭少儿人数在家庭总人口中的比例为家庭少儿占比。该指标显示家庭抚养水平。

③家庭老年人占比

借鉴《中国统计年鉴》划分，将家庭 65 岁及以上成员设定为老年人，家庭老年人口数在家庭总人口中的比例为家庭老年人占比。该指标显示家庭赡养水平。

3. 控制变量

控制变量涉及户主层面、家庭层面、区域层面。

（1）户主层面

户主作为家庭核心和主要决策者，往往对家庭资产配置具有相当的决策权。

①户主年龄

由调查年份与户主出生年份相减得出。随着户主年龄的增长，其风险偏好、经济能力、养老保障需求可能发生变化。

②户主性别

男性户主赋值 1，女性户主赋值为 0。通常男性的风险偏好和收入高于女性，拥有更多可支配收入。

③户主婚姻状况

已婚赋值为 1，其他赋值为 0。通常已婚状态生活相对稳定，有生育和抚养子女需要，更偏好长期稳定的生活，可能促使居民进行长期资产的储备以应对未来风险。

④户主风险偏好

依据问卷中户主对不同风险金融产品持有意愿分类，赋值 1～5，代表风险偏好程度由高到低。CHFS 问卷中用于调查受访者风险态度的问题设置为"如果您有一笔钱，您愿意选择哪种投资项目？"，选项设置为"1. 高风险、高回报的项目；2. 略高风险、略高回报的项目；3. 平均风险、平均回报的项目；4. 略低风险、略低回报的项目；5. 不愿意承担任何风险"。

（2）家庭层面

家庭储蓄投资决策除受户主影响外，仍然受到家庭具体情况的影响。

①家庭受教育程度

采用家庭成员受教育年限加总的方式，代表家庭整体的受教育水平。家庭受教育程度越高，对投资和风险的考虑越长远，可能拥有更多的知识储备，金融素养也相应更高。CHFS 问卷中用于调查受访者受教育程度的问题设置为"您的文化程度是？"，选项设置为"1. 没上过学；2. 小学；3. 初中；4. 高中；5. 中专/职高；6. 大专/高职；7. 大学本科；8. 硕士研究生；9. 博士研究生"。

②家庭健康状况

家庭健康状况以健康状况不好的家庭成员数量在总人口中的占比来衡量，数值在 [0，1] 之间。家庭成员健康情况和病患数将使家庭面临医疗支出风险，会倾向于医养配置，也可能挤出养老金融资产的持有。CHFS 问卷中用于调查受访者健康状况的问题设置为"与同龄人相比，您现在的身体状况如何？"，选项设置为"1. 非常好；2. 好；3. 一般；4. 不好；5. 非常不好"。

③家庭重资产持有

家庭重资产持有以家庭实际拥有的房产数量来衡量。房产在中国居民家庭财富中占比最大，房产配置具有多样功能，不同数量的房产持有可能指示养老储蓄或固定资产投资方向。

④收支水平

对收支水平的度量可以直观判断家庭在进行资产配置时的能力，收支平衡状态使得家庭仅能维持正常开销而无法支持家庭多样化的资产配置需求；收入超过支出越多，则家庭经济条件越好，金融资产配置的驱动力越强。CHFS 问卷中用于调查受访者收支水平的问题设置为"总的来看，去年您家总体收支状况如何？"，选项设置为"1. 收入远远大于支出；2. 略有结余，收入略高于支出；3. 收支平衡；4. 收入略低于支出；5. 收入远远低于支出"。笔者按其收入水平依次赋值为 1、2、3、4、5。

⑤家庭总收入

家庭总收入指家庭成员收入的总和，本研究对其加 1 后取对数。家庭总收入的数值是衡量家庭经济水平的绝对指标，家庭总收入高的家庭有能力维持家庭高水平的生活状态。高生活水平的家庭为了在老年时仍然能够维持当前的生活水平，有动力和能力进行养老金融资产配置，有意愿参与养老储蓄计划。

⑥社会养老保险参与

有家庭成员参与任意类别的社会养老保险，即取值为1，家庭成员均未参与社会养老保险，则取值为0。社会养老保险的参与可能会挤出其他养老金融资产的配置，也可能增进养老储蓄。CHFS问卷中受访者涉及的社会养老保险制度类别包括"1. 机关事业单位退休金/离休金；2. 城镇职工基本养老保险（城职保，一般按月缴纳）；3. 新型农村社会养老保险（新农保，按年缴纳）；4. 城镇居民社会养老保险（城居保，按年缴纳）；5. 城乡统一居民社会养老保险（按年缴纳）"。

（3）区域层面

区域差异包括基于户籍类别的城乡差异和基于地理和区位因素的东中西部地区差异。

①户籍类型

农村户籍赋值为1，城市户籍赋值为0。农村户籍家庭收入水平低，家庭金融资产持有和配置能力有限，农村居民对"养儿防老"和大家庭模式更加偏好，可能降低其养老储蓄意愿。

②地区变量

将样本划分为东部、中部、西部地区。考虑到东部和西部地区的显著对比，数据分析以中部地区为参照，当样本属于东部地区时，赋值为1，其余地区赋值为0；当样本属于西部地区时，赋值为1，其余地区赋值为0。东部地区金融市场更活跃，居民收入相对较高，有利于增进家庭养老金融资产的配置。

表 3 - 16　变量说明

| 变量类别 | 变量名称 | 赋值 |
|---|---|---|
| 被解释变量 | 家庭持有商业养老保险 | 是为1，否为0 |
| | 商业养老保险参与程度 | ln（家庭商业养老保险保额 + 1） |
| | 家庭持有养老资产 | 是为1，否为0 |
| | 养老资产配置水平 | ln（养老资产金额 + 1） |

续表

| 变量类别 | 变量名称 | 赋值 |
|---|---|---|
| 解释变量 | 家庭规模 | 家庭成员数 |
| | 家庭少儿占比 | 家庭年龄小于 14 岁人数/家庭总人数 |
| | 家庭老年人占比 | 家庭年龄大于 65 岁人数/家庭总人数 |
| 控制变量 | 户主年龄 | 2019—户主出生年份 |
| | 户主性别 | 户主为男性则为 1，为女性则为 0 |
| | 户主婚姻状况 | 户主已婚则为 1，否则为 0 |
| | 户主风险态度 | 赋值 1~5，代表风险偏好程度由高到低 |
| | 家庭受教育程度 | 家庭成员受教育年限加总 |
| | 家庭健康状况 | 健康状况不好的家庭成员数/家庭总人数 |
| | 家庭重资产持有 | 家庭持有房产数 |
| | 收支水平 | 赋值 1~5，代表收入相比支出从盈余到不足 |
| | 家庭总收入 | ln（家庭总收入 +1） |
| | 社会养老保险参与 | 是赋值为 1，否则为 0 |
| | 户籍类型 | 农村户籍为 1，城镇户籍为 0 |
| | 西部 | 该家庭位于西部则为 1，否则为 0 |
| | 东部 | 该家庭位于东部则为 1，否则为 0 |

### （三）描述性统计

表 3 - 17 是对本章涉及的被解释变量、解释变量和控制变量基本数据特征的描述，通过计算各变量均值、标准差、最大值和最小值，考察样本整体水平与差异程度。样本数据剔除了家庭总资产和家庭总消费小于或等于零的异常值，总计 29704 户。

从表 3 - 17 可以看出，样本家庭对养老金融的参与水平较低，持有商业养老保险的家庭较少，接近 10%，不同家庭对商业养老保险的参与差距不大，整体水平较低；持有养老资产的家庭比例约为 24.7%，家庭参与养老资产配置的整体水平不高。

平均而言，样本家庭规模多为 3 人，符合当前中国家庭结构小型化的现状。家庭少儿占比为 9.47%，家庭老年人占比为 28.1%，与中国当前面临的老龄少子化现状相吻合，"一老一小"总体抚养比接近 40%，家庭抚养负担较重。户主年龄平均为 56 岁，以中年为主，这也侧面反映出老龄化趋势和家庭收入的相对稳定。

家庭户主性别以男性为主，占总户数的 75.3%，已婚家庭居多，这一比例高达 84.1%。户主风险偏好均值为 4.07，风险厌恶型居多，更偏好低风险、收益稳定的储蓄投资工具。样本家庭教育水平差距较大，这也反映出中国居民家庭的金融素养参差不齐。健康状况普遍较好的家庭比例高达 80%。以房产为替代变量的家庭重资产持有平均数略超过 1，多数家庭房产仅满足自身居住需要。家庭平均收支水平为 3.124，大多数处于收支平衡状态，家庭总收入水平样本整体差距不大。样本中农村家庭占比为 36.2%，大多数为城镇家庭，东部、中部、西部地区家庭的占比分别为 40.8%、28.8%、30.4%。

表 3 – 17　各变量的描述性统计

| 类别 | 变量名称 | 变量标签 | 观测值 | 均值 | 标准差 | 最小值 | 最大值 |
|---|---|---|---|---|---|---|---|
| 被解释变量 | 家庭持有商业养老保险 | $commerce\_c$ | 29704 | 0.0974 | 0.296 | 0 | 1 |
| | 商业养老保险参与程度 | $ln\_commerce$ | 29704 | 1.16 | 3.585 | 0 | 20.72 |
| | 家庭持有养老资产 | $asset\_c$ | 29704 | 0.247 | 0.431 | 0 | 1 |
| | 养老资产配置水平 | $ln\_asset$ | 29704 | 2.59 | 4.635 | 0 | 16.01 |
| 解释变量 | 家庭规模 | $size$ | 29704 | 3.052 | 1.532 | 1 | 15 |
| | 家庭少儿占比 | $children\_z$ | 29704 | 0.0947 | 0.158 | 0 | 0.833 |
| | 家庭老年人占比 | $old\_z$ | 29704 | 0.281 | 0.392 | 0 | 1 |
| 控制变量 | 户主年龄 | $age$ | 29694 | 56.45 | 13.75 | 18 | 99 |
| | 户主性别 | $gender$ | 29704 | 0.753 | 0.431 | 0 | 1 |
| | 户主婚姻状况 | $married$ | 29704 | 0.841 | 0.365 | 0 | 1 |
| | 户主风险偏好 | $appetite$ | 29704 | 4.07 | 1.068 | 1 | 5 |
| | 家庭受教育程度 | $education$ | 29704 | 23.64 | 13.7 | 0 | 104 |
| | 家庭健康状况 | $unhealth\_z$ | 29704 | 0.193 | 0.314 | 0 | 1 |
| | 家庭重资产持有 | $house\_num$ | 29704 | 1.088 | 0.601 | 0 | 21 |
| | 收支水平 | $balance$ | 29521 | 3.124 | 1.017 | 1 | 5 |
| | 家庭总收入 | $ln\_income$ | 29704 | 10.57 | 1.439 | 0.161 | 16.31 |
| | 社会养老保险参与 | $pension$ | 29704 | 0.875 | 0.331 | 0 | 1 |

| 类别 | 变量名称 | 变量标签 | 观测值 | 均值 | 标准差 | 最小值 | 最大值 |
|------|----------|----------|--------|------|--------|--------|--------|
| 控制变量 | 户籍类型 | *rural* | 29704 | 0.362 | 0.48 | 0 | 1 |
| | 西部 | *west* | 29704 | 0.304 | 0.460 | 0 | 1 |
| | 东部 | *east* | 29704 | 0.408 | 0.491 | 0 | 1 |

### （四）模型设定

家庭人口结构对个人养老储蓄的影响拟从两个方面展开：一是对养老储蓄意愿的影响；二是对养老储蓄水平的影响。

为此，一方面，在考察家庭对养老储蓄参与的可能性时，通过考察家庭是否持有商业养老保险和养老资产展开，考虑到解释变量的二值虚拟变量属性，以及采用线性概率模型存在的不足，采用 Probit 模型研究家庭人口结构对家庭养老储蓄可能性的影响。另一方面，在考察家庭对养老储蓄或养老金融资产配置参与深度时，通过衡量家庭购买商业养老保险保额和养老资产持有额的水平高低展开，并采用 Tobit 模型进行估计，以迎合在正值上大致连续分布的因变量，仍包含一部分以正概率取值为 0 的观察值。

具体而言，针对 Probit 模型，设定如下：

$$y_{1i}^* = 1(\alpha Household\_structure + \beta X + \mu_i), \mu_i \sim N(0, \sigma^2)$$

同时有：

$$y_{1i} = \begin{cases} 1, y_{1i}^* > 0 \\ 0, y_{1i}^* < 0 \end{cases}$$

其中 $y_{1i}^* = 1$，则表示家庭购买或者配置第 $i$ 类养老金融产品（商业养老保险、养老资产），$y_{1i}^* = 0$，则表示没有参与；$Household\_structure$ 为家庭人口结构，即家庭规模、家庭少儿占比、家庭老年人占比，$X$ 为控制变量，包括户主、家庭和区域层面的控制变量，$\mu_i$ 为误差项，包括不可观测的因素等。

针对 Tobit 模型，具体设定为：

$$y_{2i}^* = \alpha Household\_structure + \beta X + \mu_i, \mu_i \sim N(0, \sigma^2)$$

同时有：

$$y_{2i} = \max(0, y_{2i}^*) = \begin{cases} y_{2i}^*, y_{2i}^* > 0 \\ 0, y_{2i}^* \leq 0 \end{cases}$$

其中 $y_{2i}$ 表示第 $i$ 类金融产品（商业养老保险、养老资产）的持有程度或配置水平；$y_{2i}^*$ 即为潜变量，$y_{2i}$ 取 0 或 $y_{2i}^*$ 中的较大者。$Household\_structure$、$X$ 和 $\mu_i$ 的含义与 Probit 模型中的含义一致。

**（五）实证结果分析**

1. 家庭人口结构对养老储蓄意愿的影响

基于 Probit 模型分析的家庭人口结构对养老储蓄意愿的影响效应如表 3-18所示，第（1）列和第（2）列分别为对持有商业养老保险和配置养老资产意愿的影响。

（1）从解释变量看

家庭规模与养老储蓄意愿呈显著负相关。一是家庭规模越大，其对商业养老保险的购买和对养老资产的配置意愿越低。家庭规模的增大，使得家庭代际赡养功能增强，家庭成员的养老需求更多通过成员之间的代际互助满足，家庭对商业养老保险的购买和养老资产配置的意愿减弱。二是从边际效应来看，家庭规模对养老资产配置意愿的负向影响效应要大于对商业养老保险购买意愿的负向影响效应。这也可以看出同样具备养老财富储备和保值增值功能的养老金融产品，由于设计有保险保障功能，从而增大了保险产品对居民家庭的可及性。

家庭少儿占比与养老储蓄意愿呈显著正相关。一方面，家庭少儿占比越高的家庭，养老储蓄意愿越强。这一结果与生命周期理论假设通常认为的家庭抚育幼子的经济压力可能挤出家庭养老储蓄的认知恰恰相反。这也进一步说明，不同于以往，新形势下，随着计划生育政策的放开，家庭生育和抚育幼子的行为并非盲目扩大，而是基于经济能力的生育意愿选择和全生命周期的消费储蓄安排，表现出更加理性的经济态度，因此，家庭少儿占比与养老储蓄意愿呈现一反传统的正相关特征，选择生育和抚育多子女的家庭，其经济实力也往往更强。另一方面，从边际效应上看，家庭少儿占比对商业养老保险购买意愿的正向影响效应要大于对养老资产配置意愿的正向影响效应，这也同样归因于养老保险兼具财富储备和保险保障的双重功能，增大了其对居民家庭的可及性。

家庭老年人占比对养老储蓄意愿的影响，在商业养老保险的购买意愿和养老资产的配置意愿上方向相反，前者为显著负相关，后者呈显著正相关。究其原因，可能源于以下两方面：一是家庭老年人增多、长寿风险增加，将增大当期赡养压力、强化对未来经济支出不确定性的预判，提升家庭养老资产配置意愿；二是家庭老年人增多可能增大家庭对养老资产配置的流动性偏好，相比其他更具灵活性的养老金融产品，商业养老保险的长期持有和不可提前兑付性，影响了老年人占比高的家庭对它的购买意愿。

（2）从控制变量看

一是户主层面。尽管实证结果显示，户主年龄对养老储蓄意愿的影响显著为负，但影响效应极其微弱，对购买商业养老保险和配置养老资产意愿的影响效应分别为 - 0.0125 和 - 0.0065；结合样本数据户主平均年龄在56 岁左右的客观现实，基于生命周期理论可以预判，户主年龄对养老储蓄意愿的影响是阶段性的，可能呈现倒 U 形特征，在 50 至 55 岁之间达到高点，其后逐渐呈现下降趋势。

样本数据中，男性户主家庭占比接近 80%，户主性别对养老储蓄意愿的影响为负，显著性和影响效应相对较弱。这也与户主风险偏好对家庭养老储蓄意愿影响呈负相关的结果相一致。样本数据显示户主的风险态度普遍为稳健型，在风险偏好等级的 4 至 5 之间，5 为风险厌恶型。为此，户主风险偏好越趋于稳健，其购买商业养老保险和配置养老资产的意愿越弱。以上两项结论有悖男性更趋于风险偏好，更倾向于养老储蓄甚至风险投资的传统认知。这一偏差产生的原因有二：第一，样本数据中尽管以男性居多，然而男性户主的平均年龄在 56 岁，需要以跨生命周期的动态视角审视户主风险偏好的阶段性变化和样本数据户主普遍的稳健型偏好；第二，本章将包括定期存款、理财、基金、债券在内的金融产品视为具有养老储蓄属性的养老资产，但现实中，随着资本市场的变化和中国养老金融产品定位的模糊化，理财、基金、债券对于多数家庭而言仍然是风险投资品而非养老储蓄产品，这也导致了研究结论产生的偏差。此外，户主婚姻状况对养老储蓄意愿有增进作用，对养老资产配置意愿的正向效应更为显著，由于成家立业后对家庭生活的安排和经济规划，已婚户主的家庭养老储蓄意愿更强。

二是家庭层面。家庭受教育程度、家庭重资产持有、家庭总收入以及家庭对社会养老保险的参与，均对养老储蓄意愿产生显著的正向影响。可以看出，家庭受教育程度越高，金融素养也同步提升，能够增进商业养老保险的购买和养老资产的配置意愿；持有重资产更多、总收入更高的家庭，跨生命周期的经济安排和金融资产配置能力更强，意愿更高。

此次样本数据，并未显示社会养老保险对商业养老保险和其他养老金融产品的挤出效应，相反，社会养老保险的参与更有利于家庭养老金融意识的强化，增强了家庭养老储蓄意愿。而家庭健康状况越差，预期的医疗开支可能增高，将对养老储蓄形成挤出效应，家庭养老储蓄意愿减弱。此外，以盈余大小为衡量标准的家庭收入水平，对商业养老保险购买意愿的影响不显著，对养老资产配置意愿的影响显著为负。由于样本数据普遍呈现收支平衡的盈余状况，均值约为3，5为收入远远低于支出，因此，这一结果从侧面反映了开销更大的家庭养老储蓄意愿更强，对老年经济安全的需求更大。

三是区域层面。户籍类型对养老储蓄意愿的影响显著为负，农村户籍家庭的养老储蓄意愿更弱，但购买商业养老保险和养老资产配置相比，户籍类型对后者的负向影响效应更大。从区域差异上看，西部地区家庭购买商业养老保险的意愿更弱，在养老资产的配置意愿上影响不显著；东部地区家庭进行养老资产配置的意愿更强，但对养老保险购买的意愿影响不显著。这也印证了城乡经济差异、东中西部地区区域经济发展差异对养老储蓄意愿的对应影响。

表3-18　家庭人口结构对养老储蓄参与意愿的影响：Probit 模型

| 变量 | （1） | （2） |
|---|---|---|
| | *commerce_c* | *asset_c* |
| 家庭规模 | -0.1717*** | -0.2161*** |
| | （-12.2409） | （-18.8894） |
| 家庭少儿占比 | 1.1307*** | 0.7748*** |
| | （11.9873） | （9.6920） |
| 家庭老年人占比 | -0.2461*** | 0.3745*** |
| | （-5.0925） | （11.6173） |
| 户主年龄 | -0.0125*** | -0.0065*** |
| | （-10.8541） | （-6.9766） |

续表

| 变量 | (1) | (2) |
| --- | --- | --- |
| | commerce_c | asset_c |
| 户主性别 | − 0. 0672 ** | − 0. 0401 * |
| | ( − 2. 5410) | ( − 1. 9227) |
| 户主婚姻状况 | 0. 0748 ** | 0. 1180 *** |
| | (2. 0334) | (4. 3899) |
| 户主风险偏好 | − 0. 0564 *** | − 0. 0246 *** |
| | ( − 5. 5122) | ( − 2. 9973) |
| 家庭受教育程度 | 0. 0224 *** | 0. 0212 *** |
| | (15. 7389) | (18. 6798) |
| 家庭健康状况 | − 0. 1836 *** | − 0. 2593 *** |
| | ( − 3. 5952) | ( − 7. 8048) |
| 家庭重资产持有 | 0. 1144 *** | 0. 1100 *** |
| | (6. 9871) | (7. 9504) |
| 收支水平 | − 0. 0123 | − 0. 1978 *** |
| | ( − 1. 0605) | ( − 21. 3233) |
| 家庭总收入 | 0. 1366 *** | 0. 1515 *** |
| | (12. 1111) | (17. 8603) |
| 社会养老保险参与 | 0. 1216 *** | 0. 2216 *** |
| | (3. 1739) | (7. 3417) |
| 户籍类型 | − 0. 1494 *** | − 0. 1770 *** |
| | ( − 5. 2576) | ( − 8. 4224) |
| 西部 | − 0. 1246 *** | − 0. 0437 * |
| | ( − 4. 2059) | ( − 1. 8685) |
| 东部 | − 0. 0291 | 0. 2385 *** |
| | ( − 1. 0834) | (11. 4106) |
| _cons | − 2. 1361 *** | − 1. 6911 *** |
| | ( − 13. 9542) | ( − 14. 5069) |
| N | 29511 | 29511 |
| $R^2$_a | 0. 1484 | 0. 1396 |

注：* 、 ** 、 *** 分别表示在 10% 、5% 和 1% 的水平上显著。

2. 家庭人口结构对养老储蓄水平的影响

基于 Tobit 模型分析的家庭人口结构对养老储蓄水平的影响效应如表 3－19所示，第（1）列和第（2）列分别为对商业养老保险配置水平和养老资产持有水平的影响。

（1）从解释变量看

与前文对养老储蓄意愿的影响基本一致，家庭规模对养老储蓄水平的影响显著为负、家庭少儿占比对养老储蓄水平的影响显著为正，家庭老年人占比对养老资产持有水平的影响也显著为正。略有区别的是，与家庭老年人占比对商业养老保险购买意愿的负向影响相反，其对商业养老保险配置水平的影响显著为正，这也说明老年人更多的家庭其配置的养老险保额更高，既存的养老保险保障弱化了家庭继续配置商业养老保险的意愿。从边际效应上看，普遍而言，家庭人口结构对养老储蓄水平的影响效应强于养老储蓄意愿。

（2）从控制变量看

一是户主层面。与前文对养老储蓄意愿的影响及机理基本一致，户主年龄、性别和风险偏好对家庭养老储蓄水平的影响呈现显著的负正向影响，家庭婚姻状况对其有显著的正向影响。说明随着户主年龄的逐渐增大，尤其在 56 岁之后，其逐渐进入退休消费期，养老储蓄水平逐渐降低，由储备逐渐转向支出；男性户主家庭和风险厌恶型户主家庭持有的养老资产反而更少，与前文类似，这一与常理相悖的结论可能受中国养老金融产品的市场定位相对模糊，风险和收益水平并未完全与养老产品的收益稳健型和长期持有特征相匹配等因素影响，造成家庭养老储蓄行为和储蓄水平的偏差。

二是家庭层面。与前文结论与分析基本一致，家庭受教育程度、家庭重资产持有、家庭总收入以及家庭对社会养老保险的参与，均对养老储蓄水平存在显著的正向影响，且与养老储蓄意愿相比，影响效应更大。以盈余大小为衡量标准的家庭收入水平，对商业养老保险保额的配置水平影响仍不显著，但对养老资产持有水平的影响显著为负，即开支越大的家庭，反而持有养老资产越高。这与家庭收入来源、理财规划以及消费偏好和习惯密切相关。此次分析结果，家庭健康状况对其商业养老保险保额配置水平的影响不显著，但对养老资产持有水平的影响显著为负，这也说明商业保险的购买存在一定门槛限制，以非标准体购买可能面临拒保风险，因此其对家庭保额的配置程度影响不显著；同时，健康状况越差的家庭，对养老资产的持有水平反而越高，这也印证了医养结合的现实，更多家庭可能会用养老储蓄支撑医疗等相关开支。

三是区域层面。与前文对养老储蓄意愿的影响基本一致，户籍类型、区域差异对养老储蓄水平的影响大多显著为负。农村户籍家庭的养老储蓄水平更低，西部地区家庭商业养老保险的保额配置更低，但对养老资产的持有水平影响不显著；东部地区家庭养老资产持有水平更高，但对商业养老保险保额配置的水平影响不显著。

表 3 – 19　家庭人口结构对养老储蓄水平的影响：Tobit 模型

| 变量 | (1) | (2) |
| --- | --- | --- |
| | ln_ commerce | ln_ asset |
| 家庭规模 | - 0.4470 *** | - 0.7012 *** |
| | ( - 18.2327) | ( - 22.9626) |
| 家庭少儿占比 | 3.3072 *** | 2.7115 *** |
| | (17.9817) | (11.8372) |
| 家庭老年人占比 | 0.1464 ** | 1.1888 *** |
| | (1.9812) | (12.9172) |
| 户主年龄 | - 0.0322 *** | - 0.0119 *** |
| | ( - 14.9263) | ( - 4.4109) |
| 户主性别 | - 0.1148 ** | - 0.2122 *** |
| | ( - 2.3228) | ( - 3.4477) |
| 户主婚姻状况 | 0.1313 ** | 0.4650 *** |
| | (2.1549) | (6.1267) |
| 户主风险偏好 | - 0.1878 *** | - 0.1202 *** |
| | ( - 9.9003) | ( - 5.0892) |
| 家庭受教育程度 | 0.0496 *** | 0.0688 *** |
| | (19.6763) | (21.9384) |
| 家庭健康状况 | - 0.0432 | - 0.4706 *** |
| | ( - 0.6153) | ( - 5.3849) |

续表

| 变量 | (1) | (2) |
|---|---|---|
|  | ln_ commerce | ln_ asset |
| 家庭重资产持有 | 0.3705 *** | 0.5018 *** |
|  | (10.7580) | (11.7010) |
| 收支水平 | − 0.0340 | − 0.6319 *** |
|  | ( − 1.6292) | ( − 24.3037) |
| 家庭总收入 | 0.2104 *** | 0.4553 *** |
|  | (12.3206) | (21.4126) |
| 社会养老保险参与 | 0.1771 *** | 0.5727 *** |
|  | (2.8442) | (7.3835) |
| 户籍类型 | − 0.2366 *** | − 0.5163 *** |
|  | ( − 5.0834) | ( − 8.9051) |
| 西部 | − 0.1945 *** | − 0.0432 |
|  | ( − 3.7411) | ( − 0.6675) |
| 东部 | 0.0009 | 0.9060 *** |
|  | (0.0175) | (14.8523) |
| _ cons | 1.0376 *** | − 0.5171 * |
|  | (4.1892) | ( − 1.6762) |
| N | 29511 | 29511 |
| R² _ a | 0.0195 | 0.0304 |

注：*、**、*** 分别表示在 10%、5% 和 1% 的水平上显著。

### （六）稳健性检验

本章采用替换变量法进行稳健性检验。具体做法为尝试将解释变量中的家庭少儿占比和家庭老年人占比替换为家庭少儿人口数和家庭老年人口数。表 3－20 为替换后的回归结果，检验结果显示替换后的回归结果与替换前基本一致。家庭少儿人口数对养老储蓄意愿和水平的影响正向显著。家庭老年人口数对商业养老保险购买意愿存在负效应，对养老资产配置意愿、商业养老保险和养老资产配置水平产生正向影响。各解释变量和被解释变量之间的边际效应、控制变量回归结果与基准回归结果基本一致。综上，本章模型及其估计结果基本稳健。

表 3 - 20 稳健性检验：以家庭少儿人口数和家庭老年人口数替换占比

| 变量 | （1） | （2） | （3） | （4） |
|---|---|---|---|---|
| | commerce_c | asset_c | ln_commerce | ln_asset |
| 家庭规模 | - 0. 2027 *** | - 0. 3053 *** | - 0. 5566 *** | - 1. 0000 *** |
| | （ - 11. 1800） | （ - 21. 3214） | （ - 17. 9089） | （ - 25. 8988） |
| 家庭少儿人口数 | 0. 2636 *** | 0. 2596 *** | 0. 7597 *** | 0. 8867 *** |
| | （10. 2285） | （12. 2500） | （16. 0565） | （15. 0846） |
| 家庭老年人口数 | - 0. 0383 ** | 0. 1876 *** | 0. 0812 ** | 0. 5948 *** |
| | （ - 2. 0485） | （13. 6261） | （2. 5454） | （15. 0156） |
| 户主年龄 | - 0. 0160 *** | - 0. 0067 *** | - 0. 0361 *** | - 0. 0128 *** |
| | （ - 14. 9646） | （ - 7. 9165） | （ - 18. 0429） | （ - 5. 1477） |
| 户主性别 | - 0. 0655 ** | - 0. 0395 * | - 0. 1191 ** | - 0. 2141 *** |
| | （ - 2. 4830） | （ - 1. 8939） | （ - 2. 4072） | （ - 3. 4825） |
| 户主婚姻状况 | 0. 1071 *** | 0. 1163 *** | 0. 1824 *** | 0. 4546 *** |
| | （2. 9156） | （4. 2984） | （2. 9667） | （5. 9540） |
| 户主风险偏好 | - 0. 0563 *** | - 0. 0243 *** | - 0. 1903 *** | - 0. 1205 *** |
| | （ - 5. 5055） | （ - 2. 9575） | （ - 10. 0258） | （ - 5. 1125） |
| 家庭受教育程度 | 0. 0236 *** | 0. 0238 *** | 0. 0515 *** | 0. 0778 *** |
| | （15. 5754） | （19. 7835） | （19. 3426） | （23. 4943） |
| 家庭健康状况 | - 0. 1960 *** | - 0. 2652 *** | - 0. 0645 | - 0. 4847 *** |
| | （ - 3. 8607） | （ - 7. 9634） | （ - 0. 9185） | （ - 5. 5524） |
| 家庭重资产持有 | 0. 1161 *** | 0. 1104 *** | 0. 3718 *** | 0. 5016 *** |
| | （7. 1095） | （7. 9781） | （10. 7877） | （11. 7135） |
| 收支水平 | - 0. 0089 | - 0. 1960 *** | - 0. 0303 | - 0. 6241 *** |
| | （ - 0. 7668） | （ - 21. 1149） | （ - 1. 4508） | （ - 24. 0299） |
| 家庭总收入 | 0. 1372 *** | 0. 1483 *** | 0. 2132 *** | 0. 4486 *** |
| | （12. 1779） | （17. 5014） | （12. 4764） | （21. 1294） |
| 社会养老保险参与 | 0. 1166 *** | 0. 2122 *** | 0. 1632 *** | 0. 5386 *** |
| | （3. 0446） | （7. 0179） | （2. 6160） | （6. 9517） |

续表

| 变量 | （1）<br>commerce_c | （2）<br>asset_c | （3）<br>ln_commerce | （4）<br>ln_asset |
|---|---|---|---|---|
| 户籍类型 | − 0. 1436 ***<br>（ − 5. 0247） | − 0. 1618 ***<br>（ − 7. 6497） | − 0. 2328 ***<br>（ − 4. 9703） | − 0. 4636 ***<br>（ − 7. 9662） |
| 西部 | − 0. 1234 ***<br>（ − 4. 1698） | − 0. 0395 *<br>（ − 1. 6868） | − 0. 1850 ***<br>（ − 3. 5536） | − 0. 0260<br>（ − 0. 4025） |
| 东部 | − 0. 0333<br>（ − 1. 2438） | 0. 2370 ***<br>（11. 3280） | − 0. 0045<br>（ − 0. 0915） | 0. 8971 ***<br>（14. 7258） |
| _cons | − 1. 9580 ***<br>（ − 12. 8194） | − 1. 4867 ***<br>（ − 12. 6920） | 1. 4630 ***<br>（5. 8747） | 0. 1380<br>（0. 4460） |
| N | 29511 | 29511 | 29511 | 29511 |
| R²_a | 0. 1455 | 0. 1415 | 0. 0191 | 0. 0309 |

注：*、**、***分别表示在 10%、5% 和 1% 的水平上显著。第（1）列和第（2）列为 Probit 模型回归结果，第（3）列和第（4）列为 Tobit 模型回归结果。

### （七）异质性分析

#### 1. 城乡间影响差异

如表 3 - 21 所示，分城乡样本对前文基准回归的模型估计结果进行检验，除家庭老年人占比对农村家庭商业养老保险持有意愿、对城镇家庭商业养老保险保额配置水平的影响不显著外，其余估计结果与前文分析基本一致。

具体而言，家庭规模对城镇和农村居民家庭商业养老保险持有意愿和保额配置水平、对养老资产的配置意愿和持有水平，均呈显著负相关，即家庭规模越大，养老储蓄意愿和水平反而更低，小规模家庭养老储蓄意愿和参与程度更高。农村与城镇相比较而言，家庭规模的影响效应较城镇小。这也与城镇家庭的收入水平和经济活动能力比农村家庭更强有关，城镇家庭养老储蓄的弹性更大。

家庭少儿占比对城镇和农村的养老储蓄意愿和水平有显著的正向影响，对城镇的影响效应仍然高于农村。

表 3-21 家庭人口结构影响的城乡差异

| | 家庭持有商业养老保险 | | | | 家庭持有养老资产 | | | |
| --- | --- | --- | --- | --- | --- | --- | --- | --- |
| | Probit | | Tobit | | Probit | | Tobit | |
| | 城镇 | 农村 | 城镇 | 农村 | 城镇 | 农村 | 城镇 | 农村 |
| 家庭规模 | -0.1767*** | -0.1473*** | -0.4912*** | -0.2144*** | -0.2296*** | -0.1796*** | -0.8447*** | -0.3772*** |
| | (-10.5557) | (-5.3744) | (-13.6280) | (-7.5283) | (-16.4287) | (-8.4997) | (-19.5031) | (-9.3346) |
| 家庭少儿占比 | 1.2429*** | 0.7694*** | 3.9666*** | 1.3188*** | 0.7939*** | 0.7131*** | 3.0086*** | 1.5504*** |
| | (11.5084) | (3.7707) | (15.4199) | (5.8473) | (8.4599) | (4.5139) | (9.7334) | (4.8438) |
| 家庭老年人占比 | -0.3204*** | -0.0408 | -0.0512 | 0.2212*** | 0.3923*** | 0.3244*** | 1.3723*** | 0.6469*** |
| | (-5.6818) | (-0.4307) | (-0.4806) | (2.6092) | (10.1166) | (5.4643) | (10.7179) | (5.3781) |
| 控制变量 | 控制 | 控制 | 控制 | 控制 | 控制 | 控制 | 控制 | 控制 |
| _cons | -2.2688*** | -2.0326*** | 0.5829* | 0.6676** | -1.6011*** | -2.0689*** | -0.4634 | -0.4387 |
| | (-12.7540) | (-6.5200) | (1.7023) | (2.1733) | (-11.6277) | (-9.1511) | (-1.1261) | (-1.0064) |
| N | 18854 | 10657 | 18854 | 10657 | 18854 | 10657 | 18854 | 10657 |
| R²_a | 0.1320 | 0.1099 | 0.0188 | 0.0102 | 0.1186 | 0.0941 | 0.0284 | 0.0154 |

注：*、**、***分别表示在10%、5%、1%的水平上显著。

老年人占比更大的城镇家庭，其对商业养老保险的购买意愿反而更小，但在养老资产的配置意愿和持有水平上，不论是城镇还是农村家庭，老年人占比增大反而均对其有正向促进作用，对农村家庭的效应略小于城镇；同时，老年人占比增大对农村家庭商业养老保险的保额配置也存在正向促进作用。

2. 地区间影响差异

表 3 - 22 和表 3 - 23 给出了将全部样本按照地区划分为东中西部地区三个子样本的 Probit 模型和 Tobit 模型回归结果。不难看出，除了老年人占比对家庭商业养老保险保额配置水平影响不显著外，东中西部地区家庭规模、家庭少儿占比、家庭老年人占比对养老储蓄意愿和水平的影响及其逻辑与前文基准回归大体一致。

具体而言，其影响效应呈现以下特征。

一是在家庭人口结构对养老储蓄意愿和储蓄水平的影响效应上，东中西部地区家庭呈现出的影响机制不同。对商业养老保险购买意愿的影响，西部或中部地区的影响效应高于东部；对养老资产配置意愿的影响效应，三者差距不大，东部地区略高于西部，中部在三者中最低。二是与之相对应，家庭人口结构对商业养老保险保额配置水平和养老资产持有水平的影响效应，总体而言，对东部地区的影响明显高于中西部地区。

通过两特征的对比，笔者也解释了收入水平和经济能力不同的家庭，在养老储蓄意愿和储蓄水平上可能存在的不一致表现。受限于收入刚性，西部地区在养老储蓄水平上的弹性可能更小，但在养老储蓄意愿上的弹性，中西部地区可能会大于经济发展水平更高的东部地区。

表 3 - 22　家庭人口结构影响的地域差异：Probit 模型

| | 家庭持有商业养老保险 | | | 家庭持有养老资产 | | |
|---|---|---|---|---|---|---|
| | 东部 | 中部 | 西部 | 东部 | 中部 | 西部 |
| 家庭规模 | - 0.1405 *** | - 0.1703 *** | - 0.2087 *** | - 0.2402 *** | - 0.1828 *** | - 0.2113 *** |
| | ( - 6.4414) | ( - 6.3066) | ( - 8.1821) | ( - 13.4026) | ( - 8.2057) | ( - 10.4720) |
| 家庭少儿占比 | 1.1041 *** | 1.1555 *** | 1.1192 *** | 0.7830 *** | 0.7684 *** | 0.7598 *** |
| | (7.7199) | (6.2596) | (6.4134) | (6.4640) | (4.8317) | (5.2483) |

续表

| | 家庭持有商业养老保险 | | | 家庭持有养老资产 | | |
|---|---|---|---|---|---|---|
| | 东部 | 中部 | 西部 | 东部 | 中部 | 西部 |
| 家庭老年人占比 | − 0.1869 *** | − 0.3153 *** | − 0.2934 *** | 0.4266 *** | 0.2764 *** | 0.3791 *** |
| | ( − 2.6997 ) | ( − 3.4070 ) | ( − 2.8919 ) | ( 9.1293 ) | ( 4.4279 ) | ( 5.8667 ) |
| 控制变量 | 控制 | 控制 | 控制 | 控制 | 控制 | 控制 |
| _cons | − 2.4348 *** | − 1.8648 *** | − 2.1676 *** | − 1.5380 *** | − 1.2004 *** | − 1.9382 *** |
| | ( − 10.4423 ) | ( − 6.2981 ) | ( − 7.7247 ) | ( − 8.9625 ) | ( − 5.1666 ) | ( − 9.0188 ) |
| $N$ | 12057 | 8517 | 8937 | 12057 | 8517 | 8937 |
| $R^2\_a$ | 0.1436 | 0.1425 | 0.1570 | 0.1256 | 0.1167 | 0.1224 |

注：* 、* * 、* * * 分别表示在 10% 、5% 、1% 的水平上显著。

表 3 − 23　家庭人口结构影响的地域差异：Tobit 模型

| | 家庭持有商业养老保险 | | | 家庭持有养老资产 | | |
|---|---|---|---|---|---|---|
| | 东部 | 中部 | 西部 | 东部 | 中部 | 西部 |
| 家庭规模 | − 0.4626 *** | − 0.4100 *** | − 0.4313 *** | − 0.9356 *** | − 0.5508 *** | − 0.5452 *** |
| | ( − 10.4508 ) | ( − 8.8655 ) | ( − 11.7434 ) | ( − 16.3666 ) | ( − 10.1019 ) | ( − 12.2774 ) |
| 家庭少儿占比 | 4.0582 *** | 3.0066 *** | 2.5298 *** | 3.3080 *** | 2.2631 *** | 2.1752 *** |
| | ( 6.2944 ) | ( 12.6719 ) | ( 8.6708 ) | ( 8.8516 ) | ( 7.9984 ) | ( 5.5349 ) |
| 家庭老年人占比 | 0.2198 * | 0.1035 | 0.0659 | 1.5743 *** | 0.7999 *** | 0.9474 *** |
| | ( 6.1200 ) | ( 1.7853 ) | ( 0.7884 ) | ( 0.5148 ) | ( 9.9001 ) | ( 5.1655 ) |
| 控制变量 | 控制 | 控制 | 控制 | 控制 | 控制 | 控制 |
| _cons | 0.5172 | 1.6505 *** | 0.9157 ** | − 0.4275 | 1.2511 ** | − 0.6020 |
| | ( − 1.2747 ) | ( 1.2465 ) | ( 3.5425 ) | ( 2.3443 ) | ( − 0.7978 ) | ( 2.2771 ) |
| $N$ | 12057 | 8517 | 8937 | 12057 | 8517 | 8937 |
| $R^2\_a$ | 0.0209 | 0.0176 | 0.0185 | 0.0302 | 0.0219 | 0.0237 |

注：* 、* * 、* * * 分别表示在 10% 、5% 、1% 的水平上显著。

## 四　激活居民养老储蓄、促进多层次养老保障协同发展的政策建议

人口结构的变化对经济社会文化的影响是深远的，家庭规模、少儿抚养比和老年抚养比的差异化发展也影响着家庭最重要的经济决策与生活安

排，重塑着家庭这个最小社会单元的投资储蓄偏好和社会经济生活参与。为此，本章以积极老龄化为切入，立足老龄少子化的社会现实和激活第三支柱个人养老金发展的政策需求，考察家庭人口结构与养老储蓄的关系。

## （一）研究结论

现状研究发现，中国居民家庭面临老龄少子化的严峻挑战，养老储蓄尚不充足。（1）中国家庭规模小型化趋势明显，呈现少子化和老龄化双向发展态势。相较而言，城镇地区的少子化特征更明显，农村地区的老年化程度更高。（2）居民家庭对房产这一重资产的持有呈橄榄形分布，无房和4套以上多房者为少数，大部分居民家庭持有 1~2 套住房，并将其作为家庭归宿和养老保障的重要物质载体。相比之下，中国居民家庭对轻资产配置的流动性偏好更强，养老资产储备相对不足，现金、存款和理财仍然是大多数家庭持有的主要金融资产，居民家庭对股票资产的持有在风险资产中呈现明显优势；中西部地区居民家庭活期存款份额更大，理财产品更少，东部地区人均持有水平高于中西部地区，且定期存款和理财的持有比重更高。农村居民家庭持有的现金和活期存款占比远高于城镇家庭，流动性偏好更强；城镇居民家庭对存款等流动性资产持有水平更高，对股票、基金、非人民币资产等风险资产更偏好。（3）中国居民家庭对商业保险的配置严重不足，购买重大疾病保险、寿险、商业医疗保险的比重相对更高，长期看护保险和收入保障保险的家庭持有比例极低。

实证研究发现，家庭人口结构对居民养老储蓄意愿和养老水平的影响是多元化的，其影响机制和效应因家庭规模、家庭少儿和老年人占比以及不同类别的养老储蓄产品而存在差异。（1）受代际赡养影响，家庭规模的增大反而对家庭养老储蓄意愿有所抑制，老龄少子化趋势和家庭规模小型化的发展更有利于家庭对社会化养老的参与，会促进家庭对商业养老保险的购买和养老资产的配置。家庭规模与家庭养老储蓄水平也呈现显著负相关。（2）商业养老保险由于具有保险保障功能，其作为养老金融产品的天然属性与定期存款、理财产品、基金、债券等持有期较长、风险偏低、仅具有保值或稳健增值功能的养老资产略有差异，这使得保险产品对偏好保险保障功能的居民家庭更可及，然而，当长期持有的保险保障功能基本满足，居民家庭购买商业养老保险的意愿会降低，养老储蓄的重心会转移至流动性更强、形式更多元的养老资产配置。普遍而言，所有不同层次的分析结果，养老资产的影响弹性较商业养老保险更大。（3）家庭少儿占比与家庭养老储蓄意愿和水平均呈现显著的正相关，新形势下的多孩家庭，并没有因为抚育幼子的经济压力而挤出家庭养老储蓄安排，反映了大多数居民家庭更加理性的生育选择和储蓄规划。（4）受流动性偏好和养老储蓄的阶段性影响，家庭老年人占比增大，家庭配置商业养老保险的保额越高，反而对家庭商业养老保险的购买意愿有所抑制；家庭老龄化程度与对养老资产的配置意愿和持有水平，均呈现显著正相关。（5）与城镇相比，农村户籍家庭的养老储蓄意愿更弱，养老储蓄水平更低；西部地区家庭购买商业养老保险的意愿更弱、商业养老保险的保额配置更低，东部地区家庭进行养老资产配置的意愿更强，家庭养老资产持有水平更高。（6）此外，家庭劳动适龄人口尤其是户主的人口特征、经济地位和风险偏好也影响着家庭养老储蓄的意愿与水平。家庭成员受教育程度、健康状况、房产等重资产持有、家庭收支水平和总收入、社会养老保险参与等因素与家庭人口结构共同影响着家庭养老储蓄的经济决策和现实水平。

**（二）政策建议**

家庭人口结构影响下的居民养老储蓄与多层次养老保障体系优化，之所以成为当前社会各界关注的热点和重难点问题，一方面，与中国进入深度老龄化社会、少子化与家庭规模小型化的发展趋势并存密不可分。人口预期寿命延长、代际赡养的弱化、社会化养老体系的不断完善，使老年经济保障和养老金融问题成为长寿时代积极老龄化推进的重要基础性问题。另一方面，中国市场化运行的、以个人和家庭自愿参与为主的补充养老保障发展严重不足，家庭养老金融储备与实际老年经济保障需求存在较大鸿沟，亟须拓宽养老金融发展渠道，激活居民家庭养老储蓄，以优化多层次养老保障体系结构，发挥多层次协同的合力。目前，中国已正式建立起第三支柱的养老保障框架，并于2022年11月在全国36个城市（地区）启动了个人养老金试点。本章的研究结论，将为推进个人养老金制度全国扩面、优化多层次养老保障协同发展提供政策参考。

1. 强化个人养老储蓄制度顶层设计，明确个人养老金定位

传统意义上，中国多层次养老保障体系下的第一层次社会养老保险为

法定制度，满足就业人员退休养老的基本保障需求，第二、三层次的企业（职业）年金和个人养老金制度为补充保障，旨在通过雇主匹配缴费和个人储蓄，为就业者提供补充性的老年经济储备，以提高其养老金总替代率，改善老年生活质量。因此，传统意义上，多层次体系下的第三支柱个人养老金制度并未实现普惠，从当前制度的参与条件、产品准入和给付设计来看，仍然定位于补充性质的养老金计划，旨在为有经济能力和养老储蓄意愿的个人提供多元化的养老储蓄渠道。这与中国普遍进入深度老龄社会、大多数家庭面临老龄少子化、养老鸿沟扩大、老年经济储备严重不足的社会现实不相一致，亟须从顶层设计上明确个人养老金的普惠属性，以优化更切合居民家庭需求和养老金融发展需要的第三支柱养老金制度，有效推进多层次养老保障协同发展。

2. 创新养老金融产品和服务，增强养老储蓄的可及性

中国商业养老保险起步较晚，发展滞后，养老金融产品市场供给严重不足，居民家庭的主要资产仍以活期和定期存款为主，理财产品次之，养老资产配置不充分，但对房产等重资产和股票这一风险资产的持有有着相当的偏好，反映了中国居民家庭养老储蓄鸿沟的形成，除受经济能力限制外，存量市场中更重要的因素：一是家庭金融资产的错配和结构性失衡；二是养老金融产品创新不足、供给滞后，市场激励和可及性有限。为此，有效激励金融机构积极融入国家人口老龄化战略，以普惠金融为导向，利用不同产品的优势特征和差异化目标定位，开发适合大多数家庭不同生命周期的养老金融产品，强化养老与非养老金融产品的区别性和关联性，在丰富养老金融市场供给的同时，通过完善养老金融服务及其网络体系，增强养老金融的可及性和普惠性。

3. 强化激励机制和政策支持，提升公众认知，增强养老储蓄的可得性

目前，不论是对商业养老保险的配置还是对养老资产的持有，中国年轻化、小型化的居民家庭均表现出更多的理性、更强的活力和参与度，而老龄化、大规模的家庭代际赡养功能更强，持有养老资产相对集中，进一步的养老储蓄意愿下降。同时，居民家庭对保险保障类养老金融产品的需求弹性弱于保值增值类的养老金融产品。为此，政府在推进养老金融发展、优化多层次养老保障协同发展的当务之急，应分层建立针对不同目标人群

和养老金计划的协同激励机制，针对中高收入人群引入跨生命周期的综合性税收激励方案，以家庭为单位打通多层次养老金体系下的税优额度、设计个人收入所得税与其他税种的优惠置换；对中低收入人群可以家庭为单位，通过默认加入机制的设计，辅之以现金激励或匹配缴费，提升该部分群体的养老储蓄体验和认知，增强养老储蓄的可得性。

4. 以系统思维协同推进人口战略、金融普惠与经济社会文化的和谐共生

居民家庭养老储蓄行为和多层次养老保障体系联动，是人口因素、经济社会因素、教育环境因素、文化因素等共同作用的结果。为此，需立足系统思维，在老龄少子化发展的当下，一是积极出台适应当前人口和家庭发展的家庭支持政策，以解决好"一老一小"问题为切入，将家庭老年津贴、子女津贴、赡养和抚养相关的个税优惠、假期陪伴等社会福利项目有效协同于多层次养老保障体系之中；二是整合金融对家庭全生命周期的系统支持，对经济保障和服务保障的支撑，协同其在老年救济、老年保障和老年福利中的重要作用，真正释放其普惠利好和资金融通功能；三是优化人口政策，营造老龄社会的积极氛围，提升公众和市场机构对老龄社会的共建共享体验和养老金融认知，为家庭生育选择、抚养赡养安排和经济决策提供切实可行的公共服务支持和政策救济通道，促进不同板块政策支持体系的协同发展。

# 第四章　新一轮科技革命影响下的多层次养老保障协同发展研究

新一轮科技革命对经济形态和业态的重塑、对劳动力市场的影响是深远的，这也直接影响着基本养老保险制度的可持续性和补充养老保障体系的创新发展。本章以工业自动化和网络智能化对高技能劳动力和低技能劳动力的影响为切入点，通过对新一轮科技革命整体发展水平和区域影响的测度，以劳动力市场影响效应为传导，构建新技术与多层次养老保障协同发展的联动机制，并评估新一轮科技革命对中国养老保险制度的充足性、可持续性和多层次协同度的影响。研究发现，新一轮科技革命的发展对养老保险制度水平有着正向效应，尤其是网络智能化的应用和发展，催生了更多的就业形态、创造了新的就业岗位，也直接影响了第一层次基本养老保险的征缴基础，其就业创造效应和收入效应冲抵了新技术发展给传统就业结构调整带来的负面影响，也为更加职业化、更加灵活便携的第二、三支柱补充养老金计划提供了更大的发展空间和产品创新弹性。

## 一　新技术发展对劳动力市场的重塑和对养老保障制度优化的推动

长期以来，中国的人口老龄化趋势，不仅与少子化相伴而生，还面临着由技术进步引致的产业结构变化和劳动力市场变革，以及数字经济的快速发展和共享经济的兴盛，这给传统意义上以稳定正规就业为基础的基本养老保险制度带来了前所未有的挑战，也给重新激活第二层次的雇主养老金计划和第三层次的个人养老储蓄计划带来了新的机遇，为技术进步影响

148

下的老龄社会政策构建和多层次养老保障协同发展提供了新的动能。

### （一）技术进步驱动下的劳动力市场变革和养老保险制度发展

科技革命一般是指在人类社会发展的历史进程中，科学上的新发现和技术上的新发明不断涌现，而当这一进程发展到一定历史阶段，则会在科学技术上产生质的飞跃和重大突破，从而推动社会生产、经济和生活领域发生深刻的变革。[①] 一般认为，第一次科技革命以机器的出现为标志，逐渐形成了以蒸汽为基础的工业体系，推动了劳动力从传统农业和手工业向工业的转移，以适应工业化社会的发展和风险管理，这也正是现代化社会保险体系建立的前提和基础。第二次科技革命以电气技术的使用为标志，极大地促进了规模化和集中化生产，劳动力市场的行业化和专业化也推动了以雇主责任为核心的职业年金制度的发展。第三次科技革命以电子技术和网络技术的发展为标志，工业体系中出现大量自动化，劳动力市场中的高低技能岗位出现分化，就业的替代和再创造、人员的流动和再就业，对社会保险制度的便携性提出了新的要求，这也促进了更加灵活的个人养老金制度的发展。

新一轮科技革命以互联网和计算机融合发展的新一代信息技术为特征，包括 AI（人工智能）、大数据、区块链和物联网等新技术的交融，具有区别于第三次科技革命的显著特征：一方面，是对模块化常规任务的超大强度的替代能力，不仅大量替代传统工作岗位，还对生产过程以及上下游整个生产系统产生较大影响；另一方面，是对各行各业的超强渗透能力，尤其是对第三产业，不仅替代大量普通服务岗位，还能替代监管等一系列非常规任务。新一轮科技革命更为强势的行业渗透广度和任务渗透深度，也引致了劳动结构的高低技能比例进一步扩大，进而形成工作极化现象，[②] 尤其是在第三次人工智能浪潮的纵深推进下，机器对人的替代，以及生产关系和劳资关系的重塑，影响了传统社会保险关系存续的基础。这也是新发展形势下新业态从业人员、灵活就业人员和非正规就业人员大量产生的现实背景，是劳动力市场的重要变革，对多层次养老保障协同发展提出了新要求。

---

[①] 王济昌主编《现代科学技术名词选编》，河南科学技术出版社，2006。
[②] 黄群慧：《从新一轮科技革命看培育供给侧新动能》，《人民日报》2016 年 5 月 23 日，第15 版。

**（二）技术进步对中国劳动力市场和养老保险制度创新的现实作用**

1. 传统就业岗位缩减，基本养老保险稳定缴费群体面临波动

新一轮科技革命下智能自动化的发展不断催生着制造业对工业机器人的需求，导致劳动就业人员的减少。早在 2014 年，东莞市就发布了《东莞市推进企业"机器换人"行动计划（2014—2016 年）》，提出两年内完成相关产业"机器换人"应用项目 1000~1500 个，推进工业企业由劳动密集型向技术密集型转变。2015 年印发的《广东省工业转型升级攻坚战三年行动计划（2015—2017 年）》明确三年内推动 1950 家规模以上工业企业开展"机器换人"。智能制造的生态体系在全国各地不断升级，2021 年，《成都市智能制造三年行动计划（2021—2023 年）》也明确了三年内建成 300 个数字化车间、50 家智能工厂的发展目标。目前，中国已成为全球工业机器人使用量最大、增长最快的市场。2021 年，在工厂运行的工业机器人已增至 347 万台，较上年增长 15%；中国成为全球 15 个超大市场中年度新装工业机器人体量最大的国家，当年新装工业机器人 26.8 万台，较上年增长 51%，全球排名第一，远超过排名也位居前五的日本（4.7 万台）、美国（3.5 万台）、韩国（3.1 万台）、德国（2.4 万台）。[1]

新一轮科技革命带来的产业革新和对劳动力市场的冲击，也使至少 10% 至 50% 的就业者受到不同程度的影响，[2] 众多职业和就业岗位陆续被机器或者高科技产品所替代，同时，也催生了新业态和大批自主就业群体。相关数据显示，目前中国非正规就业人口占城镇总就业人口的 33.2%~44.7%，规模较大，且仅有三成参加了社会保险。[3] 在新一轮科技革命冲击下，劳动就业呈现新特征、新变化，基本养老保险缴费人数可能减少，参保的不稳定性可能增加，将给中国基本养老保险制度的可持续发展带来巨大的挑战。

2. 新业态从业者和非正规就业增多，个人养老储蓄计划正待激活

智能自动化以前所未有的速度、规模和影响力改变着劳动力市场和技术

---

[1] International Federation of Robotics, *World Robotics 2022 Industrial Robots*, 2022, https://ifr. org/downloads/press2018/2022_ WR_ extended_ version. pdf.

[2] *State of Intelligent Automation*（*2019*），KPMG, https://kpmg. com/xx/en/home/campaigns/2019/03/the-state-of-intelligent-automation. html.

[3] 陈明星、黄莘绒、黄耿志、杨燕珊：《新型城镇化与非正规就业：规模、格局及社会融合》，《地理科学进展》2021 年第 1 期。

需求。受劳动力市场变化的影响，多层次养老保障体系下的基本养老保险制度运行、基金筹集、制度覆盖面和可持续性也直接面临巨大挑战，而对制度便携性提出的更高要求，也促进了第三支柱养老金产品的不断创新。

目前，国家从 2021 年 6 月开始，在浙江省（含宁波市）和重庆市启动的专属商业养老保险试点，旨在解决新产业、新业态从业人员和各种灵活就业人员的养老保险缺失问题。截至 2021 年 10 月底，专属商业养老保险累计保费收入约 2 亿元，承保人数超过 1.7 万人，其中网约车司机约5600 人，[①] 至 2022 年 1 月底，6 家试点公司累计承保保单迅速增至 5 万件，累计保费 4 亿元，其中快递员、网约车司机等新产业、新业态从业人员投保增至 1 万人。[②] 随着新业态人员和灵活就业人员的不断扩大，2022 年 3 月，局地试点也扩大到全国范围，通过普惠让利和行业增信的方式，专属商业养老保险产品在非正规就业趋势和新业态发展下推广的有效性和渗透率不断提高，至 2023 年 1 月，全国已累计实现保费 42.7 亿元，保单件数 37.4万件。[③]

### （三）技术进步影响劳动力市场变革和养老保障协同发展的基本路径

#### 1. 技术进步与劳动力市场的长期平衡

技术进步对劳动力市场的影响路径，主要包括替代效应、补偿效应和创造效应三类。其中替代效应的产生通常会归因于技术进步对常规任务或者简单重复工作的替代，造成工作岗位需求减少或者消失，进而增加失业人数。[④] 通常工业机器人渗透度每增加 1%，企业的劳动力需求下降0.18%，从影响机制看，机器人应用对劳动力需求的替代效应在高市场集中度的行业、高外部融资依赖度的行业和非国有企业中更为显著。[⑤] 补偿效

① 《商业养老保险产品加速创新 第三支柱"保障网"日益完善》，中国日报网，2022 年 1 月21 日，https://finance.chinadaily.com.cn/a/202201/21/WS61ea17e8a3107be497a03403.html。
② 《中国银保监会办公厅关于扩大专属商业养老保险试点范围的通知》，中国政府网，2022 年2 月 15 日，https://www.gov.cn/zhengce/zhengceku/2022-02/22/content_5674947.htm。
③ 《信贷投放、养老金融、住房贷款……银保监会有关部门负责人谈市场热点问题》，新华网，2023 年 2 月 25 日，http://www.news.cn/fortune/2023-02/25/c_1129395677.htm。
④ 姚战琪、夏杰长：《资本深化、技术进步对中国就业效应的经验分析》，《世界经济》2005年第 1 期。
⑤ 王永钦、董雯：《机器人的兴起如何影响中国劳动力市场？——来自制造业上市公司的证据》，《经济研究》2020 年第 10 期。

应，即技术进步在替代一定工作岗位的同时也会通过提高生产率以扩大生产规模，进而增加工作岗位数量。① 创造效应，则表明技术进步可以通过创造新的职业和工作岗位，② 以增加就业机会。

从以上三方面的影响效应不难看出，技术进步对劳动力市场的长期影响，主要取决于不同效应相互作用的影响合力。基于历次工业革命的相关数据分析发现，从劳动力市场长期的就业均衡性来看，技术进步对劳动力市场的短期冲击会在长期中逐步得到纠正，技术进步虽然会替代部分工作岗位，但也将逐渐通过扩大规模和创造新岗位等方式增加工作机会，最终实现就业总量的均衡。③ 同时，技术进步往往与生产率的提高相伴而生，从而促进社会再生产的进一步扩大，技术进步并不一定影响就业总量。④ 尽管如此，技术进步和自动化对就业影响的悲观预期仍然存在，在新一轮科技革命的影响下，人工智能、大数据、区块链、云计算等新技术行业渗透力更强，尤其是人工智能对服务业和行政工作的快速渗透，其对劳动力市场的替代性往往比之前的科技发展更明显，Acemoglu 和 Restrepo 以行业层面构建的机器人与人的生产任务模型为基础，利用 1990～2007 年美国工业机器人存量数据的研究结果发现，在每千名工人中增加一台机器人，就业人口比率将降低 0.18%～0.34%，工资将会降低 0.25%～0.5%。⑤ 因此劳动力市场能否达到新的平衡仍然是一个未知数。⑥

① Bessen, J., "AI and Jobs: The Role of Demand," *NBER Working Paper*, 2018, No. 24235.

② Kremer, M., "The O-ring Theory of Economic Development," *Quarterly Journal of Economics*, 1993, 108 (03), pp. 551-575; Acemoglu, D., Restrepo, P., "The Race between Machine and Man: Implications of Technology for Growth, Factor Shares and Employment," *NBER Working Papers*, 2016, No. 22252.

③ Graetz, G., Michaels, G., "Is Modern Technology Responsible for Jobless Recoveries?" *American Economic Review*, 2017, 107 (5), pp. 168-173; Acemoglu, D., Restrepo, P., Artificial Intelligence, Automation and Work (Boston University-Department of Economics-The Institute for Economic Development Working Papers Series, 2018).

④ Autor, D., Salomons, A., Robocalypse Now: Dose Productivity Growth Threaten Employment? (Paper Prepared for the ECB Forum on Central Banking, 2017).

⑤ Acemoglu, D., Restrepo, P., "Robots and Jobs: Evidence from US Labor Markets," *Journal of Political Economy*, 2020, 128 (6), pp. 2188-2244.

⑥ Korinek, A., Stiglitz, J. E., "Artificial Intelligence and Its Implications for Income Distribution and Unemployment," *NBER Working Paper*, 2017; Furman, J., Seamans, R., "AI and the Economy," *Innovation Policy and the Economy*, 2019, 19 (1), pp. 161-191.

### 2. 技术进步与劳动力市场结构变化

技术进步对劳动力市场结构的影响研究可追溯到 20 世纪 70 年代，发达国家的低技能劳动力同时面临收入和工作机会双重减少的困境，有学者将其归因于技术进步在替代一部分劳动力的同时，创造出来的新的工作机会对劳动技能水平有着更高的要求，而被替代的劳动力很难转移到新的工作岗位中。尤其是随着技术水平的不断提升，社会生产对高技能劳动力需求的增加和对低技能劳动力需求的减少将成为常态。[1] 技术进步在增加高技能劳动力需求、减少低技能劳动力使用的同时，原有的低技能工人被新技术或机器替代，新岗位强化对高技能劳动力的需求，从而导致劳动力市场的高低技能比例不断扩大，[2] 更多的程序化劳动力将会被替代，进而促使工作极化现象发生。[3]

伴随机器人和人工智能等劳动节约型新技术的使用，基于中国微观企业数据，从机器人使用对工业企业就业影响的检验看，家具、造纸、制鞋等传统劳动密集型企业中的低技能劳动力就业受到抑制[4]；分析联合地区及行业层面的机器人应用数据可知，机器人应用规模扩大会显著降低本地未来一年的劳动力就业水平，尤其是易被机器替代行业的就业水平，劳动力市场结构变化会进一步影响机器人应用导致的"技术性失业"现象，在低学历员工占比高、劳动力保护弱及市场化程度高的地区，这一现象表现更为明显。尽管机器人应用导致了就业挤出效应，但对于不同地区和行业，机器人应用也具有显著的就业溢出效应，劳动力在不同行业和地区之间实现转移，提高了本地下游行业、本地劳动力替代性较高的其他行业及外地

[1] Silberman, R. B. HF., "The Over-Educated American by R. B. Freeman," *American Educational Research Journal*, 1977, 14 (1), pp. 78 – 79; Murphy, K. M., Finis, W., "The Structure of Wages," *Quarterly Journal of Economics*, 1992, 16 (1), pp. 285 – 326.

[2] Acemoglu, D., "Why Do New Technologies Complement Skills? Directed Technical Change and Wage In-equality," *Quarterly Journal of Economics*, 1998, 113 (4), pp. 1055 – 1089; Acemoglu, D., "Directed Technical Change," *Review of Economic Studies*, 2002, 69 (4), pp. 781 – 810.

[3] Autor, D. H., Levy, F., Murnane, R. J., "The Skill Content of Recent Technological Change: An Empirical Exploration," *Quarterly Journal of Economics*, 2003, 118 (4), pp. 1279 – 1333; Autor, D. H., "The Task Approach to Labor Markets," *Journal for Labour Market Research*, 2013, 46 (3), pp. 185 – 199.

[4] 李磊、王小霞、包群：《机器人的就业效应：机制与中国经验》，《管理世界》2021 年第 9 期。

同行业的劳动力就业水平。①

3. 技术进步对劳动力市场的重塑进而对养老保障体系产生的影响

随着新一轮科技革命的发展，数字经济在中国国民经济运行中越发重要，成为推动经济增长的主要引擎之一，其规模从 2017 年的 27.2 万亿元发展到 2021 年的 45.5 万亿元，总量稳居世界第二，占国内生产总值的比重也从 32.9% 提升至 39.8%。② 与之相对应的是劳动力市场呈现的巨大变革，在新的数字化进程中，新的就业方式不断涌现，尤其出现了更多以互联网为基础的新型工作岗位和共享经济服务者，赋予传统意义上的"自由职业者"以新的内涵，自由职业者在职业阶层结构中的占比可达 5.6%，形成了约 3900 万人的新社会群体③；共享经济参与人数也有 8 亿人，参与提供服务者约 7800 万人，平台企业员工 623 万人。④

技术进步趋势下的新增就业群体，并未完全按照传统方式确认其雇主、确立劳动关系，灵活就业人员缺乏谈判能力和制度保障，会被挤出职工基本养老保险体系，各类新业态劳动者，大多未参加社会保险或以非正规就业者的身份参加灵活就业人员的部分保险项目，缺乏雇主匹配缴费，参保率较低⑤；自由职业者的增加，也意味着正规就业劳动群体规模相应缩小，长期来看可能影响以正规劳动关系为基础的社会保险制度的惠及范围，⑥ 给现行养老保障制度筹资方式带来挑战，新技术发展下碎片化、形态多样化以及劳动关系模糊化的现象也直接冲击了传统的多层次养老保障协同机制和管理体制，⑦ 这也使得社会保险参保资格模糊化、缴费隐蔽隐匿化、项目

① 孔高文、刘莎莎、孔东民：《机器人与就业——基于行业与地区异质性的探索性分析》，《中国工业经济》2020 年第 8 期。
② 《数字中国发展报告（2021 年）》，国家互联网信息办公室官网，2022 年 8 月 2 日，http://cagd.gov.cn/data/uploads//ueditor/php/upload/file/2022/08/1659493698894565.pdf。
③ 李培林、崔岩：《我国 2008—2019 年间社会阶层结构的变化及其经济社会影响》，《江苏社会科学》2020 年第 4 期。
④ 《国家信息中心分享经济研究中心发布〈中国共享经济发展报告（2020）〉》，国家信息中心官网，2020 年 3 月 9 日，http://www.sic.gov.cn/News/568/10429.htm。
⑤ 郭瑜：《数字经济下的养老保险：挑战与改革》，《华中科技大学学报》（社会科学版）2021 年第 2 期。
⑥ 何文炯：《数字化、非正规就业与社会保障制度改革》，《社会保障评论》2020 年第 3 期。
⑦ 陈斌：《数字经济对社会保障制度的影响研究进展》，《保险研究》2022 年第 3 期。

设计融合化乃至社会保险待遇谈判虚化①。

刘涛也指出"工业4.0计划"推动下的德国电子化时代下的社会政策，呈现虚拟空间化和去形态化特征，高度的"去管制化"也转变了传统以实体企业为主导的社会保险模式，就业容量、就业形态及参加社会保险的就业群体都开始转化为流动虚拟空间的隐形结构，这对国家税收汲取能力、社会保障能力及数字化管理能力都构成了隐然的挑战。② 部分传统工作受自动化进程的影响可能会消失，零碎化、稳定性降低等因素均会影响养老保险制度的待遇充足性和财务可持续性。③

## 二　新一轮科技革命的空间效应与多层次养老保障运行现状

### （一）新一轮科技革命下智能自动化发展的区域差异

随着中国经济由劳动密集型向资本和技术密集型转变，在包容性增长和数字中国建设背景下，智能自动化的发展也迎来了新的机遇，推动着中国产业结构提档升级，人工智能、工业机器人、物联网等众多智能元素在中国经济发展和人民生活中的重要性也日渐增加。新技术不仅影响着传统行业，还深入渗透到各行各业，改变着原有的生产方式及企业劳动需求，工业机器人在智能自动化行业的应用已经从传统的汽车、电气等制造行业拓展到国民经济47个行业大类和126个行业中类，衍生出包括电子商务、网络出行等新兴行业，增加了灵活就业群体的体量。然而，由于中国地区经济发展不平衡，产业定位存在差别，新技术的影响深度和传导路径也存在差异，智能制造等高新行业主要聚集在粤港澳以及长三角地区，而中西部地区的智能自动化水平仍然处于起步阶段，④ 新一轮科技革命发展对不同地区的劳动力市场尤其是多层次养老保障协同发展的影响也不尽相同。为此，测度智能自动化发展的区域差异成为分析技术进步对劳动力市场和养

---

① 高和荣：《人工智能时代的社会保障：新挑战与新路径》，《社会保障评论》2021年第3期。
② 刘涛：《电子化时代的社会保障：新经济与"去形态化福利"——以德国工业4.0为例》，《社会政策研究》2018年第2期。
③ ISSA, "Special Issue: Social Security and the Digital Economy," *International Social Security Review*, 2019, 72（3）, pp. 3 – 140.
④ 《〈中国新一代人工智能发展报告2019〉发布》，中国政府网，2019年5月26日，https://www.gov.cn/xinwen/2019 – 05/26/content_5394817.htm。

老保障制度影响的重要前提和基础。

1. 新一轮科技革命发展水平的测度

本研究将智能自动化作为反映新一轮科技革命发展的重要维度，并按照智能自动化的发展基础和应用领域将其分为网络智能化和工业自动化两种不同的类型。[①]

（1）测度方法

借鉴前人研究，采用因子分析方法生成不同地区新一轮科技革命发展水平的度量指标。因子分析是通过对多维原始变量进行相关性分析，形成数个公因子，并将原始变量通过公因子进行线性表述的一种降维方式。通过将众多变量提取少数公因子来生成综合变量，从而将复杂的变量关系简单化，能够更加有效地分析现实中的复杂问题。因子分析理论模型构建如下：

$$X = AF + \varepsilon \qquad (4.1)$$

$$其中, A = \begin{bmatrix} a_{11} & a_{12} & \cdots & a_{1m} \\ a_{21} & a_{22} & \cdots & a_{2m} \\ \vdots & \vdots & \vdots & a_{3m} \\ a_{p1} & a_{p2} & \cdots & a_{pm} \end{bmatrix}$$

矩阵 $A$ 的元素为因子载荷矩阵，表示公因子与原始变量的相关性。$X = (X_1, X_2, \cdots, X_P)'$，$X$ 为原始变量。因子分析要求其变量标准化，即均值为 0，方差为 1。$F$ 为公因子，为本身不可观测的相关独立向量，均值为 0。$\varepsilon = (\varepsilon_1, \varepsilon_2, \cdots, \varepsilon_P)'$，$\varepsilon$ 为特殊因子，只能解释单个原始变量，均值为 0。

据此模型，基于回归思想构造公因子与原始变量的线性组合如下：

$$F_i = \beta_{i1} X_1 + \beta_{i2} X_2 + \cdots + \beta_{ip} X_P = 1, 2, 3 \cdots, m \qquad (4.2)$$

其中 $\beta$ 为公因子 $F$ 的因子得分，通过最小二乘法估计。同时，由于 $X$ 与 $F$ 均为标准变量，因此模型中不存在常数项。

---

[①] KPMG International, HFS Research, "State of Intelligent Automation 2019," *KPMG Report*, 2019, https：//kpmg. com/xx/en/home/campaigns/2019/03/the-state-of-intelligent-automation. html.

在式（4.2）基础上进行综合指标构建，综合指标模型表示如下：

$$y_i = \theta_1 F_1 + \theta_2 F_2 + \cdots + \theta_i F_i \tag{4.3}$$

其中 $\theta_i$ 为公因子的方差贡献率，$y_i$ 为综合指标，$F_i$ 为公因子。

（2）指标选择

为了使所选指标能够更加准确地反映不同地区新一轮科技革命的发展水平，本书借鉴孙早和侯玉琳的研究，主要从新一轮科技革命发展基础、生产应用以及发展水平三个方面进行指标合成。[①] 在发展基础上，选取软件产品应用水平（base-inter）、工业机器人应用水平（robot）两项指标；在生产应用方面，选取各地与新技术发展相关的上市企业数（NUMcompany）、软件服务水平（service）两项指标；在发展水平上，选取各地与新技术发展相关的企业，考察该类企业收入水平（INCcompany）和当地电信业务消费水平（tele）两项指标。同时为了量纲一致，将所有变量处理为当年度本地发展占全国总体发展的比重来表示地区的相对水平。

（3）指标合成

结合旋转后得分与三级指标的乘积汇总求和构成二级指标（公因子）：

$$f_i = \varpi_1 robot + \varpi_2 tele + \varpi_3 INCcompany + \varpi_4 NUMcompany + \varpi_5 base - inter + \varpi_6 service \tag{4.4}$$

$\varpi_i$ 代表旋转后因子得分系数，$f_i$ 代表特征值大于 1 的公因子。

将合成的二级指标即公因子与方差贡献率的乘积汇总求和形成体现新一轮科技革命发展水平的指标 auto：

$$auto = \sum_1^i \xi_i \times f_i \bigg/ \sum_1^i \xi_i \tag{4.5}$$

其中 $\xi_i$ 代表各公因子方差贡献率，$f_i$ 代表特征值大于 1 的公因子。

通过表 4-1、表 4-2 可知，样本数据 KMO 值检验为 0.777，$F$ 值在 0.01 水平上显著，提取特征值大于等于 1 的两个公因子，累计方差解释度能够达到 80%，因此检验结果符合因子分析前提要求。

---

[①] 孙早、侯玉琳：《工业智能化如何重塑劳动力就业结构》，《中国工业经济》2019 年第 5 期。

表 4 - 1　KMO 和巴特利特检验

| KMO 取样适切性量数 * | | 0.777 |
| --- | --- | --- |
| 巴特利特球形度检验 | 近似卡方 | 1532.065 |
| | 自由度 | 15 |
| | 显著性 | 0.000 |

* KMO 取样适切性量数（Kaiser-Meyer-Olkin measure of sampling adequacy），即 KMO 检验统计量，是判断样本充足性的检验系数，此处用于判断因子分析的可行性。一般 KOM 值取值：0 ~ 0.49，不可接受；0.5 ~ 0.59，勉强接受；0.6 ~ 0.69，一般接受；0.7 ~ 0.79，良好；0.8 ~ 1.0，非常好。

表 4 - 2　总方差解释

单位：%

| 成分 | 初始特征值 | | | 提取载荷平方和 | | | 旋转载荷平方和 | | |
| --- | --- | --- | --- | --- | --- | --- | --- | --- | --- |
| | 总计 | 方差百分比 | 累积方差百分比 | 总计 | 方差百分比 | 累积方差百分比 | 总计 | 方差百分比 | 累积方差百分比 |
| 1 | 4.267 | 71.116 | 71.116 | 4.267 | 71.116 | 71.116 | 4.216 | 70.273 | 70.273 |
| 2 | 1.024 | 17.062 | 88.178 | 1.024 | 17.062 | 88.178 | 1.074 | 17.904 | 88.178 |
| 3 | 0.405 | 6.755 | 94.933 | | | | | | |
| 4 | 0.188 | 3.126 | 98.059 | | | | | | |
| 5 | 0.098 | 1.639 | 99.698 | | | | | | |
| 6 | 0.018 | 0.302 | 100.000 | | | | | | |

注：提取方法为主成分分析法。

通过数据分析可得两个特征值大于 1 的公因子，旋转后得到因子得分矩阵，其公因子 $f_1$ 与 $f_2$ 在工业机器人应用水平和电信业务消费水平上符号相反，如表 4 - 3 所示，结合现实情况，将工业机器人应用水平为正的公因子 $f_1$ 定义为网络智能化，将电信业务消费水平为正的公因子 $f_2$ 定义为工业自动化。结合式（4.4）可以将其表示为式（4.6），并据此测度不同地区的智能自动化水平。

$$f_1 = -0.073 \times robot + 0.221 \times tele + 0.232 \times INCcompany$$
$$+ 0.203 \times NUMcompany + 0.218 \times base\text{-}inter + 0.221 \times service \quad (4.6)$$

$$f_2 = 0.940 \times robot - 0.253 \times tele - 0.048 \times INCcompany$$
$$+ 0.088 \times NUMcompany + 0.05 \times base\text{-}inter + 0.068 \times service \quad (4.7)$$

$$auto = (0.711f_1 + 0.171f_2)/0.882 \tag{4.8}$$

**表 4 - 3　成分得分系数矩阵**

| 变量 | 成分 | |
|---|---|---|
| | 1 | 2 |
| *robot* | - 0.073 | 0.94 |
| *tele* | 0.221 | - 0.253 |
| *NUMcompany* | 0.232 | - 0.048 |
| *INCcompany* | 0.203 | 0.088 |
| *base-inter* | 0.218 | 0.05 |
| *service* | 0.221 | 0.068 |

注：提取方法为主成分分析法；旋转方法为凯撒正态化最大方差法。

2. 不同地区新一轮科技革命发展水平的空间差异

根据前文指标合成和测度，以各省（区、市）工业自动化和网络智能化水平为测度，对新一轮科技革命在中国的区域发展差异进行省级层面的描述性分析。考虑新冠疫情对经济运行、劳动就业和新工作方式的阶段性影响，研究将下文的观察期前置至 2018 年，方便以相同维度和标准观察数据情况。

（1）新一轮科技革命在不同地区的发展差异明显

新一轮科技革命发展及新技术的应用在中国不同地区存在显著差异。如图 4 - 1 和图 4 - 2 所示，根据前文因子分析结果显示的差异水平划分，处于第一阶层的北京和广东，其网络智能化水平明显高于其他地区，其中，广东的网络智能化水平明显领先于本地区的工业自动化水平，相比之下，北京的网络智能化虽高于其工业自动化水平，但两者的差距不如广东大。

处于第二阶层的上海、江苏、浙江、山东和重庆，网络智能化水平普遍较高，均位于 3/4 线之上。然而，除上海在智能自动化发展上相对均衡，其余四省（市）的智能化水平和自动化水平并不一致。以重型装备、汽车产业为支撑的重庆，地区内工业自动化水平远高于其网络智能化水平；而江苏、浙江两地，由于民营经济发展具有绝对优势，因此，其地区内部网络智能化水平远高于其工业自动化水平；山东依靠其海运仓储物流的发展，网络智能化水平也远高于其工业自动化水平。

处于第三阶层的天津、辽宁、吉林、安徽、福建和湖北，其智能化水平处于1/2线与3/4线之间，这些地区传统工业较为发达，吉林的工业自动化水平远高于网络智能化水平，天津、安徽和湖北智能自动化发展协同度相对较高，但辽宁和福建的网络智能化水平也与工业自动化水平拉开了差距。第四阶层为低于平均值1/2线以下的地区，其中，西部地区尤其是民族地区的新技术应用和受到的影响相对有限，这也与区域发展的不同定位和前期基础密切相关。

新一轮科技革命发展在不同地区呈现的差异化水平，也同步影响着劳动力市场的差别变化，并直接传导至对以养老保障体系为核心的社会保障制度的影响方面。一方面，工业自动化发展水平较高的地区，其劳动力市场变革的动因主要涉及的是机器对人的替代，面临的是短时期内就业状态和劳动关系不稳定的冲击，是低技能就业者和高技能就业者之间的结构性调整，对养老保险制度的影响可能存在短期内因个人断缴和低缴而导致的基金缩减；另一方面，网络智能化的发展，随之而来的是更多非正规就业群体、灵活就业人员和新业态从业者的产生，劳动形式更加多样化，且不受传统的雇佣关系限制，因此，对多层次养老保障体系的影响是更高的灵活性、便携性和适应性。从各地区智能自动化的交互式发展也可以看出，区域性的劳动力市场变革同样存在高低技能劳动者的结构性调整和新业态、非正规就业人员的新增，对多层次养老保障协同发展也提出了多元化的要求。

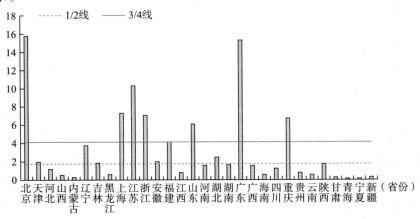

**图4-1　2018年全国各地区网络智能化水平**

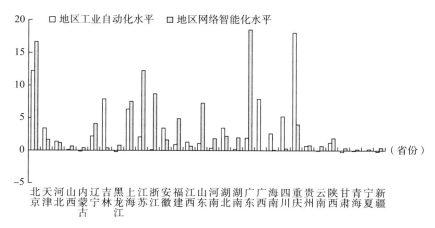

**图 4 - 2　2018 年全国各地区工业自动化水平**

（2）以重工业为主的省（区、市）工业自动化水平相对较高

工业自动化是反映某一地区产业类别和发展水平的重要指标。如图 4 - 3 所示，从时间序列的纵向发展来看，一方面，北京、吉林、上海、广西、四川、重庆等省份的工业自动化水平相对较高，且时间趋势明显，其中以重型装备、汽车制造为支柱产业的重庆在工业自动化方面表现尤为突出，而以轻工业为主的广东的网络智能化水平更高，时间序列上也带动了该地区工业自动化水平的正向增长。另一方面，工业自动化水平较高的典型省份重庆，其时间序列上的发展趋势多呈现倒 U 形曲线。其原因可能归结于重工业领域对工业自动化的天然需求，而多数重工业企业规模相对较大、企业数量相对较少，工业机器人、无人车间等工业自动化装备和基础设施建设能够在较短时间内完成，因此在到达高点后有一个向下延伸的趋稳状态，倒 U 形曲线也表明了该地区工业自动化发展水平的相对成熟。此外，以轻工业为支撑的地区如广东的工业自动化水平也呈现逐年上升的趋势，显示了新技术影响下智能自动化的融合发展。

（3）各省（区、市）时间序列上的网络智能化水平相对均衡

网络智能化主要衡量某一地区的科技和信息技术交互应用水平，与工业自动化相比，网络智能化的影响范围和支撑的就业类别更广。如图 4 - 4 所示，从时间序列的纵向发展和绝对水平来看，第一，北京、上海、江苏、浙江、福建、山东、广东等地的网络智能化水平在时间序列上呈持续的高位，这也与这些地区的经济发展水平、劳动力市场活跃度和产业类型密切

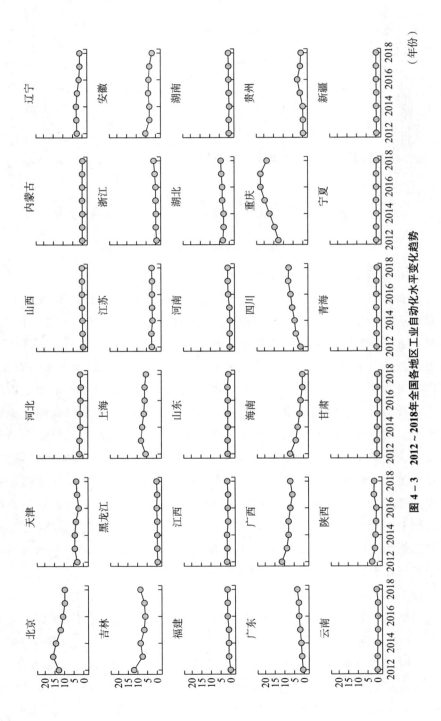

**图 4 - 3 2012～2018年全国各地区工业自动化水平变化趋势**

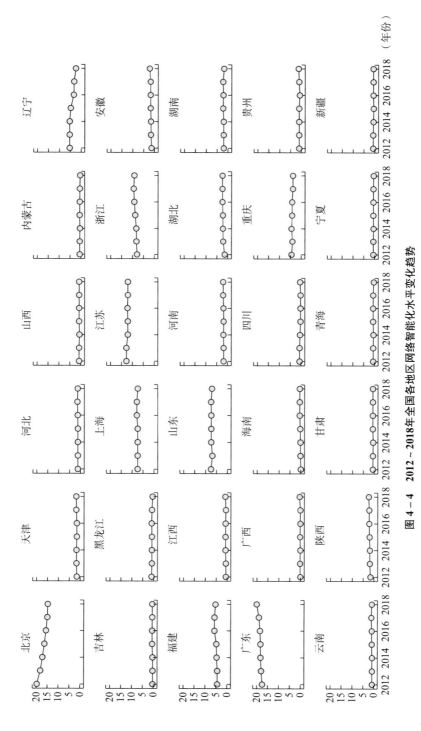

图 4 - 4　2012～2018年全国各地区网络智能化水平变化趋势

相关。第二，各地区网络智能化水平的变化幅度总体表现相对平稳。北京、广东等地时间序列上的变化幅度较其他地区略明显，表明网络智能化在较为完善的基础建设上扩张效应更明显。第三，普遍来看，不论是网络智能化水平高的地区还是水平中等的地区，其网络智能化的发展相对均衡，没有出现明显的 U 形或倒 U 形曲线，显示出网络智能化建设的基础性、长期性和系统性，以及对劳动力市场和多层次养老保障体系影响的相对稳定性。

**（二）多层次养老保障体系的运行情况**

目前，中国已建成有世界上覆盖面最广的基本养老保险制度，逐渐形成以基本养老保险为主体、企业（职业）年金和个人延税型商业养老保险等为补充的多层次养老保障体系。本部分以养老保障体系的可持续性、充足性和多层次三个维度为参照，比对前文全国及各地区工业自动化和网络智能化的发展水平，描述中国养老保障体系的运行情况。

1. 总体情况

（1）基本养老保险制度的可持续性

受经济增速变缓和人口老龄化趋势发展等外部环境因素影响，中国基本养老保险制度的偿付压力逐渐加大。人口结构和制度抚养比是以现收现付为主要筹资模式的基本养老保险制度可持续发展的重要影响因素。如图 4－5 所示，中国城镇职工基本养老保险制度赡养率持续提升，由 2012 年的 0.32 上升至 2018 年的 0.39，给中国基本养老保险基金的可持续运行带来了巨大挑战。

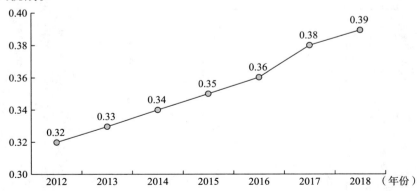

**图 4－5　2012～2018 年中国城镇职工养老保险制度赡养率**

资料来源：根据 EPS 宏观经济数据库绘制。

（2）基本养老保险制度的充足性

养老保险制度的充足性描述的是制度的再分配功能和基本生活保障能力，充足的保障水平需要保证一定的养老金替代率，避免劳动者年老退出劳动力市场后因经济收入降低或无法得到保障而陷入贫困。2018 年，中国基本养老保险参保人员已达到 9.42 亿人，其中城镇职工基本养老保险覆盖4.19 亿人，城乡居民养老保险覆盖群体超 5 亿人，覆盖面较就业关联的职工养老保险更广，达到 5.24 亿人。2021 年，基本养老保险覆盖人数已达到10.3 亿人。从养老保险待遇水平上看，2018 年，全国城镇职工月人均养老金水平为 3153 元，为 2005 年全国城镇职工月人均养老金水平的 4.1 倍，对当年城镇单位就业人员平均工资的替代率约为 57%。① 城镇企业职工基本养老保险基金支出占 GDP 的比重为 4.95%，是 2005 年基本养老保险支出占GDP 比重的 2.3 倍。② 对城乡居民而言，政府不断通过财政转移支付、现金补贴等方式扩大城乡居民养老保险的覆盖面，同时通过基础养老金及其待遇调整机制的优化，不断提升城乡居民养老保险的基本保障水平，但相比城镇职工养老保险的待遇给付，由于城乡居民养老保险的制度模式和缴费水平与前者存在较大差异，因此养老金水平仍然极其有限。

（3）养老保险体系的多层次性

长期以来，中国养老保险体系的多层次性主要体现在促进补充养老保险尤其是企业年金制度的建设上。然而，中国企业年金不论是在参保人数上还是在基金积累份额上，均与应保人口尤其是城镇职工基本养老保险制度存在较大差距，多层次养老保障协同度差，层次性不明显。如图 4-6 所示，2010～2018 年，中国参加企业年金的职工数占总就业人口的比重维持在 1.75% 到 3% 之间；从企业年金参保人数占城镇职工基本养老保险参保人数的比重来看，长期以来基本维持在 5% 至 7% 之间；从两者的基金积累规模来看，企业年金积累额占城镇职工基本养老保险基金积累额的比重在18% 至 30% 之间，就人均资金份额而言，这一比重相对较高，也间接反映了雇主责任险属性的企业年金仍然停留在俱乐部产品特征上。中国养老保障体系的多层次发展水平依然较低。

---

① 根据 2018 年全国城镇非私营单位就业人员和私营单位就业人员的平均工资合并计算。
② 根据历年《人力资源和社会保障事业发展统计公报》整理计算。

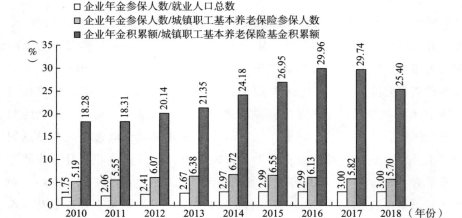

图 4-6　2010~2018 年企业年金与城镇职工基本养老保险发展对比
资料来源：根据 EPS 宏观经济数据库绘制。

2. 各地区情况

为配合后文的实证研究，本部分在描述各地区多层次养老保障体系运行情况时，借鉴 Mercer[1] 和高庆波[2]采用的测度方法，将养老保险发展系数分为充足性、可持续性和多层次 3 个二级指标。具体而言，如表 4-4 所示，在充足性指标上，主要从养老保险待遇和制度覆盖两个方面展开度量，由 4 个三级指标构成；在可持续性指标上，主要从费率和制度压力水平等方面展开度量，涉及 4 个三级指标；在多层次指标上，考虑到中国补充养老保险发展的实际情况，从企业年金和商业保险[3]发展方面，选取 4 个三级指标，并对每项三级指标进行赋值处理，通过标准化并赋权生成综合变量。

表 4-4　中国多层次养老保险体系运行水平测度指标

| 二级指标 | 三级指标 | 具体内容 | 分值 |
| --- | --- | --- | --- |
| 充足性 | 养老保险制度覆盖率 | 基本养老保险领取待遇人数/法定退休人数 | 10 |

---

① Mercer, "Melbourne Mercer Global Pension Index 2018," 2019.
② 高庆波：《中国养老金发展指数（2018）》，《经济研究参考》2019 年第 14 期。
③ 由于中国商业养老保险起步晚、市场份额极低，个人延税型商业养老保险从 2018 年起才在有限的数个城市试点，结合医养结合的趋势和保险配置动机，本章用人身保险相关数据借代商业养老保险。

| 二级指标 | 三级指标 | 具体内容 | 分值 |
|---|---|---|---|
| 充足性 | 养老保险代际收入分配水平 | 基本养老保险人均养老金/城镇单位在岗职工平均工资 | 10 |
| | 养老保险生活保障水平 | 基本养老保险人均养老金/城镇居民家庭人均可支配收入 | 10 |
| | 养老保险参保率 | 参加基本养老保险职工人数/城镇就业人员数 | 10 |
| 可持续性 | 养老保险支出压力水平 | 基本养老保险基金支出/GDP | 10 |
| | 养老保险缴费水平 | 当年基本养老保险人均缴费/城镇单位在岗职工平均工资 | 10 |
| | 养老保险制度赡养率 | 离退休和退职人员数/职工人数 | 10 |
| | 养老保险抗冲击水平 | 本年度基金累计结余/下一年基金支出×12 | 10 |
| 多层次 | 企业年金职工参与率 | 参加企业年金职工人数/城镇就业人员数 | 5 |
| | 企业年金发展水平 | 企业年金基金积累额/GDP | 5 |
| | 商业养老保险参保率 | 人身保险密度 | 5 |
| | 商业养老保险发展水平 | 人身保险深度 | 5 |

　　注：由于城乡居民养老保险基金积累额占比较小，本表及相关正文内容中涉及"养老保险""基本养老保险""基金累计结余""基金支出"等均指城镇职工基本养老保险。

　　从全国平均水平来看，不论是在充足性、制度可持续性还是多层次养老保障的协同发展方面，养老保险制度的发展在时间序列上总体呈现稳步上升的态势。然而，分单项指标看，中国仍然面临多层次养老保障协同发展不足、制度可持续压力逐年增大的挑战，如图4-7和图4-8所示。

　　一是在充足性上，受基本养老保险历年待遇调整的影响和法定制度参保人数的逐年增多，根据养老保险制度覆盖率、养老保险代际收入分配水平、养老保险生活保障水平和养老保险参保率四项指标测度的制度充足性水平保持稳中略升的发展趋势。二是对制度可持续性的评估，主要依托养老保险支出压力水平、养老保险缴费水平、养老保险制度赡养率和养老保险抗冲击水平，受人口老龄化和制度赡养率的阶段性影响，基金支付和结余面临一定压力，制度可持续性呈现逐年下降的趋势。三是多层次养老保障协同发展程度，由于中国企业年金准入门槛相对较高，覆盖面长期局限在少数央企和国企之中，严格意义上的第三支柱养老金体系迟迟未建成，长期以来以具有分红功能的年金险发展为主，市场份额较小。因此，基于企业年金职工参与率、企业年金发展水平、商业养老保险参保率以及商业养老保险发展水平测度的多层次协同度，尽管从时间序列上看呈现稳中有升的趋势，但其整体发展明显低于充足性和可持续性两项指标。

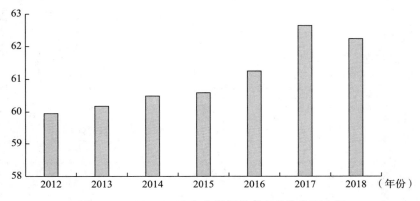

**图4-7　2012~2018年全国平均养老保险发展水平**

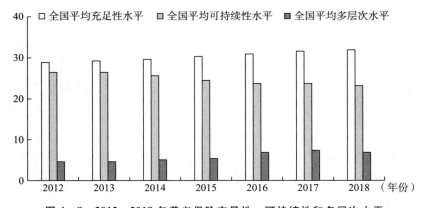

**图4-8　2012~2018年养老保险充足性、可持续性和多层次水平**

具体而言，从各省（区、市）养老保险制度的充足性、可持续性和多层次协同度来看，呈现以下特征，如图4-9所示。

一是多层次协同发展普遍不足。在充足性、可持续性和多层次协同性

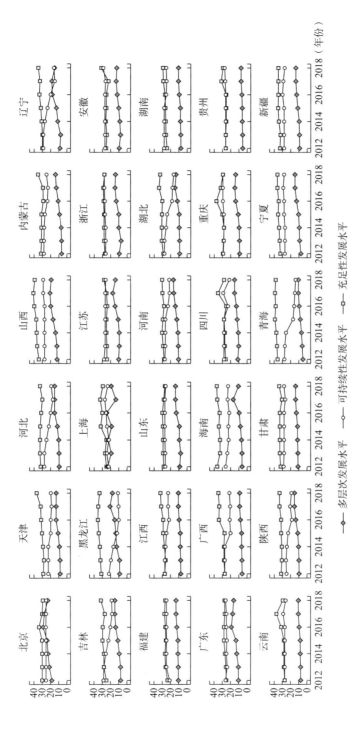

图 4 - 9　2012~2018年全国各省（区、市）养老保险不同维度趋势水平

方面，三个维度趋势一致的省份较少，除北京和上海总体看三方面趋势线重合度和发展水平相对较高，全国大多数省（区、市）多层次协同度评分与充足性和可持续性存在较大差距。其中，三条趋势线一分为二特征相对明显的省份有江苏、浙江、安徽、福建、山东、湖南、四川、重庆、贵州、云南，这些省份养老保险制度的充足性和持续性长期保持在相对高的水平且两趋势线基本一致，但多层次协同度明显与其他两趋势线拉开了差距。大部分省（区、市）在2016年前后多层次协同度出现了明显的攀升，这与中国多层次养老保障体系发展普遍滞后，近年来第三支柱养老储蓄计划不断推进的政策现状基本一致。

二是制度可持续发展在部分地区出现预警。较为典型的包括天津、河北、内蒙古、辽宁、吉林、黑龙江、江西、河南、湖北、广西、陕西、青海等地，可持续发展评分在2014年前后出现转折性下滑，其中东北三省为下滑幅度较大、预警出现更早的地区，评分趋势线出现"断崖式"下滑的特征。究其原因，与以上省份的产业结构和企业集聚类型密切关联，以东北三省为代表的重工业省份，传统产业和国有企业集聚较大，随着国企改革的推进，国企下岗的"4050"人员逐渐进入退休期，而地区企业制度内的赡养率并没有明显改善，造成养老保险基金在短时期内支出较大，基金累计结余的可支付月余数相应减少。

三是制度充足性在全国大部分地区表现平稳，有的省份甚至在近年出现明显的逐年上升趋势，如辽宁、广西两地。由于制度充足性的评分指标大多与制度覆盖率、养老金相对水平挂钩，而这些指标通常具有法定性和福利刚性的特征，受制度实际运行的波动小，且还会随着时间序列呈现与经济发展、劳动力市场优化和物价指数挂钩的指数型增长。

### 三　新一轮科技革命对中国劳动力市场和养老保障体系的影响

前文通过分析技术进步对劳动力市场和养老保障体系的影响机制及新一轮科技革命的空间效应和多层次养老保障体系的运行，明晰了工业自动化和网络智能化在中国的发展水平及其对不同区域的影响路径和程度。本部分将以前文的定性分析为参照，以劳动力市场变革为传导载体，测度新一轮科技革命发展对中国养老保障体系的影响。

**（一）理论分析与研究假设**

1. 新一轮科技革命对劳动力市场的影响

（1）对劳动力市场均衡的影响

以网络和计算机技术为基础的新一轮科技革命催生的人工智能、网络平台等产物引致了新的工作形式和就业岗位的产生，对劳动力市场重塑产生新的影响。尽管学者们对新技术发展是否导致失业的态度不一，部分学者赞同高新技术发展下升级的产业结构会替代部分常规性工作，进而造成就业减少；也有乐观派坚信新技术虽然会替代一部分劳动份额，但同时会创造新的劳动需求，当技术进步产生的劳动份额大于替代的份额时，新技术会促进就业。本研究以马克思的资本有机构成理论为基础分析新技术发展对劳动力市场均衡的影响。

资本有机构成理论以公式 $C/V$ 或者 $C/(C+V)$ 表示，其中 $C$ 为机器、技术等生产资料，$V$ 为雇佣劳动力，假定企业家在短时期内所持有的资本不变，基于资产有机构成理论分析企业增加生产资料 $C$ 对劳动力就业 $V$ 的影响包含以下两种情况：一是假设有机构成一定，即企业在增加一定的生产资料 $C$ 时，也会按照既定比例增加劳动力 $V$ 的需求，从而促进就业；二是假设有机构成比例增加（由于资本逐利，不考虑有机构成减小的情况），也就是生产资料 $C$ 的增长速度大于劳动力 $V$ 的增长速度，导致劳动力 $V$ 的相对比例下降，即企业家通过增加机器等设备替代劳动力，进而增加失业。一般情况下，当企业家面临竞争压力、追求超额剩余价值时，企业通常会提高资产有机构成，以机器换人获取更多利润，导致短时期内的失业人数增加。

因此，基于资本有机构成理论，一方面，新技术应用可能造成劳动力市场失衡，失业人数增多，但在促进经济高质量发展的背景下，即便是新技术对传统劳动岗位的替代，也仍然需要相应比例的高技能劳动力投入，社会就业也会随着制造业拓展到更广阔的服务业领域，以扩大社会总体生产，无形中也创造了新的就业岗位。另一方面，结合经济现实也可以发现，在各种经济环境压力下，出现了大量的无人车间和自动化生产线，从传统制造行业到高科技行业，尽管低技能劳动者面临着被替代的较大压力，然而长期来看社会上并没有出现由机器替代带来的不可逆转的失业冲击，究其原因可以归为两类：一类是新技术的应用将提高企业生产率进而扩大生产并提升对高技能劳动者的需求和工资水平，这也增加了低技能劳动者转向高技能岗位的动力；另一类是以网络技术为基础的平台经济和共享经济准入门槛相对较低，这也吸引了大量低技能劳动群体转入新业态。因此，新一轮科技对于劳动力市场均衡的综合影响长期来看是中性的，可以确定的结论是：在制造业领域，新技术发展会替代大量低技能劳动者，但同时也会相应增加高技能劳动力需求和平均劳动收入水平，这也会使低技能劳动者主动提高技能水平以适应新技术和产业升级的变化。同时，低技能劳动者也受益于平台经济和共享经济的发展，成为新业态中的新就业群体。

（2）对劳动力市场结构的影响

根据技术偏向性进步理论，技术进步不仅影响就业总量，还会对劳动力市场结构产生影响。笔者在 Acemoglu 和 Autor[1] 以及 Acemoglu 和 Restrepo[2] 研究基础上，考虑技术进步的因素后对模型进行了改进：

$$
\begin{aligned}
y(i) &= p(i)^{(1-\beta)/\beta}[A_L\alpha_L(i)l(i) + A_0\alpha_0(i)q(i)] & 0 < i < I_H \\
y(i) &= p(i)^{(1-\beta)/\beta}A_H\alpha_H(i)l(i) & I_H < i < 1
\end{aligned}
\tag{4.9}
$$

其中 $I$ 表示不同劳动技能的生产区间，$A$ 代表不同技能水平对应的技术水平，$\alpha_L(i)$ 代表不同技能水平的劳动生产率，$l(i)$ 代表劳动力数量，$q(i)$ 代表新技术的供给，$\alpha_0(i)$ 为新技术应用下的劳动生产率，只有在任务区间 $[-\varepsilon, +\varepsilon]$ 中才能实现足够大的值，促使企业用新技术替代劳动力获得更多利润。考虑到任务完成的复杂程度，此区间通常在低技能劳动者任务区间内：

$$
\begin{aligned}
y(i) &= p(i)^{(1-\beta)/\beta}A_L\alpha_L(i)l(i) & 0 < i < \varepsilon, I_H - \varepsilon < i < I_H \\
y(i) &= p(i)^{(1-\beta)/\beta}A_0\alpha_0(i)l(i) & \varepsilon < i < I_H - \varepsilon \\
y(i) &= p(i)^{(1-\beta)/\beta}A_H\alpha_H(i)l(i) & I_H < i < 1
\end{aligned}
\tag{4.10}
$$

[1] Acemoglu, D., Autor, D. H., "Skills, Tasks and Technologies: Implications for Employment and Earnings," In D. Card, & O. Ashenfelter, Eds., *Handbook of Labor Economics*, 2011, Vol. 4, Part B (pp. 1043 – 1171).

[2] Acemoglu, D., Restrepo, P., "The Race between Machine and Man: Implications of Technology for Growth, Factor Shares and Employment," *NBER Working Papers*, 2016, No. 22252.

从式（4.10）可以简单推出：高技能劳动者与低技能劳动者的比例与新技术下的任务区间阈值有关，$\varepsilon$ 越大，代表新技术能够代替的工作就越多，高技能劳动者与低技能劳动者之间的比例就会变大，即劳动力市场中对高技能劳动者的需求大于对低技能劳动者的需求。

2. 新一轮科技革命对养老保险制度水平的影响

（1）新一轮科技革命对养老保险水平的影响研究

新技术发展对养老保险制度的影响通过劳动力市场变革传导，促使劳动力市场结构尤其是高、低收入群体产生分化，并在收入和劳动技能层面产生实质性的影响。首先，从预算约束的角度看，当劳动者工资收入较低时，就业群体更关注现金流偏好，缺乏个人养老储蓄的动力。其主要原因在于低收入者进行个人养老储蓄的边际效用低于高收入群体，低收入群体往往需要将收入分配到比购买养老保险边际效用更高的其他项目中，随着劳动者待遇水平的阶段性提高，其对养老保险的需求也将提高。其次，从雇主为员工建立养老金计划的角度看，高技能劳动者的不可替代性和边际产出均高于低技能劳动群体，无论是公司发展还是外部竞争，高技能人才对于企业而言都是稀缺性资源，雇主希望通过举办养老金计划等方式加大企业人才竞争优势、减少高技能人才流动。再次，从激励角度看，企业愿意通过养老金计划的建立或匹配缴费来提升高技能人才的归属感，以此来激励创新产出。高技能劳动者也具备更高的金融素养，自愿购买补充养老保险的意愿高于低技能劳动者。综上所述，新技术应用带来了经济活力，促进了产业的更新升级和高技能劳动者比例的增加，促进了该地区多层次养老保障协同发展和制度水平的提升，即新一轮科技革命会通过影响劳动力市场结构、替代低技能劳动者和增加高技能劳动的方式来促进地区养老保险制度的发展。

（2）工业自动化和网络智能化对养老保险制度的差异化影响

一方面，工业自动化更多地影响到制造业，由于工作任务区间大，替代效应较显著，创造效应所产生的岗位具有较高的技能门槛，因此工业自动化产生的就业替代效应可能大于创造效应。另一方面，随着中国网络基础建设和产业结构的优化，网络智能化广泛渗透到各行各业，由于新业态准入门槛相对较低，其就业创造效应较明显，除了需要少数高技能人才进行后台维护以外，网络智能化催生的网约车司机、外卖递送员及相关新职业能够吸纳更多的低技能劳动者就业。为此，从新技术应用对劳动力市场影响来看，工业自动化产生的就业替代效应更为明显，其不仅能够作用于就业结构，也会引起就业人数的减少；网络智能化发展产生的就业创造效应更明显，对就业均衡的影响更小，对养老保险制度的便携性、灵活性要求更高。

（3）新技术发展对养老保险充足性、持续性和多层次协同度的差异化影响

一方面，智能自动化发展创造了新业态和新的就业人群，增加了该群体风险保障需求的同时，也相应提升了这一群体的收入水平和经济能力，易于增加新业态就业群体和非正规就业群体对养老保障的多样化需求，利于行业保障和雇主保障的发展，对第二、三层次的自愿性补充养老保险形成推动力，有助于养老保障整体水平和多层次养老保障协同度的提升。另一方面，从制度可持续性来看，工业自动化一定程度上减少了参保缴费人数，可能抑制地区养老保险基金的征缴和制度的可持续水平。网络智能化通过发挥就业创造效应孵化新的职业、降低创业门槛进而增加工作岗位，从理论上讲工作岗位的增加会促进参保缴费人数的增加，对工业自动化中的就业替代和缴费减少形成一定对冲。

### （二）数据来源与模型设定

研究主要基于 EPS 宏观数据库，部分变量来自《中国统计年鉴》及其他相关年鉴。在新一轮科技革命发展水平的指标构建中，工业机器人数据估算主要参考国际机器人联盟（The International Federation of Robotics，IFR）历年披露的数据，相关企业数和企业产出等数据来自 Wind 数据库。养老保险制度水平测度的相关数据主要来自《中国劳动统计年鉴》及官方相关数据库和公报数据。研究对象涉及中国 30 个省（区、市）[1]，考虑数据的平稳性，规避新冠疫情对经济社会的全面影响，选取的研究区间为 2011年到 2018 年。

在模型选择上，为更好地控制其他因素对新一轮科技革命及中国养老

---

[1] 由于数据原因剔除西藏自治区。

保障制度的影响，本研究将被解释变量的滞后一期加入模型中，构成动态面板数据。在动态模型的实证估计方法选择中，由于系统矩估计法能够更好地结合差分矩估计和水平矩估计，解决模型内生性问题，因此，本研究通过系统矩估计法构建动态模型展开实证研究：

$$INX_{it} = \alpha_0 + \alpha_1 INX_{it-1} + \alpha_2 auto_{it} + \alpha_3 control_{it} + \varepsilon_{it} \tag{4.11}$$

式（4.11）中，$i$ 为各省（区、市），$t$ 为年份。被解释变量 $INX$ 为各省（区、市）养老保险制度发展水平，$auto$ 为各省（区、市）新一轮科技革命发展水平。控制变量分别选取各省（区、市）城镇化水平（$city$）、各省（区、市）创新能力水平（$innovation$）和各省（区、市）老龄化水平（$old$）。

（三）变量选取与特征分析

本研究核心解释变量"各省（区、市）新一轮科技革命发展水平"与被解释变量"养老保险制度发展水平"为通过多项指标合成的综合变量。控制变量的选取综合考虑以下因素：一是人口分布的区域差异，以城镇人口与农村人口的比值为度量，选取各省（区、市）城镇化水平（$city$）作为变量；二是经济发展水平的区域差异，由于将人均 GDP 作为变量时模型存在共线性问题，因此改用各省（区、市）的创新能力水平（$innovation$）作为代理变量，基于每年 R&D[①] 当量排名前 10 的地区来衡量；三是人口结构的差异，选取各省（区、市）的老龄化水平（$old$）为变量，以 65 岁及以上的人口比例来衡量。

如表 4-5 所示，从均值和标准差看，主要变量养老保险制度发展水平数据分布相对均匀，结合分位数看，处于中间部分的大部分地区没有明显的差异，但高、低水平地区间差距明显。核心解释变量新一轮科技革命发展水平存在地区差异，除少数地区远远领先其他地区外，整体发展处于初级阶段。从其他控制变量的常见统计结果来看，除地区创新水平外，大多分布较均匀，没有明显的波动变化，这也有效避免了控制变量对最终结果的影响。

---

① R&D（Research and Development），即研究与试验发展，其投入强度是国际上通用的、反映国家、地区或机构组织科技投入水平的核心指标，也是中国中长期科技发展规划纲要中的重要评价指标。

表 4 – 5　变量特征描述

| 变量 | 均值 | 标准差 | 最小值 | p25 | p50 | p75 | 最大值 |
|---|---|---|---|---|---|---|---|
| *INX* | 61.05 | 5.210 | 48.72 | 57.42 | 60.10 | 63.92 | 80.44 |
| *auto* | 3.290 | 4.120 | 0.120 | 0.580 | 1.670 | 4.320 | 18.49 |
| *old* | 13.94 | 2.990 | 8.750 | 11.56 | 13.86 | 15.87 | 22.69 |
| *city* | 57.68 | 12.10 | 29.56 | 49.33 | 55.35 | 63.20 | 89.60 |
| *innovation* | 0.330 | 0.470 | 0 | 0 | 0 | 1 | 1 |
| *High* | 18.57 | 9.640 | 8.190 | 13.21 | 16.31 | 19.91 | 57.43 |
| *Low* | 77.93 | 11.23 | 34.61 | 74.07 | 80.91 | 85.60 | 91.81 |

注：*High* 为高技能劳动力水平，即大专及以上就业人数占总就业人数的比重；*Low* 为低技能劳动力水平，即高中就业人数占总就业人数的比重。

如表 4 – 6 所示，核心解释变量与被解释变量之间没有明显的统计关系，同时，可以看出，存在部分变量的相关系数大于 0.5，一般在相关系数较大的情况下，需警惕变量之间是否存在多重共线性，从而对模型估计带来偏差。因此，本研究对所选变量进行方差膨胀因子（VIF）检验，VIF 检验结果均小于 10，故可以判定各变量之间不存在多重共线性。

表 4 – 6　变量相关分析

| 变量 | *INX* | *auto* | *old* | *city* | *innovation* |
|---|---|---|---|---|---|
| *INX* | 1 | | | | |
| *auto* | – 0.002 | 1 | | | |
| *old* | – 0.141 ** | 0.113 | 1 | | |
| *city* | 0.02 | 0.603 *** | 0.192 *** | 1 | |
| *innovation* | – 0.236 *** | 0.452 *** | 0.188 *** | 0.362 *** | 1 |

注：* 、** 、*** 分别表示在 10%、5% 和 1% 的水平上显著。

### （四）面板单位根检验

在面板数据分析中，如果数据存在时间趋势即数据不平稳会干扰模型回归分析，容易导致模型估计偏差，出现"伪回归"现象。为确保其计量模型不受变量本身的时间趋势影响，本研究选取了面板数据常用的单位根检验方法：LLC（面板数据平稳性检验）、ADF（时间序列平稳性检验）、

Finsher（费舍尔精确检验/确切概率法检验）、IPS（面板单位根检验）。其检验结果如表4-7所示。最终检验结果显示，各变量在各种检测方法下高度显著，数据平稳，回归结果不会受到变量自身的时间趋势影响，保证了实证回归的真实性。

表4-7　变量单位根检验结果

| 变量 | LLC | ADF | Finsher | IPS | 检验结果 |
| --- | --- | --- | --- | --- | --- |
| | p 值 | p 值 | p 值 | p 值 | |
| *INX* | 0.020 ** | 0.000 *** | 0.008 *** | 0.004 *** | 平稳 |
| *auto* | 0.000 *** | 0.000 *** | 0.000 *** | 0.015 ** | 平稳 |
| *old* | 0.000 *** | 0.000 *** | 0.000 *** | 0.000 *** | 平稳 |
| *city* | 0.000 *** | 0.000 *** | 0.000 *** | 0.009 *** | 平稳 |
| *High* | 0.000 *** | 0.000 *** | 0.000 *** | 0.002 *** | 平稳 |
| *Low* | 0.000 *** | 0.000 *** | 0.000 *** | 0.000 *** | 平稳 |

注：*、**、***分别表示在10%、5%和1%的水平上显著。

### （五）基准实证结果分析

本研究在汇报基准模型的基础上，通过汇报静态固定效应模型和不含控制变量的回归模型来检验模型的稳健性。通过对不同模型的比较发现：一是主要解释变量*auto*在不同情况下对地区养老保险制度发展水平的作用方向始终保持一致，这也体现了基准回归模型的稳健，实证结果基本可信；二是通过加入控制变量可以发现解释变量系数有所减少，且控制变量的作用方向和显著水平在不同模型中基本保持一致，说明控制变量选择较为合理，且不会干扰模型估计效果。在主要参考的模型3中，其模型通过二阶序列相关和过度工具变量识别问题检验。

结果显示，地区新一轮科技革命发展水平在1%水平上显著为正，相关系数为0.967，表明地区新技术的应用发展将会促进养老保险制度发展水平的提升（见表4-8）。同时，根据因子分析结果，结合模型4和模型5，从新一轮科技革命应用发展包含的工业自动化和网络智能化两类型来看，相比工业自动化，网络智能化的影响系数更高，对养老保险制度发展水平的促进作用要大于工业自动化，这也印证了前文分析的两技术发展类别对劳动力市场和养老保险制度的不同影响机制和传导路径。

表 4 – 8　基准回归结果

| 变量 | 模型 1 INX | 模型 2 INX | 模型 3 INX | 模型 4 INX | 模型 5 INX |
|---|---|---|---|---|---|
| ln*INX* | | 0.333 *** (0.084) | 0.273 ** (0.118) | 0.307 *** (0.098) | 0.383 *** (0.098) |
| *auto* | 0.892 ** (0.280) | 0.974 *** (0.206) | 0.967 *** (0.239) | | |
| *internet* | | | | 0.757 *** (0.169) | |
| *industrial* | | | | | 0.362 *** (0.125) |
| *old* | 0.314 *** (0.031) | | 0.172 ** (0.081) | 0.161 ** (0.072) | 0.099 (0.072) |
| *city* | 0.056 ** (0.018) | | 0.056 ** (0.025) | 0.052 * (0.028) | 0.075 *** (0.024) |
| *innovation* | 0.412 (0.560) | | 0.448 (0.465) | 0.428 (0.361) | 1.936 ** (0.772) |
| _cons | 50.369 *** (0.955) | 37.720 *** (4.944) | 35.596 *** (6.363) | 34.509 *** (5.738) | 30.047 *** (4.899) |
| *N* | 210 | 180 | 180 | 180 | 180 |
| AR1 | — | – 2.040 ** | – 2.127 ** | – 1.908 * | – 1.894 * |
| AR2 | — | 0.872 | 0.663 | 0.592 | 0.462 |
| sargan | — | 19.984 | 18.873 | 19.516 | 19.877 |

注：*、**、*** 分别表示在 10%、5% 和 1% 的水平上显著。

## （六）进一步研究

### 1. 异质性分析

为进一步探讨地区智能化和养老保险制度发展水平之间的互动关系和影响机制，立足养老保险制度发展水平的充足性、可持续性和多层次三个维度，分析工业自动化和网络智能化对养老保险制度三个维度的影响。

如表 4 - 9 所示，从模型 6 至模型 11 的回归分析结果可以看出：工业自动化对可持续发展存在负面影响，对多层次养老保障协同发展存在正向影响；网络智能化对养老保险制度的可持续性和多层次维度均存在正效应；从充足性上看，工业自动化与网络智能化与其关联均不显著。

究其原因，可以从养老保险制度充足性的构成指标分析，由于其核心要素如人均养老金水平、城镇在岗职工平均工资、城镇家庭人均可支配收入多具有福利刚性的特征，且随着时间的递增同步增长，因此，从新技术影响劳动力市场进而影响养老保险制度的直接传导路径上看，福利刚性约束下的制度充足性水平与其关联度并不高。然而，从以劳动力市场为媒介的传导路径上看，工业自动化更多的是机器对人的替代和长期的高、低技能劳动力需求转换，因此，其发展会影响养老保险人均缴费、基金累计结余等，进而对可持续性产生一定负面影响，而工业自动化和网络智能化本身的发展会使劳动力市场更趋于向灵活化、非正规化和新业态方向发展，使便携性和灵活性更强的补充养老保险能够成为新的制度补充和选择，因此，两者对养老保险体系的多层次协同度影响均为正向效应。也正是因为网络智能化对新业态发展的推动和新业态就业群体的创造，其对养老保险可持续性的影响仍然是积极的。

表 4 - 9　异质性分析结果

| 变量 | 模型 6 | 模型 7 | 模型 8 | 模型 9 | 模型 10 | 模型 11 |
|---|---|---|---|---|---|---|
| | 多层次 | 多层次 | 可持续性 | 可持续性 | 充足性 | 充足性 |
| 多层次滞后一阶 | 0.446 *** | 0.491 *** | | | | |
| | (0.034) | (0.033) | | | | |
| 可持续性滞后一阶 | | | 0.468 *** | 0.839 *** | | |
| | | | (0.020) | (0.040) | | |
| 充足性滞后一阶 | | | | | 0.383 *** | 0.377 *** |
| | | | | | (0.046) | (0.043) |
| 网络智能化 | 0.275 *** | | 1.124 *** | | - 0.004 | |
| | (0.014) | | (0.164) | | (0.161) | |
| 工业自动化 | | 0.069 ** | | - 0.238 *** | | 0.022 |
| | | (0.034) | | (0.049) | | (0.088) |

续表

| 变量 | 模型 6 | 模型 7 | 模型 8 | 模型 9 | 模型 10 | 模型 11 |
|---|---|---|---|---|---|---|
| | 多层次 | 多层次 | 可持续性 | 可持续性 | 充足性 | 充足性 |
| 控制变量 | YES | YES | YES | YES | YES | YES |
| $N$ | 180 | 180 | 180 | 180 | 180 | 180 |
| AR1 | − 1. 416 | − 1. 764 $^*$ | − 2. 633 $^{***}$ | − 1. 342 | − 1. 870 $^{**}$ | − 2. 753 $^{***}$ |
| AR2 | 0. 803 | 1. 498 | − 1. 633 | 0. 808 | 1. 206 | − 0. 502 |
| sargan | 24. 009 | 26. 052 | 21. 521 | 23. 459 | 15. 679 | 16. 461 |

注：＊、＊＊、＊＊＊分别表示在 10%、5% 和 1% 的水平上显著。

**2. 中介效应分析**

新一轮科技革命对地区养老保险制度发展水平的影响主要以劳动力市场为媒介传递，为了更好地探讨新一轮科技革命对养老保险制度发展水平的影响机制，选取高技能劳动者与低技能劳动者作为中介效应指标展开研究。

首先，分析新一轮科技革命发展与劳动力市场结构（选取高技能劳动者和低技能劳动者两个指标）的关系；其次，探讨劳动力市场结构与养老保险基金收入之间的关系；最后，分析新一轮科技革命、劳动力市场与养老保险制度发展水平之间的关系。根据最终实证结果判断：如果新一轮科技革命的显著性水平下降，即可说明存在完全中介效应；如果其显著性水平不变，可以理解为就业因素具有不完全中介效应；如果在最终模型中失业率相关系数不显著，即表明不存在中介效应。其中介效应的模型设计如下。

首先，确立高、低技能劳动者与新一轮科技革命发展的相关关系，基于 SYS-GMM[①] 对模型进行估计，设：

$$medium_{it} = \lambda_0 + \lambda_1 medium_{it-1} + \lambda_2 auto_{it} + \lambda_3 control_{it} + \varepsilon_{it} \qquad (4.12)$$

---

[①] SYS-GMM 即系统广义矩估计方法。GMM（Generalized Method of Moment）为广义矩估计，是一种构造估计量的方法。动态面板数据模型的 GMM 估计方法通常分为两种：一种是差分 GMM（DIF-GMM）；另一种是系统 GMM（SYS-GMM）估计方法。

其次，分析高、低技能劳动者与养老保险基金收入的相关关系，其模型设计为：

$$INX_{it} = \eta_0 + \eta_1 INX_{it-1} + \eta_2\, medium_{it} + \eta_3 control_{it} + \varepsilon_{it} \tag{4.13}$$

最后，将高、低技能劳动者两变量加入基准模型中，判断其是否存在完全中介效应。其模型设计为：

$$INX_{it} = \varphi_0 + \varphi_1 INX_{it-1} + \varphi_2\, auto_{it} + \varphi_3\, medium_{it} + \varphi_4 control_{it} + \varepsilon_{it} \tag{4.14}$$

模型中，$i$ 为各省（区、市），$t$ 为年份。被解释变量 $INX$ 为各省（区、市）养老保险制度发展水平，$auto$ 为各省（区、市）新一轮科技革命发展水平，$medium$ 为劳动力市场结构的中介变量，借鉴前人研究，以各省（区、市）各类学历人数占总就业人数的比重表示劳动技能水平，其中，高中及以下就业人数占总就业人数的比重表示低技能劳动力水平（$Low$），大专及以上就业人数占总就业人数的比重表示高技能劳动力水平（$High$）。控制变量分别选取各省（区、市）城镇化水平（$city$）、创新能力（$innovation$）、老龄化水平（$old$）。

如表 4 - 10 所示，模型 12 至模型 14 显示了以劳动力市场为中介，新一轮科技革命发展对地区养老保险制度发展水平的影响。新技术的应用发展给低技能劳动者带来负向影响，即不论是工业自动化的机器替代人，还是网络智能化对非正规就业和新业态的创造，均会对低技能劳动者产生一定冲击，进而抑制养老保险制度发展水平。按照中介效应的定义判定中介效应大小（用 $\psi3 * \lambda2$ 来表示）为 0.162，表明新一轮科技革命通过对低技能劳动者的抑制作用来影响劳动力市场，对养老保险制度发展水平的边际影响为 0.162。模型 15 至模型 17 显示了新一轮科技革命给高技能劳动者带来的正向效用，并通过劳动力市场结构效应对养老保险制度发展水平带来正的边际影响，即新技术的应用发展产生的创造效应将增加市场对高技能劳动者的需求，进而对养老保险制度发展水平产生提升作用。按照中介效应的定义可知，中介作用为 0.041，表明新一轮科技革命通过增加高技能劳动者来提升养老保险制度发展水平的边际作用为 0.041。本部分应用中介模型对前文分析结论进行了检验。

表 4 – 10　中介效应分析结果

| 中介变量 | 低技能劳动者 | | | 高技能劳动者 | | |
|---|---|---|---|---|---|---|
| | 模型 12 | 模型 13 | 模型 14 | 模型 15 | 模型 16 | 模型 17 |
| | *Low* | *INX* | *INX* | *High* | *INX* | *INX* |
| ln*INX* | | 0.344*** (0.062) | 0.304*** (0.092) | | 0.341*** (0.075) | 0.261** (0.105) |
| ln*Low* | 0.538*** (0.029) | | | | | |
| ln*High* | | | | 1.001*** (0.011) | | |
| *auto* | − 2.263*** (0.162) | | 0.692** (0.280) | 0.078* (0.041) | | 0.801*** (0.260) |
| *Low* | | − 0.144*** (0.037) | − 0.076** (0.033) | | | |
| *High* | | | | | 0.333*** (0.093) | 0.180** (0.079) |
| 控制变量 | YES | YES | YES | YES | YES | YES |
| *N* | 180 | 180 | 180 | 180 | 180 | 180 |
| AR1 | − 3.327*** | − 2.050** | − 2.000** | − 2.670*** | − 2.051** | − 1.950* |
| AR2 | − 1.506 | 0.493 | 0.623 | − 0.887 | 0.486 | 0.431 |
| sargan | 29.047 | 22.105 | 20.802 | 22.303 | 20.347 | 18.622 |

注：*、**、***分别表示在 10%、5% 和 1% 的水平上显著。

### （七）研究结论

积极老龄化战略下的多层次养老保障协同发展和制度优化，其重要传导媒介是人的状态和劳动力市场整体结构。受人口老龄化趋势的影响，养老保险制度赡养率和劳动力市场年龄结构会随之发生相应改变，而新技术的应用和发展，则会在短时期内对劳动者就业状态产生冲击，进而通过生产方式、流程、就业形态和产业结构的重塑影响劳动力市场参与者的技能水平和结构重组，甚至影响岗位和人的匹配，以致在长期内实现新的产业结构和就业状态的跃升。

因此，在多层次养老保障体系下，尤其是与就业关联的第一层次基本养老保险，其基金征缴、积累和给付，便与这种劳动力市场变化有着天然的联系。同时，劳动力市场不同技能水平劳动者的分化与重组、新业态的产生，也使传统与雇主绑定的和以就业单位为基础的正规就业越发灵活化、非正规化，这也给传统意义上的城镇职工基本养老保险制度带来冲击。在此趋势下，企业年金的扩面趋势亟须向以行业为载体的集合年金计划转变，而以便携性、灵活性、自愿性、储备性为特征的第三层次养老金融产品，则更多的服务于高收入就业群体的多样化保障需求、补足因传统就业关联制度失灵而在非正规就业群体和新业态人员中涌现的便携性和基本保障性需求缺口。

为此，结合实证研究结果可以得出如下结论。

第一，尽管新技术的应用发展在各地分布不均，且工业自动化和网络智能化的技术类别在各地发展不一，然而总体来看，新一轮科技革命的发展对养老保险制度水平有着正向效应，尤其是网络智能化的应用和发展，催生了更多的就业形态、创造了新的就业岗位，也直接影响了第一层次基本养老保险的征缴基础，其就业创造效应和收入效应，冲抵了新技术发展对传统就业结构改善带来的负面影响，也为更加职业化、更加灵活便携的第二、三支柱补充养老金计划提供了更大的发展空间和产品创新弹性。

第二，尽管人口老龄化趋势和新技术的应用发展对劳动力市场和养老保障体系的影响是短期可见的，然而，由于福利刚性的约束，加之社会统筹的制度模式设计，外生变量对养老金制度充足性的影响从实证层面来看并不显著。同时，显而易见的是，工业自动化发展下机器对人的替代，影响了劳动力市场的就业状态和人岗匹配，进而对制度可持续性产生了一定的负面效应。对多层次养老保障协同度的影响，不论是工业自动化的发展还是网络智能化的普及，由于其对劳动力市场的创造效应和收入效应大于替代效应，催生了更为多元的就业方式，拓宽了收入来源，也催生了更为多样化的保险保障需求，为此，两者均对多层次养老保障协同度的提升产生了积极的影响。

第三，从中介效应来看，新一轮科技革命发展对多层次养老保障体系的影响主要通过劳动力市场的重塑得以传导，为此，新技术应用发展对劳动力素质和高低技能劳动者的影响是直接的，在工业自动化的发展下，低技能劳动者更容易被替代，该群体也更需要较长的时间适应网络智能化对传统就业的改进，更容易受到新技术发展的冲击，并直接影响基本养老保险的征缴，进而抑制养老保险制度水平的提升。而高技能劳动者的不可替代性更强，新技术发展下的就业创造效应也正好为更多的高技能劳动者提供了更多的可匹配岗位，因此，不论是工业自动化的发展还是网络智能化的普及，高技能劳动者受到的积极影响都更加显著，这也直接促进了基本养老保险制度的稳定征缴和对补充养老金计划更便携、更灵活、更充足的需求，对多层次养老保障协同发展产生了相对积极的影响。

### 四　新一轮科技革命影响下中国多层次养老保障协同发展的路径优化

新技术的应用对劳动力市场和养老保障体系的影响呈现多样化的路径特征，在短期和中长期之间也存在不同的影响效应。为此，需要充分利用新一轮科技革命发展对产业结构、经济形态和劳动力市场结构的优化和重塑，发挥其优势，稳固基本养老保险的制度运行基础，并拓展补充养老金制度的优势功能，更好地促进多层次养老保障协同发展。

**（一）　全面提升劳动者专业素质，夯实就业关联的法定养老保险参保基础**

在新技术的发展应用中，工业自动化对低技能劳动者的冲击更大，对就业关联的基本养老保险缴费基础形成一定冲击，而网络智能化创造的新业态对低技能劳动者的吸纳仍然存在一定的基本技能门槛，需要低技能劳动者在就业转换过程中再培训。为此，在积极老龄化趋势下，各地区除了要重视对活力型老年劳动力资源的开发利用、对高层次人才的引进外，还需要重视对低技能劳动者的职业培训和就业引导，为其提供支撑性的人力资源开发和职业发展援助体系，以帮助劳动者在新技术发展的影响下得到新的职业重塑，从而夯实就业关联的法定养老保险参保基础。同时，对于新业态从业人员和无固定用工关系的灵活就业者，鼓励其在参加法定养老保险的基础上，通过普惠型的第三层次个人养老金融产品储备老年风险保障基金。

**（二）　创新激励机制，激活劳动者对第二、三层次养老金融产品的现实需求**

以网络智能化为基础的新业态，催生了外卖递送员、快递员、网约车司机、网络主播等灵活就业人员。新业态通过创造大量的工作岗位为经济发展注入新的动力，随着新经济的迅速发展，非正规就业群体占劳动力市场的份额也会随着经济体量的不断增大而提升。因此，以行业和工会组织为基础，强化新业态从业人员和非正规就业人员的职业归属及劳动风险保障，政府应通过有效的现金补贴计划或税收减免计划，支持企业或雇主加入集合年金计划，为弱雇佣绑定关系的从业人员匹配缴费；同时，也可以通过现金补贴的方式增强第三支柱各类养老金融产品的普惠性，以激励新业态从业者和非正规就业群体参与便携性和灵活性更强的个人养老储蓄计划。由于中国个人所得税应税群体有限，因此，在税收激励上，政府可将税收减免直接作用于雇佣企业或养老金融产品的运营管理机构，引导雇主在第二、三层次为雇员更多地匹配缴费或代缴费，也能够激励养老金融产品的供给机构降低产品运营成本，让利于民。

**（三）统筹新技术应用，有效引导劳动力市场重塑和多层次养老保障协同发展**

新技术发展是一把双刃剑，且技术类别、应用类型、传导机制和地区影响也不尽相同。目前新一轮科技革命发展对中国不同地区的影响呈现差异化特征。针对北京、上海等经济更发达、工业自动化和网络智能化协同发展水平更高的地区，新技术对劳动力市场和养老保险制度的积极影响更显著，这些地区应发挥高质量人才资源和劳动力市场优势力量，通过就业创造效应和收入效应的叠加，优化多层次养老保障体系运行的人群基础和征缴来源，激活高质量就业群体的多样化养老保障需求，促进补充层次养老金计划的发展。

同时，针对广东、江苏、浙江、福建、山东等网络智能化水平远高于工业自动化水平的地区，应差异化施策，结合当地小微企业和民营经济等优势发展的趋势特征，将多层次养老保障体系优化的重点置于第三层次的个人养老金计划及养老金融产品的创新上，以惠及更多经济收入和保障需求较高、但养老金融产品偏好更灵活的民营企业雇主和员工，以及大量的个体从业者和灵活就业群体。同时，发挥工会组织的平台优势，将民营企业和个体从业人员以行业为归属纳入其中，推动以雇主匹配缴费为主导的集合年金计划适度扩面。

而对于重庆、四川、广西、吉林等工业自动化发展水平远高于网络智能化水平的重工业省份，则需重视新技术的应用和产业升级对基本养老保险覆盖面的影响和制度的可持续性，要强化全国统筹对区域基金平衡的调剂作用，同时，引导结构性失业人员提高自身专业素养和技能素质，积极适应产业升级后的劳动力市场新需求，促进其再就业，以缓解新技术发展带来的结构性失业以及对养老保险制度产生的冲击。此外，在补充养老保险的协同推进上，可结合这些地区的制造业产业集群和重工业优势，优化企业年金计划发展，创新集合年金计划设计以满足新兴转型企业的员工保障计划需求。

# 第五章 以缓解老年贫困为目标的多层次养老保障协同发展研究

中国式现代化是人口规模巨大的现代化，这也包括了老年人口规模的巨大。第七次人口普查数据显示，截至 2020 年 11 月 1 日零时，全国 60 岁及以上老年人口 26402 万人，占总人口的 18.70%；全国 65 岁及以上老年人口 19064 万人，占总人口的 13.50%；全国老年人口抚养比为 19.70%，比 2010 年提高 7.80 个百分点。同时，全国 31 个省份中，有 16 个省份的 65 岁及以上老年人口超过了 500 万人，其中有 6 个省份的 65 岁及以上老年人口超过了 1000 万人。[①] 中国在扶贫减贫方面有着显著的成功经验，党的二十大也全面总结了中国集中力量实施脱贫攻坚，使全国 832 个贫困县全部摘帽，近 1 亿农村贫困人口脱贫，历史性地解决了绝对贫困问题的重大贡献。然而，全面脱贫之后，如何通过可持续的制度建设巩固拓展脱贫攻坚成果，尤其通过国民年金制度建设和多层次养老保障体系的完善防止老年贫困、提升老年生活福祉，则是值得关注的重要问题。

本章以积极老龄化为视角，通过测度中国老年群体经济贫困、健康贫困和精神贫困的现状，分析老年贫困和多层次养老保障体系的现实内涵及其相互影响的理论机制，并通过实证研究评估多层次养老保障体系对老年贫困的缓解效应。研究发现，老年津贴补贴制度、普惠型国民年金、老年贫困救助的完善和基本保险保障水平的逐步提高，能够有力防范老年贫困风险；多层次养老保障体系对老年经济贫困的改善作用较大，对精神贫困有一定缓解作

---

① 《2020 年度国家老龄事业发展公报》，中国政府网，2021 年 10 月 15 日，http://www.nhc.gov.cn/lljks/pqt/202110/c794a6b1a2084964a7ef45f69bef5423.shtml。

用，但对健康贫困的影响较小，因此，亟须在动态发展中不断扩大多层次养老保障体系的覆盖范围，在多层次体系内统一制度模式、强化缴费激励、夯实待遇基础，并根据现实需求不断丰富多层次养老保障协同发展的制度内涵。

## 一 老年贫困、积极老龄化与多层次养老保障协同发展

以积极老龄化为导向，防止老年贫困风险成为各国强化非缴费型"零支柱"养老金计划的重要动因。以财政转移支付为支撑的普惠型国民年金制度和高龄老人津贴制度等项目在多层次养老保障体系下的不断完善，也推动着各层次养老金计划的协同发展。

### （一）老年贫困对多层次养老保障协同发展的驱动

与一般贫困不同，老年贫困是一个动态发展的持续过程，随着年龄的增长和身体机能的衰退，尤其在退出劳动力市场之后，老年人的经济脆弱性、身体脆弱性和精神脆弱性尤其凸显，老年贫困风险自然增大，呈现常态化和广泛性的特征。世界银行早在 1994 年提出的三层次养老金体系，就以经济保障为切入，强化了由政府举办的公共养老金体系、雇主举办的职业年金制度以及基于自愿原则和市场运作的个人养老储蓄计划在防止老年贫困中的重要意义。然而，以保险机制和个人缴费积累为内核的经济保障强化，并不能很好地预防和解决老年贫困问题。1999 年，积极老龄化理论由世界卫生组织提出，积极老龄化战略及其社会构建在全球范围内得以推进，人们对老年贫困的内涵界定逐渐由单一地关注老年经济收入保障向身心健康、人文关怀、精神慰藉等多元角度发展。2002 年，在第二次老龄问题世界大会上，世界卫生组织正式提出"积极老龄化"理念，以鼓励各国提高老年人的生活质量，为其创造健康、参与、保障的最佳机遇。

为此，研究者、实务部门和国际组织越来越多地关注多层次养老保障体系中财政转移支付、国民年金制度以及非经济保障支柱对预防和缓解老年贫困的重要作用。国际劳工组织也在批判继承世界银行三层次模式的基础上提出了四层次模式，其中尤其强调以国家财政为支撑、为生活水平低于最低贫困线的老年人提供基本生活保障的第一层次，以现收现付为社会统筹、通过强制缴费实现社会财富代际分配的第二层次，通过个人缴费的基金积累平滑个人全生命周期收入分配的第三层次，以及通过家计调查手段介入多层次养

老金体系的第四层次。2005 年，世界银行也对前期提出的"三支柱"模式进行优化，增加了以消除贫困为目标的非缴费型计划（"零支柱"）和一系列非正规保障构成的非经济保障层次（第四支柱），最终形成了五层次的养老保障体系。普惠的国民年金制度、家庭保障和精神慰藉等保障形式被强化，体现了多层次养老保障制度的福利型补缺和多个支柱的协同发展。

　　基于积极老龄化的建构理念，以提高老年保障的充足性为手段，以缓解老年贫困风险为目标，中国多层次养老保障体系的普惠因素和以财政为支撑的基本保障制度发展，主要体现在以下几个方面。一是普惠型城乡居民养老保险制度的建立。新型农村社会养老保险和城镇居民社会养老保险分别于 2009 年和 2011 年启动试点，并于 2014 年合并为城乡居民基本养老保险。该制度普惠的"国民年金"属性一方面体现在其制度模式上，主要通过各级财政对个人缴费的匹配资助及基础养老金待遇补贴，鼓励个人积极参保，财政投入占城乡居民养老保险基金收入的比重通常在 50% 以上，多数年份甚至超过 70%；另一方面体现在制度覆盖较广的惠及面上，截至 2021 年，城乡居民养老保险覆盖群体已达 54797 万人，惠及全体国民的绝大多数。① 二是养老福利，其最具代表性的政策是高龄老人养老津贴和残疾人等低收入或弱势群体的社会养老保险缴费补贴。三是养老救助，主要有低保户和五保户补助，政府全力保障无劳动能力、无生活来源、无法定赡养扶养义务人或虽有法定赡养扶养义务人，但无赡养扶养能力的老年人、残疾人和未成年人的日常生活。不论是以经济保障的形式还是以精神慰藉和家庭支持的方式，国家财政大力投入、惠民政策大力推动的老年保障供给，均构成了中国事实上的"零支柱"。

　　随着党的二十大对全体人民共同富裕和人的全面发展理念的强调，"提低、扩中、调高"的普惠政策被赋予了更丰富的内涵。仅就物质富裕而言，收入、财产和公共服务最能体现人民生活水平和质量，而精神层面则需要更多的获得感、满足感和幸福感。多层次养老保障体系中财政普惠的"零支柱"和非经济保障的"四支柱"，正是预防老年贫困、实现共享发展、走向共同富裕的基本途径与制度保障，它构成了缓解老年贫困、构建多元福

---

① 《2021 年度人力资源和社会保障事业发展统计公报》，人社部官网，2022 年 6 月 7 日，ht-tp：//www. mohrss. gov. cn/xxgk2020/fdzdgknr/ghtj/tj/ndtj/202206/t20220607_452104. html。

利中国的有效制度支撑。

**（二）多层次养老保障体系对老年贫困风险的缓解机制**

1. 财政转移支付介入的多层次养老保障制度运行

缓解老年贫困风险需要个体、家庭、社会和政府的共同努力，世界各国为了更好地应对老年贫困问题纷纷建立了社会保障制度，并持续完善多层次养老保障体系。2017年10月，国内学者与世界银行劳动与社会保护部前部长霍尔茨曼（Robert Holzmann）展开对话，双方均认为政府在缓解老年贫困、促进多层次养老保障协同发展中的作用非常重要，政府要做好统筹规划和顶层设计，夯实第一层次养老金制度的坚实基础，国家是建设养老保障体系的坚实后盾，财政转移支付和补贴是养老保障体系重要的资金来源之一，也是多层次养老保障体系缓解老年贫困风险的重要机制。多层次养老保障体系缓解老年贫困风险的传导路径如图5-1所示。

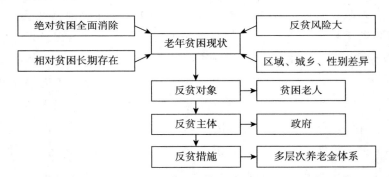

**图5-1 多层次养老保障体系缓解老年贫困风险的传导路径**

财政转移支付和国家财税政策支持多层次养老保障体系发展的理论依据涵盖政治学、经济学和社会学等研究的不同视角。一方面，改革开放以后中国实行的计划生育政策，影响了人口结构，加速了人口老龄化进程。由于家庭结构的小型化、少子化，原本由家庭提供的养老资源供给逐渐无法满足需求，迫切需要社会化的养老方式。另一方面，从福利国家理论和公共物品供给来看，国家理应成为社会化养老方式和制度建设的推动者和兜底人。由于中国资源分布存在地域差异，地区分布不均衡，需要政府在资源调剂和财政转移支付中发挥重要作用。此外，受经济、文化等多种因素影响和社会分层的现实约束，不同人群的养老保障需求也呈现多样化特征，在发挥市场配置资源决定性作用的前提下，政府提供市场和社会无法提供的政策资源和财政资源，有助于社会和谐。

国家财政转移支付①包括自上而下的纵向转移、横向转移，和纵向与横向转移混合三种模式。在社会保障领域最常见的是纵向转移支付。中国的多层次养老保障体系长期"一层独大"，第二、三层次发展严重滞后，基本养老保险制度对财政转移支付的依赖性强，上级财政转移支付成为养老保险基金收入的重要组成部分。从历年情况看，中国财政对社会保障的支出约占财政支出的10%，对于养老基金缺口较大的地区，中央财政会加大财政转移支付力度，加之作为战略储备的全国社会保障基金和划转部分国有资本充实社保基金的政策安排，国家力量在老年风险保障中的重要作用不断被强化。

以城乡居民基本养老保险为例，城乡居民基本养老保险通过中央和地方两级财政对居民参保缴费和基础养老金进行补贴，如表5-1所示。其中，中央财政承担基础养老金补贴中的最低标准补贴，补贴数额随经济发展与物价增长而阶段性提高；地方政府承担缴费补贴与基础养老金补贴中的加发补贴、高龄补贴；东部地区地方政府承担部分基础养老金补贴中的最低标准补贴。在中央财政相对稳定的补贴标准上，2023年，部分地区上调后的城乡居民基础养老金月人均标准已近200元；调增10元后，宁夏全区城乡居民基础养老金标准达到每人每月180元，河南为每人每月123元，河北为每人每月133元，贵州为每人每月128元。②

表5-1　城乡居民基本养老保险财政补贴情况

| 补贴分类 | 补贴名目 | 补贴人员 | 补贴范围 | 财政来源 | 补贴额度 |
|---|---|---|---|---|---|
| 缴费补贴 | 一般缴费补贴 | 全体缴费者 | 全国范围 | 地方 | 年补贴≥30元 |
| | 多交费补贴 | 高档次缴费者 | 全国范围 | 地方 | 地方自主确定 |
| | 长交费补贴 | 长期缴费者 | 全国范围 | 地方 | 地方自主确定 |
| | 困难人员补贴 | 困难缴费者 | 全国范围 | 地方 | 年补贴≥30元；部分或全部补贴100元/年 |

---

① 财政转移支付是以各级政府之间所存在的财政能力差异为基础，以实现各地公共服务水平的均等化为主旨，实行的一种财政资金转移或财政平衡制度。

② 《多地上调城乡居民基础养老金，涨了多少？》，中国新闻网，2023年2月15日，https://www.chinanews.com.cn/cj/2023/02-15/9953571.shtml。

续表

| 补贴分类 | 补贴名目 | 补贴人员 | 补贴范围 | 财政来源 | 补贴额度 |
|---|---|---|---|---|---|
| 基础养老金补贴 | 最低补贴 | 60 岁及以上老人 | 东部地区 | 中央 | 各一半，月人均补贴 44 元 |
| | | | | 地方 | |
| | | | 中西部地区 | 中央 | 全部，月人均补贴 88 元 |
| | 加发补贴 | 60 岁及以上老人 | 全国范围 | 地方 | 地方自主确定 |
| | 高龄补贴 | 80 岁及以上老人 | 全国范围 | 地方 | 地方自主确定 |

注：地方基础养老金水平逐年上涨，中央标准相对稳定。
资料来源：表中政策根据 2019 年城乡居民养老保险补贴相关文件整理。

此外，在普惠型老年经济保障供给上，相关数据显示，至 2021 年底，享受老年人补贴 3994.7 万人，其中享受高龄津贴的 3246.6 万人，享受护理补贴的 90.3 万人，享受养老服务补贴的 573.6 万人，享受综合补贴的 84.2 万人，共计支出老年福利资金 386.2 亿元，养老服务资金 144.9 亿元。[①]

2. 多层次养老保障体系对典型国家老年贫困的缓解

从国际社会看，不同国家老年贫困情况不尽相同。以收入低于家庭可支配收入中位数 50% 的老年人口占比为标准，从 OECD 国家及部分 G20 国家的收入贫困率来看，呈现如下特征，如表 5-2 所示。一是美国、澳大利亚、墨西哥、爱沙尼亚、以色列、日本、韩国、拉脱维亚、立陶宛、中国、印度、南非的老年贫困发生率普遍较高，均等于或大于 20%；西欧和北欧国家相对较低。二是与总人口贫困发生率相比，不同国家老年人口陷入收入贫困的发生率和涉及面并不一致，如老年人贫困发生率远高于总人口贫困发生率的国家涉及澳大利亚、爱沙尼亚、墨西哥、斯洛文尼亚、瑞士、英国、以色列、日本、韩国、拉脱维亚、立陶宛、美国等；而老年人贫困发生率明显低于总人口贫困水平的则有丹麦、法国、卢森堡、荷兰、挪威、西班牙、希腊、匈牙利、意大利等，其余国家基本持平。三是 75 岁以上高

---

① 《2021 年民政事业发展统计公报》，民政部官网，2022 年 8 月 26 日，https://www.mca.gov.cn/n156/n189/index.html。

**表 5 - 2　OECD 国家及部分 G20 国家老年收入贫困率情况**

| 国家 | 66 岁及以上老年人 | | | | | 总人口 |
|---|---|---|---|---|---|---|
| | 整体 | 年龄 66 ~ 75 岁 | 年龄 75 岁以上 | 性别 男性 | 性别 女性 | |
| 澳大利亚 | 23.7 | 21.6 | 27.1 | 21.0 | 26.2 | 12.4 |
| 奥地利 | 10.0 | 10.6 | 9.2 | 7.4 | 12.1 | 9.4 |
| 比利时 | 8.5 | 7.1 | 10.3 | 7.2 | 9.5 | 8.2 |
| 加拿大 | 12.3 | 10.2 | 15.7 | 9.3 | 15.0 | 11.6 |
| 智利 | 17.6 | 17.7 | 17.4 | 17.6 | 17.5 | 16.5 |
| 哥斯达黎加 | 17.0 | 16.4 | 17.8 | 17.8 | 16.3 | 20.5 |
| 捷克 | 10.4 | 9.4 | 12.2 | 4.7 | 14.8 | 6.1 |
| 丹麦 | 3.0 | 2.0 | 4.5 | 2.2 | 3.7 | 6.1 |
| 爱沙尼亚 | 37.6 | 28.8 | 47.5 | 24.6 | 44.2 | 16.3 |
| 芬兰 | 7.2 | 4.3 | 11.3 | 6.0 | 8.2 | 6.5 |
| 法国 | 4.4 | 4.0 | 4.9 | 3.3 | 5.2 | 8.4 |
| 德国 | 9.1 | 9.6 | 8.8 | 7.6 | 10.4 | 9.8 |
| 希腊 | 7.5 | 7.2 | 7.7 | 6.0 | 8.7 | 12.1 |
| 卢森堡 | 7.7 | 6.7 | 7.9 | 5.2 | 9.2 | 11.4 |
| 墨西哥 | 26.6 | 23.9 | 31.0 | 25.5 | 27.6 | 15.9 |
| 荷兰 | 3.1 | 2.0 | 4.9 | 2.8 | 3.5 | 8.3 |
| 新西兰 | 10.6 | 7.7 | 15.2 | 6.6 | 14.0 | 10.9 |
| 挪威 | 4.3 | 2.5 | 7.2 | 2.2 | 6.2 | 8.4 |
| 波兰 | 12.8 | 13.4 | 11.9 | 8.1 | 15.8 | 9.8 |
| 葡萄牙 | 9.0 | 8.0 | 10.2 | 7.0 | 10.5 | 10.4 |
| 斯洛伐克 | 5.0 | 4.5 | 6.0 | 2.6 | 6.5 | 7.7 |
| 斯洛文尼亚 | 12.1 | 9.6 | 15.9 | 7.2 | 15.7 | 7.5 |
| 西班牙 | 10.2 | 9.2 | 11.3 | 10.1 | 10.2 | 14.2 |
| 瑞典 | 11.4 | 8.5 | 15.4 | 7.5 | 14.8 | 9.3 |
| 瑞士 | 16.5 | 14.0 | 19.6 | 14.7 | 18.0 | 9.2 |
| 土耳其 | 11.1 | 9.0 | 14.6 | 9.2 | 12.5 | 14.4 |

续表

| 国家 | 66 岁及以上老年人 | | | | | |
|---|---|---|---|---|---|---|
| | 整体 | 年龄 | | 性别 | | 总人口 |
| | | 66 ~ 75 岁 | 75 岁以上 | 男性 | 女性 | |
| 匈牙利 | 4.9 | 5.3 | 4.2 | 3.0 | 6.1 | 8.0 |
| 冰岛 | 3.1 | 4.0 | 1.1 | 4.5 | 1.7 | 4.9 |
| 爱尔兰 | 7.4 | 6.4 | 7.5 | 5.2 | 8.3 | 7.4 |
| 以色列 | 20.6 | 16.8 | 26.4 | 18.0 | 22.6 | 16.9 |
| 意大利 | 11.3 | 10.4 | 12.2 | 8.1 | 13.7 | 14.2 |
| 日本 | 20.0 | 16.4 | 23.9 | 16.4 | 22.8 | 15.7 |
| 韩国 | 43.4 | 34.6 | 55.1 | 37.1 | 48.3 | 16.7 |
| 拉脱维亚 | 39.0 | 33.4 | 44.7 | 29.1 | 43.7 | 17.5 |
| 立陶宛 | 25.2 | 23.3 | 27.1 | 11.3 | 32.1 | 15.5 |
| 英国 | 15.5 | 12.8 | 19.2 | 12.6 | 18.0 | 9.2 |
| 美国 | 23.1 | 19.7 | 28.3 | 19.6 | 25.9 | 17.8 |
| OECD | 13.1 | 11.4 | 15.3 | 10.1 | 15.1 | 11.3 |
| 其他 G20 国家 | | | | | | |
| 巴西 | 7.7 | 7.9 | 7.3 | 7.5 | 7.8 | 20.0 |
| 中国 | 39.0 | 37.7 | 41.5 | 37.9 | 40.1 | 28.8 |
| 印度 | 22.9 | 23.3 | 22.2 | 21.9 | 24.0 | 19.7 |
| 俄罗斯 | 12.0 | 13.2 | 10.3 | 7.0 | 14.5 | 11.5 |
| 南非 | 20.7 | 20.5 | 21.1 | 13.3 | 24.7 | 26.6 |

注：（1）收入贫困率以收入低于家庭可支配收入中位数 50% 的老年人口占比为衡量；（2）除一些国家外，大部分国家数据为 2018 年，G20 国家除俄罗斯和南非外，其余国家数据为 2016 年。

资料来源：OECD，"Pensions at A Glance 2021: OECD and G20 Indicators," OECD Publishing, Paris, 2021, https://doi.org/10.1787/ca401ebd - en。

龄老人的贫困发生率明显高于 66 岁至 75 岁之间的中低龄老人。四是从性别来看，大多数国家老年女性的贫困发生率远高于男性。

从典型国家经验看，多层次养老保障体系的建立对缓解老年贫困风险有积极的制度效应。如图 5 - 2 所示，从 OECD 国家的贫困发生率来看，20世纪 80 年代中期，老年人的贫困发生率明显高于其他年龄组群体，然而，由于成熟的养老保障制度逐步建立，进入 21 世纪以后，老年贫困发生率逐渐下移，贫困风险由因劳动能力和身体机能下降、经济收入减少的老年人群体逐渐转移至进入劳动力市场、退休年龄不断延迟的年轻人群体。相比20 世纪 80 年代，2018 年以后老年贫困发生率平均下降 3 个百分点，多层次养老金体系在防止老年贫困方面发挥了重要的作用。

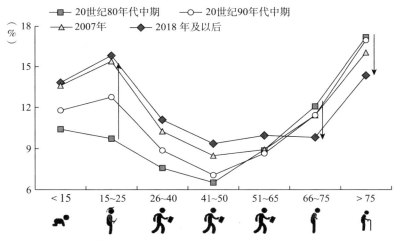

**图 5 - 2 基于生命周期的贫困发生率变化**

注：平均贫困发生率基础数据来源于 OECD18 个国家。

资料来源：OECD 收入分配数据库。

同时，从老年收入来源结构看，大多数 OECD 国家老年人仍然主要依靠公共养老金和财政转移支付生活；为数不多国家的老年群体主要依靠职业年金和私人养老金生活，如荷兰、挪威、英国、瑞士、瑞典、丹麦、以色列、澳大利亚、智利、墨西哥等；而老年人主要收入来源于继续工作的涉及大多国家，其中占总收入比重较大、较典型的国家包括韩国、墨西哥、新西兰、日本等（见图 5 - 3）。可见，除了通过劳动力市场再就业获得收入以外，国家财政和公共养老金体系支持的老年保障体系，成为缓解老年贫困的重要保险保障机制。

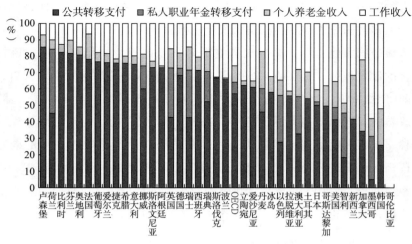

图 5 - 3  OECD 国家老年人收入来源

注：（1）公共转移支付，即公共养老金和财政转移支付收入；（2）私人职业年金转移支付，包括养老金、离职补偿金、死亡抚恤及其他；（3）个人养老金收入，包括私营个人养老金及收益；（4）工作收入，包括雇佣收入和自雇收入两部分；（5）大部分国家数据来源于 2018 年。

资料来源：OECD，"Pensions at A Glance 2021：OECD and G20 Indicators," OECD Publishing，Paris，2021，https：//doi. org/10. 1787/ca401ebd - en。

## 二  多层次养老保障体系对老年贫困的缓解效应

### （一）研究设计

为测度多层次养老保障体系对老年贫困的缓解效应，本研究以中国健康与养老追踪调查（CHARLS）2013 年至 2018 年的调研数据为样本，通过分析被调查者在养老保险、养老福利和养老救助三个板块的参与情况及养老资源获取情况，界定其对多层次养老保障体系的参与度，并通过多层次养老保障体系对老年贫困缓解的平均处理效应（Average Treatment Effect on the Treated，ATT）计算和倾向得分匹配双重差分（Propensity Score Matching-Difference in Difference，PSM-DID）方法，对多层次养老保障体系缓解老年贫困的效果进行实证研究。

通过对参与组和控制组样本的筛选匹配，设计反事实匹配估计框架，即老年人是否被多层次养老保障体系覆盖完全取决于个体特征，这些个体特征在影响老年人参与多层次养老保障体系的同时也会对贫困风险造成影响。考虑到个体特征的不完全相同，贫困状况是否因养老保险制度的参与而有所改善难以直接区分，容易产生选择偏误。因此，在评估减贫效应时，控制样本选择偏误，用已知的个体特征估计倾向得分，通过得分匹配平衡多层次养老保障体系覆盖的老年人和未被覆盖的老年人个体特征，构建满足共同趋势假设的样本总体，进行双重差分处理，从而消除样本选择偏误，最终得到多层次养老保障体系覆盖的老年人贫困状况的平均处理效应。在进行倾向得分匹配之前，选取相关可能影响多层次养老保障体系参与的协变量，并使用二元 Logit 模型估计倾向得分。Logit 模型如下：

$$p(x_i) = \Pr(D_i = 1 \mid x_i) = \frac{\exp(\beta X_i)}{1 + \exp(\beta X_i)} \tag{5.1}$$

式（5.1）中的 $D_i$ 为虚拟变量，$D_i = 1$ 表示被多层次养老保障体系覆盖的老年人，将其列为参与组；将没有被覆盖的，即 $D_i = 0$ 列为控制组；$x_i$ 为其他匹配协变量，$\beta$ 为对应的估计系数。本研究根据所得到的倾向得分，将参与组和控制组样本进行匹配，再进行双重差分处理，消除样本选择偏误，得到较为准确的平均处理效应。计算公式如下：

$$ATT_{PSM\text{-}DID} = E[Y_1^T - Y_0^T \mid X_i, D_i = 1] - E[Y_1^C - Y_0^C \mid X_i, D_i = 0] \tag{5.2}$$

其中，$Y_0^T$ 和 $Y_1^T$ 分别表示参与组在被多层次养老保障体系覆盖前后的贫困率，$Y_0^C$ 和 $Y_1^C$ 表示控制组被多层次养老保障体系覆盖前后的贫困率，$D_i = 0$ 为控制组，$D_i = 1$ 为参与组。

**（二）数据特征与变量选取**

1. 数据处理与样本框构建

中国健康与养老追踪调查（CHARLS）旨在收集一套代表中国 45 岁及以上中老年人家庭和个人的高质量微观数据，用以分析中国人口老龄化问题，其全国基线调查始于 2011 年，主要进行的四轮追踪调查，分别是 2011 年、2013 年、2015 年和 2018 年，涵盖全国 30 个省（自治区、直辖市）级行政单位的 150 个县、450 个社区（村）。[①] 考虑中国城乡居民养老保险覆盖面逐步扩大和制度整合的时间及多层次养老保障体系的发展期，综合问卷设计和样本情况，研究选取 2013 年、2015 年和 2018 年共三期数据展开分析，重点关注了问卷设计中中国老年人个人基本情况、家庭结构及经济支持、健康

① 不包括西藏自治区、台湾省以及香港特别行政区和澳门特别行政区。

状况、医疗服务利用和医疗保险工作、退休和养老金收入、消费等板块。

在多层次养老保障体系对老年贫困的影响分析上，需要基于同一筛选标准、可以重复观察的相同样本。由于3个年份的调查数据在不同程度上都存在缺失值和异常值，本研究借鉴全球老龄化数据平台（Gateway to Global Aging Data），按照 RAND Health Retirement Study 标准[①]对2013年的原始数据进行了清理，并依据平台公布的2013年编码表和清理手册，按照同一标准对2015年和2018年的数据进行清理。家庭数据根据家户成员身份编码匹配到每个个体样本上，据此计算出人均值。2013年共18616个样本，2015年共23447个样本，2018年共24325个样本，选取同时具有2013年、2015年和2018年三期观测值的样本，即将三期的数据通过唯一的样本 ID 合并，并进行样本平衡。

数据匹配后，进行追踪调查，2013年参与多层次养老保障体系的样本为14340个，2015年的参与样本为14911个，2018年的参与样本为16697个，最终形成2013年、2015年和2018年三期时间跨度五年的平衡面板数据，三期同时存在的样本数为18615个。根据问卷设计及研究需要，经过筛选，剔除相关变量缺乏、遗漏和拒绝回答/不知道的样本，最后获取的60岁及以上符合条件的受访者有效样本量为1765人，其中参与组为1327人，对照组为438人。三期同一类别数据的核密度估计均显示出较为一致的离散趋势，如图5-4所示。数据清理相对可靠，测算结果具有可信度，样本分布情况如表5-3所示。数据预处理采用 Stata15。

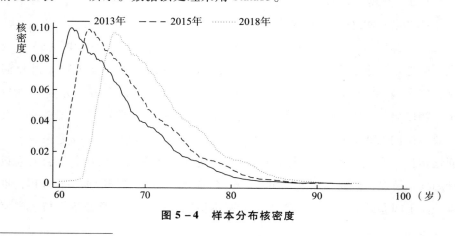

图 5 - 4　样本分布核密度

---

①　RAND Health Retirement Study 标准可以最大限度地避免样本损失。

表 5 - 3  样本分布情况

| 样本分布 | 总数（个） |
| --- | --- |
| 2013 年样本 | 18616 |
| 2015 年样本 | 23447 |
| 2018 年样本 | 24325 |
| 仅 2013 年存在的样本 | 0 |
| 仅 2015 年存在的样本 | 1 |
| 仅 2018 年存在的样本 | 878 |
| 2013 年、2015 年存在的样本 | 0 |
| 2013 年、2018 年存在的样本 | 1 |
| 2015 年、2018 年存在的样本 | 4831 |
| 2013 年、2015 年、2018 年同时存在的样本 | 18615 |
| 2013 年、2015 年、2018 年同时存在且符合条件的样本 | 1765 |

追踪调查中，由于样本死亡、老化、停止回答等诸多原因，存在样本流失问题。符合条件的 1765 个样本，在 3 个抽样年度均存在一致信息的占比为 9.48%，从 5 年的追踪调查跨度来看，其样本规模基本满足分析所需。此外，根据中心极限定理，用单纯随机抽样选出的样本数据对总体进行推断时，即使有样本流失，保留的独立随机样本的均值经标准化后近似服从正态分布，对估计偏差的影响有限。数据清理前后样本特征分布比较，如表 5 - 4 所示，流失样本的选择性偏误不强，依据保留样本所做的分析对统计推论不会产生太大偏差，样本仍具有代表性。

表 5 - 4  数据清理前后样本特征分布比较

| 样本特征 | | 处理前样本 | 处理后样本 |
| --- | --- | --- | --- |
| 年龄（岁） | 均值 | 70.16 | 68.22 |
| | 标准差 | 6.97 | 5.53 |
| 性别（%） | 男 | 49.50 | 55.70 |
| | 女 | 50.50 | 44.30 |
| 是否农业户口 | 均值 | 0.77 | 0.71 |
| | 标准差 | 0.42 | 0.45 |

续表

| 样本特征 | | 处理前样本 | 处理后样本 |
|---|---|---|---|
| 是否已婚并与配偶同住 | 均值 | 0.74 | 0.82 |
| | 标准差 | 0.44 | 0.39 |
| 是否完成初中教育 | 均值 | 0.24 | 0.27 |
| | 标准差 | 0.43 | 0.44 |

2. 变量选取与描述性统计

（1）变量选取

本研究旨在考察多层次养老保障体系对老年贫困风险的缓解，被解释变量为被访者的贫困状况，老年贫困变量指标处理规则及选取依据如表5-5所示。由于多层次养老保障体系以经济保障为主，随着实践的发展也呈现出经济保障与非经济保障相结合的特征，因此，本研究采用的贫困内涵，也涉及收入、健康、社会经济地位、心理福利等多个维度。

**表5-5 老年贫困相关指标设计及依据**

| 维度 | 指标 | 依据 | 涉及原始问卷问题编号 | 数据处理规则 | 参考文献或理论依据 |
|---|---|---|---|---|---|
| 经济贫困 | 收入贫困 | 国务院扶贫办：2013年贫困标准为年人均纯收入2300元（2010年不变价），2015年为2800元，2018年为3200元 | 个人收入=GA002个人工资年纯收入+GA003_W4个人获得的转移支付收入+家庭人均纯收入（家庭总收入/GE004家庭人口规模） | 1为人均收入<收入贫困线，反之为0（1=贫困；0=非贫困） | 边恕、宋经期、孙雅娜：《中国城乡居民养老金缓解老年贫困的效应分析——基于绝对贫困与相对贫困双重视角》，《辽宁大学学报》（哲学社会科学版）2020年第1期 |
| | 消费贫困 | 世界银行公布的2015年的国际贫困标准线为每天人均消费1.9美元，具体通过购买力平价进行相应折算 | 自家消费（GB005+GB011+GB012）+G2家户生活支出 | 1为总额<2300元，反之为0（1=贫困；0=非贫困） | 李萌、陆蒙华、张力：《老年贫困特征及政策含义——基于CHARLS数据的分析》，《人口与经济》2019第3期 |

续表

| 维度 | 指标 | 依据 | 涉及原始问卷问题编号 | 数据处理规则 | 参考文献或理论依据 |
|---|---|---|---|---|---|
| 健康贫困 | 躯体生活自理障碍 | 积分：6～24 单项分1分为正常，2～4分为功能下降。凡有两项及以上≥3分，或总分≥10分，为功能有明显障碍 | 行走：DB003 走100米有困难吗？穿衣：DB010 自己穿衣服困难？洗澡：DB011 洗澡困难？吃饭：DB012 自己吃饭困难？起床：DB013 起床下床有无困难？上厕所：DB014 上厕所有无困难？ | 1：没有困难；2：有困难但仍可以完成；3：有困难，需要帮助；4：无法完成 1：积分≥10（障碍）；0：积分＜10（无障碍） | 日常生活能力量表（Activity of Daily Living Scale, ADL），由美国的 Lawton 和 Brody 制定于1969年 |
| 精神贫困 | 工具性日常生活活动障碍 | 积分：6～24 单项分1分为正常，2～4分为功能下降。凡有两项及以上≥3分，或总分≥10分，为功能有明显障碍 | 做家务：DB016 做家务的时候有困难？做饭：DB017 做饭有困难？购物：DB018 自己去商店买食品杂货有困难？打电话：DB035 拨打电话困难？吃药：DB020 自己吃药有困难？自理经济：DB019 管钱困难？ | 1：没有困难；2：有困难但仍可以完成；3：有困难，需要帮助；4：无法完成 积分≥10（障碍），赋值为1，积分＜10（无障碍），赋值为0 | 柳清瑞、刘淑娜：《农村基本养老保险的减贫效应——基于 PSM – DID 的实证分析》，《人口与发展》2019年第3期 |
| | 抑郁程度 | CES-D 量表是由美国国立精神卫生研究所 Sirodff 于1977年编制的成熟量表。积分≥10为抑郁 | 问卷中的 CESD 抑郁量表 | 0：很少或根本没有；1：不太多；2：有时或者说有一半的时间；3：大多数的时间 1 = 贫困（抑郁）；0 = 非贫困（非抑郁） | |
| | 生活满意度 | | DC028 总体来看，您对自己的生活是否感到满意？ | 0：极其满意、非常满意、比较满意。1：不太满意、一点也不满意 1 = 贫困（不满意）；0 = 非贫困（满意） | |

从理论基础和文献研究看，积极老龄化和马斯洛需求层次理论为多维角度分析老年贫困提供了重要的理论依据。国内外学者也力图从多维角度对贫困问题展开分析。借鉴前人研究，本研究在指标选取和变量界定上采用多维分析方法，将老年贫困分为经济贫困、健康贫困和精神贫困3个维度，共计6

项指标。李萌、陆蒙华、张力指出，目前大多数学者用收入指标研究贫困，但用收入衡量的贫困状况波动性大，尤其在农村地区，绝大多数人口以自给自足的农业经济为主，难以通过现金收入水平认定贫困，需补充消费视角予以衡量。[①] 为此，本研究将经济贫困维度设计为收入贫困和消费贫困2项指标，其中收入贫困的设计依据国务院扶贫办公布的贫困标准，2013年的收入贫困标准为年人均纯收入2300元（2010年不变价），根据物价指数、生活指数等进行动态调整，2015年贫困标准上升至2800元，2018年贫困标准为3200元。

年人均纯收入，即调查问卷中的个人工资年纯收入[②]、个人获得的转移支付收入[③]和家庭人均纯收入[④]的总和。将2013年人均纯收入小于2300元、2015年人均纯收入小于2800元和2018年人均纯收入小于3200元的赋值为1，反之赋值为0。

消费贫困的设计依据世界银行公布的国际贫困标准线，在具体计算过程中用购买力平价指数进行相应折算。世界银行公布的2013年和2015年的国际贫困标准线分别为每天人均消费1.25美元和1.9美元，2018年没有更新国际贫困线标准，仍沿用2015年的国际贫困线标准；本研究据此计算的消费贫困线分别为1618元、2412元和2902元。[⑤] 人均消费由问卷中的家户

---

① 个人工资年纯收入为问卷中过去一年扣除个人所得税、各类保险、住房公积金或其他杂费的工资总和。

② 李萌、陆蒙华、张力：《老年贫困特征及政策含义——基于CHARLS数据的分析》，《人口与经济》2019第3期

③ 个人获得的转移支付收入为问卷中过去一年领到的转移支付收入，包括政府机关和事业单位退休金、企业职工基本养老保险、企业补充养老保险、农村/城乡/城镇居民养老保险、商业养老保险、人寿保险、征地养老保险，以及失业补助、养老卡/券、高龄老人养老补助、工伤保险金（包括误工补贴、伤残补助等）、独生子女老年补贴、医疗救助、政府给个人的其他补助、社会给个人的其他转移支付收入（如社会捐助）等。

④ 家庭人均纯收入由家庭总纯收入除以家庭人口规模得出。家庭总纯收入包括家户农业纯收入、个体经营或开办私营企业纯收入、家户公共转移支付收入和家庭经济帮助。家庭人口规模考虑到可操作性等问题选取问卷中"最近一周，不包括客人，您家里一般有几口人吃饭"的变量替代。

⑤ 购买力平价指数是根据各国不同的价格水平计算出来的货币之间的等值系数。世界银行公布的2013年购买力平价指数为3.546，即1美元与3.546元人民币的购买力相当。2015年购买力平价指数为3.478。2020年5月19日，世界银行发布了《购买力平价与世界经济规模——2017年轮国际比较项目（ICP）结果》，根据世界银行测算，中国2017年购买力平价指数为4.184，撰写本书时，样本年份2018年的购买力平价指数还未发布，故沿用2017年的购买力平价指数。

生活支出除以家庭人口规模得到。将 2013 年人均消费小于 1618 元、2015 年人均消费小于 2412 元和 2018 年人均消费小于 2902 元的赋值为 1，反之，大于等于则赋值为 0。具体贫困标准取值如表 5 - 6 所示。

**表 5 - 6 收入贫困和消费贫困标准**

| 年份 | 收入贫困线 | 消费贫困线 |
| --- | --- | --- |
| 2013 年 | 2300 元 | 1618 元 |
| 2015 年 | 2800 元 | 2412 元 |
| 2018 年 | 3200 元 | 2902 元 |

本研究对健康贫困的衡量，以日常生活能力量表（Activity of Daily Living Scale，ADL）[①] 为依据，选取了躯体生活自理障碍和工具性日常生活活动障碍 2 项指标，取自问卷"健康状况和功能"部分的身体功能障碍，考虑到主观性程度及内生性问题，没有选取更为常见的自我健康评价这一指标。躯体生活自理障碍指标共设计 6 项，包含行走、穿衣、洗澡、吃饭、起床和上厕所。6 个题目分别对应 4 个选项"没有困难"、"有困难但仍可以完成"、"有困难，需要帮助"和"无法完成"，将 4 个选项对应按照"1""2""3""4"的分数进行积分，得分取值范围为 6 ~ 24，单项分 1 分为正常，2 ~ 4 分为功能下降。凡有 2 项及以上≥3 分，或总分≥10 分，为功能有明显障碍。本研究将总分等于或高于 10 分的样本定义为躯体生活自理障碍，小于 10 分的样本表示无躯体生活自理障碍，分别赋值为 1 和 0。

工具性日常生活活动障碍共设计 6 项问题，包含做家务、做饭、购物、打电话、吃药和自理经济。6 个题目分别对应 4 个选项"没有困难"、"有困难但仍可以完成"、"有困难，需要帮助"和"无法完成"，将 4 个选项对应按照"1""2""3""4"的分数进行积分，得分取值范围为 6 ~ 24，单项分 1 分为正常，2 ~ 4 分为功能下降。凡有 2 项及以上≥3 分，或总分≥10 分，为功能有明显障碍。本研究将总分等于或高于 10 分的样本定义为工具性日常生活活动障碍，小于 10 分的样本表示无工具性日常生活活动障碍，分别

---

[①] ADL 量表由美国的 Lawton 和 Brody 制定于 1969 年，由躯体生活自理量表（Physical Self-Maintenance Scale，PSMS）和工具性日常生活活动能力量表（Instrumental Activities of Daily Living，IADL）组成，主要用于评定被试者的日常生活能力。

赋值为 1 和 0。

精神贫困包括抑郁程度和生活满意度 2 项指标。抑郁程度取自问卷"认知和抑郁"部分的抑郁量表，该量表为 CES-D 量表[①]，Christopher 在1999 年的调查中的 10 项 CES-D 的可靠性系数为 0.84，2003 年为 0.86，可信度较高。问卷中的 CES-D 量表共 10 项，包含"我因一些小事而烦恼""我在做事时很难集中精力""我感到情绪低落""我觉得做任何事都很费劲""我感到害怕""我的睡眠不好""我感到孤独""我觉得无法继续我的生活"8 个负向情绪的题目和"我对未来充满希望""我很愉快"2 个正向情绪的题目，10 个题目分别对应 4 个选项"很少或者根本没有""不太多""有时或者说有一半的时间""大多数的时间"。负向情绪题目将 4 个选项按照"0""1""2""3"的分数进行积分，将正向情绪的题目反向化取值编码，得分取值范围是 0~30。将 10 项 CES-D 量表中总分等于或高于 10 分的样本定义为抑郁症，小于 10 分的样本表示无抑郁症，分别赋值为 1 和 0。生活满意度取自问卷"总体来看，您对自己的生活是否感到满意"，以"比较满意"为分界点，低于比较满意状况的赋值为 1，反之为 0。

解释变量为参与多层次养老保障体系的情况，取自问卷养老金部分，涉及"政府机关、事业单位养老保险（退休金）及职工基本养老保险"、"补充养老保险（年金）"、"城乡居民养老保险、新型农村社会养老保险及城镇居民养老保险"、"征地养老保险（失地农民养老保险/被征地农民养老保险）"、"人寿保险"、"商业养老保险"、"高龄老人养老补助"、"低保户补助"和"其他养老保险"等问题，任意一项及以上为肯定回答（参与/领取）的赋值为 1，全部都为否定回答的赋值为 0。

控制变量遵循尽可能外生的准则，选取了被访者的个体特征和家庭经济帮助相关变量，同时，也考虑了实际医疗费用支出以及是否参保医疗保险等情况。其中，个体特征包括年龄、性别、户口、婚姻、教育，户口取自问卷中的"户口类型"，选项"农业户口"赋值为 1，"非农业户口"赋

---

[①] CES-D 量表是由美国国立精神卫生研究所 Sirodff 于 1977 年编制，原名为流行学研究中心抑郁量表，被较为广泛地用于流行学调查，用以筛查出有抑郁症状的对象，以便进一步检查确诊，不能代替临床诊断性的结论。

值为 0。

　　婚姻取自问卷中的"当前的婚姻状态",考虑样本量和可操作性等问题,将其按照选项归纳为"是否已婚并与配偶同住"指标,选项"已婚并与配偶同住"赋值为 1,"已婚,但因为工作等原因暂时没有跟配偶在一起居住""分居,不再作为配偶共同生活""离异""丧偶""从未结婚""同居"赋值为 0。

　　教育取自问卷中的"您现在获得的最高教育水平是什么(不包括成人教育)",同样将其按照选项归纳为"是否完成初中教育"指标,选项"未受过教育(文盲)""未读完小学""私塾毕业""小学毕业"赋值为 0,"初中毕业""高中毕业""中专(包括中等师范、职高)毕业""大专毕业""本科毕业""硕士毕业""博士毕业"赋值为 1。

　　此外,"上一年获得的家庭经济帮助"包括父母、子女、兄弟姐妹以及其他亲戚朋友给予的经济帮助。"实际医疗费用支出"方面,计算过去一年门诊和住院的自付费用的总和。在医疗保险方面,本研究按照问卷选项进行设计,参加城镇职工医疗保险(医保)、城乡居民医疗保险(合并城镇居民和新型农村合作医疗保险)、城镇居民医疗保险、新型农村合作医疗保险(合作医疗)、公费医疗、医疗救助、商业医疗保险(单位购买)、商业医疗保险(个人购买)、城镇无业居民大病医疗保险、长期护理保险、其他医疗保险和补充医疗保险中任意一项,即为参保医疗保险,赋值为 1,反之赋值为 0。各变量的界定如表 5-7 所示。

表 5-7　变量定义

| 变量 | 指标 | | 定义 |
|---|---|---|---|
| 被解释变量 | 经济贫困 | 消费贫困 | 0 为否,1 为是 |
| | | 收入贫困 | 0 为否,1 为是 |
| | 健康贫困 | 躯体生活自理障碍 | 0 为否,1 为是 |
| | | 工具性日常生活活动障碍 | 0 为否,1 为是 |
| | 精神贫困 | 抑郁程度 | 0 为否,1 为是 |
| | | 生活满意度 | 0 为否,1 为是 |
| 解释变量 | 参与多层次养老保障体系的情况 | | 0 为未参与,1 为参与 |

续表

| 变量 | 指标 | 定义 |
|------|------|------|
| 控制变量 | 年龄 | 连续变量（岁） |
| | 性别 | 0 为女性，1 为男性 |
| | 是否农业户口 | 0 为非农业户口，1 为农业户口 |
| | 是否已婚并与配偶同住 | 0 为否，1 为是 |
| | 是否完成初中教育 | 0 为否，1 为是 |
| | 上一年获得的家庭经济帮助 | 连续变量（元） |
| | 实际医疗费用支出 | 连续变量（元/年） |
| | 参保医疗保险 | 0 为未参保，1 为参保 |

（2）描述性统计

如表 5 - 8 所示，2013 年、2015 年和 2018 年参与多层次养老保障体系的受访者分别为 87%、67% 和 84.3%，2015 年数值较低，可能与该年度问卷设计中没有纳入高龄老人养老津贴项目有关，导致该部分受访者在进行系统分类时被划分为未参与的数据。同时，相较 2015 年，多层次养老保障体系覆盖面的不断扩大也提升了后期 2018 年的参与率。

从经济贫困来看，收入贫困的发生率明显高于消费贫困，然而从 3 个年度的样本数据变化看，收入贫困发生率在 2018 年降至新低，而消费贫困水平略有上升。从健康贫困来看，其发生率总体低于经济贫困，然而，从躯体生活自理障碍和工具性日常生活活动两维度区别考察，会发现后者的平均发生率高于前者。从精神贫困看，抑郁在一定程度上仍然存在，该类受访者一般生活满意度较低。

此外，受访者大多数为农业户口，文化水平普遍较低，但医疗保险的参保率要高于养老保险，接近 100%。

表 5 - 8　2013 ~ 2018 年变量描述性统计

| 变量 | | 2013 年 | | 2015 年 | | 2018 年 | |
|------|------|------|------|------|------|------|------|
| | | 均值 | 标准差 | 均值 | 标准差 | 均值 | 标准差 |
| 经济贫困 | 消费贫困 | 0.0755 | 0.264 | 0.161 | 0.368 | 0.296 | 0.457 |
| | 收入贫困 | 0.665 | 0.472 | 0.684 | 0.465 | 0.427 | 0.495 |

续表

| 变量 | | 2013 年 | | 2015 年 | | 2018 年 | |
|---|---|---|---|---|---|---|---|
| | | 均值 | 标准差 | 均值 | 标准差 | 均值 | 标准差 |
| 健康贫困 | 躯体生活自理障碍 | 0.029 | 0.168 | 0.055 | 0.227 | 0.071 | 0.256 |
| | 工具性日常生活活动障碍 | 0.130 | 0.336 | 0.153 | 0.360 | 0.230 | 0.421 |
| 精神贫困 | 抑郁程度 | 0.315 | 0.465 | 0.344 | 0.475 | 0.386 | 0.487 |
| | 生活满意度 | 0.106 | 0.307 | 0.066 | 0.247 | 0.090 | 0.287 |
| 参与多层次养老保障体系的情况 | | 0.870 | 0.337 | 0.670 | 0.471 | 0.843 | 0.364 |
| 年龄（岁） | | 65.810 | 5.077 | 67.75 | 4.976 | 70.77 | 5.052 |
| 性别 | | 0.533 | 0.499 | 0.535 | 0.499 | 0.533 | 0.499 |
| 是否农业户口 | | 0.710 | 0.450 | 0.710 | 0.450 | 0.710 | 0.450 |
| 是否已婚并与配偶同住 | | 0.832 | 0.374 | 0.810 | 0.392 | 0.768 | 0.422 |
| 是否完成初中教育 | | 0.196 | 0.397 | 0.195 | 0.396 | 0.180 | 0.385 |
| 上一年获得的家庭经济帮助（元） | | 2741 | 7691 | 3068 | 6356 | 2632 | 6777 |
| 实际医疗费用支出（元/年） | | 939.8 | 5890 | 1062 | 7632 | 1910 | 17796 |
| 参保医疗保险 | | 0.970 | 0.171 | 0.810 | 0.392 | 0.972 | 0.165 |

### （三）实证分析

中国已建立比较健全的基本养老保险制度，2016 年基本养老保险参保率达 85%，替代率达 67% 左右，但第一支柱"一支独大"，企业年金发展严重滞后，参加企业年金的职工比例仅占城镇基本养老保险参保职工的 7%；第二支柱成为多层次养老保障体系中的"一块短板"；作为第三支柱的个人养老金制度建设仍然是"一棵幼苗"。[①] 2018 年 4 月，财政部等部门联合发布了《关于开展个人税收递延型商业养老保险试点的通知》，标志着中国多层次养老金体系中第三层次国家试点启动。2021 年 3 月，在十三届全国人大四次会议上，国务院总理李克强做政府工作报告时指出，健全多层次社会保障体系，基本养老保险参保率提高到 95%。

综合以上背景，本研究将 2013 年确定为基期，将 2015 年和 2018 年确定为追踪期，参与样本即为参与组，未参与样本即为控制组。2015 年和

---

① 2017 年 10 月 17 日举行的"多层次养老保险体系建设研讨会"上，中国劳动社会保障科学研究院院长金维刚介绍。

2018 年的样本分别与 2013 年的样本结合形成两组进行差分（DID），每组样本的数据包括 4 个子样本，2015 年 DID（2013 年参与组、2013 年控制组；2015 年参与组、2015 年控制组），2018 年 DID（2013 年参与组、2013 年控制组；2018 年参与组、2018 年控制组）。2013 年多层次养老保障体系各层次发展不一，政策效果尚未充分显现，随着多层次养老保障体系的进一步发展和完善，其政策效应进一步变化，因此，对两组 DID 结果进行比较分析，有助于从动态视角考察多层次养老保障体系对老年贫困的影响。

1. PSM-DID 模型及匹配检验

本研究利用 Stata15 开展。倾向得分匹配法（PSM）的第一步是通过二值选择模型中的 Logit 模型获得各组样本的倾向得分，即参与概率。本研究通过选取不同的控制变量来观察各因素对参与多层次养老保障体系的影响，如表 5 - 9 所示。

表 5 - 9　2015 和 2018 年倾向得分匹配的 Logit 估计结果

| 变量 | 模型 1 | | 模型 2 | | 模型 3 | |
|---|---|---|---|---|---|---|
| | 2015 年 | 2018 年 | 2015 年 | 2018 年 | 2015 年 | 2018 年 |
| 年龄 | - 0.0592 *** | - 0.0133 | - 0.0609 *** | - 0.0091 | - 0.0611 *** | - 0.0102 |
| | （- 5.83） | （- 1.03） | （- 5.84） | （- 0.68） | （- 5.83） | （- 0.76） |
| 性别 | 0.1165 | 0.1819 | 0.0850 | 0.1440 | 0.0813 | 0.1602 |
| | （1.13） | （1.38） | （- 0.80） | （1.07） | （0.76） | （1.19） |
| 是否农业户口 | - 0.7849 *** | - 0.4604 *** | - 0.8093 *** | - 0.4331 *** | - 0.8890 *** | - 0.1089 *** |
| | （- 3.89） | （- 3.09） | （- 4.04） | （- 3.83） | （- 4.50） | （- 3.54） |
| 是否已婚并与配偶同住 | - 0.0370 | 0.0086 | - 0.0759 | 0.0066 | - 0.0710 | 0.130 |
| | （- 0.39） | （0.06） | （- 0.57） | （0.04） | （- 0.53） | （0.08） |
| 是否完成初中教育 | 0.6471 *** | 0.8714 *** | 0.7194 *** | 0.8428 *** | 0.7078 *** | 0.7452 *** |
| | （5.21） | （4.00） | （5.65） | （3.85） | （5.54） | （3.35） |
| 实际医疗费用支出 | | | - 9.05e - 06 | 5.21e - 06 | - 7.67e - 06 | 3.75e - 06 |
| | | | （- 1.21） | （0.66） | （- 1.04） | （0.55） |
| 参保医疗保险 | | | 0.9225 *** | 1.2450 *** | 0.9245 *** | 1.2118 *** |
| | | | （7.42） | （4.23） | （7.42） | （4.09） |
| 躯体生活自理障碍 | | | - 0.000439 | 0.2228 | 0.0086 | 0.2145 |
| | | | （- 0.00） | （0.82） | （0.03） | （0.79） |

续表

| 变量 | 模型 1 | | 模型 2 | | 模型 3 | |
|------|--------|--------|--------|--------|--------|--------|
| | 2015 年 | 2018 年 | 2015 年 | 2018 年 | 2015 年 | 2018 年 |
| 工具性日常生活活动障碍 | | | 0.1028 | − 0.1279 | 0.0876 | − 0.0756 |
| | | | (0.64) | (− 0.79) | (0.54) | (− 0.46) |
| 上一年获得的家庭经济帮助 | | | | | − 3.38e − 06 | − 1.21e − 05 |
| | | | | | (− 0.43) | (0.85) |
| 人均生活支出 | | | | | − 6.59e − 06 *** | − 2.98e − 05 ** |
| | | | | | (− 2.81) | (2.34) |
| Constant | 4.8293 *** | 2.4041 ** | 4.2722 *** | 0.9459 | 4.3686 *** | 0.8396 |
| | (6.69) | (2.53) | (5.78) | (0.92) | (5.86) | (0.81) |

注：括号内为 Z 值，＊、＊＊、＊＊＊分别表示在 10%、5% 和 1% 的水平上显著。

利用 Logit 模型确定倾向得分值，所选定模型的拟合程度至关重要。模型 1 控制反映个体基本特征的变量，包括年龄、性别、是否农业户口、是否已婚并与配偶同住、是否完成初中教育 5 个控制变量。模型 2 在此基础上加入了医疗和反映个体健康情况的变量，包括反映医疗的实际医疗费用支出和参保医疗保险，反映个体健康状况的躯体生活自理障碍和工具性日常生活活动障碍，共 9 个控制变量。模型 3 在模型 2 的基础上加入了反映个人经济状况的变量，即上一年获得的家庭经济帮助和人均生活支出，人均生活支出可以看作人均消费支出，侧面反映个人经济情况。

根据表 5 - 9 显示的回归结果，3 个模型中反映户口、教育、参保医疗保险和个体经济状况等变量的显著性较高，非农业户口的老年人多层次养老保障体系的参与度更高，教育水平高的老年人更倾向参与多层次养老保障体系，参保了医疗保险的老年人在多层次养老保障体系中的参与度也较高，人均生活支出的增加会降低老年人对多层次养老保障体系的参与率。本研究考虑了样本可能存在的选择偏误，并在双重差分（DID）开展之前进行了倾向得分匹配（PSM）。

在 Logit 模型估计倾向得分值的基础上，还需要对样本匹配质量进行检验，根据检验结果确定 PSM-DID 模型。为保证 PSM-DID 估计的信度和效度，本研究对 PSM 两个基本假设进行检验并选择模型：一是共同支撑假设；二是平衡假设。首先，倾向得分匹配共同支撑假设要求参与组和控制组的倾向值得分需要有共同的取值范围。如图 5－5 和图 5－6 所示，以模型 3 为例，其匹配后，2015 年和 2018 年两组样本之间不存在显著性差异，均有90％以上落在共同支撑区域，满足共同支撑假设。

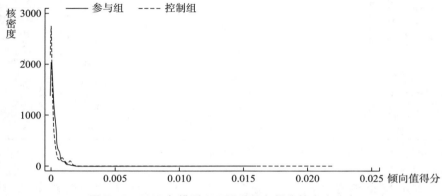

**图 5－5　2015 年模型 3 匹配后倾向得分核密度分布**

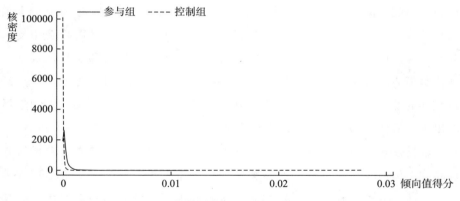

**图 5－6　2018 年模型 3 匹配后倾向得分核密度分布**

其次，倾向得分匹配平衡假设要求匹配后的参与组和控制组在协变量上不存在显著差异，从而有效矫正样本可能存在的选择性偏误。根据检验结果，如表 5－10、图 5－7 和图 5－8 所示，经过倾向得分匹配后，匹配值中模型 3 除了 2018 年的人均生活支出偏差为 11.4％以外，其余变量的标准化偏差均小于 10％，且大多数变量的标准化偏差与平均偏差之间的距离都大幅度缩小，符合平衡假设；而模型 1 和模型 2 未通过平衡假设检验。因此，确定模型 3 为倾向得分匹配的 Logit 模型。

表 5 - 10　2015 年和 2018 年平衡检验结果

| 年份 | 变量 | 匹配状态前（U）后（M） | 均值差异检验 | | | |
|---|---|---|---|---|---|---|
| | | | 参与组均值 | 控制组均值 | 偏差% | T 检验 P > | t | |
| 2015 年 | 年龄 | U | 67.28 | 68.701 | - 27.9 | 0.000 |
| | | M | 67.301 | 67.647 | - 6.8 | 0.067 |
| | 性别 | U | 0.53285 | 0.53896 | - 1.2 | 0.804 |
| | | M | 0.53135 | 0.5 | 6.3 | 0.118 |
| | 是否农业户口 | U | 0.68146 | 0.78378 | - 23.3 | 0.000 |
| | | M | 0.68308 | 0.69817 | - 3.4 | 0.013 |
| | 是否已婚并与配偶同住 | U | 0.8149 | 0.80032 | 3.7 | 0.451 |
| | | M | 0.81511 | 0.80305 | 3.1 | 0.444 |
| | 是否完成初中教育 | U | 0.16266 | 0.25974 | - 23.9 | 0.000 |
| | | M | 0.16318 | 0.15916 | 1.0 | 0.785 |
| | 实际医疗费用支出 | U | 853.33 | 1484.8 | - 7.2 | 0.093 |
| | | M | 856.07 | 966.91 | - 1.3 | 0.564 |
| | 参保医疗保险 | U | 0.85577 | 0.71753 | 34.2 | 0.000 |
| | | M | 0.85531 | 0.87942 | - 6.0 | 0.076 |
| | | M | 0.05305 | 0.04502 | 3.5 | 0.353 |
| | 工具性日常生活活动障碍 | U | 0.15465 | 0.14935 | 1.5 | 0.765 |
| | | M | 0.15434 | 0.15354 | 0.2 | 0.956 |
| | 上一年获得的家庭经济帮助 | U | 3012.5 | 3180.2 | - 2.7 | 0.592 |
| | | M | 3021.2 | 3198.4 | - 2.8 | 0.465 |
| | 人均生活支出 | U | 9784.6 | 13077 | - 15.1 | 0.001 |
| | | M | 9801.2 | 9931.6 | - 0.6 | 0.849 |
| | Constant | 联合检验 | Ps R2 | LR chi2 | P > chi2 | MeanBias |
| | 样本量 | U | 0.053 | 124.57 | 0.000 | 12.0 |
| | | M | 0.004 | 12.37 | 0.261 | 3.1 |

| 年份 | 变量 | 匹配状态前（U）后（M） | 均值差异检验 | | | |
|---|---|---|---|---|---|---|
| | | | 参与组均值 | 控制组均值 | 偏差% | T检验 P > \| t \| |
| 2018年 | 年龄 | U | 70.72 | 71.031 | −6.1 | 0.335 |
| | | M | 70.721 | 70.646 | 1.5 | 0.679 |
| | 性别 | U | 0.54452 | 0.47423 | 14.1 | 0.027 |
| | | M | 0.53672 | 0.53805 | −0.3 | 0.942 |
| | 是否农业户口 | U | 0.91088 | 0.59913 | 77.7 | 0.000 |
| | | M | 0.91047 | 0.89985 | 2.5 | 0.011 |
| | 是否已婚并与配偶同住 | U | 0.77194 | 0.74914 | 5.3 | 0.398 |
| | | M | 0.76969 | 0.75567 | 3.3 | 0.367 |
| | 是否完成初中教育 | U | 0.19731 | 0.08935 | 31.2 | 0.000 |
| | | M | 0.16889 | 0.14887 | 5.8 | 0.134 |
| | 实际医疗费用支出 | U | 2043.1 | 1198.7 | 5.9 | 0.458 |
| | | M | 1366.5 | 1418.2 | −0.4 | 0.868 |
| | 参保医疗保险 | U | 0.98014 | 0.92784 | 25.1 | 0.000 |
| | | M | 0.97997 | 0.97664 | 1.6 | 0.531 |
| | 躯体生活自理障碍 | U | 0.07047 | 0.07216 | −0.7 | 0.917 |
| | | M | 0.07076 | 0.05073 | 7.8 | 0.022 |
| | 工具性日常生活活动障碍 | U | 0.22357 | 0.2646 | −9.6 | 0.127 |
| | | M | 0.23097 | 0.25701 | −6.1 | 0.097 |
| | 上一年获得的家庭经济帮助 | U | 2730.8 | 2102.6 | 11.0 | 0.147 |
| | | M | 2264.3 | 2593.3 | −5.8 | 0.046 |
| | 人均生活支出 | U | 6684.9 | 5298.5 | 22.9 | 0.001 |
| | | M | 5989 | 6676.5 | −11.4 | 0.002 |
| | Constant | 联合检验 | Ps R2 | LR chi2 | P > chi2 | MeanBias |
| | 样本量 | U | 0.032 | 51.33 | 0.000 | 13.2 |
| | | M | 0.007 | 30.72 | 0.001 | 4.4 |

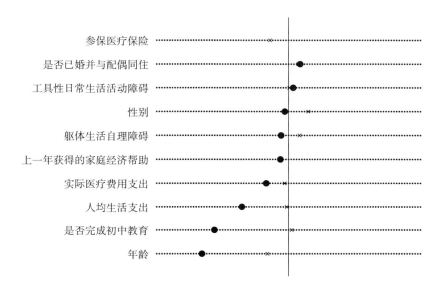

**图 5 - 7　2015 年模型 3 的各协变量的标准化偏差**

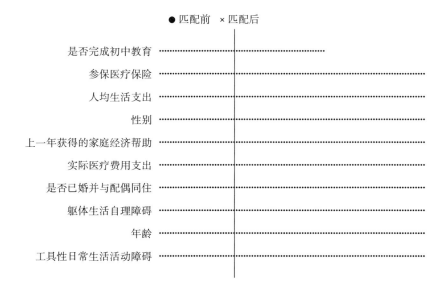

**图 5 - 8　2018 年模型 3 的各协变量的标准化偏差**

2. 研究结果

本研究对匹配成功的样本进行双重差分处理，估计结果如表 5 – 11 所示。其中，PSM-DID2015 为多层次养老保障体系建立初期的贫困缓解效应，PSM-DID2018 为多层次养老保障体系不断完善阶段的贫困缓解效应。实证结果表明：在多层次养老保障体系对老年贫困风险的缓解方面，对经济贫困的改善作用较大，其次是对精神贫困的缓解，对健康贫困的影响作用较小。分类别看，尽管被多层次养老保障体系覆盖的老年群体在经济收入的改善上有明显提升，但在消费贫困方面，缓解效应仍然较小；参加多层次养老保障体系中的相关项目，对躯体生活自理障碍的缓解作用不大，而对工具性日常生活活动障碍的缓解作用较前者略高，但整体作用仍然有限；养老保障制度的参与和多渠道老年经济保障收入的增加，对老年人的抑郁程度的缓解和负面精神状态的改变有一定的作用，但在生活满意度的正向提升方面，作用仍然非常有限。

表 5 – 11　2013 ~ 2018 年多层次养老保障体系对老年贫困的缓解效应估计结果

| 年份 | 匹配样本 | 经济贫困 | | 健康贫困 | | 精神贫困 | |
|---|---|---|---|---|---|---|---|
| | | 消费贫困 | 收入贫困 | 躯体生活自理障碍 | 工具性日常生活活动障碍 | 抑郁程度 | 生活满意度 |
| 2013 年 | 参与组 | 0.069 | 0.670 | 0.030 | 0.126 | 0.314 | 0.102 |
| | 控制组 | 0.098 | 0.680 | 0.017 | 0.143 | 0.321 | 0.120 |
| | 偏差 Diff（T-C） | – 0.029 ** | – 0.011 | 0.013 * | – 0.016 | – 0.007 | – 0.019 |
| 2015 年 | 参与组 | 0.174 | 0.680 | 0.053 | 0.156 | 0.366 | 0.065 |
| | 控制组 | 0.140 | 0.680 | 0.045 | 0.140 | 0.304 | 0.065 |
| | 偏差 Diff（T-C） | 0.034 ** | – 0.000 | 0.008 | 0.016 | 0.062 *** | – 0.000 |
| 2018 年 | 参与组 | 0.294 | 0.420 | 0.072 | 0.231 | 0.395 | 0.095 |
| | 控制组 | 0.328 | 0.505 | 0.064 | 0.261 | 0.356 | 0.070 |
| | 偏差 Diff（T-C） | – 0.034 | – 0.084 *** | 0.008 | – 0.030 | 0.039 * | 0.025 * |

续表

| 年份 | 匹配样本 | 经济贫困 | | 健康贫困 | | 精神贫困 | |
|---|---|---|---|---|---|---|---|
| | | 消费贫困 | 收入贫困 | 躯体生活自理障碍 | 工具性日常生活活动障碍 | 抑郁程度 | 生活满意度 |
| PSM-DID2015 | | − 0.086 *** | 0.034 | 0.010 | 0.054 ** | 0.107 *** | 0.024 |
| PSM-DID2018 | | − 0.137 *** | − 0.145 *** | 0.005 | 0.039 | 0.087 ** | 0.060 ** |

注：* 、 ** 、 *** 分别表示在 10% 、5% 和 1% 的水平上显著；（2）T 代表参与组，C 代表控制组；（3）PSM - DID2015 的结果为以 2015 年作为多层次养老保障体系覆盖后，与 2013 年数据进行倾向得分匹配双重差分得到的平均减贫效应；PSM - DID2018 的结果为以 2018 年作为多层次养老金体系覆盖后，与 2013 年数据进行倾向得分匹配双重差分得到的平均减贫效应。

**（四）　多层次养老保障体系对老年贫困的缓解效应分析**

1. 多层次养老保障体系对经济贫困的缓解

（1）多层次养老保障体系对收入贫困的明显缓解

多层次养老保障体系对收入贫困的缓解作用相对显著，即参保各类社会养老保险、企业补充养老保险，领取高龄老人养老津贴等，能够促进老年群体经济收入一定程度的提升。

由于分析样本中参加城乡居民养老保险的老年人口居多，2018 年已超过样本总数的 60% ，即便在 2013 年和 2015 年的城镇居民养老保险初建期，其整体参保率仍超过样本总数的 50% 。对比城乡居民养老保险的待遇水平，2015 年全国城乡居民基本养老保险基础养老金最低标准为每人每月 70 元，年基础养老金最低收入水平为 840 元[①]；2018 年每人每月最低 88 元，年基础养老金最低收入为 1056 元[②]；同时，各地将根据区域经济发展水平对基础养老金给予地方性补高，如北京市，2018 年 64 岁及以下退休领待人员的城乡居民基本养老保险基础养老金标准为每人每月 705 元，老年保障福利养老金标准为每人每月 620 元；65 岁及以上人员基础养老金标准与老年保障

---

[①]　人社部、财政部印发的《关于 2015 年提高全国城乡居民基本养老保险基础养老金最低标准的通知》指出，自 2014 年 7 月 1 日起，全国城乡居民基本养老保险基础养老金最低标准提高至每人每月 70 元，即在原每人每月 55 元的基础上增加 15 元。

[②]　人社部、财政部印发的《关于 2018 年提高全国城乡居民基本养老保险基础养老金最低标准的通知》指出，自 2018 年 1 月 1 日起，全国城乡居民基本养老保险基础养老金最低标准提高至每人每月 88 元，即在原每人每月 70 元的基础上增加 18 元。

福利养老金标准分别为每人每月 715 元和 630 元，[①] 地方政府补贴高，基础养老金总体水平远高于全国最低标准，且体现年龄优待因素。

因此，参照国家收入贫困线标准的设立和样本处理中收入贫困样本的取值，2013 年人均纯收入 2300 元、2015 年 2800 元、2018 年 3200 元，国家年均最低标准 660 元、840 元和 1056 元的基础养老金加上地方性财政补贴资金和个人养老金账户积累资金，能够为老年贫困群体的经济收入给予一定补偿和保障，一定程度上能够缓解老年收入贫困风险。

同时，从时间序列来看，多层次养老保障体系对老年贫困的缓解，2013 年和 2015 年的缓解效应递进升高，且总体水平高于 2018 年，可能源于两方面的原因：一是样本中的大多数老年人主要依靠的养老金收入来源为城乡居民养老保险，这一制度在扩大覆盖面和内部合并之初，福利改进体现的是"从无到有"的过程，收入提升的边际效应高，收入贫困的缓解效应相对明显；二是 2015～2018 年，覆盖面基本稳定，待遇水平尤其是基础养老金自动待遇调整机制尚未建立，政策性调整的幅度和频次极其有限，加之靠财政推进的普惠型养老金个人缴费普遍趋低、个人账户积累资金和待遇给付较少，因此，当社会平均工资增长率、收入贫困线水平的年度增长高于城乡居民养老保险的待遇增长时，老年人群收入增长的边际效应降低，收入贫困的缓解效应维持在有限空间。

（2）多层次养老保障体系对消费贫困的缓解作用有限

中国多层次养老保障体系主要由第一层次的基本养老保险、第二层次的企业补充养老保险和第三层次的商业养老保险等个人养老储蓄计划组成，为体现养老保障内容的多样性和发展性，结合样本数据的问卷设计项目，本研究特别考虑了由政府财政供给的非缴费型"零支柱"，如高龄老人津贴、城乡"低保""五保"等，多层次养老保障体系的内涵事实上涵盖了社会救助、社会养老保险、社会福利、商业养老保险等多种类别。

在多层次养老保障体系中，不同层次和支柱性项目的功能定位有所区别，以国家财政补贴为主要供给方式的老年救助金、老年福利津贴、城乡

---

[①] 《北京市人力资源和社会保障局 北京市财政局 北京市民政局关于调整 2018 年城乡居民养老保障相关待遇标准的通知》，北京市人力资源和社会保障局官网，2018 年 7 月 5 日，http://rsj. beijing. gov. cn/xxgk/zcwj/201912/t20 191206_943460. html。

居民养老保险等政府举办项目，多以"广覆盖、保基本"为原则，尤其在城乡居民养老保险的扩面之初，政府匹配缴费在基金收入中的占比远大于个人缴费。因此，在第二、三层次的补充养老金制度发展严重不充分的情况下，个人养老金来源主要依靠第一层次的公共养老金和普惠型的"零支柱"，替代率较低，对老年群体的生活质量和消费水平提升极其有限，加之农村老年群体更多的消费物资来自自给自足，体现在现金支出上的内容较少，他们将有限的养老金收入可能更多地安排在除生活消费以外的项目上。综合以上因素，分析结果显示的多层次养老保障体系对消费贫困的缓解效应并不明显，低水平的养老金收入对贫困老年人群的消费改善作用有限。

此外，从时间序列上看，多层次养老保障体系对消费贫困的缓解作用随着时间的推移不断提升，这也体现了多层次养老保障体系尤其是基本养老保险制度的稳健运行对老年群体消费信心提升的助力。

表 5 - 12　2013～2018 年多层次养老金体系参与情况

单位：%

| 养老金政策 | 2013 年 | 2015 年 | 2018 年 |
|---|---|---|---|
| 政府机关或公务员的退休金 | 0.94 | 0.41 | 1.02 |
| 事业编制职工退休金 | 2.17 | 1.13 | 2.60 |
| 职工基本养老保险 | 7.09 | 4.79 | 13.28 |
| 政府机关事业单位/企业补充养老保险 | 0.30 | 0.33 | 0.54 |
| 城乡居民养老保险 | 1.52 | 1.89 | 10.70 |
| 新型农村社会养老保险 | 48.91 | 47.24 | 46.83 |
| 城镇居民社会养老保险 | 1.83 | 2.05 | 1.96 |
| 征地养老保险 | 1.18 | 1.29 | 1.94 |
| 人寿保险 | 4.02 | 5.71 | 3.73 |
| 商业养老保险（人寿保险除外） | 1.01 | 0.67 | 1.06 |
| 高龄老人补贴 | 4.51 | － | 5.53 |
| 低保户补助 | 0.00 | 0.00 | 0.00 |
| 其他养老保险 | 0.43 | 0.68 | 1.04 |
| 农村养老保险（老农保） | 4.09 | － | － |
| 没有参与/遗漏 | 22.00 | 28.25 | 15.30 |

注：（1）农村养老保险（老农保）在 2015 年和 2018 年调查中未被统计；（2）高龄老人补贴在 2015 年调查中未被统计；（3）低保户补助样本在总样本中较少，数据清理后，没有符合条件的样本存在。

2. 多层次养老保障体系对健康贫困的缓解

多层次养老保障体系对健康贫困的缓解作用极其有限，影响不显著，主要存在以下原因。

一是多层次养老保障体系的目标定位和风险管理并不直接对应身体机能和健康风险问题。养老保障体系主要是应对因年老身体机能衰退、劳动能力逐渐丧失、老年人退出劳动力市场后失去收入来源或收入减少的基本生存和生活风险，更多解决的是基本生活问题和老年生活质量提升问题。同时，中国基本医疗保险覆盖面较养老保险更广，参保率基本超过 95%，国民对社会基本医疗保险、大病保险以及普惠型商业医疗保险的参与度和依赖程度极高，长期护理保险的逐步扩面，也为解决老年照护和躯体功能障碍问题提供了可救济的制度渠道。因此，相比养老保障体系，多层次医疗保障体系和长期护理保险在健康贫困的救助和缓解上，发挥着更重要、更全面的作用。

二是养老金收入对健康贫困内涵的支撑度不够。本研究对健康贫困的衡量，主要通过考察"行走、穿衣、洗澡、吃饭、起床、上厕所"等基本生活自理能力和进行"家务、做饭、购物、打电话、吃药和自理经济"等工具性日常生活情况综合判断。由于多层次养老保障协同度不高，各支柱发展不平衡，人们对补充养老保险的参与度极低，这一现状也体现在实证研究的样本框中。从样本数据来看，大多数老年群体的养老金来源于城乡居民养老保险制度，替代率较低，无法解决衣食住行生活自理障碍等躯体性功能障碍问题，也无法缓解工具性日常生活活动障碍这一更高层次的生活需求。

尽管多层次养老保障体系对健康贫困的缓解效应不凸出，但受养老金收入溢出效应的影响，从内部结构看，其对工具性日常生活活动障碍的缓解要高于对躯体生活自理障碍的影响，且随着时间的推移，缓解效应有一定提升。

3. 多层次养老保障体系对精神贫困的缓解

多层次养老保障体系对精神贫困的缓解效应总体不显著，但相比对"生活满意度"的提升，养老保障制度的覆盖和养老金收入的获得对老年抑郁状态的改善程度相对更高，究其原因包含如下方面。

一是养老金收入和老年经济保障本身对因生活困难或基本生活无法保障的焦虑、不安、抑郁等情绪有缓解作用。多层次养老保障体系本身就是老年风险的"减震阀"和社会稳定的"安全网"。就业者因年老退出劳动力市场或逐渐失去劳动能力后，其收入来源也将中断，养老金作为劳动收入的替代，在老年人群的退休生活中起到极其重要的基础保障作用。构成大多数老年人退休收入主要来源的公共养老金，定位"保基本"，解决老年群体的基本生活问题，总体水平不高，但能够在一定程度上为老年人退出劳动力市场提供可靠的经济来源，缓解基本生活保障的担忧和焦虑，改善抑郁状态。

二是较低的养老金替代率对老年人群生活满意度的提升作用有限。由于"生活满意度"属于相对主观的个人体验和评价指标，除了养老金收入以外，其还受到多种因素的影响，且在不同的阶段、不同的个人状态下呈现不同的主观感受。因此，较低替代率的养老金对老年人群生活满意度的改善有限，尤其是较高保障水平的补充养老保险参保人群不足，养老保障多停留在"保基本"的公共养老金层面，对精神贫困的缓解效应较弱。

### （五）稳健性检验

稳健性检验考察的是评价方法和指标解释能力的有效性，即改变某些参数时，评价方法和指标是否仍然对评价结果保持相对一致、稳定的解释。通常，稳健性检验通过变量替换、补充变量、调整样本期、工具变量、分样本回归、改变样本容量、模型替换和验证前提条件等方式进行。本研究采用验证前提条件的方法进行稳健性检验，即检验倾向得分匹配后，各变量在参与组和控制组的分布是否仍然保持平衡，如表 5 - 13 所示。

表 5 - 13　2015 年和 2018 年平衡检验结果

| 年份 | 指标 | | 均值差异检验 | | | |
| --- | --- | --- | --- | --- | --- | --- |
| | | | 参与组均值 | 控制组均值 | 偏差 | T 检验 P > \| t \| |
| 2015 年 | 经济贫困 | 消费贫困 | 0.140 | 0.174 | 0.034 | 0.0455 *** |
| | | 收入贫困 | 0.680 | 0.680 | - 0.000 | 0.9974 |
| | 健康贫困 | 躯体生活自理障碍 | 0.053 | 0.045 | 0.008 | 0.4372 |
| | | 工具性日常生活活动障碍 | 0.156 | 0.140 | 0.016 | 0.3423 |

续表

| 年份 | 指标 | | 均值差异检验 | | | |
|---|---|---|---|---|---|---|
| | | | 参与组均值 | 控制组均值 | 偏差 | T 检验 P > \| t \| |
| 2015 年 | 精神贫困 | 抑郁程度 | 0.366 | 0.304 | 0.062 | 0.0045 ** |
| | | 生活满意度 | 0.065 | 0.065 | − 0.000 | 0.9990 |
| | 年龄 | | 67.422 | 67.323 | − 0.099 | 0.6458 |
| | 性别 | | 0.540 | 0.530 | − 0.010 | 0.6626 |
| | 是否农业户口 | | 0.683 | 0.698 | − 0.034 | 0.8202 *** |
| | 是否已婚并与配偶同住 | | 0.816 | 0.818 | 0.003 | 0.8803 |
| | 是否完成初中教育 | | 0.164 | 0.164 | 0.000 | 0.9872 |
| | 上一年获得的家庭经济帮助 | | 3111.069 | 3031.640 | − 79.429 | 0.7762 |
| | 实际医疗费用支出 | | 770.094 | 859.528 | 89.435 | 0.7041 |
| | 参保医疗保险 | | 0.856 | 0.855 | − 0.001 | 0.9296 |
| | 人均生活支出 | | 1.0e + 04 | 9817.767 | − 207.495 | 0.7913 |
| 2018 年 | 经济贫困 | 消费贫困 | 0.294 | 0.328 | − 0.034 | 0.1228 *** |
| | | 收入贫困 | 0.420 | 0.505 | − 0.084 | 0.0003 ** |
| | 健康贫困 | 躯体生活自理障碍 | 0.072 | 0.064 | 0.008 | 0.4870 |
| | | 工具性日常生活活动障碍 | 0.231 | 0.261 | − 0.030 | 0.1395 |
| | 精神贫困 | 抑郁程度 | 0.395 | 0.356 | 0.039 | 0.0845 * |
| | | 生活满意度 | 0.095 | 0.070 | 0.025 | 0.0525 * |
| | 年龄 | | 70.726 | 70.723 | 0.003 | 0.9904 |
| | 性别 | | 0.538 | 0.522 | 0.016 | 0.5112 |
| | 是否农业户口 | | 0.910 | 0.899 | 0.026 | 0.6601 *** |
| | 是否已婚并与配偶同住 | | 0.769 | 0.767 | 0.002 | 0.9129 |
| | 是否完成初中教育 | | 0.171 | 0.135 | 0.035 | 0.6830 |
| | 上一年获得的家庭经济帮助 | | 2269.089 | 2266.474 | 2.615 | 0.9897 |
| | 实际医疗费用支出 | | 1363.749 | 1384.335 | − 20.586 | 0.9578 |
| | 参保医疗保险 | | 0.979 | 0.979 | 0.000 | 0.9689 |
| | 人均生活支出 | | 5969.396 | 5764.197 | 205.199 | 0.4184 |

注：*、**、*** 分别表示在 10%、5% 和 1% 的水平上显著。

如表 5 - 13 所示，各协变量在参与组和控制组之间未显示显著差异，表明倾向得分匹配后，各变量在参与组和控制组的分布仍旧保持均衡，满足 PSM-DID 模型的前提条件，结果具有稳健性。在上述估计中，多层次养老保障体系对老年贫困的缓解效应与前文分析基本一致，即养老保障的供给能够相对明显的改善贫困老年群体的经济状况，存在一定收入效应，能够在一定程度上缓解经济贫困风险，但由于养老金总体替代率并不高，加之消费资料的多样化，因此显示出的对消费贫困的缓解作用小。在健康贫困方面，对躯体生活自理障碍和工具性日常生活活动障碍的缓解效应均不显著；在精神贫困方面，对抑郁状况有一定程度的改善，但对生活满意度的提升起到的作用小。

## 三 以缓解老年贫困为目标的多层次养老保障协同发展路径

### （一）多层次养老保障体系对缓解老年贫困的现实支持

随着中国积极老龄化政策的不断优化和制度建设的日渐成熟，以政府、个人和企业为多元责任主体的多层次养老体系在防范和缓解老年贫困风险方面发挥着积极作用。

1. 老年津补贴制度初步建立，享受待遇人群小有规模

相关数据显示，截至 2021 年末，中国享受老年人补贴共计 3994.7 万人，其中享受高龄补贴 3246.6 万人，占享受老年人补贴总人数的 81.3%，占中国 80 岁及以上老年人口数的 91%，[1] 基本实现了高龄老人养老津贴的全覆盖。同时，在老年群体中，享受护理补贴 90.3 万人，享受养老服务补贴 573.6 万人，享受综合补贴 84.2 万人，然而，三项合计的养老保障享受人数仅占 65 岁及以上老年人口总数的 4%，[2] 护理服务、养老服务和其他综合服务对老年人的惠及面较小；全国共支出老年福利资金 386.2 亿元，养老服务资金 144.9 亿元，基金支出仍有较大的提升空间。[3]

2. 普惠型国民年金初具规模，有力防范老年贫困风险

中国第一层次的基本养老保险包括就业关联的城镇职工基本养老保险与非就业关联的城乡居民养老保险，后者覆盖广大非就业的农村居民和城

---

① 根据全国第七次人口普查结果，中国 80 岁及以上人口达 3580 万人。

② 根据全国第七次人口普查结果，中国 65 岁及以上人口达 19064 万人。

③ 根据国家老龄办官网相关数据整理得出。

镇居民，通过"个人缴费+政府匹配缴费"的方式参保或直接通过非缴费方式将参保者纳入制度范围，有中央和地方两级政府补贴的普惠型基础养老金，因此，惠民和济贫属性更加凸显。相关数据显示，截至 2021 年末，全国基本养老保险参保人数 10.29 亿人，其中职工基本养老保险覆盖 4.81 亿人，城乡居民基本养老保险覆盖 5.48 亿人，国家全年共为 2354 万困难人员代缴城乡居民养老保险费 26.8 亿元，5427 万困难人员参加基本养老保险，参保率超过 99%。[①] 从普惠型待遇上看，城乡居民养老保险月人均养老金达到 179 元，比上年增长 5.3%，全国有 17 个省（区、市）当年提高了本地基础养老金标准，从保障水平上优化了国民年金待遇给付。[②]

**3. 老年贫困救助持续兜底，贫困老年人生活基本保证**

除了普惠型国民年金和福利型津补贴制度，中国还长期建立了老年贫困救助的兜底保障机制，以满足困难老人的基本生存和生活需求。相关数据显示，截至 2021 年末，中国城市最低生活保障对象 737.8 万人，其中 60 岁及以上老年人约占 19%，达 139.5 万人；农村最低生活保障人数约为城市低保人数的 5 倍，达 3474.5 万人，其中 60 岁及以上老年人占农村低保人口总数的 37%，达 1284.7 万人，是城市低保老年人总数的 9 倍有余；城市和农村特困人员救助供养分别为 32.8 万人和 437.3 万人，其中 60 岁及以上老年人分别为 21.6 万人和 353.2 万人，占比高达 66% 和 81%。目前，中国城镇和农村低保年人均水平分别为 8532 元和 6362 元，对中国城市贫困老人、人口老龄化及贫困发生率相对更高的农村地区均形成了有力的支持。[③]

**4. 保险保障水平逐步提高，多层次老年风险防范体系不断夯实**

从全国月人均养老金水平来看，第一层次的城镇企业职工退休金已从 2005 年的 714 元上涨到 2021 年的 3037 元，西藏、上海、北京、青海四地平均水平已突破 4000 元，分别为 4865 元、4467 元、4365 元、4040 元，在全国 31 个省（区、市）中排名前四；城乡居民养老保险基础养老金月人均水平，排名最前的上海、北京两地已分别达到 1300 元和 887 元。同时，对于

---

① 《2021 年度国家老龄事业发展公报》，中国政府网，2022 年 10 月 24 日，http：//www. nhc. gov. cn/lljks/pqt/202210/e09f046ab8f14967b19c3cb5c1d934b5. shtml。

② 《2021 年度国家老龄事业发展公报》，中国政府网，2022 年 10 月 24 日，http：//www. nhc. gov. cn/lljks/pqt/202210/e09f046ab8f14967b19c3cb5c1d934b5. shtml。

③ 根据国家老龄办官网相关数据整理得出。

第二层次企业年金，一次性领取和分期领取的年人均补充养老金水平，分别由 2012 年的 3.9 万元、1.2 万元提升至 2021 年的 6.7 万元和 2.5 万元，对养老金总体水平的提升给予了一定程度的补充。[①]

**（二）多层次养老保障协同发展的优化路径**

1. 在动态发展中不断扩大多层次养老保障体系的覆盖范围

人口老龄化是一个基于全生命周期的动态过程，人们在劳动力市场中的进入与退出、正规与非正规就业也是一个动态发展的过程，因此，为防止老年贫困风险所进行的养老保险缴费和储蓄，存在动态波动风险，需要不断优化基本养老保险制度、创新补充养老保险产品、调整财政转移支付和直接补贴机制，以适应动态的风险调整和应保人群变化。

一是需进一步扩大多层次养老保障体系的覆盖面，将非正规就业趋势下的未覆盖人群纳入多层次养老保障体系的制度覆盖范围，重点解决中小微企业和农民工、灵活就业、新就业形态人员在基本养老保险制度中的持续参保问题，解决未参保城乡居民在基本养老保险制度中的缴费激励不足问题。通过有效的财税激励措施和一揽子企业免减支持政策，鼓励中小微企业加入集合年金计划、为员工持续匹配缴费，或通过延期待遇支付支持员工加入个人养老金计划，以丰富员工养老收入来源。

二是完善弱势群体的一次性趸缴制度或非缴费制度。弱势群体由于收入波动大，常常出现缴费年限不足或低缴、少缴的情况，应建立缴费救济机制，以免除滞纳金的方式或优惠方式，允许缴费年限不满 15 年或断缴、少缴的临近退休人员一次性补缴养老保险费。尤其对国企改革下岗潮中的"4050"人员，应在全国统一的优待政策下完善地方保护机制和救济机制，在保证其待遇水平不下降的前提下，对其补缴保险费进行减免，以专项应对近年逐渐进入老年期的特殊下岗群体。对达到退休年龄但未曾参保缴费的老年人，应综合考虑其家庭成员尤其是成年子女的社会保险参与情况，将其纳入普惠型国民年金范畴，并根据其一次性趸缴意愿和经济能力，对其参保基本养老保险制度给予匹配缴费。

三是优化特殊群体的多层次养老保障制度供给。早在"十三五"规划

---

[①]　根据国家和地方人社部门官网相关数据整理得出。

中，健全覆盖全民、统筹城乡、公平统一、可持续的多层次社会保障体系就被明确和强化。因此，在多层次养老保障体系扩面过程中，仍然需要重视不同群体的差异化施策和准入门槛。在基本养老保险层次，要重视新业态人员、非正规就业人员、女性劳动者、残障人士、孤寡人员的无障碍参保通道建设，强化公共养老金体系的可及性和可得性；在补充养老保险层次，需重视民营企业就业群体、中小微企业就业群体在法定养老保险制度参与基础上的企业补充性福利保障体系建设，增强非国有企业、非大型企业对第二、三支柱养老金制度的参与，最终实现多方面、全方位、多层次的覆盖全民，使人人都能获得老年风险保障，真正做到应保尽保，人人共享经济社会发展成果和制度协同发展红利。

2. 在多层次体系内统一制度模式，强化缴费激励，夯实待遇基础

多层次养老保障体系的不同制度项目，按筹资模式和给付模式分，主要包括四种：一是现收现付的确定给付型制度或产品，包括城镇职工基本养老保险的社会统筹制度、部分商业年金保险产品等；二是基金积累的确定缴费型制度或产品，包括城镇职工基本养老保险的个人账户缴费、城乡居民养老保险的个人账户缴费、企业年金和职业年金、养老储蓄和养老理财产品、养老基金和部分商业养老保险产品、个人养老金制度等，该类别在补充养老保险体系中更为常见；三是基金积累的确定给付型制度或产品，涉及部分商业性养老保险或年金产品；四是确定给付的非缴费型制度或产品，主要包括普惠型的国民年金、救助型养老金、老年福利津贴等。为此，对于缴费型制度和非缴费型制度，应统筹好制度模式和待遇标准，做到分层次的梯度保障。

一方面，应充分考虑就业人口的流动性和城乡统筹发展的公共资源供给目标，统一基本养老保险制度运行模式。受限于非就业、低收入的目标群体特征，目前中国城乡居民养老保险制度仍然采取定额缴费的组织形式，无法与以社平工资为费基、缴费限额为比例的城镇职工基本养老保险直接对接。一旦转移接续，相比之下，城乡居民养老保险的基金积累和待遇水平非常低；同时，城乡居民养老保险制度内部的农村居民和城镇居民，对应可选择的定额缴费水平差距也较大，亟须统一制度模式，尽量在相同基准下梯度设置，以适应城市化进程的推进和劳动力市场的动态调整。

　　另一方面，需要综合考虑目标群体的就业属性、养老储蓄需求和经济能力，优化财税支持机制和缴费激励模式。从筹资模式和给付模式来看，中国城镇职工基本养老保险制度主要采取个人和单位共同缴费的形式，将缴费资金分散在现收现付的社会统筹账户和基金积累的个人账户中，政府对个人缴费和待遇领取没有直接的匹配缴费和财政补贴。与之形成对比的是，政府对城乡居民养老保险有较大比重的匹配缴费和普惠式待遇给付。因此，可考虑统筹两项不同类别的制度，优化财税支持机制和缴费激励模式，针对城镇职工的养老金计划参与，可将政府的匹配缴费上移至多层次体系的第二层次企业年金，根据城镇职工基本养老保险目标群体的多样化养老储蓄需求，在法定的基本养老保险制度之外，对自愿性的雇主保险计划进行财政支持和匹配缴费，在就业群体与非就业群体之间，平衡财税支持，优化缴费激励，并建立统一的普惠式国民年金制度。这在就业非正规化、小型化、灵活化的趋势下，尤其重要。

　　此外，长期来看，仍然需要创新体制机制，优化多层次养老保障体系下各养老金制度的运行模式。如针对第二层次的企业年金，在以基金完全积累为核心的单一信托模式基础上，增加以确定给付为基础的保险合同模式，满足不同类型企业及就业人员的多样化需求，扩大补充养老保险的覆盖面，强化多层次养老金体系的老年贫困风险管理能力。

　　3. 根据现实需求不断丰富多层次养老保障协同发展的制度内涵

　　随着老年贫困风险的动态发展，不论是理论界还是实务界，均将老年贫困的内涵从单一的经济贫困拓展到多维贫困，不仅考虑老年人的晚年收入状况和经济来源、物资供给、消费能力，还更多考虑了老年人的自理和活动能力等综合性健康状况、精神心理状态及个人幸福感和满意度等。老年多维贫困内涵的不断丰富，也引致了多层次养老保障体系层次和项目内容的丰富。世界银行在 1994 年提出的养老金体系"三支柱"模式基础上，基于现实需求变化、各国实践发展、多维贫困和老年风险管理的新拓展，于 2005 年完善了养老保障"五支柱"模式，强化了政府财政转移支付和家庭保障、精神慰藉等在多样化养老保障中的重要作用，平衡了经济保障与非经济保障的协同功能，凸显了普惠性质的"零支柱"和综合保障性质的"四支柱"对多层次养老保障体系的支撑功能。

　　从前文的实证研究结论不难看出，中国多层次养老保障协同发展不足，主要的参保人群集中在第一层次的基本养老保险，而该层面的大部分覆盖群体为城乡居民，尤其以农村居民居多。因此，总体来看，中国养老金总体替代率水平不高、老年收入来源有限，制度覆盖的绝大多数人口主要依靠财政补贴支撑的基础养老金，多层次养老保障体系能够对老年群体产生一定收入效应，但在促进老年消费、改善因身体功能性障碍或工具性障碍产生的生活窘境、缓解负面精神状况和焦虑情绪、提升老年群体的生活满意度方面，仍显不足。为此，丰富多层次养老保障协同发展的制度内涵，主要应从以下方面着手。

　　一是促进养老保障多层次体系内部多支柱项目的协同发展。根据基本养老保险、企业年金和个人养老金制度的模式特征，打通三层次之间的制度通道，夯实基本养老保险全国统筹和社会统筹，将个人账户从第一层次分离，拓宽第二、三支柱的发展空间和收入约束下的个人参与空间。同时，可根据财税政策在三层次中的不同分布，优化全国统一的国民年金制度框架和财税支持体系，发挥财税激励在多层次养老保障协同发展中的优势作用。

　　二是促进老年经济保障、服务保障与家庭保障及人文关怀的融合发展。进入老年期以后，老年人一般会经历自理期和依赖期两个阶段。前一阶段老年人仍然处于活跃状态，是活力型老人，能够自我照顾和自我管理，有较高的精神文化需求，甚至会持续从事退休返聘的劳动力市场活动。这一阶段的老年人是从劳动适龄人口向老年人口的过渡，为此，保证其基本的养老金待遇，维持一定程度的养老金替代率，是缓解老年贫困风险发生的关键，这一时期的老年人也需要精神慰藉和人文关怀，以帮助其进入积极的退休期。而后一阶段，老年人可能会面临丧失生活自理能力、残障、卧床等现实问题，即便在医疗照护保险的覆盖下，如果没有充足的养老金支持，也容易陷入老年贫困。因此，更多的是需要通过退休金的转化，在养老服务、医疗照顾等方面寻求救济和帮助，需要家庭保障、人文关怀、养老服务和老年经济保障共同作用、协同发展。

　　三是促进康养融合、医养协同发展。老年人身体机能逐渐走向衰退，在老年经济收入来源单一，养老金替代率低的情况下，容易陷入老年贫困。

因此，协同推进多层次养老保障体系与多层次医疗保障体系发展，成为防止老年贫困的优势政策组合。医养协同，在国家通过财政转移支付或鼓励个人养老储蓄解决老年经济贫困问题的同时，也可避免政策惠及群体因病致贫的恶循环。

四是促进多层次养老保障体系下的缴费型制度与非缴费型制度协同发展。中国多层次养老保障体系的构成，主要以个人和企业共同缴费的保险制度为主体，非缴费型制度主要体现在中央和地方两级财政对城乡困难群体、特殊群体和弱势群体的补贴救济上，对老年群体的养老金和对高龄群体的补贴优待上，因此，需要分层分类，根据覆盖群体的属性状况和经济收入变化进行动态监测，推进缴费型制度与非缴费型制度的协同发展，在自我保障的前提下夯实国民年金制度基础。

# 第六章 以个人账户为载体的多层次养老保障协同发展研究

促进多层次养老金体系协同发展是社会保障改革进入系统集成、协同高效阶段的重要内容。本章从非正规经济和劳动力市场变革的新趋势入手，评估多层次养老金体系发展的不平衡不充分、测度各支柱转移衔接不畅产生的便携性损失，并以个人账户为载体尝试打通多支柱通道。研究发现，在强化第一支柱公共养老金制度社会互济功能的前提下，优化个人账户制度及其转移衔接办法，允许有限比例的个人账户缴费在多层次养老保障框架下转移和灵活配置，有助于各支柱功能定位的明晰和总体养老金替代率的提高，能够实现安全规范下的福利改进，促进多层次养老保障协同发展。

## 一 个人账户及其在多层次养老保障协同发展中的重要意义

### （一）多层次体系下养老金个人账户的现状发展

多层次体系中，养老金个人账户的制度设计与养老金计划的筹资模式密不可分。通常，从筹资模式差异看，养老金计划分为现收现付制和基金积累制。前者将同一时期所有在职职工的缴费用以支付当期退休职工所需领取的养老金，实现了收入在代际的转移和再分配，体现的是社会公平。后者则体现的是跨生命周期的纵向公平和个人一生收入与消费的平滑，其个人缴费并不用于支付当期退休人员的养老金，而是以储蓄的方式积累起来，并在基金运营下获得一定的回报，以备未来所需。因此，个人缴费的基金积累，需要设置个人账户以确认个人产权归属，记录个人养老金权益。

结合制度功能和多层次养老保障体系的现实运行，个人账户的内涵有狭义和广义之分。狭义的个人账户指在中国多层次养老金体系中各养老金计划下的个人账户，一般分布于三个层面：第一层次基本养老保险计划中的个人账户，与社会统筹账户相对应；第二层次企业年金和职业年金计划下设的个人账户，储蓄和记录个人及单位的年金缴费；第三层次个人养老金计划中的个人账户，包括从 2018 年起开始试点的个人延税型养老保险中的个人账户，以及 2022 年 11 月启动试点的个人养老金制度中的个人账户。而在更广泛意义上，养老金个人账户则包括所有以养老储蓄为目的的养老金融产品个人缴费完全积累基金账户设计，包括银行储蓄账户、证券账户及其他金融资产账户等。

1. 基本养老保险个人账户

中国第一层次基本养老保险计划，即由政府建立的基本养老保险制度，包括城镇职工基本养老保险和城乡居民养老保险。

（1）城镇职工基本养老保险伴随着中国计划经济向市场经济的转轨，作为服务国企改革和市场经济发展的重要社会制度而建立。1993 年，党的十三届四中全会首次提出"统账结合"的原则，设立了养老保险个人账户，1995 年《国务院关于深化企业职工养老保险制度改革的通知》将构建"全方位、多层次、多渠道"的养老保险体系设定为中国企业职工养老保险制度改革的目标，但个人账户的规模大小并未在全国实现统一。1997 年，《国务院关于建立统一的企业职工基本养老保险制度的决定》统一了基本养老保险缴费，要求企业按工资总额的 20%、个人按工资的 8% 缴费，分别计入社会统筹和个人账户；还规定从企业缴费中划转 3% 进入职工个人账户，即个人账户按本人缴费工资的 11% 进行积累。直至 2005 年，《国务院关于完善企业职工基本养老保险制度的决定》在全国范围内统一了个人账户规模，规定企业和职工的缴费基数和比例不变，分别计入社会统筹与个人账户，但单位缴费不再划入职工个人账户中，即个人账户按本人缴费工资的 8% 进行积累，搭建了目前以社会统筹为主体，个人账户为补充的企业职工基本养老保险制度框架。

（2）2009 年和 2011 年，中国相继启动以"基础养老金 + 个人账户完全积累"为模式的新型农村社会养老保险和城镇居民养老保险试点，将广大农村居民和城镇非就业居民纳入养老保险制度覆盖范围，2014 年两种制度合并，统称为城乡居民养老保险。国家为参加城乡居民养老保险的个人都建立了养老金个人账户，财政补贴、部分地区的集体缴费和国家匹配缴费均同个人缴费一起计入缴费居民个人账户中，按照国家规定的特定利率计息。

（3）中国基本养老保险参保人数从 2010 年末的 35984 万人增长到 2019 年末的 96754 万人，占全国 16 岁及以上总人口[①]的 84.11%，增加 60770 万人；2021 年末，基本养老保险参保人数已超 10 亿人，养老金个人账户覆盖率较高。同时，与之配套的是中国发行了统一标准的全国社会保障卡，用于办理劳动和社会保障相关事务，并采用居民身份证号码实名认证的方式来保证持卡的唯一性。相关数据显示，全国社会保障卡持卡人数从 2010 年的 1.03 亿人发展到 2019 年的 13 亿人，普及率达 93.2%[②]；至 2022 年末，全国社会保障卡持卡人数达 13.68 亿人，普及率为 96.8%；电子社保卡领用 7.15 亿人，全年累计访问量 112.85 亿人次。[③] 随着加载有金融功能的社会保障卡的普及，除了具有信息记录、信息查询、业务办理等功能外，该卡还可作为银行卡使用，极大地方便了养老金个人账户的管理，提升了金融服务的便携性。正是基于社会保障卡的唯一性、普及性和便利性，打通多层次养老保障通道、促进养老金计划的资金归集和纵向转移接续成为可能。

2. 企业（职业）年金个人账户

中国自 2004 年 5 月 1 日起开始施行《企业年金试行办法》，倡导企业建立自愿性的补充养老金计划，并采取个人账户的基金积累模式和信托型运营关联模式，个人和企业缴费均计入其中。企业年金计划运行之初，企业缴费规定不得超过该企业上年度工资总额的 1/12，个人和企业双方合计缴费不得超过 1/6，直至 2018 年《企业年金办法》实施，将企业缴费和双方合计缴费的上限分别调整为 8% 和 12%。企业年金基金采取完全积累的方式，缴费及投资收益权益最终归属于个人。2018 年实施的新的《企业年金

---

① 2019 年全国 16 岁及以上总人口为 115028 万人。

② 《2019 年度人力资源和社会保障事业发展统计公报》，人社部官网，2020 年 6 月 8 日，ht-tp：//www. mohrss. gov. cn/SYrlzyhshbzb/dongtaixinwen/buneiyaowen/202006/P020200605320753 518399. pdf。

③ 《2022 年底全国 13.68 亿人持有社保卡》，人社部官网，2023 年 1 月 31 日，http：//www. mohrss. gov. cn/SYrlzyhshbzb/zhuanti/jinbaogongcheng/jbgcshehuibaozhangka/jbgcshbzkmeitiju-jiao/202302/t20230220_495409. html。

办法》将"鼓励企业自愿建立年金计划"调整为"鼓励企业自主建立年金计划",制度扩面逐渐向半强制过渡。于 2015 年强制建立的职业年金,与中国机关事业单位养老保险改革配套,其制度模式和个人账户设置与企业年金类似。

相关数据显示,中国企业年金参保人数在 2010 年末为 1335 万人,2019 年末为 2548 万人,占当年城镇就业人员的 5.76%,2021 年末增长至 2875 万人,新增极其有限,第二层次个人账户整体持有率低。① 这意味着,未建立年金计划的企业是市场中的大多数,当职工工作变动时,年金计划通常很难从已经建立的企业(单位)直接转移到未建立的企业(单位),造成封存账户中的资金沉淀,不利于养老基金的保值增值和养老金替代率的提升。

3. 个人自愿养老储蓄中的个人账户

自 2018 年个人延税型养老保险试点以来,中国第三层次的养老金个人账户主要指的是税收递延型养老保险的个人账户,即个人通过购买养老保险产品可建立一个具有唯一性的税收递延型个人账户,这是一个封闭运行的保险账户,缴费、资金投资管理和领取都在该账户中进行,采取 EET 税收模式②,以当月工资薪金为缴费基数,每月缴费基数 6% 或 1000 元中的较小值,可作为个人所得税的抵扣额。截至 2020 年 9 月底,在上海、福建(含厦门市)和苏州工业园区三地试点的税收递延型商业养老保险参保人数累计 4.85 万人,且主要以企业团体形式参保,覆盖面极小,试点效果甚微。③

近年来,在以个人养老金制度为核心的第三支柱建设下,商业专属养老保险、养老理财等更多类别的养老金融产品不断丰富。2022 年 11 月 25 日,个人养老金制度在北京、上海、广州、西安、成都等 36 个城市(地区)启动试点,以自愿参加的方式,规定了个人年缴费上限为 12000 元,在此范围内,可延迟纳税。相较于个人延税型养老保险,个人养老金制度需要在银行开立个人专属的养老金账户并存入资金,账户资金可灵活购买国

---

① 《2021 年度全国企业年金基金业务数据摘要》,人社部官网,2022 年 3 月 11 日,http://www.mohrss.gov.cn/shbxjjjds/SHBXJDSzhengcewenjian/202203/t20220311_437974.html。

② 即在缴费阶段和投资管理阶段免税,在待遇领取阶段征税。E 即 ex,税收延迟;T 即 tax,正常征税。

③ 《个人养老金政策调研:投保率较低 暂时难成规模》,新浪财经,2021 年 1 月 11 日,https://finance.sina.com.cn/money/insurance/bxdt/2021 - 01 - 12/doc-ikftpnnx6141497.shtml。

家批准的储蓄存款、理财、保险、基金等系列养老金融产品，自主选择性更强、接入产品更丰富、操作更灵活、个人账户更便携。在达到退休年龄后的待遇领取期，养老金个人所得税率也降至 3%，远低于前期试点的延税型保险产品。至 2022 年底，个人养老金账户共 1954 万人开立，613 万人缴费，总缴费金额 142 亿元。[①]

### 4. 中国个人账户制度的改革发展趋势

目前中国基本养老保险制度已基本实现全覆盖，但养老金总体替代率有限；补充养老金计划中，企业年金和职业年金准入门槛较高，制度整体发展受到制约。因此，在夯实基本养老保险制度的基础上，大力发展相对灵活、便携的第三层次个人养老储蓄计划，提升养老金总体替代率，成为各界共识。

账户制为参加个人养老储蓄计划的个人建立统一的唯一账户。该账户下，个人拥有自主选择权，根据自身需求和对未来养老的长期规划，选择自己满意的养老金融产品和投资组合。账户制下，税收优惠政策享有的主体是账户持有人，个人参与第三层次养老金计划的载体变成账户而不是产品，个人在唯一的账户中被赋予产品自由选择、资产自由组合的权利，能够打破养老金产品壁垒，提高第三层次养老金计划的便利性和可及性。

此外，由于第一层次和第二层次都建立有基于个人缴费和基金完全积累的个人账户，为此，长期以来，也有学者和实务界人士对统一各层次养老金个人账户进行尝试探索，以期在纵向层面打通多层次养老保障体系转移接续通道，允许信息和资金共享，以打破不同制度间的壁垒、提升制度便携性和持续性，更加明晰各层次养老金计划的目标定位，提高制度协同的运行效率。

### （二）个人账户在多层次养老保障协同发展中的重要意义

随着人口老龄化的趋势发展和劳动力市场变革，养老金计划的制度弹性和便携性问题成为多层次养老保障协同发展的重要内容。个人账户由于身份识别的唯一性，且兼具储蓄和投资功能，可以满足养老金保值增值和个人跨生命周期消费的需求，是打破各层次养老金计划制度壁垒的适宜媒介。以个人账户为载体，以促进多层次养老保障协同发展为目标，研究多

---

[①] 《国务院新闻办发布会介绍就业和社会保障工作情况》，中国政府网，2023 年 3 月 2 日，ht-tps://www.gov.cn/xinwen/2023－03/02/content_5744174.htm。

层次养老保障体系下的养老金计划转移接续，一方面，从资源配置的角度出发，将养老金充足性和制度可持续性问题转变为对养老缴费资源在多层次养老保障体系内部不同层次的有效分配，丰富了多层次养老金制度优化的理论基础，也有利于顶层设计的完善；另一方面，强化账户制，分散养老风险，有利于解决政府过度承担养老责任的问题，缓解"一层独大"的制度失衡困境，能够打破养老金制度壁垒，提升养老金计划的便携性，以回应流动人口养老金权益损失难题。因此，以个人账户为载体，以养老金权益损失的精算结果为依据，对养老金计划转移接续的路径、方式和方案进行政策仿真和评估，具有重要的理论价值和实践意义。

当前，中国新业态迅猛发展、机关事业单位人事制度改革及劳动力市场变革，使得非正规就业人员增多，劳动力跨区域流动和跨职业类别流动增强，引发国民对养老金计划便携性和制度弹性的极大需求。随着区域一体化的发展和交通基础设施的扩张，人口流动的物化障碍被逐渐消除，政策桎梏也亟须同步弱化。相关数据显示，中国灵活就业人员高达 2 亿左右，包括家政、维修工、快递和外卖人员、网约车司机、新媒体主播等，这部分就业人员占城镇就业人员总量的 40% 以上，但较少能够享受社会保障体系带来的福利。[①] 同时，大量流动人口及职业转换人群因不同养老保险制度和养老金融产品之间对接不畅，面临养老金权益损失的风险。因此打破制度壁垒，提升养老金计划的便携性，促进转移接续和权益相容，成为顺应劳动力市场改革、促进老龄金融发展的重要问题。

## 二　多层次体系下中国养老金计划转移接续现状及存在的问题

### （一）中国养老金计划转移接续现状

1. 第一层次养老金计划转移接续

历年来，中国都存在大量流动就业人口，因此个人养老保险分段缴费、工作和退休地点不一致的现象非常普遍。《中华人民共和国 2019 年国民经济和社会发展统计公报》显示，2021 年，全国人户分离的人口 5.04 亿人，

---

[①] 《戴红兵委员：建议完善灵活就业人员社会保障》，中国人民政治协商会议全国委员会官网，2021 年 3 月 2 日，http://www.cppcc.gov.cn/zxww/2021/03/02/ARTI1614667914061642.shtml。

其中流动人口 3.85 亿人。[①] 以农民工为代表的非正规就业人员历年来在全国就业人员中占比相对较高，如表 6-1 所示，2010~2021 年，中国农民工占全国就业人员的比重持续保持在 30% 以上，并逐年增长，到 2021 年末，农民工占比达到 39.18%；而在所有农民工中，又以外出农民工居多，就业流动性大。大量的流动就业人员和非正规就业人员，增大了对养老金计划便携性和转移接续的需求。

表 6-1　2010~2021 年中国农民工人数及比重

单位：万人，%

| 年份 | 全国就业人员 | 农民工 | 外出 | 本地 | 农民工占比 |
|---|---|---|---|---|---|
| 2010 | 76105 | 24223 | 15335 | 8888 | 31.83 |
| 2011 | 76420 | 25278 | 15863 | 9415 | 33.08 |
| 2012 | 76704 | 26261 | 16336 | 9925 | 34.24 |
| 2013 | 76977 | 26894 | 16610 | 10284 | 34.94 |
| 2014 | 77253 | 27395 | 16821 | 10574 | 35.46 |
| 2015 | 77451 | 27747 | 16884 | 10863 | 35.83 |
| 2016 | 77603 | 28171 | 16934 | 11237 | 36.30 |
| 2017 | 77640 | 28652 | 17185 | 11467 | 36.90 |
| 2018 | 77586 | 28836 | 17266 | 11570 | 37.17 |
| 2019 | 77471 | 29077 | 17425 | 11652 | 37.53 |
| 2020 | 75064 | 28560 | 16959 | 11601 | 38.05 |
| 2021 | 74652 | 29251 | 17172 | 12079 | 39.18 |

注：农民工包括年内在本乡镇以外从业 6 个月及以上的外出农民工和在本乡镇内从事非农产业 6 个月及以上的本地农民工。

资料来源：根据历年《中华人民共和国国民经济和社会发展统计公报》整理。

为了提升养老金计划的便携性，保证流动就业人员的基本养老保险权益不受损失，中国对第一层次基本养老保险关系的转移接续出台了相关规定，包括城镇职工基本养老保险异地转移接续和城镇职工基本养老保险与城乡居民养老保险关系的转移接续，主要涉及多层次养老金体系的单一层

---

[①] 流动人口，指户籍分离人口中扣除市辖区内户籍分离的人口；人户分离的人口，指居住地与户口登记地所在的乡镇街道不一致且离开户口登记地半年及以上的人口；市辖区内人户分离的人口是指一个直辖市或地级市所辖区内和区与区之间，居住地和户口登记地不在同一乡镇街道的人口。

次内部，属于横向转移接续。

（1）城镇职工基本养老保险异地转移接续

为引导劳动力资源有序流动，同时保障流动就业人员在跨省流动时的社会保险权益不受损失，中国在城镇职工基本养老保险关系异地转移接续方面进行了先期探索，并在 2009 年出台了《城镇企业职工基本养老保险关系转移接续暂行办法》。该办法对参保职工跨省流动就业时的养老保险关系转移接续做出了具体规定。如果将原来的基本养老保险关系转移到新就业地，需要对统筹基金和个人账户中的养老金权益进行转移，其中个人账户部分可以将账户内的全部权益转移，但社会统筹基金只能按照各年度实际缴费工资 12% 的总和进行转移。对职工基本养老保险而言，这项办法实现了跨区域劳动力流动过程中的养老保险关系衔接，是对养老金权益横向转移的积极探索，为不同养老金计划之间转移接续的政策落地奠定了基础。

（2）城镇职工基本养老保险与城乡居民养老保险之间的转移接续

为进一步深化制度统筹，促进城乡一体化发展，在基本养老保险实现城乡全覆盖后，国家对城乡之间就业关联与非就业关联的养老保险关系转移接续也做出了规定，以保障参保人员尤其是农村外出务工群体的养老金权益。2014 年 7 月 1 日，《城乡养老保险制度衔接暂行办法》实施。该办法规定，参加城乡基本养老保险的个人如果因为之后从事正规就业工作或期望提高养老金水平而需要参加职工基本养老保险，就可以将原本个人账户内的全部权益转移到城镇职工基本养老保险中，但缴费年限不能累计；而参加城镇职工基本养老保险的个人如果因为之后从事非正规就业工作或者缴费年限不足，则可以将原个人账户内的全部权益转移到城乡居民养老保险中，且可以将缴费年限合并计算。这一办法的实施实现了就业人员特别是城乡流动就业人员在两种制度间的顺畅衔接，同时因为两种制度的相互衔接允许将个人账户储存额（含政府、集体补助部分）全部进行转移，从而最大限度地保障了参保人的养老金权益。

2. 第二层次养老金计划转移接续

区别于 2004 年起试行的企业年金，伴随机关事业单位养老保险改革，2014 年国家为机关事业单位工作人员建立了强制的补充养老保险制度，即职业年金，并明确了职业年金与企业年金之间的转移接续方式。职业年金计划中，个人缴费采取实账积累，而单位缴费分为两种情况：由财政全额供款的单位采取记账管理，职工退休前，由财政拨付资金做实账户的累计储存额；而非财政全额供款的单位则实行实账累计并进行市场化投资。根据《机关事业单位职业年金办法》，当职工工作变动时，如果新就业单位已建立职业年金或企业年金，个人账户权益可随同转移；如果新单位没有实行职业年金或企业年金，则将账户保留在原单位中，并标记为保留账户进行管理。

职业年金单位缴费分为实账和记账两种方式，对实账积累下的账户权益直接转移，而采取记账方式管理的，根据相关规定，分三种情况转移：一是当职工在同级财政全额供款的单位之间流动时，单位缴费部分的记账额直接转入新单位继续采取记账方式管理；二是当职工在非同级财政全额供款单位之间流动、由机关事业单位流动到企业或由财政全额供款单位流动到非财政全额供款单位时，应由财政拨付资金做实记账额后再进行转移；三是职工由非财政全额供款单位流动到财政全额供款单位后，原实账积累的个人账户资金按规定转移接续，同时其到新就业单位后的职业年金单位缴费部分可采取记账方式管理。①

### （二）多层次养老保障体系下中国养老金计划转移接续存在的问题

中国第一层次基本养老保险跨制度和跨区域的转移接续办法，是多层次体系中养老金计划横向转移的尝试，与建立"适应流动性"的养老保险制度相呼应，对多层次养老金体系优化具有重要参考价值。当前中国多层次养老保险体系的转移接续，主要停留在第一层次的横向转移，虽能满足流动就业人员基本养老保险关系存续的需求，但在一定程度上仍然存在权益损失，同时也缺乏对多层次养老保障体系不同制度间的纵向转续安排。

#### 1. 政策缺位

目前中国养老金计划转移接续的政策安排覆盖了单一层次内的横向转移接续，如城镇职工基本养老保险异地转移、城镇职工基本养老保险和城乡居民养老保险之间的制度对接、职业年金和企业年金之间的转移，多层次协同性不足。

一是养老金计划横向转移接续的政策配套仍不完善。一方面，长期以来，职工基本养老保险个人账户权益可全部转移，统筹账户却只能按照各

---

① 《两部门关于机关事业单位基本养老保险关系和职业年金转移接续有关问题的通知》，中国政府网，2017 年 1 月 26 日，https://www.gov.cn/xinwen/2017 – 01/26/content_5163534.htm。

年度实际缴费工资 12% 的总和转移，统筹的其余部分留在原参保地，转入地需要承担转移职工退休后的全部养老金。如河南、四川等劳动力流出地，年轻劳动力在工作阶段往往会流向经济发展水平较高、工作机会较多的北上广深等地区，接近退休年龄时，又会回到户籍地养老。这就意味着劳动力流出地要额外承担流动退休人员社会统筹部分的养老金，长此以往，当地面临的养老金给付压力将逐渐增大。另一方面，受政策缺陷和业务办理影响，多数流动就业人员可能面临退保或断缴的制度陷阱，不得不放弃退休时本该完整享有的养老金权益，致使低收入流动群体对统筹基金贡献得多、收入却少，以互济共助为根本的社会统筹产生逆向分配，拉大了养老金差距。这一矛盾在农村外出务工人员中表现尤为突出，他们在未达到满缴年限时通常将职工基本养老保险关系转移至城乡居民养老保险中，退休后只能领取折算后有限的个人账户养老金，待遇降低、造成权益损失。

二是养老金计划纵向转移接续的相关政策及配套缺失。多层次养老保障体系的个人账户基金，基本养老保险无法向企业年金转移、企业年金与第三支柱个人养老金账户也无法实现资金互转。尽管 2018 年实施的《企业年金办法》提出可以将企业年金的全部或部分基金用于购买商业养老保险，但前提条件是个人须达到退休年龄或完全丧失劳动能力，个人在劳动期间即使工作变动、新入职单位未建立年金计划，也只能将年金账户基金封存在原托管单位，造成资金沉淀，不利于养老保险基金的保值增值。

2. 权益损失

第一层次养老金计划中，养老金权益损失大多由于无法缴满最低缴费年限。政策规定，城镇职工基本养老保险和城乡居民养老保险需至少缴费满 15 年，缴费不满 15 年，则无法领取养老金，个人账户资金将全部退还本人。现实中，灵活就业人员尤其是农民工群体面临这一困境更多，究其原因：一是工作单位为减少人力成本，与员工约定不参加基本养老保险，但会给予一定利益补偿或现金给付，造成漏缴；二是劳动者就业经常性变动，长期面对无固定雇主的情况，难以获得雇主长期的匹配缴费，断缴后以灵活就业人员身份独立缴费成本过高，个人缴费的主动性不强，容易断缴和少缴；三是政策解释和经办流程的专业性过高、亲民性不强，灵活就业人员尤其是农村务工人员可能产生短视心理或办理业务的畏难情绪，放弃自身权益，造成断缴人数增多。

第二层次自愿建立的企业年金，覆盖面为全国 2875 万企业职工，与机关事业单位强制参保职业年金的 4325 万人相比，覆盖面较小，与城镇职工基本养老保险执行企业制度的 42228 万参保人相比，[①] 远低于 10%。这使得企业年金和职业年金很难在更大范围内横向转移，年金账户封存后，权益损失更多体现为管理费的支出以及因资金沉淀而产生的基金贬值和机会成本。

考虑到模型构建、数据可得和精算条件的限制，该部分以基本养老保险转移接续的权益损失为例，考虑非正规就业趋势下城镇职工基本养老保险缴费年限不足的情况，以个人退保和个人将保险关系转移至城乡居民养老保险两类选择为情景假设，测算养老金权益变化，以比较不同政策假设下的个人权益损失。

（1）退出保险计划的权益变化

基本养老保险缴费满 15 年，退休时可按规定领取基础养老金和个人账户养老金；当缴费年限不足 15 年时，个人可以选择退出城镇职工基本养老保险，提取个人账户中的全部权益。分析发现，低、中、高收入群体在当前退保政策和 8% 账户规模下，均存在权益损失；账户规模调整至 20% 后，退保政策将主要影响低收入群体，其发生权益损失的概率更高；对中等收入人群影响小，高收入群体将不受影响（见表 6 - 2）。

表 6 - 2　不同缴费基数下养老金可领取权益与退保权益的比较

单位：年，元/年

| 缴费年限 | 足年缴费领取 | | | 退保领取 | | | | | |
| --- | --- | --- | --- | --- | --- | --- | --- | --- | --- |
| | | | | 个人账户 8% 累计 | | | 个人账户 20% 累计 | | |
| | 低 | 中 | 高 | 低 | 中 | 高 | 低 | 中 | 高 |
| 1 | 1150 | 1605 | 3880 | 402 | 671 | 2012 | 1006 | 1677 | 5031 |
| 2 | 2438 | 3401 | 8214 | 847 | 1412 | 4236 | 2118 | 3530 | 10589 |
| 3 | 3865 | 5388 | 13002 | 1335 | 2226 | 6677 | 3338 | 5564 | 16692 |
| 4 | 5446 | 7587 | 18291 | 1870 | 3117 | 9352 | 4676 | 7793 | 23379 |

---

[①] 《2021 年度全国企业年金基金业务数据摘要》，人社部官网，2022 年 3 月 11 日，http://www.mohrss.gov.cn/shbxjjjds/SHBXJDSzhengcewenjian/202203/t20220311_437974.html；《2021 年度人力资源和社会保障事业发展统计公报》，人社部官网，2022 年 6 月 7 日，http://www.mohrss.gov.cn/SYrlzyhshbzb/zwgk/szrs/tjgb/202206/t20220607_452104.html。

| 缴费年限 | 足年缴费领取 | | | 退保领取 | | | | | |
|---|---|---|---|---|---|---|---|---|---|
| | | | | 个人账户8%累计 | | | 个人账户20%累计 | | |
| | 低 | 中 | 高 | 低 | 中 | 高 | 低 | 中 | 高 |
| 5 | 7194 | 10015 | 24123 | 2456 | 4093 | 12278 | 6139 | 10232 | 30696 |
| 6 | 9122 | 12692 | 30542 | 3095 | 5158 | 15475 | 7737 | 12896 | 38687 |
| 7 | 11245 | 15637 | 37594 | 3792 | 6321 | 18962 | 9481 | 15801 | 47404 |
| 8 | 13535 | 18815 | 45211 | 4549 | 7582 | 22746 | 11373 | 18955 | 56865 |
| 9 | 16035 | 22281 | 53512 | 5370 | 8949 | 26848 | 13424 | 22373 | 67119 |
| 10 | 18760 | 26058 | 62545 | 6258 | 10430 | 31289 | 15645 | 26074 | 78223 |
| 11 | 21728 | 30167 | 72366 | 7219 | 12031 | 36093 | 18047 | 30078 | 90234 |
| 12 | 24956 | 34635 | 83032 | 8257 | 13762 | 41285 | 20643 | 34404 | 103213 |
| 13 | 28369 | 39367 | 94359 | 9374 | 15624 | 46872 | 23436 | 39060 | 117181 |
| 14 | 32055 | 44475 | 106576 | 10576 | 17627 | 52880 | 26440 | 44066 | 132199 |

注：（1）表中按照2019年开始参保测算并假定缴费年限连续，低、中、高收入分别代表不同缴费基数。表中按给付办法领取是指即使缴费年限不足也按照足年缴费后的养老金计发办法领取养老金。（2）按照中国城镇职工基本养老保险的规定，个人账户累计规模为8%；灵活就业人员在参保时，按20%的缴费率缴纳城镇职工基本养老保险，其中8%计入个人账户，12%计入统筹基金，本书假定灵活就业人员的缴费不计入统筹，而是全部记入个人账户，退出保险关系时可按20%提取个人账户养老金。（3）表中以60岁为退休年龄，计发月数参考相关文件。（4）根据国际惯例，假设个人账户投资收益率为4%。

资料来源：笔者根据研究设计测算，余同。

如表6-2所示，在缴费年限不足只能提取个人账户积累基金的规定下，缴费年限越长，计入个人账户的缴费越高，则退保时可提取的权益越多。同时，从表中可以看出，退保领取的养老基金比退休后按给付办法领取的权益普遍低。

例如：以缴费基数的8%计入个人账户，当缴费年限只有1年时，低、中、高收入群体退保可领取的权益分别为402元、671元、2012元，而按给付办法领取的权益分别为1150元、1605元、3880元；当缴费年限为14年时，低、中、高收入群体退保可领取的权益分别为10576元、17627元、52880元，而按给付办法领取的权益分别为32055元、44475元、106576元。由此可见，在8%账户规模下，低、中、高收入群体缴费年限不足时均面临权益损失。若以缴费基数的20%计入个人账户，与正常退休获得的权益相比，低收入群体的退保权益仍将降低；中等收入群体的退保权益将随着缴费年限的增加而变化，缴费 10 年及以内，其退保权益均高于正常退休权益，缴费年限在 11 年至 14 年之间，则退保权益又低于正常退休权益；高等收入群体的退保权益则普遍比正常退休略高。

（2）转移保险关系的权益变化

对灵活就业群体尤其是农村务工人员而言，缴费年限不足时，他们多数会选择将保险关系转移至户籍地的城乡居民养老保险。下文以极值进行假设，假定该群体按最低缴费档次①参加城镇职工基本养老保险并正常退休，则退休当年可领取的基础养老金为 24163 元，个人账户养老金为 11867 元，总计 36030 元；对比这一标准，当缴费年限不足面临保险关系转移时，转移至城乡居民养老保险后继续缴费直至满 15 年的个人，其转续权益如表 6 - 3 所示。

表 6 - 3    不同缴费档次下转移保险关系的权益比较

单位：年，元/年

| 缴费年限 | | 退休当年养老金领取额 | | | | | |
|---|---|---|---|---|---|---|---|
| | | 40% 缴费档次 | | | 50% 缴费档次 | | |
| 城镇职工基本养老保险 | 城乡居民养老保险 | 基础养老金 | 个人账户养老金 | 总领取额 | 基础养老金 | 个人账户养老金 | 总领取额 |
| 0 | 15 | 12082 | 7911 | 19993 | 15102 | 9889 | 25096 |
| 1 | 14 | 12484 | 8143 | 20627 | 15304 | 10005 | 25414 |
| 2 | 13 | 12887 | 8381 | 21268 | 15505 | 10124 | 25734 |
| 3 | 12 | 13290 | 8624 | 21914 | 15706 | 10245 | 26057 |
| 4 | 11 | 13693 | 8871 | 22564 | 15908 | 10369 | 26381 |
| 5 | 10 | 14095 | 9123 | 23218 | 16109 | 10495 | 26709 |
| 6 | 9 | 14498 | 9380 | 23878 | 16310 | 10623 | 27038 |
| 7 | 8 | 14901 | 9641 | 24542 | 16512 | 10754 | 27371 |
| 8 | 7 | 15304 | 9907 | 25211 | 16713 | 10887 | 27705 |
| 9 | 6 | 15706 | 10176 | 25882 | 16914 | 11021 | 28041 |

---

①    即缴费基数为上年度当地（本书取全国标准）在岗职工社会平均工资的 60%。

| 缴费年限 | | 退休当年养老金领取额 | | | | | |
| --- | --- | --- | --- | --- | --- | --- | --- |
| | | 40%缴费档次 | | | 50%缴费档次 | | |
| 城镇职工基本养老保险 | 城乡居民养老保险 | 基础养老金 | 个人账户养老金 | 总领取额 | 基础养老金 | 个人账户养老金 | 总领取额 |
| 10 | 5 | 16109 | 10449 | 26558 | 17116 | 11158 | 28379 |
| 11 | 4 | 16512 | 10726 | 27238 | 17317 | 11296 | 28719 |
| 12 | 3 | 16914 | 11007 | 27921 | 17518 | 11437 | 29060 |
| 13 | 2 | 17317 | 11291 | 28608 | 17720 | 11579 | 29404 |
| 14 | 1 | 17720 | 11577 | 29297 | 17921 | 11722 | 29748 |
| 15 | 0 | 24163 | 11867 | 36030 | 24163 | 11867 | 36030 |

注：（1）四川作为劳动力回流大省，其省会成都市的城乡居民养老保险为"仿城设计"，即以上年度在岗职工平均工资为基数，按比例缴费，比全国其他省市以固定档次按年缴费的制度设计更有弹性。为此，本测算以成都市城乡居民养老保险的相关规定（《成都市城乡居民养老保险试行办法》）为参照，并选取上年度在岗职工平均工资40%和50%为缴费基数的两个高档次。（2）城镇职工基本养老保险和城乡居民养老保险个人账户储存额均按8%的缴费率，4%的投资回报率累积。

从表6－3中可知，城镇职工基本养老保险参保年限越长，退休时可领取的养老金权益越高；当保险关系从城镇职工基本养老保险转移至城乡居民养老保险中继续参保时，选择的缴费档次越高，退休时领取的权益值越高，但缴费年限的边际收益递减。例如：城镇职工基本养老保险缴费1年，城乡居民养老保险缴费14年，加上财政补贴后，40%缴费档次的总权益值为20627元，50%缴费档次为25414元；如果将时间倒置，城镇职工基本养老保险缴费时间为14年，城乡居民养老保险缴费时间为1年，则40%和50%缴费档次领取的总权益值分别为29297元、29748元。

3. 补充养老保险中的权益损失

从绝对权益损失看，由于制度覆盖面极小，享有企业（职业）年金的职工可能在工作转换中面临新单位未建立年金计划的困境，这使得年金账户长期封存，权益损失的形式更多表现为账户管理费的支出和因资金沉淀导致的基金贬值风险。同时，由于第二支柱企业（职业）年金和第三支柱的个人养老金制度之间并未建立转移衔接通道，具有相同属性和运作模式的个人账户基金无法转移，年金持有人不得不承受封存基金无法继续获得投资收益的机会成本。

不同于第一支柱权益损失发生概率高、波及面广、影响低收入群体居多的特征，第二、三支柱补充养老保险的参与群体极其有限，就业稳定性相对较高，除机关事业单位建立有强制性的职业年金外，企业年金的建立均为自愿。因此，从宏观层面看，补充养老金的权益损失更多指向制度公平，也就是说，有现实需求但又被客观排除在制度外的就业者无法公平触及多样化的养老保障供给，广大非正规就业人员尤其是中低收入群体无法获得雇主的匹配缴费、丧失提升养老金替代率的部分权益。

（1）庞大目标群体的权益缺失

作为与职业、行业和雇主相关联的补充养老金计划，企业年金尤其是集合年金计划，在中国有着庞大的目标群体。相关数据显示，截至 2021年底，全国登记在册的市场主体已达 1.54 亿户，其中，企业 4842.3 万户，登记在册的小微企业占企业总量的 83.3%，个体工商户 1.03 亿户，占市场主体总量的 67.1%。[①] 然而，如表 6 – 4 所示，对比中国企业年金的发展不难发现，由于缺乏适应新业态和非正规就业趋势的集合年金计划扩面，依托大企业建立起来的单一年金计划不论是企业户数还是覆盖职工范围，新增都极其有限，且年度增长呈现无序状态，建立年金企业的户数占全国企业数的比重从 2012 年的 0.4% 一直降到了 2021 年的 0.24%，造成了庞大的潜在需求与固化的市场供给之间的严重错位和极度不平衡。

表 6 – 4　2007～2021 年中国市场主体数与企业年金发展情况

| 年份 | 全国市场主体（亿户） | 全国企业占市场主体比重（%） | 民营企业占全国企业比重（%） | 建立年金企业 | | | | |
|---|---|---|---|---|---|---|---|---|
| | | | | 户数（万户） | 增速（%） | 占全国企业比重（%） | 缴费职工数（万人） | 增速（%） |
| 2007 | — | — | — | 3.2 | — | — | — | — |
| 2012 | 0.55 | 24.9 | 79.40 | 5.47 | 21.8 | 0.40 | 1846.55 | 17.1 |

① 《市场主体稳定发展　夯实经济行稳致远的基石》，人民网，2022 年 2 月 5 日，http://finance. people. com. cn/n1/2022/0205/c1004 – 32345803. html。

| 年份 | 全国市场主体（亿户） | 全国企业占市场主体比重（%） | 民营企业占全国企业比重（%） | 建立年金企业 | | | | |
| --- | --- | --- | --- | --- | --- | --- | --- | --- |
| | | | | 户数（万户） | 增速（%） | 占全国企业比重（%） | 缴费职工数（万人） | 增速（%） |
| 2013 | 0.61 | 25.2 | 82.10 | 6.61 | 20.8 | 0.43 | 2056.29 | 11.4 |
| 2014 | 0.69 | 26.2 | 85.00 | 7.43 | 12.4 | 0.41 | 2292.78 | 11.5 |
| 2015 | 0.77 | 28.2 | 87.30 | 7.55 | 1.6 | 0.35 | 2316.22 | 1.0 |
| 2016 | 0.87 | 29.8 | 88.90 | 7.63 | 1.1 | 0.29 | 2324.75 | 0.4 |
| 2017 | 0.98 | 30.9 | 89.90 | 8.04 | 5.4 | 0.27 | 2331.39 | 0.3 |
| 2018 | 1.1 | 31.5 | 90.50 | 8.74 | 8.7 | 0.25 | 2388.17 | 2.4 |
| 2019 | 1.23 | 31.3 | 91.10 | 9.6 | 9.6 | 0.25 | 2547.94 | 6.7 |
| 2020 | 1.38 | 31.3 | 91.80 | 10.52 | 9.6 | 0.24 | 2717.53 | 6.7 |
| 2021 | 1.54 | 31.4 | 92.10 | 11.75 | 11.7 | 0.24 | 2875.24 | 5.8 |

注：考虑《劳动和社会保障部关于做好原有企业年金移交工作的意见》的实施，表中企业年金户数以 2007 年为基点；2012 年开始，国家分地区数据开始公布。

资料来源：根据国家市场监督管理总局相关数据与人力资源和社会保障部的《全国企业年金基金业务数据摘要》整理计算。

（2）地方企业及其他市场主体的权益缺失

从地方发展和区域平衡来看，企业年金建立户数和资产权重主要集中于在人社部备案的中央企业和单一年金计划中，地方企业及其员工享有年金计划严重不足，如表 6－5 所示。2013～2021 年，全国建立企业年金计划由 66120 个上升至 115529 个，增长近 1 倍；而 2013～2021 年，在人社部备案的中央企业单一年金计划却增长近 5 倍，占全国建立年金企业总数的比重由 2013 年的 7.35% 上升至 2021 年的 24.07%。

建立年金计划的地方企业长期集中在厦门、上海、广东、江苏、广西、北京、浙江、山东、福建等沿海或经济活跃度较高的地区。同时，从企业年金计划个数和资产金额的匹配度来看，各地建立年金计划的企业结构并不相同。厦门、广西等企业年金计划个数居全国前列的省市，其年金资产在全国的权重并不占优势，中小企业的活跃度相对较高；而山西、陕西等年金资产权重在全国占有相对优势的地区，企业年金计划个数占比相对低，年金计划集中于地方性大企业，经济活跃度相对不足。

以上路径依赖和企业年金覆盖面固化的现状，体现了中央企业与地方企业之间、地区与地区之间、高收入群体与中低收入群体之间的养老金鸿沟，是多层次养老金体系协同发展的长期弱项。

表 6 - 5　2013～2021 年中国企业年金区域发展情况

| 2013 年位次 | | 户数（个） | 权重（%） | 2021 年位次 | | 户数（个） | 权重（%） | 2021 年位次 | | 资产金额（万元） | 权重（%） |
|---|---|---|---|---|---|---|---|---|---|---|---|
| | | 66120 | — | | | 115529 | — | | | 26406.39 | — |
| 1 | 厦门 | 11655 | 17.63 | 1 | 人社部 | 27807 | 24.07 | 1 | 人社部 | 15005.61 | 56.83 |
| 2 | 上海 | 8551 | 12.93 | 2 | 厦门 | 12299 | 10.65 | 2 | 上海 | 1122.86 | 4.25 |
| 3 | 广东 | 6153 | 9.31 | 3 | 上海 | 10757 | 9.31 | 3 | 北京 | 971.31 | 3.68 |
| 4 | 人社部 | 4860 | 7.35 | 4 | 北京 | 5435 | 4.70 | 4 | 江苏 | 698.67 | 2.65 |
| 5 | 江苏 | 3683 | 5.57 | 5 | 广东 | 5116 | 4.43 | 5 | 广东 | 685.87 | 2.60 |
| 6 | 广西 | 2778 | 4.20 | 6 | 江苏 | 4694 | 4.06 | 6 | 山东 | 621.25 | 2.35 |
| 7 | 北京 | 2689 | 4.07 | 7 | 浙江 | 4507 | 3.90 | 7 | 浙江 | 546.21 | 2.07 |
| 8 | 河南 | 2588 | 3.91 | 8 | 广西 | 3707 | 3.21 | 8 | 山西 | 525.98 | 1.99 |
| 9 | 山东 | 2558 | 3.87 | 9 | 山东 | 3614 | 3.13 | 9 | 陕西 | 485.02 | 1.84 |
| 10 | 浙江 | 2098 | 3.17 | 10 | 福建 | 2640 | 2.29 | 10 | 安徽 | 475.93 | 1.80 |
| 11 | 福建 | 1726 | 2.61 | 11 | 四川 | 2522 | 2.18 | 11 | 四川 | 452.49 | 1.71 |
| 12 | 大连 | 1631 | 2.47 | 12 | 青岛 | 2476 | 2.14 | 12 | 福建 | 438.34 | 1.66 |
| 13 | 青岛 | 1553 | 2.35 | 13 | 深圳 | 2374 | 2.05 | 13 | 深圳 | 402.25 | 1.52 |
| 14 | 深圳 | 1305 | 1.97 | 14 | 安徽 | 2369 | 2.05 | 14 | 湖北 | 379.97 | 1.44 |
| 15 | 天津 | 1222 | 1.85 | 15 | 云南 | 1967 | 1.70 | 15 | 河南 | 345.06 | 1.31 |
| 16 | 辽宁 | 1124 | 1.70 | 16 | 河南 | 1897 | 1.64 | 16 | 云南 | 324.09 | 1.23 |
| 17 | 湖北 | 987 | 1.49 | 17 | 天津 | 1895 | 1.64 | 17 | 河北 | 297.5 | 1.13 |
| 18 | 安徽 | 972 | 1.47 | 18 | 湖北 | 1689 | 1.46 | 18 | 湖南 | 279.35 | 1.06 |
| 19 | 四川 | 932 | 1.41 | 19 | 陕西 | 1627 | 1.41 | 19 | 辽宁 | 236.93 | 0.90 |
| 20 | 江西 | 693 | 1.05 | 20 | 江西 | 1526 | 1.32 | 20 | 江西 | 220.87 | 0.84 |
| 21 | 黑龙江 | 658 | 1.00 | 21 | 大连 | 1521 | 1.32 | 21 | 内蒙古 | 208.19 | 0.79 |
| 22 | 山西 | 630 | 0.95 | 22 | 辽宁 | 1510 | 1.31 | 22 | 贵州 | 205.95 | 0.78 |
| 23 | 云南 | 626 | 0.95 | 23 | 山西 | 1504 | 1.30 | 23 | 甘肃 | 188.86 | 0.72 |

| 2013 年 | | 户数（个） | 权重（%） | 2021 年 | 户数（个） | 权重（%） | 2021 年 | 资产金额（万元） | 权重（%） |
|---|---|---|---|---|---|---|---|---|---|
| 位次 | | 66120 | — | 位次 | 115529 | — | 位次 | 26406.39 | — |
| 24 | 河北 | 590 | 0.89 | 24 重庆 | 1390 | 1.20 | 24 天津 | 173.59 | 0.66 |
| 25 | 新疆 | 470 | 0.71 | 25 新疆 | 1341 | 1.16 | 25 重庆 | 161.81 | 0.61 |
| 26 | 宁波 | 436 | 0.66 | 26 河北 | 1311 | 1.13 | 26 广西 | 154.65 | 0.59 |
| 27 | 陕西 | 422 | 0.64 | 27 黑龙江 | 1299 | 1.12 | 27 新疆 | 134.21 | 0.51 |
| 28 | 内蒙古 | 379 | 0.57 | 28 湖南 | 1217 | 1.05 | 28 吉林 | 133.91 | 0.51 |
| 29 | 重庆 | 367 | 0.56 | 29 内蒙古 | 1113 | 0.96 | 29 黑龙江 | 132.15 | 0.50 |
| 30 | 贵州 | 348 | 0.53 | 30 贵州 | 912 | 0.79 | 30 厦门 | 97.84 | 0.37 |
| 31 | 吉林 | 325 | 0.49 | 31 甘肃 | 890 | 0.77 | 31 青岛 | 62.96 | 0.24 |
| 32 | 湖南 | 307 | 0.46 | 32 吉林 | 716 | 0.62 | 32 青海 | 51.1 | 0.19 |
| 33 | 甘肃 | 302 | 0.46 | 33 宁波 | 526 | 0.46 | 33 宁夏 | 48.35 | 0.18 |
| 34 | 海南 | 216 | 0.33 | 34 宁夏 | 488 | 0.42 | 34 大连 | 47.75 | 0.18 |
| 35 | 宁夏 | 163 | 0.25 | 35 海南 | 354 | 0.31 | 35 宁波 | 33.05 | 0.13 |
| 36 | 青海 | 109 | 0.16 | 36 青海 | 325 | 0.28 | 36 海南 | 28.57 | 0.11 |
| 37 | 西藏 | 12 | 0.02 | 37 新疆生产建设兵团 | 154 | 0.13 | 37 新疆生产建设兵团 | 15.22 | 0.06 |
| 38 | 新疆生产建设兵团 | 2 | 0.00 | 38 西藏 | 40 | 0.03 | 38 西藏 | 12.7 | 0.05 |

注：（1）对于企业年金分地区数据，2013 年开始单独呈现厦门、宁波、青岛等单列市情况，故以 2013 年为基点；（2）"人社部"一栏为在此备案的单一计划中央企业，各省（区、市）统计的为当地企业。

资料来源：根据人力资源和社会保障部的《全国企业年金基金业务数据摘要》整理计算。

## 三 以个人账户为载体的多层次养老保障体系转移接续优化

### （一）不同层次养老金计划转移接续的研究设计

1. 研究思路

基于前文对中国养老金个人账户制度的发展和多层次养老保障体系制度固化造成权益损失的分析，在人口老龄化和劳动力市场变革的背景下，下文尝试在不同层次间建立以个人账户为载体的养老金计划权益转移接续通道。由于第三层次个人养老储蓄计划个人化、市场化特征明显，设计更灵活，可及性和可得性更高，因此，笔者尝试在一定假设前提下，将第三层次个人养老金账户作为承接第一、第二层次养老金计划个人账户权益资金转移的载体，以此研究多层次养老保障协同发展问题。其中，第一层次养老金计划主要考虑城镇职工基本养老保险，第二层次考虑企业年金，第三层次考虑试点期相对较长的个人税收递延型养老保险。

2. 前提假设

考虑数据的一致性，下文以 2019 年为测算基年，个人从基年开始参加工作并参加三个层次的养老金计划直至退休，且连续参保，存在个人缴费向第三层次养老金账户定期转移的情况。测算参照 "新人"① 相关办法，缴费基数以在岗职工平均工资水平为标准，对低、中、高收入群体不进行区分。

研究通过构建精算模型，对不同方案下养老金计划个人权益转移引起的变化进行分析。模型构建基于以下假设，以保证不同方案设计对养老金计划权益变动影响的唯一性。

（1）第三层次个人养老金计划在全国范围内具有可及性，个人账户制度完善，养老金计划涵盖基金、银行、保险等多类养老金融产品，参保人拥有自主选择权，可自行构建投资组合。

（2）三个层次的养老金计划个人账户缴费有持续的现金流，缴费基数均基于社会平均工资。

（3）参保人按年缴费，以年金方式领取养老金。

（4）养老基金实际运营过程中会产生管理和交易成本。基本养老保险个人账户基金采取特定利率记账模式，交易成本低；企业年金采取机构统一管理的方式，不存在因个人自主选择导致的管理成本增加，且基金体量小，故假设基本养老保险和企业年金个人账户的管理费与交易成本为零。第三层次个人养老金由个人自主选择投资组合，市场化管理运营，灵活性较高，测算中考虑其管理费用和交易成本。

**（二）多层次养老保障体系下的个人账户养老金水平测度**

1. 模型构建

假定个人账户长期收支平衡，采用现金流平衡模型，具体函数构建

---

① "新人" 是指中国社会保险制度正式建立后参加工作的人员，不存在制度建立之前的视同缴费。

如下。

城镇企业职工 $a$ 岁参保，$b$ 岁退休，$d$ 岁死亡。${}_t q_x$ 为参保人 $x$ 岁时在未来 $t$ 年内死亡的概率，相应地，参保人的生存概率为 ${}_t p_x = 1 - {}_t q_x$。缴费阶段，参保人按照当年社会平均工资 $W_n$ 为基数缴费（$n$ 表示年份），同时考虑经济增长和工资水平变动，$a$ 岁以后的缴费按照年工资增长率 $g_n$ 调整，则 $W_n = W_{n-1} \times (1 + g_n)$。

（1）基本养老保险个人账户

设个人账户缴费阶段的投资收益率为 $r_1$，参保人在年龄为 $x$ 岁时（$a < x < b-1$）所有缴费与投资收益折算到退休年龄 $b$ 岁年末的精算终值为：

$$c \times W_n \times (1 + r_1)^{(b-x)} \qquad (6.1)$$

其中，$c$ 为计入个人账户的缴费率，则参保人从 $a$ 岁参保至退休前一年（即 $b-1$ 岁）缴纳的所有缴费总额与投资收益折算至 $b$ 岁年末的终值 $FV_1$ 为：

$$FV_1 = \sum_{x=a}^{b-1} c \times W_n \times (1 + r_1)^{(b-x)} \qquad (6.2)$$

参保人从 $b$ 岁开始领取养老金，首年年末领取的养老金额为 $P_1$，设领取阶段的投资收益率为 $r_{11}$，令 $v_1 = \dfrac{1}{1 + r_{11}}$，则参保人在年龄为 $y$ 岁时（$b < y < d-1$）领取的养老金总和的精算现值为：

$$P_1 \times v_1^{(y-b)} \times {}_{y-b} p_b \qquad (6.3)$$

其中，${}_{y-b} p_b$ 表示 $b$ 岁的人在未来 $y - b$ 年内继续生存的概率。本研究假定的死亡年龄为 $d$ 岁，则参保人可以领取养老金的最高年龄为 $d-1$ 岁，将参保人在死亡前领取的养老金总和折算到 $b$ 岁年末的现值 $PV_1$ 为：

$$PV_1 = \sum_{y=b}^{d-1} P_1 \times v_1^{(y-b)} \times {}_{y-b} p_b \qquad (6.4)$$

模型中 $b$ 岁年末的终值与现值恒等，即 $FV_1 = PV_1$，由此推算出退休当年基本养老保险个人账户可以领取的养老金 $P_1$ 如下：

$$P_1 = \frac{\sum\limits_{x=a}^{b-1} c \times W_n \times (1 + r_1)^{(b-x)}}{\sum\limits_{y=b}^{d-1} v_1^{(y-b)} \times {}_{y-b} p_b} \qquad (6.5)$$

从而得到退休当年基本养老金个人账户养老金替代率 $R_1$ 为：

$$R_1 = \frac{P_1}{W_{b-1}} \times 100\% \tag{6.6}$$

其中 $W_{b-1}$ 为退休前一年社会平均工资水平。

（2）企业年金个人账户

同理，企业年金个人账户养老金在 $b$ 岁年末的缴费及投资收益总额终值 $FV_2$ 与领取养老金总和现值 $PV_2$ 分别为：

$$FV_2 = \sum_{x=a}^{b-1} k \times W_n \times (1+r_2)^{(b-x)} \tag{6.7}$$

$$PV_2 = \sum_{y=b}^{d-1} P_2 \times v_2^{(y-b)} \times_{y-b} p_b \tag{6.8}$$

其中，$k$ 表示计入个人账户的缴费率，$r_2$ 为缴费阶段的投资收益率，设 $r_{22}$ 为领取阶段的投资收益率，$v_2 = \frac{1}{1+r_{22}}$。根据 $FV_2 = PV_2$，得出退休当年企业年金个人账户养老金 $P_2$ 如下：

$$P_2 = \frac{\displaystyle\sum_{x=a}^{b-1} k \times W_n \times (1+r_2)^{(b-x)}}{\displaystyle\sum_{y=b}^{d-1} v_2^{(y-b)} \times_{y-b} p_b} \tag{6.9}$$

进而得到退休当年企业年金个人账户养老金替代率 $R_2$ 为：

$$R_2 = \frac{P_2(1-s_2)}{W_{b-1}} \times 100\% \tag{6.10}$$

$s_2$ 表示企业年金养老金领取时的适用税率。

（3）第三层次养老金计划个人账户

同理，第三层次个人账户养老金在 $b$ 岁年末的缴费及投资收益总额终值 $FV_3$ 与领取养老金总和现值 $PV_3$ 分别为：

$$FV_3 = \sum_{x=a}^{b-1} M_n(1-\beta) \times (1+r_3)^{(b-x)} \tag{6.11}$$

$$PV_3 = \sum_{y=b}^{d-1} P_3 \times v_3^{(y-b)} \times_{y-b} p_b \tag{6.12}$$

其中，$M_n$ 表示在 $n$ 年时缴纳到个人账户中可以享受最大税优额度的金额，$\beta$ 表示缴纳入个人账户的资金需扣除的管理费费率，$r_3$ 和 $r_{33}$ 分别为缴费和领取阶段的投资收益率，$v_3 = \dfrac{1}{1 + r_{33}}$。根据 $FV_3 = PV_3$，得出退休当年的第三层次个人账户养老金 $P_3$ 如下：

$$P_3 = \frac{\displaystyle\sum_{x=a}^{b-1} M_n(1 - \beta) \times (1 + r_3)^{(b-x)}}{\displaystyle\sum_{y=b}^{d-1} v_3^{(y-b)} \times {}_{y-b} p_b} \qquad (6.13)$$

进而得到退休当年企业年金个人账户养老金替代率 $R_3$ 为：

$$R_3 = \frac{P_3(1 - s_3)}{W_{b-1}} \times 100\% \qquad (6.14)$$

$s_3$ 表示第三层次个人账户养老金领取时的适用税率。

综上，则个人退休时从基本养老保险、企业年金和第三层次养老金计划这三个养老金个人账户中领取的首年总体养老金 $TP$ 为：

$$TP = P_1 + P_2 + P_3 \qquad (6.15)$$

总体养老金替代率 $TR$ 为：

$$TR = \frac{P_1 + P_2(1 - s_2) + P_3(1 - s_3)}{W_{b-1}} \qquad (6.16)$$

各层次个人账户养老金的贡献率 $CR_1$、$CR_2$、$CR_3$ 分别为：

$$CR_1 = \frac{R_1}{TR} \times 100\% \qquad (6.17)$$

$$CR_2 = \frac{R_2}{TR} \times 100\% \qquad (6.18)$$

$$CR_3 = \frac{R_3}{TR} \times 100\% \qquad (6.19)$$

2. 参数设定

（1）参保年龄为 $a$、退休年龄为 $b$、死亡年龄为 $d$

假设三支柱养老金计划均有参加的起始工作年龄为 25 岁，后续测算的参保年龄分别为 30 岁、35 岁、40 岁、45 岁、50 岁，考虑延迟退休因素，男性退休年龄为 65 岁，女性为 60 岁，最高死亡年龄 $d$ 参照《中国人身保险业经验生命表（2010—2013）》为 105 岁。

（2）社会平均工资 $W_n$ 和工资增长率 $g_n$

假定社会平均工资 $W_n$ 与当年全国城镇单位在岗职工平均工资相同，工资增长率与经济增速一致，考虑中国进入新常态，经济下行压力较大，为弱化新冠疫情的异动，将 2019 年和 2020 年的经济增速和工资增长率取值为 6.5%，之后每 5 年下降 0.5%，直到 2%。

（3）计入个人账户的缴费率 $c$ 与 $k$ 和税收优惠最大额度 $M_n$

①计入基本养老保险的个人缴费率 $c = 8\%$。②考虑《企业年金办法》对企业缴费可随职工在本企业工作年限的增加逐步归属于职工个人的规定，为保守估计，测算中可灵活配置的企业年金个人账户规模仅考虑个人缴费部分，即 $k = 4\% = 12\% - 8\%$，其中，12% 和 8% 分别为合计缴费比例和企业缴费比例。③考虑产品的稳健性和前期试点基础，税收优惠最大额度 $M_n$ 参照个人税收递延型商业养老保险规定的"个人每年免税缴纳为当月工资薪金收入的 6% 或 12000 元的最低额"，即 $M_n = \min\{6\% W_n, 12000\}$，每年社会平均工资低于 200000 元时，按社会平均工资 6% 缴费，高于 200000 元时，按 12000 元缴费；根据工资增长情况，2033 年及以后测算值均参照 12000 元缴费。

（4）生存率 $_tp_x$

男性和女性的死亡率为 $_tq_x$，则生存率为 $_tp_x = 1 - {}_tq_x$，详见《中国人身保险业经验生命表（2010—2013）》。

（5）第三支柱资金管理费费率 $\beta$

参考市场上个人延税型养老保险产品的费率取值，设 $\beta = 1\%$。

（6）投资收益率 $r_1$、$r_2$、$r_3$ 和 $r_{11}$、$r_{22}$、$r_{33}$

参照国际惯例，将基本养老保险个人账户基金收益率 $r_1$ 设为 4%[①]；企业年金基金取近十年投资收益的加权平均值，$r_2 = 5\%$。[②]

根据长江养老公布的 4 款税收递延型商业养老保险产品收益，A 款现金类产品的固定收益为 3.5% ~ 3.8%；B1、B2 款固定收益类产品实际结算收

---

[①] 劳动保障部法制司等编著《中国养老社会保险基金测算与管理》，经济科学出版社，2001。

[②] 参见 2010～2019 年《全国企业年金基金业务数据摘要》，从 2010 年到 2019 年这十年间企业年金的当年加权平均收益率分别为 3.41%、－ 0.78%、5.68%、3.67%、9.3%、9.88%、3.03%、5%、3.01%、8.29%。

益率为 4.5% ~5% ；C 款权益类产品，自 2018 年 6 月成立以来，加权收益率已接近 30% 。以此为参考，考虑到前提假设中第三层次个人养老金可及性高，且随着养老金市场的放开，权益类产品的投资比例会相应增加，养老资产配置组合整体收益率和抗风险能力将提升。因此，假定第三层次养老金计划投资收益率 $r_3$ 为 6% ，与人社部公布的三类产品平均收益率基本一致。

考虑稳健策略，退休后留在账户中的养老金收益率相对于缴费阶段相应降低 1 ~2 个百分点，将 $r_{11}$ 、 $r_{22}$ 、 $r_{33}$ 分别设为 3% 、3.5% 、4% 。

（7）养老金领取税率 $s_2$ 、 $s_3$

当个人达到法定退休年龄并开始领取企业年金时，需以"个人工资薪金收入所得"全额征税，故 $s_2$ 的取值参照综合所得税税率表。

根据规定，税收递延型商业养老保险个人取得有关收入，其中 25% 可以免税，剩余 75% 按照 10% 的税率计算并缴纳个人所得税，即第三层次个人养老金领取税率 $s_3$ 为 7.5% 。

3. 模型测算

（1）男性职工个人账户养老金

参照模型设定，不同缴费年限下男性职工退休当年可从基本养老保险、企业年金和第三层次养老金计划个人账户领取的养老金 $P$ 、养老金替代率 $R$ 和养老金贡献率 $CR$ 如表 6 - 6 所示。

表 6 - 6 不同缴费年限下男性职工三层次养老金个人账户替代率和贡献率

| 年龄（岁） | 缴费年限（年） | 总体养老金 TP（元） | 总体养老金替代率 TR（%） | 基本养老保险个人账户 | | | 企业年金个人账户 | | | 第三层次个人账户 | | |
|---|---|---|---|---|---|---|---|---|---|---|---|---|
| | | | | 养老金 $P_1$（元） | 替代率 $R_1$（%） | 贡献率 $CR_1$（%） | 养老金 $P_2$（元） | 替代率 $R_2$（%） | 贡献率 $CR_2$（%） | 养老金 $P_3$（元） | 替代率 $R_3$（%） | 贡献率 $CR_3$（%） |
| 25 | 40 | 208027 | 41.68 | 80432 | 16.12 | 38.66 | 52465 | 10.51 | 25.22 | 75130 | 15.05 | 36.12 |
| 30 | 35 | 148410 | 33.97 | 58008 | 13.28 | 39.09 | 36850 | 8.44 | 24.83 | 53552 | 12.26 | 36.08 |
| 35 | 30 | 103268 | 27.67 | 40657 | 10.89 | 39.37 | 25184 | 6.75 | 24.39 | 37427 | 10.03 | 36.24 |
| 40 | 25 | 69465 | 22.32 | 27476 | 8.83 | 39.55 | 16611 | 5.34 | 23.91 | 25378 | 8.16 | 36.53 |
| 45 | 20 | 44489 | 17.56 | 17677 | 6.98 | 39.73 | 10438 | 4.12 | 23.46 | 16374 | 6.46 | 36.81 |
| 50 | 15 | 26319 | 13.07 | 10573 | 5.25 | 40.17 | 6100 | 3.03 | 23.18 | 9646 | 4.79 | 36.65 |

注：考虑可转移缴费的有限性，表中测算的养老金及替代率仅包含个人账户部分，未包括基本养老保险社会统筹和企业年金企业缴费部分，故总体数值偏低，后文测算同理。

从养老金替代率看,各层次个人账户养老金替代率与缴费年限呈正相关,缴费年限越长,累积的养老金权益越多,养老金替代率越高。以 2019 年的社会平均工资 93383 元为缴费基数,25 岁时参加工作的男性,退休前最高缴费年限可达 40 年,退休当年可领取的个人账户总体养老金为 208027 元,其中包括基本养老保险个人账户养老金 80432 元,企业年金个人账户为 52465 元,第三层次个人账户为 75130 元,总体养老金替代率为 41.68%;而 50 岁才开始参保缴费的男性,退休前缴费年限最高可达 15 年,退休当年可领取的总体养老金仅为 26319 元,相差近 7 倍,总体养老金替代率仅为 13.07%,相差 2 倍有余。

养老金贡献率是指退休当年各层次个人账户养老金替代率与总体养老金替代率的比值。养老金贡献率与缴费年限未显示出明显的相关性,但总体而言,第一层次和第三层次个人账户养老金的贡献率均高于企业年金。究其原因,一是由于基本养老保险计入账户的个人缴费高于企业年金;二是第三层次养老金计划参照 6% 税收优惠额度的缴费比例和投资收益率也均高于企业年金。

(2)女性职工个人账户养老金

不同缴费年限下女性职工退休当年从三个层次个人账户领取的养老金 $P$、养老金替代率 $R$ 和养老金贡献率 $CR$ 如表 6-7 所示。

表 6-7  不同年龄女性职工三个层次养老金个人账户的替代率和贡献率

| 年龄（岁） | 缴费年限（年） | 总体养老金 TP（元） | 总体养老金替代率 TR（%） | 基本养老保险个人账户 | | | 企业年金个人账户 | | | 第三层次个人账户 | | |
|---|---|---|---|---|---|---|---|---|---|---|---|---|
| | | | | 养老金 $P_1$（元） | 替代率 $R_1$（%） | 贡献率 $CR_1$（%） | 养老金 $P_2$（元） | 替代率 $R_2$（%） | 贡献率 $CR_2$（%） | 养老金 $P_3$（元） | 替代率 $R_3$（%） | 贡献率 $CR_3$（%） |
| 25 | 35 | 138611 | 31.73 | 52170 | 11.94 | 37.64 | 33448 | 7.66 | 24.13 | 52993 | 12.13 | 38.23 |
| 30 | 30 | 96461 | 25.85 | 36565 | 9.80 | 37.91 | 22859 | 6.13 | 23.70 | 37037 | 9.92 | 38.40 |
| 35 | 25 | 64902 | 20.86 | 24711 | 7.94 | 38.07 | 15077 | 4.84 | 23.23 | 25114 | 8.07 | 38.69 |
| 40 | 20 | 41576 | 16.41 | 15898 | 6.28 | 38.24 | 9474 | 3.74 | 22.79 | 16204 | 6.40 | 38.97 |
| 45 | 15 | 24592 | 12.21 | 9509 | 4.72 | 38.67 | 5537 | 2.75 | 22.52 | 9546 | 4.74 | 38.82 |
| 50 | 10 | 12674 | 8.11 | 5015 | 3.21 | 39.57 | 2853 | 1.83 | 22.51 | 4806 | 3.08 | 37.92 |

与男性职工类似，女性职工养老金替代率与缴费年限呈正相关，缴费年限越长，养老金替代率越高。但女性职工的养老金替代率普遍低于男性。一方面，同样 25 岁参加工作，由于退休年龄较男性提前，女性缴费年限最高可达 35 年，退休当年可领取的个人账户总体养老金为 138611 元，与男性相差 69416 万元，总体养老金替代率为 31.73%，比男性职工低 9.95 个百分点。另一方面，同样缴费满 35 年，男性职工退休当年可领取的总体养老金为 148410 元，总体养老金替代率为 33.97%，仍然高于女性职工。

**（三）基于不同转移接续方案的政策仿真**

尽管男性职工和女性职工存在个人账户养老金待遇鸿沟，但总体权益变化趋势基本一致，故下文以男性职工为例，对不同方案的权益转移进行政策方针。

1. **方案一：转移基本养老保险个人账户权益**

当前缴费框架下，假设企业年金个人账户缴费不变，将基本养老保险个人账户缴费，即社会平均工资的 8%，每年转移部分或全部至第三层次养老金个人账户中，以缴费比例的 1/4、1/2、3/4、1 为转移规模分项观察，测算结果如表 6 - 8 所示。

表 6 - 8　基本养老保险个人账户不同转移比例下养老金权益变化

| 年龄（岁） | 缴费年限（年） | 转移比例 | 总体养老金 TP（元） | 总体养老金替代率 TR（%） | 基本养老保险个人账户 | | | 企业年金个人账户 | | | 第三层次个人账户 | | |
|---|---|---|---|---|---|---|---|---|---|---|---|---|---|
| | | | | | 养老金 $P_1$（元） | 替代率 $R_1$（%） | 贡献率 $CR_1$（%） | 养老金 $P_2$（元） | 替代率 $R_2$（%） | 贡献率 $CR_2$（%） | 养老金 $P_3$（元） | 替代率 $R_3$（%） | 贡献率 $CR_3$（%） |
| 25 | 40 | 1/4 | 219468 | 43.98 | 60324 | 12.09 | 27.49 | 52465 | 10.51 | 23.91 | 106679 | 21.38 | 48.61 |
| | | 1/2 | 230908 | 46.27 | 40216 | 8.06 | 17.42 | | | 22.72 | 138227 | 27.70 | 59.86 |
| | | 3/4 | 242348 | 48.56 | 20108 | 4.03 | 8.30 | | | 21.65 | 169775 | 34.02 | 70.05 |
| | | 1 | 253788 | 50.85 | — | — | — | | | 20.67 | 201323 | 40.34 | 79.33 |
| 30 | 35 | 1/4 | 155440 | 35.58 | 43506 | 9.96 | 27.99 | 36850 | 8.44 | 23.71 | 75083 | 17.19 | 48.30 |
| | | 1/2 | 162469 | 37.19 | 29004 | 6.64 | 17.85 | | | 22.68 | 96614 | 22.12 | 59.47 |
| | | 3/4 | 169498 | 38.80 | 14502 | 3.32 | 8.56 | | | 21.74 | 118146 | 27.05 | 69.70 |
| | | 1 | 176527 | 40.41 | — | — | — | | | 20.88 | 139677 | 31.97 | 79.12 |

| 年龄（岁） | 缴费年限（年） | 转移比例 | 总体养老金 TP（元） | 总体养老金替代率 TR（%） | 基本养老保险个人账户 | | | 企业年金个人账户 | | | 第三层次个人账户 | | |
|---|---|---|---|---|---|---|---|---|---|---|---|---|---|
| | | | | | 养老金 $P_1$（元） | 替代率 $R_1$（%） | 贡献率 $CR_1$（%） | 养老金 $P_2$（元） | 替代率 $R_2$（%） | 贡献率 $CR_2$（%） | 养老金 $P_3$（元） | 替代率 $R_3$（%） | 贡献率 $CR_3$（%） |
| 35 | 30 | 1/4 | 107422 | 28.79 | 30492 | 8.17 | 28.39 | 25184 | 6.75 | 23.44 | 51746 | 13.87 | 48.17 |
| | | 1/2 | 111577 | 29.90 | 20328 | 5.45 | 18.22 | | | 22.57 | 66065 | 17.70 | 59.21 |
| | | 3/4 | 115731 | 31.01 | 10164 | 2.72 | 8.78 | | | 21.76 | 80383 | 21.54 | 69.46 |
| | | 1 | 119885 | 32.12 | — | — | — | | | 21.01 | 94702 | 25.38 | 78.99 |
| 40 | 25 | 1/4 | 71798 | 23.07 | 20607 | 6.62 | 28.70 | 16611 | 5.34 | 23.14 | 34580 | 11.11 | 48.16 |
| | | 1/2 | 74131 | 23.82 | 13738 | 4.41 | 18.53 | | | 22.41 | 43782 | 14.07 | 59.06 |
| | | 3/4 | 76464 | 24.57 | 6869 | 2.21 | 8.98 | | | 21.72 | 52984 | 17.03 | 69.29 |
| | | 1 | 78796 | 25.32 | — | — | — | | | 21.08 | 62185 | 19.98 | 78.92 |
| 45 | 20 | 1/4 | 45709 | 18.04 | 13258 | 5.23 | 29.00 | 10438 | 4.12 | 22.84 | 22014 | 8.69 | 48.16 |
| | | 1/2 | 46929 | 18.52 | 8839 | 3.49 | 18.83 | | | 22.24 | 27653 | 10.92 | 58.92 |
| | | 3/4 | 48149 | 19.01 | 4419 | 1.74 | 9.18 | | | 21.68 | 33292 | 13.14 | 69.14 |
| | | 1 | 49369 | 19.49 | — | — | — | | | 21.14 | 38931 | 15.37 | 78.86 |
| 50 | 15 | 1/4 | 26893 | 13.36 | 7930 | 3.94 | 29.49 | 6100 | 3.03 | 22.68 | 12863 | 6.39 | 47.83 |
| | | 1/2 | 27467 | 13.64 | 5287 | 2.63 | 19.25 | | | 22.21 | 16080 | 7.99 | 58.54 |
| | | 3/4 | 28040 | 13.93 | 2643 | 1.31 | 9.43 | | | 21.76 | 19297 | 9.58 | 68.82 |
| | | 1 | 28614 | 14.21 | — | — | — | | | 21.32 | 22513 | 11.18 | 78.68 |

如表 6 - 8 所示，测算发现，企业年金缴费不变的情况下，基本养老保险个人账户缴费转移比例越高，职工退休时获得的养老金权益越高；相同转移比例下，缴费年限越长，养老金权益增加越多。

以 40 年缴费年限为例。未发生资金转移时，退休当年可以领取的总体养老金及其替代率分别为 208027 元、41.68%。当基本养老保险缴费向第三层次转移时，若规模为 1/4，则退休当年职工可领取的总体养老金为 219468 元、替代率为 43.98%，比未转移时的养老金权益和替代率分别高 11441 元、2.3 个百分点；若规模为 1/2，退休当年可领取的总体养老金为 230908 元、替代率为 46.27%，比未转移时高 22881 元、4.59 个百分点；当若规模为 3/4，可以领取的总体养老金 242348 元、替代率 48.56%，比未转移时高

34321 元、6.88 个百分点。因此，缴费年限不变，从基本养老保险个人账户向第三层次转移的缴费比例越高，最终获得的养老金权益越多。

同样以 1/4 的缴费转移规模为例。与未转移时相比，缴费满 40 年的替代率提升 2.3 个百分点，满 35 年提升 1.61 个百分点，满 30 年提升 1.12 个百分点；缴费满 25 年、20 年、15 年时，替代率分别提升 0.75 个百分点、0.48 个百分点和 0.29 个百分点。可见，转移比例相同时，缴费年限越长，更有利于养老金整体水平的提高。

2. 方案二：转移企业年金个人账户权益

当前缴费框架下，假设基本养老保险个人账户缴费不变，将企业年金个人账户缴费，即社会平均工资的 4%，每年转移部分或全部至第三层次养老金个人账户中，以缴费比例的 1/4、1/2、3/4、1 为转移规模分项观察，测算结果如表 6-9 所示。

表 6-9　企业年金个人账户不同转移比例下养老金权益变化

| 年龄（岁） | 缴费年限（年） | 转移比例 | 总体养老金 TP（元） | 总体养老金替代率 TR（%） | 基本养老保险个人账户 | | | 企业年金个人账户 | | | 第三层次个人账户 | | |
|---|---|---|---|---|---|---|---|---|---|---|---|---|---|
| | | | | | 养老金 $P_1$（元） | 替代率 $R_1$（%） | 贡献率 $CR_1$（%） | 养老金 $P_2$（元） | 替代率 $R_2$（%） | 贡献率 $CR_2$（%） | 养老金 $P_3$（元） | 替代率 $R_3$（%） | 贡献率 $CR_3$（%） |
| 25 | 40 | 1/4 | 210685 | 42.22 | 80432 | 16.12 | 38.18 | 39349 | 7.88 | 18.68 | 90904 | 18.21 | 43.15 |
| | | 1/2 | 213343 | 42.75 | | | 37.70 | 26232 | 5.26 | 12.30 | 106679 | 21.38 | 50.00 |
| | | 3/4 | 216001 | 43.28 | | | 37.24 | 13116 | 2.63 | 6.07 | 122453 | 24.54 | 56.69 |
| | | 1 | 218659 | 43.81 | | | 36.78 | — | — | — | 138227 | 27.70 | 63.22 |
| 30 | 35 | 1/4 | 149963 | 34.33 | 58008 | 13.28 | 38.68 | 27638 | 6.33 | 18.43 | 64318 | 14.72 | 42.89 |
| | | 1/2 | 151516 | 34.69 | | | 38.28 | 18425 | 4.22 | 12.16 | 75083 | 17.19 | 49.55 |
| | | 3/4 | 153069 | 35.04 | | | 37.90 | 9213 | 2.11 | 6.02 | 85849 | 19.65 | 56.08 |
| | | 1 | 154622 | 35.40 | | | 37.52 | — | — | — | 96614 | 22.12 | 62.48 |
| 35 | 30 | 1/4 | 104131 | 27.90 | 40657 | 10.89 | 39.04 | 18888 | 5.06 | 18.14 | 44587 | 11.95 | 42.82 |
| | | 1/2 | 104994 | 28.13 | | | 38.72 | 12592 | 3.37 | 11.99 | 51746 | 13.87 | 49.28 |
| | | 3/4 | 105858 | 28.37 | | | 38.41 | 6296 | 1.69 | 5.95 | 58905 | 15.78 | 55.65 |
| | | 1 | 106721 | 28.60 | | | 38.10 | — | — | — | 66065 | 17.70 | 61.90 |

续表

| 年龄（岁） | 缴费年限（年） | 转移比例 | 总体养老金 TP（元） | 总体养老金替代率 TR（%） | 基本养老保险个人账户 | | | 企业年金个人账户 | | | 第三层次个人账户 | | |
|---|---|---|---|---|---|---|---|---|---|---|---|---|---|
| | | | | | 养老金 $P_1$（元） | 替代率 $R_1$（%） | 贡献率 $CR_1$（%） | 养老金 $P_2$（元） | 替代率 $R_2$（%） | 贡献率 $CR_2$（%） | 养老金 $P_3$（元） | 替代率 $R_3$（%） | 贡献率 $CR_3$（%） |
| 40 | 25 | 1/4 | 69914 | 22.47 | 27476 | 8.83 | 39.30 | 12458 | 4.00 | 17.82 | 29979 | 9.63 | 42.88 |
| | | 1/2 | 70362 | 22.61 | | | 39.05 | 8306 | 2.67 | 11.80 | 34580 | 11.11 | 49.15 |
| | | 3/4 | 70810 | 22.75 | | | 38.80 | 4153 | 1.33 | 5.86 | 39181 | 12.59 | 55.33 |
| | | 1 | 71258 | 22.90 | | | 38.56 | — | — | — | 43782 | 14.07 | 61.44 |
| 45 | 20 | 1/4 | 44700 | 17.64 | 17677 | 6.98 | 39.55 | 7828 | 3.09 | 17.51 | 19194 | 7.58 | 42.94 |
| | | 1/2 | 44910 | 17.73 | | | 39.36 | 5219 | 2.06 | 11.62 | 22014 | 8.69 | 49.02 |
| | | 3/4 | 45120 | 17.81 | | | 39.18 | 2609 | 1.03 | 5.78 | 24833 | 9.80 | 55.04 |
| | | 1 | 45330 | 17.89 | | | 39.00 | — | — | — | 27653 | 10.92 | 61.00 |
| 50 | 15 | 1/4 | 26403 | 13.11 | 10573 | 5.25 | 40.05 | 4575 | 2.27 | 17.33 | 11255 | 5.59 | 42.63 |
| | | 1/2 | 26486 | 13.15 | | | 39.92 | 3050 | 1.51 | 11.52 | 12863 | 6.39 | 48.56 |
| | | 3/4 | 26570 | 13.20 | | | 39.79 | 1525 | 0.76 | 5.74 | 14471 | 7.19 | 54.47 |
| | | 1 | 26653 | 13.24 | | | 39.67 | — | — | — | 16080 | 7.99 | 60.33 |

如表 6-9 所示，测算发现，单独将企业年金个人账户缴费转移一定比例至第三层次个人账户，得到与方案一相同的结果趋势，即基本养老保险缴费不变，缴费年限相同时，企业年金个人账户缴费转移比例越高，养老金总体水平越高；而转移规模相同时，缴费年限越长，退休养老金权益提升越高。

由于基本养老保险和企业年金均以社会平均工资为缴费基数，分别以 8% 和 4% 的比例缴费，故基本养老保险个人账户转移规模为 1/4 和 1/2 时，对应与企业年金 1/2 和 100% 的转移规模相同。但两项转移路径，最终获得的养老金水平仍存在差异。如表 6-10 所示，当转移规模相同时，从基本养老保险个人账户中转移后获得的养老金权益比同等情况下从企业年金个人账户中转移获得的更高，且随着转移规模的提升，缴费年限越长，两者之间的差距越大。

表 6 – 10 相同转移规模下的养老金权益差异

| 年龄（岁） | 缴费年限（年） | 基本养老保险 | | | 企业年金 | | | 权益差（元） | 替代率差（%） |
|---|---|---|---|---|---|---|---|---|---|
| | | 转移比例 | 总体养老金TP（元） | 总体养老金替代率TR（%） | 转移比例 | 总体养老金TP（元） | 总体养老金替代率TR（%） | | |
| 25 | 40 | 1/4 | 219468 | 43.98 | 1/2 | 213343 | 42.75 | 6124 | 1.23 |
| | | 1/2 | 230908 | 46.27 | 1 | 218659 | 43.81 | 12249 | 2.45 |
| 30 | 35 | 1/4 | 155440 | 35.58 | 1/2 | 151516 | 34.69 | 3923 | 0.90 |
| | | 1/2 | 162469 | 37.19 | 1 | 154622 | 35.40 | 7846 | 1.80 |
| 35 | 30 | 1/4 | 107422 | 28.79 | 1/2 | 104994 | 28.13 | 2428 | 0.65 |
| | | 1/2 | 111577 | 29.90 | 1 | 106721 | 28.60 | 4856 | 1.30 |
| 40 | 25 | 1/4 | 71798 | 23.07 | 1/2 | 70362 | 22.61 | 1436 | 0.46 |
| | | 1/2 | 74131 | 23.82 | 1 | 71258 | 22.90 | 2873 | 0.92 |
| 45 | 20 | 1/4 | 45709 | 18.04 | 1/2 | 44910 | 17.73 | 800 | 0.32 |
| | | 1/2 | 46929 | 18.52 | 1 | 45330 | 17.89 | 1599 | 0.63 |
| 50 | 15 | 1/4 | 26893 | 13.36 | 1/2 | 26486 | 13.15 | 407 | 0.20 |
| | | 1/2 | 27467 | 13.64 | 1 | 26653 | 13.24 | 814 | 0.40 |

3. 方案三：同时转移第一、二层次个人账户权益

当前缴费框架下，假设将基本养老保险和企业年金个人账户缴费，即社会平均工资的8%和4%，同时转移部分或全部至第三层次养老个人账户中，以缴费比例的1/4、1/2、3/4、1为转移规模分项观察，测算结果如表6－11所示。

表 6 – 11 第一、二层次个人账户缴费同时转移时的养老金权益变化

| 年龄（岁） | 缴费年限（年） | 转移比例 | 总体养老金TP（元） | 总体养老金替代率TR（%） | 基本养老保险个人账户 | | | 企业年金个人账户 | | | 第三层次个人账户 | | |
|---|---|---|---|---|---|---|---|---|---|---|---|---|---|
| | | | | | 养老金$P_1$（元） | 替代率$R_1$（%） | 贡献率$CR_1$（%） | 养老金$P_2$（元） | 替代率$R_2$（%） | 贡献率$CR_2$（%） | 养老金$P_3$（元） | 替代率$R_3$（%） | 贡献率$CR_3$（%） |
| 25 | 40 | 1/4 | 222126 | 44.51 | 60324 | 12.09 | 27.49 | 39349 | 7.88 | 18.68 | 122453 | 24.54 | 55.13 |
| | | 1/2 | 236224 | 47.33 | 40216 | 8.06 | 17.42 | 26232 | 5.26 | 12.30 | 169775 | 34.02 | 71.87 |
| | | 3/4 | 250322 | 50.16 | 20108 | 4.03 | 8.30 | 13116 | 2.63 | 6.07 | 217097 | 43.50 | 86.73 |
| | | 1 | 264420 | 52.98 | — | — | — | — | — | — | 264420 | 52.98 | 100.00 |

257

| 年龄（岁） | 缴费年限（年） | 转移比例 | 总体养老金 TP（元） | 总体养老金替代率 TR（%） | 基本养老保险个人账户 | | | 企业年金个人账户 | | | 第三层次个人账户 | | |
|---|---|---|---|---|---|---|---|---|---|---|---|---|---|
| | | | | | 养老金 $P_1$（元） | 替代率 $R_1$（%） | 贡献率 $CR_1$（%） | 养老金 $P_2$（元） | 替代率 $R_2$（%） | 贡献率 $CR_2$（%） | 养老金 $P_3$（元） | 替代率 $R_3$（%） | 贡献率 $CR_3$（%） |
| 30 | 35 | 1/4 | 156993 | 35.94 | 43506 | 9.96 | 27.99 | 27638 | 6.33 | 18.43 | 85849 | 19.65 | 54.68 |
| | | 1/2 | 165575 | 37.90 | 29004 | 6.64 | 17.85 | 18425 | 4.22 | 12.16 | 118146 | 27.05 | 71.35 |
| | | 3/4 | 174157 | 39.87 | 14502 | 3.32 | 8.56 | 9213 | 2.11 | 6.02 | 150442 | 34.44 | 86.38 |
| | | 1 | 182739 | 41.83 | — | — | — | — | — | — | 182739 | 41.83 | 100.00 |
| 35 | 30 | 1/4 | 108286 | 29.02 | 30492 | 8.17 | 28.39 | 18888 | 5.06 | 18.14 | 58905 | 15.78 | 54.40 |
| | | 1/2 | 113303 | 30.36 | 20328 | 5.45 | 18.22 | 12592 | 3.37 | 11.99 | 80383 | 21.54 | 70.95 |
| | | 3/4 | 118321 | 31.71 | 10164 | 2.72 | 8.78 | 6296 | 1.69 | 5.95 | 101861 | 27.29 | 86.09 |
| | | 1 | 123339 | 33.05 | — | — | — | — | — | — | 123339 | 33.05 | 100.00 |
| 40 | 25 | 1/4 | 72246 | 23.22 | 20607 | 6.62 | 28.70 | 12458 | 4.00 | 17.82 | 39181 | 12.59 | 54.23 |
| | | 1/2 | 75027 | 24.11 | 13738 | 4.41 | 18.53 | 8306 | 2.67 | 11.80 | 52984 | 17.03 | 70.62 |
| | | 3/4 | 77808 | 25.00 | 6869 | 2.21 | 8.98 | 4153 | 1.33 | 5.86 | 66786 | 21.46 | 85.83 |
| | | 1 | 80589 | 25.90 | — | — | — | — | — | — | 80589 | 25.90 | 100.00 |
| 45 | 20 | 1/4 | 45920 | 18.13 | 13258 | 5.23 | 29.00 | 7828 | 3.09 | 17.51 | 24833 | 9.80 | 54.08 |
| | | 1/2 | 47350 | 18.69 | 8839 | 3.49 | 18.83 | 5219 | 2.06 | 11.62 | 33292 | 13.14 | 70.31 |
| | | 3/4 | 48780 | 19.25 | 4419 | 1.74 | 9.18 | 2609 | 1.03 | 5.78 | 41751 | 16.48 | 85.59 |
| | | 1 | 50210 | 19.82 | — | — | — | — | — | — | 50210 | 19.82 | 100.00 |
| 50 | 15 | 1/4 | 26977 | 13.40 | 7930 | 3.94 | 29.49 | 4575 | 2.27 | 17.33 | 14471 | 7.19 | 53.64 |
| | | 1/2 | 27633 | 13.72 | 5287 | 2.63 | 19.25 | 3050 | 1.51 | 11.52 | 19297 | 9.58 | 69.83 |
| | | 3/4 | 28290 | 14.05 | 2643 | 1.31 | 9.43 | 1525 | 0.76 | 5.74 | 24122 | 11.98 | 85.27 |
| | | 1 | 28947 | 14.38 | — | — | — | — | — | — | 28947 | 14.38 | 100.00 |

如表6-11所示，测算发现，从基本养老保险和企业年金个人账户同时转移相同比例缴费，最后获得的养老金水平高于单一层次的缴费转移，即方案三略高，这也在一定程度上显现出第三层次养老金个人账户的相对优势。

此外，由于缴费工资基数相同，第一、二层次同时转移1/2缴费，与基本养老保险个人账户3/4的转移规模相同；第一、二层次同时转移1/4缴费，与企业年金个人账户 3/4 转移规模相同，比较其最终养老金权益，结果如表 6 – 12 所示。

表 6 – 12 相同转移规模下同时转移和单独转移的养老金权益差异

| 年龄（岁） | 缴费年限（年） | 同时转移 1/2 | | 基本养老保险个人账户转移 3/4 | | 同时转移 1/4 | | 企业年金个人账户转移 3/4 | |
|---|---|---|---|---|---|---|---|---|---|
| | | 总体养老金 TP（元） | 总体养老金替代率 TR（%） | 总体养老金 TP（元） | 总体养老金替代率 TR（%） | 总体养老金 TP（元） | 总体养老金替代率 TR（%） | 总体养老金 TP（元） | 总体养老金替代率 TR（%） |
| 25 | 40 | 236224 | 47.33 | 242348 | 48.56 | 222126 | 44.51 | 216001 | 43.28 |
| 30 | 35 | 165575 | 37.90 | 169498 | 38.80 | 156993 | 35.94 | 153069 | 35.04 |
| 35 | 30 | 113303 | 30.36 | 115731 | 31.01 | 108286 | 29.02 | 105858 | 28.37 |
| 40 | 25 | 75027 | 24.11 | 76464 | 24.57 | 72246 | 23.22 | 70810 | 22.75 |
| 45 | 20 | 47350 | 18.69 | 48149 | 19.01 | 45920 | 18.13 | 45120 | 17.81 |
| 50 | 15 | 27633 | 13.72 | 28040 | 13.93 | 26977 | 13.40 | 26570 | 13.20 |

测算显示，转移的总体缴费规模相同时，基本养老保险个人账户缴费单独转移 3/4，获得的养老金权益高于从两层次同时转移 1/2，即方案一略优于方案三；而与企业年金个人账户缴费单独转移 3/4 相比，从两层次同时转移 1/4 最终获得的养老金水平具有相对优势，即方案三略优于方案二。可见，个人账户框架下的养老金计划参保缴费，要保证优势水平的养老金替代率，需在多层次养老保障体系下灵活分配资金，以寻求优势组合。

（四）进一步研究

前文分析以职工参保缴费不间断为前提，然而，现实中可能更多存在缴费中断等非连续缴费情况。为此，本研究进一步假设因缴费中断而缴费年限不足的就业人员，可将其在基本养老保险和企业年金计划中累计的权益通过个人账户一次性转移到第三层次养老金计划中，以减少资金沉淀，保障个人养老金权益。下文测算，将第三层次养老金计划固定为某种保险产品，以此比较转移后的最终权益变化。

1. 非连续缴费年限不足时的权益累积

为放大比较效应，此处考虑三类极端情形：一是城镇职工基本养老保险缴费年限不足面临个人账户基金封存或全额退回，基金规模8%；二是为规避便携性损失，以20%比例参保缴费的灵活就业人员，将原预算转移至第三层次购买养老金融产品；三是同时参保职工养老保险与企业年金的职工，因工作变动，基本养老保险断缴且新单位未建立年金计划无法继续缴费，其可转移的资金规模，基本养老保险为8%、企业年金为12%。具体养老金权益如表6-13所示。

表6-13　不同缴费年限下可转移的个人账户基金累积额

| 缴费年限（年） | 年份 | 社会平均工资 $W_n$（元） | 转移比例 | | |
|---|---|---|---|---|---|
| | | | 8% | 20% | 8%＋12% |
| 0 | 2019 | 93383 | — | — | — |
| 1 | 2020 | 99453 | 7769 | 19424 | 19536 |
| 2 | 2021 | 105420 | 16355 | 40887 | 41240 |
| 3 | 2022 | 111745 | 25780 | 64450 | 65193 |
| 4 | 2023 | 118450 | 36108 | 90271 | 91572 |
| 5 | 2024 | 125557 | 47408 | 118519 | 120569 |
| 6 | 2025 | 133090 | 59750 | 149376 | 152390 |
| 7 | 2026 | 140410 | 73213 | 183034 | 187254 |
| 8 | 2027 | 148133 | 87824 | 219560 | 225259 |
| 9 | 2028 | 156280 | 103662 | 259154 | 266633 |
| 10 | 2029 | 164876 | 120811 | 302027 | 311622 |
| 11 | 2030 | 173944 | 139361 | 348402 | 360487 |
| 12 | 2031 | 182641 | 159407 | 398518 | 413506 |
| 13 | 2032 | 191773 | 180979 | 452448 | 470796 |
| 14 | 2033 | 201362 | 204174 | 510435 | 532645 |

注：此处参照表6-2的参数设置和计算方法，企业年金投资收益率根据历年平均收益水平设为5%。

2. 一次性转移的养老金权益变化

研究选取平安养老保险公司个人税收递延型养老年金产品中相对稳健的收益确定型A款，在不收取任何手续费的基础上，退休后个人可获得的养老金权益与原保障水平相比结果如表6-14所示。

表 6 – 14　不同记账规模下的基金转移及养老金权益对比

| 投保年龄（岁） | 原缴费年限（年） | 原账户规模（%） | 可转移基金（元） | 资金累积期（年） | 性别 | 保障期间 | 保障类别 退休后年领取额（元） | 附加（身故/全残） | 年领取额（原本保障）基本养老保险（元） | 企业年金（元） |
|---|---|---|---|---|---|---|---|---|---|---|
| 30 | 5 | 8 | 47408 | 30 | 男 | 投保至终身 | 9667 | 领取前：产品账户价值＋产品账户价值的5%。领取后：领取时产品账户价值与已给付的养老金总和的差额 | 男 5633 女 4093 | — |
| | | | | | 女 | | 6863 | | | |
| | | 20 | 118519 | | 男 | | 24168 | | | |
| | | | | | 女 | | 17159 | | | |
| | | 8＋12 | 120569 | | 男 | | 24586 | | | 8693 |
| | | | | | 女 | | 17455 | | | 6316 |
| 35 | 10 | 8 | 120811 | 25 | 男 | | 20742 | | 男 14354 女 10430 | — |
| | | | | | 女 | | 14726 | | | |
| | | 20 | 302027 | | 男 | | 51855 | | | |
| | | | | | 女 | | 36816 | | | |
| | | 8＋12 | 311622 | | 男 | | 53503 | | | 22671 |
| | | | | | 女 | | 37986 | | | 16473 |
| 40 | 14 | 8 | 204174 | 20 | 男 | | 29515 | | 男 24258 女 17627 | — |
| | | | | | 女 | | 20955 | | | |
| | | 20 | 510435 | | 男 | | 73788 | | | |
| | | | | | 女 | | 54221 | | | |
| | | 8＋12 | 532645 | | 男 | | 76999 | | | 39026 |
| | | | | | 女 | | 56580 | | | 28357 |
| 50 | 14 | 8 | 204174 | 5 | 男 | | 20924 | | 男 24258 女 17627 | — |
| | | | | | 女 | | 14855 | | | |
| | | 20 | 510435 | | 男 | | 52310 | | | |
| | | | | | 女 | | 37139 | | | |
| | | 8＋12 | 532645 | | 男 | | 54586 | | | 39026 |
| | | | | | 女 | | 38755 | | | 28357 |

注：（1）根据平安个人税收递延型养老年金保险 A 款（2018 版）产品说明书，选取的产品投资收益率按 3.5% 计算；（2）年领取额 ＝（账户储存额/对应计发月数）×12。

测算显示，将第一、二层次养老金计划中的结余资金一次性转移到第三层次养老金计划中，可得到比原保障更高的回报。如：当个人年龄 30 岁、原参保缴费年限为 5 年时，转移以 8% 比例累计的城镇职工基本养老保险沉淀资金，购买年金保险后的养老金水平，男性和女性每年可分别达到 9667 元和 6863 元；以 20% 累计的沉淀资金一次性转移到第三层次养老金计划中购买年金保险后，退休时男性和女性年均养老金分别可达 24168 元和 17159 元，比因缴费年限不足而退保返还的养老基金要高。此外，如果同时参保城镇职工基本养老保险和企业年金，累计资金沉淀一次性转移后，最终男性和女性在退休时每年可领 24586 元和 17455 元的养老金，高于不满足条件的个人账户资金返还额。

可见，缴费年限不足时，以个人账户为载体将第一、二层次养老金计划沉淀资金转移至第三层次养老金计划中，可以实现养老基金的保值增值，盘活封存资金，提高养老金总体替代率，有利于第三层次个人养老金计划的扩面。

## 四 多层次养老保障协同发展的机制创新与路径探索

从以上分析中不难发现，第三支柱个人养老金账户为非正规就业趋势下的灵活缴费和转移衔接提供了多元通道。随着制度便携性的增强，不论是非连续参保下多层次个人账户基金的转移，还是连续参保下多层次个人账户缴费在不同制度间的灵活配置，有限转移比例下的替代率提升，均显示出打通多支柱通道的福利改进，有利于多层次养老保障协同发展。新形势下，为更好地适应劳动力市场变革、促进补充养老保障制度发展、强化多层次养老保障协同发展，亟须从以下方面推进改革探索。

### （一）优化多层次养老保障体系下的养老金个人账户制度

一是在多层次养老保障框架下统筹个人账户设计，提升账户灵活性。目前中国多层次养老金体系中，不同养老金计划之间存在一定制度壁垒，当职工或个人在缴费阶段发生工作变换时，无法完全通过养老基金转移和制度接续充分保障个人的养老金权益不受损失，个人账户便携性不足。从长期来看，建议尝试优化第一层次的"统账模式"结构，将个人账户缴费灵活配置进第二层次企业年金或第三层次个人养老金计划的个人账户中，以增强个人缴费完全积累的养老储蓄资金配置的灵活性和收益性。短期内，可以在多层次养老金计划转移接续的基础上增加个人账户的兼容性。

二是积极建设全国统一的个人账户信息平台和管理系统。促进以个人账户为载体的多层次养老金计划的转移接续，发挥第三层次个人养老金制度的自愿储蓄资金归集功能，需完善多层次养老保障体系的顶层设计，多维度优化养老金个人账户制度，以"数字＋服务"为切入，从信息化系统的平台建设和优化升级入手，打造全国统一的养老金个人账户机构接入系统、服务管理和终端供给系统，将其作为养老储蓄的一揽子金融服务平台、个人账户信息记录（缴费、领取、缴税等）与信息共享平台、智能投顾和管理服务平台。

具体而言，首先，个人可以在平台系统上拥有唯一、专有的养老储蓄账户，该账户能够统筹多层次养老保障体系内的不同项目和计划，可以不受参保者工作单位、居住地变化的影响进行参保和后台管理，极大地提高养老金计划的便携性；用户通过个人唯一标识码进入系统，防止出现一人多户的情形，降低管理成本的同时，也理顺经办部门、业务部门和监管部门的相关工作。其次，对于第三层次类别多样的个人养老储蓄产品而言，以"账户制"为核心，易于构建统一的账户资金归集和管理系统，利于构建以个人账户储蓄为导向的养老金融产品创新和管理体系。最后，养老金个人账户制度的优化，使得政府、金融机构、企业和个人能够在养老储蓄和养老金融服务及监管中各司其职。企业能够自由地制订员工发展计划，并辅之以差异化的匹配缴费，个人也能够享有养老规划、收入分配的主动权，使参保者对自己的养老资产有更为直观的了解，进一步激励人们养老储蓄的积极性。

**（二）优先发展集合年金计划，探索政府或雇主对第二、三支柱的匹配缴费**

强化民营企业、灵活就业和非正规就业市场的雇主责任，优先发展集合年金计划，探索地方政府或雇主以不同形式对第二、三支柱的匹配缴费，扩大企业年金覆盖面，是新时期促进第二、三支柱与第一支柱协同发展的重要路径。长期以来，中国能够建立单一年金计划的企业数量极其有限，而集合年金计划和第三支柱的个人养老金制度权责清晰、缴费灵活，账户携带方便，与地方和企业引进人才的政策优化和发展需求相一致，与非正规就业模式和中低收入群体的经济特征及保障需求相匹配。

一方面，全国部分地区地方政府已出台相关政策或投入财政资金支持特殊群体集合年金计划的发展。如民营经济活跃的浙江、江苏等地鼓励开展实施的"中小企业人才集合年金计划试点"①。2021 年 11 月，上海市印发《关于促进本市企业年金发展的指导意见》，提出"试点开展片区人才企业年金"，并对企业及引进落户的个人划拨财政资金匹配缴费。②

另一方面，占市场主体比重较大的个体工商户、占企业比重较大的中小微企业、农民专业合作社，尤其是"四新经济"下的企业，③ 具备建立年金计划的经济能力和发展需求，有优化治理结构和人才激励的现实驱动，理应成为集合年金计划的主要目标群体。从经济发展形势和政策利好看，近年来，《国务院关于促进乡村产业振兴的指导意见》《国务院关于促进平台经济规范健康发展的指导意见》《国务院办公厅关于以新业态新模式引领新型消费加快发展的意见》《关于支持民营企业加快改革发展与转型升级的实施意见》相继发布实施，为农村集体经济、民营经济和新经济更加规范、更高质量发展注入了新的动力。2022 年 11 月 1 日正式实施的《促进个体工商户发展条例》提出，引导个体工商户自愿加入依法成立的个体劳动者协会，要求各级政府对个体工商户参加社会保险给予相应支持，并加大"个转企"培育力度，支持个体工商户做大做强。系列政策措施的出台，无疑为集合年金计划的扩面夯实了人群基础、组织基础、多元筹资渠道和经济基础。

从制度扩面的带动效应看，相关数据显示，每个个体工商户平均从业人数为 2. 68 人，目前中国个体工商户带动了近 3 亿人的就业，④ 这使广大

---

① 《转发人力资源社会保障部办公厅〈关于进一步做好企业年金方案备案工作的意见〉的通知》，浙江省人民政府官网，2014 年 8 月 13 日，https://www.zj.gov.cn/zjservice/item/detail/lawtext.do? outLawId = b2145a9b-e3cf - 4000 - ab7f - 2b1c7a8655e5；《张家港市在苏州率先试点启动企业人才年金集合计划》，苏州市人民政府官网，2022 年 8 月 19 日，https://www.suzhou.gov.cn/szsrmzf/qxkx/202208/bdb567dfb8d94c049eac2082ae962d1a.shtml。

② 《让"打工人"成为"合伙人" 新片区启动人才企业年金计划》，上海市人力资源和社会保障局官网，2022 年 3 月 2 日，https://rsj.sh.gov.cn/tszf_17089/20220224/t0035_1405931.html。

③ 2021 年，全国"四新经济"（新技术、新产业、新业态、新模式）新设企业 383.8 万户，占新设企业总量的 42.5%。

④ 《国家发改委：个体工商户带动近 3 亿人就业，超九成从事第三产业》，快资讯，2022 年 11 月 1 日，https://www.360kuai.com/pc/98c85176aa84c68ee? cota = 3&kuai_so = 1&sign = 360_57c3bbd1&refer_scene = so_1。

劳动者在获得稳定收入的同时也增加了多样化的经济保障需求，日益壮大的个体就业市场，也为优化治理结构、完善多层次经济保障体系和强化雇主责任履行提供了现实支撑。

**（三）　出台第二、三层次纵向转移衔接办法，增强制度的便携性和可及性**

第三支柱个人养老金制度的正式实施，为满足人们多样化的经济保障需求提供了更加安全规范的制度通道。第三支柱独立的个人账户设计、明晰的产权归属和灵活的投资选择，不仅为正规就业人员跨行业、跨区域、跨企业流动提供了多样化归集个人养老缴费资金的账户归属，也为灵活就业和非正规就业人员抵御逆经济周期和收入风险提供了灵活的保值增值途径。这一制度框架下，无法建立企业年金计划的雇主，或是原本处于企业年金计划中的雇员和雇主，均可根据自身缴费能力的变化和实际需要，灵活地向第三支柱个人养老金账户缴费和匹配缴费，以弥补补充养老保障的缺失，提升总体养老金替代率水平。

相关数据显示，企业建立之后的 3～7 年为其退出市场的高发期，随着优胜劣汰机制的健全，2021 年中国企业活跃度基本保持在 70% 左右，全国各类市场主体累计注销 1323.8 万户，其中，企业 349.1 万户，同比增长 20.3%，个体工商户 961.9 万户，同比增长 33.8%，注吊销民营企业 390.0 万户，新设退出比为 2.2∶1。① 企业生命周期和市场活跃度的现实趋势很难将缺乏弹性且追求长期收益的年金计划与之绑定。中国的《企业年金办法》仅在达到退休年龄后的领取环节规定了企业年金个人账户资金可全部或部分购买商业养老保险产品，依据保险合同领取待遇并享受相应继承权，并未对缴费积累期间的企业年金个人账户资金转移衔接做具体规定，亟须适应经济社会和劳动就业的新发展优化完善。

**（四）　明确第一层次个人账户属性及基金权益归属，打通多支柱通道，强化多层次协同**

由于历史因素和基于国情的现实考虑，在渐进式共同富裕的初期，城镇职工基本养老保险和城乡居民基本养老保险的个人账户设计，在激励个

---

① 《国家市场监管总局：2021 年全国各类市场主体累计注销 1323.8 万户 企业活跃度保持在 70% 左右》，新浪财经，2022 年 1 月 27 日，https://finance.sina.com.cn/chanjing/cyxw/2022 - 01 - 27/doc - ikyakumy2894899.shtml。

人缴费、增强制度透明性和促进基金积累方面发挥了积极的作用。然而，随着改革的深化，系统观念指导下的制度协同，更多需要的是顶层设计的与时俱进，需要功能定位精准、权责明晰、安全有序和统一规范的制度集成整合。职业群体和不同经济水平微观主体的细分，多元化需求的涌现，也必然对公共属性的第一支柱和私人属性的第二支柱协同发展提出了新的要求。

短期内，在坚持基本养老保险"统账结合"模式不动摇的前提下，可适度打通第一支柱个人账户封存基金向第三支柱转移的通道，以盘活账户沉淀基金，规避广泛存在于非正规就业尤其是低收入群体中的养老金权益损失。长期来看，可研究将基本养老保险个人账户从第一支柱分离，将更多的缴费空间和经济能力配置至第二支柱的集合年金计划中，强化非正规就业下的职业归属和雇主责任，为第二、三支柱个人账户的灵活转移留出制度通道，为成长中的城镇中低收入群体和农村居民适度参与多层次养老金体系提供公平的制度保障。

# 第七章 积极老龄化视阈下多层次养老保障协同发展的国际比较

受人口预期寿命延长和出生率持续降低的影响，近几十年来，全球持续经历着前所未有的人口结构变化，人口老龄化趋势加速发展，社会抚养比显著提高。为此，世界各国普遍建立的强制性养老保障制度，为广泛的社会群体积极应对老年风险提供了基本的资源和保险保障通道；同时，为有效应对长寿风险、保证老年收入的充足，各国积极鼓励自愿性养老储蓄制度发展，以拓宽养老保障来源，提升总体老年保障水平。

在 20 世纪 80 年代兴起的养老金私有化改革后，当前多层次养老保障协同发展的全球趋势最终又回归到以现收现付制养老金制度为主的改革路径上。各国纷纷通过提升退休人员的最低生活水平、强化公共养老金体系内的基本保障来实现多层次养老保障体系的兜底功能，同时，建立与宏观经济环境和制度发展变化同步的自动待遇调整机制，通过结构性改革和参数式改革相结合的方式促进补充养老保障计划发展，以保证养老金待遇的充足性。各国也更加重视老年贫困人口的经济保障，对高龄老人尤其是女性老年群体的经济支持，并通过发展自愿性的养老储蓄计划优化老年收入结构，促进多层次养老保障协同发展。

多层次养老保障协同发展，除了保证制度的广覆盖、制度水平的充足和制度运行的可持续，制度弹性也是改革优化的重点，亟须创新多层次养老保障协同发展的体制机制，打通多层次养老金计划的转移接续通道。以美国为典型代表的个人退休账户（Individual Retirement Account，IRA）为满足多层次养老保障协同发展下的制度灵活性和便携性需求提供参考。

# 一　全球人口结构变化与积极老龄化

## （一）全球人口老龄化趋势

受人口预期寿命延长和出生率持续降低的影响，近几十年来，全球持续经历着前所未有的人口结构变化。2020 年，全球 65 岁及以上的老年人已达 7.27 亿人，2020 年至 2050 年三十年间，老年人口数还将翻一番，超过 15 亿人，65 岁及以上老年人占总人口的比重也将由 9.3% 上升至 16%；女性预期寿命高于男性的现实使得女性群体成为老年人尤其是高龄老年人中的主体。[①]

普遍而言，发达国家进入老龄社会更早，人口老龄化趋势长期持续，适应深度老龄化社会的基本建设和体制机制更加完善；而广大发展中国家，尽管进入老龄社会的时间晚于发达国家，积极老龄化的社会氛围和适老化建设仍不成熟，但老年人口总体规模更大、老龄化速度更快；多数欠发达国家，人口老龄化问题尚未显现，人口年龄结构相对年轻化。

具体而言，从世界主要经济体的人口老龄化趋势看，如图 7－1 所示，进入 21 世纪以来，欧盟国家 20 岁至 64 岁的劳动适龄人口增长乏力，在 2010 年前后开始呈现明显的下降趋势，与此相对应的是 65 岁及以上老年人口的持续增长，2020 年前后其占总人口的比重已超过 20%，进入超老龄化社会。[②]

从老年人口抚养比看，如图 7－2 所示，2010 年以前，除日本和欧盟的趋势线较早呈现陡峭的斜率，以较快的速度增长外，全球老年人口抚养比相对平缓。2010 年至 2035 年是全球人口老龄化高峰期的第一阶段，其中，中国表现得尤为明显，老年人口抚养比自 2020 年趋近 20% 后，至 2035 年，经过十五年时间将达到 35.1%，并最终在 2050 年达到 47.5%，即平均每两个 20 岁至 64 岁的劳动适龄人口赡养 1 个 65 岁及以上的老年人。

---

① United Nations Department of Economic and Social Affairs, *Population Division* (World Population-Ageing 2020 Highlights: Living arrangements of older persons, UN, 2020).

② 按照国际标准，社会人群中 60 岁及以上人口占总人口的比例达到 10%，或 65 岁及以上人口占比达到 7%，即为老龄化社会；65 岁及以上人口比例达到 14%，为深度老龄化社会，达到 20%，则进入超老龄化社会。

　　不论是人口老龄化高峰期的第一阶段还是第二阶段，日本和欧盟的趋势线一直持续向上，至 2050 年，老年人口抚养比将分别达到 80.7% 和 56.7%，几乎处于 1 个劳动适龄人口赡养 1 个老年人、不足两个劳动适龄人口赡养 1 个老年人的高压状态（见表 7 - 1）。美国在进入 2035 年的第二个人口老龄化高峰期后，老年人口抚养比较第一阶段呈现更平缓的增长趋势，总体来看，相比其他经济体，印度的老龄人口抚养比总体水平位于全球平均水平之下，至 2050 年略超 20%，即平均每 5 个劳动适龄人口赡养 1 个老年人，与中国 2020 年的水平相当。

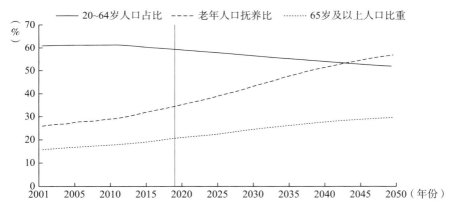

**图 7 - 1　2001 ~ 2050 年欧盟（EU）国家人口结构及老年人口抚养比**

注：老年人口抚养比 = 65 岁及以上老年人口数/20 ~ 64 岁劳动适龄人口数。

资料来源：欧盟数据库（Eurostat），截至 2022 年。

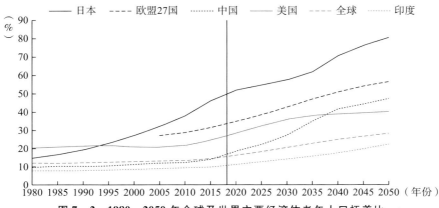

**图 7 - 2　1980 ~ 2050 年全球及世界主要经济体老年人口抚养比**

表 7 - 1    1980 ~ 2050 年全球及世界主要经济体老年人口抚养比

| | 1980年 | 1985年 | 1990年 | 1995年 | 2000年 | 2005年 | 2010年 | 2015年 | 2020年 | 2025年 | 2030年 | 2035年 | 2040年 | 2045年 | 2050年 |
|---|---|---|---|---|---|---|---|---|---|---|---|---|---|---|---|
| 欧盟 | – | – | – | – | – | 27.2 | 28.8 | 31.5 | 34.8 | 38.5 | 42.7 | 47.2 | 51.0 | 54.2 | 56.7 |
| 全球 | 12.1 | 11.9 | 12.0 | 12.4 | 12.8 | 13.2 | 13.2 | 14.3 | 16.3 | 18.2 | 20.5 | 22.9 | 25.0 | 26.6 | 28.4 |
| 中国 | 9.6 | 10.3 | 10.2 | 10.4 | 11.3 | 12.0 | 12.2 | 14.1 | 18.5 | 22.2 | 27.4 | 35.1 | 41.8 | 44.5 | 47.5 |
| 日本 | 14.7 | 16.6 | 19.3 | 22.8 | 27.3 | 32.1 | 37.9 | 46.2 | 52.0 | 54.8 | 57.7 | 62.0 | 70.7 | 76.3 | 80.7 |
| 印度 | 7.7 | 7.8 | 7.9 | 8.2 | 8.6 | 9.0 | 9.3 | 9.9 | 11.3 | 12.7 | 14.1 | 15.7 | 17.6 | 19.7 | 22.5 |
| 美国 | 20.4 | 20.8 | 21.6 | 21.7 | 20.9 | 20.7 | 21.8 | 24.6 | 28.4 | 32.5 | 36.0 | 38.1 | 39.0 | 39.5 | 40.4 |

注：老年人口抚养比 = 65 岁及以上老年人口数/20 ~ 64 岁人口数。

资料来源：2022 年欧盟数据库（Eurostat）。

### （二）积极老龄化及其发展

伴随人口老龄化的发展趋势，20 世纪 90 年代初，积极老龄化的概念被提出。它是以提高老年生活质量为目标，在保持良好的健康状态、积极的社会参与以及充足的安全感和获得感上不断优化的持续努力。在超越身体机能和社会劳动保持的传统内涵下，它更多指向了老年人群对社会、经济、文化、精神生活及公共事务的全方位参与。[①]

为度量各国积极老龄化水平，联合国根据积极老龄化的内涵和外延，基于不同年龄段老年人群的受雇情况、社会参与、自主生活能力与健康状况及生活保障程度、社会适老化水平及环境包容度四个维度构建了评估积极老龄化的指标体系，涉及 22 个指标（见表 7 - 2）。其中，（1）对受雇情况的评估是将老年人从 55 岁的活力型老人到 74 岁的高龄老人划分为 5 年一间距的四个年龄段；（2）社会参与，则包含自愿性的社会活动、对子女和孙辈的照顾、对弱病者和残障人士的照顾、政治生活参与四项指标；（3）自主生活能力、健康状况及生活保障程度这一维度，主要涉及身体锻炼、健康服务的可及性、独立生活能力、经济保障和金融支持、身体安全、终身学习六项指标；（4）社会适老化水平及环境包容度，则包含了生活期望、享有健康生活的期待、精神富足、信息技术及互联网工具的使用、社会联结、教育的获得

---

[①] World Health Organization, *Active Ageing: A Policy Framework*（World Health Organization, 2002）.

六项指标。① 不难看出，经济保障和金融支持成为积极老龄化的重要物质基础，也是促进多层次养老保障协同发展的基本目标。

从老龄社会发展更成熟的欧盟国家评分看，如表 7-2 所示，欧盟国家的积极老龄化水平，划分的四个维度，各国得分依次分布在 [20.2，45.4]、[9.7，27.0]、[57.7，79.2]、[44.6，71.2] 四个区间内。从综合评分来看，瑞典积极老龄化水平稳居第一，为 47.2 分，高于排名第二的丹麦 4.2 分；荷兰（42.7 分）、英国（41.3 分）、芬兰（40.8 分）、德国（39.6 分）和爱尔兰（39.1 分）五国紧随其后。从区域划分来看，普遍而言，北欧、西欧、中欧的积极老龄化水平评分更高，老龄社会发展和基础建设成熟度更高，老年人的健康状态、经济生活保障、社会参与、精神状态及生活自主性更好。

从单一维度表现上看，"自主生活能力、健康状况及生活保障程度"这一维度共计 6 项指标，是评价积极老龄化水平的重要标准，这一维度得分排名前四的国家为瑞典（79.2 分）、丹麦（78.4 分）、奥地利（77.7 分）、芬兰（77.6 分），以北欧国家居多；欧盟国家均值在 70.7 分的水平，荷兰（77.3 分）、法国（75.4 分）、英国（75.3 分）、爱尔兰（75.0 分）、德国（74.9 分）、卢森堡（74.2 分）和比利时（73.3 分）七国是位居芬兰之后高于欧盟平均水平的国家，西班牙、塞浦路斯、捷克、斯洛文尼亚四国与欧盟均值相当。

不难看出，积极老龄化综合得分排名靠前的国家，在受雇情况、自主生活能力与健康状况及生活保障程度、社会适老化水平及环境包容度三维度的得分也相应更高，但在"社会参与"这一维度上，部分国家呈现低值，如德国（15.9 分），低于欧盟国家平均水平（17.9 分）。

表 7-2　欧盟 28 国积极老龄化指数（Active Ageing Index，AAI）得分

| 国　家 | 分维度得分 | | | | 总计 得分 |
| --- | --- | --- | --- | --- | --- |
| | 受雇情况 | 社会参与 | 自主生活能力、健康状况及生活保障程度 | 社会适老化水平及环境包容度 | |
| 比利时 | 23.8 | 27.0 | 73.3 | 62.8 | 37.7 |
| 保加利亚 | 30.5 | 9.7 | 66.2 | 55.9 | 31.8 |

① United Nations, 2018 *Active Ageing Index Analytical Report*（United Nations, 2019）.

续表

| 国　家 | 分维度得分 | | | | 总计得分 |
|---|---|---|---|---|---|
| | 受雇情况 | 社会参与 | 自主生活能力、健康状况及生活保障程度 | 社会适老化水平及环境包容度 | |
| 捷克 | 34.2 | 16.2 | 71.4 | 58.7 | 36.5 |
| 丹麦 | 40.6 | 21.7 | 78.4 | 66.5 | 43.0 |
| 德国 | 39.4 | 15.9 | 74.9 | 63.6 | 39.6 |
| 爱沙尼亚 | 44.5 | 14.3 | 66.5 | 53.2 | 37.9 |
| 爱尔兰 | 35.4 | 18.8 | 75.0 | 63.2 | 39.1 |
| 希腊 | 20.6 | 11.8 | 63.9 | 50.0 | 27.7 |
| 西班牙 | 25.7 | 16.2 | 71.6 | 59.7 | 33.7 |
| 法国 | 26.9 | 26.2 | 75.4 | 62.2 | 38.6 |
| 克罗地亚 | 21.2 | 15.8 | 64.2 | 49.4 | 29.3 |
| 意大利 | 28.0 | 17.3 | 68.0 | 55.9 | 33.8 |
| 塞浦路斯 | 30.8 | 19.4 | 71.5 | 54.9 | 35.7 |
| 拉脱维亚 | 37.9 | 17.8 | 57.7 | 50.2 | 35.3 |
| 立陶宛 | 37.9 | 11.1 | 65.3 | 48.5 | 33.4 |
| 卢森堡 | 20.2 | 23.8 | 74.2 | 62.2 | 35.2 |
| 匈牙利 | 27.5 | 11.6 | 65.6 | 51.0 | 30.5 |
| 马耳他 | 25.6 | 20.9 | 70.6 | 60.5 | 35.4 |
| 荷兰 | 36.3 | 26.6 | 77.3 | 64.7 | 42.7 |
| 奥地利 | 27.2 | 18.8 | 77.7 | 60.0 | 35.8 |
| 波兰 | 26.5 | 13.1 | 66.1 | 52.7 | 31.0 |
| 葡萄牙 | 33.4 | 11.9 | 67.7 | 54.2 | 33.5 |
| 罗马尼亚 | 28.9 | 13.6 | 63.7 | 44.6 | 30.2 |
| 斯洛文尼亚 | 21.3 | 15.7 | 71.0 | 55.5 | 31.1 |
| 斯洛伐克 | 26.3 | 16.1 | 69.2 | 52.9 | 32.3 |
| 芬兰 | 35.7 | 22.6 | 77.6 | 63.1 | 40.8 |
| 瑞典 | 45.4 | 26.0 | 79.2 | 71.2 | 47.2 |
| 英国 | 39.3 | 20.7 | 75.3 | 63.9 | 41.3 |
| 欧盟均值 | 31.1 | 17.9 | 70.7 | 57.5 | 35.7 |

资料来源：United Nations, *2018 Active Ageing Index Analytical Report*（United Nations, 2019）。

## 二 全球多层次养老保障体系的制度架构与运行现状

多层次养老保障协同发展，其本质是以制度可持续为目标的政府与市场关系的动态优化。从养老资源优化配置和责任履行的角度，体现的是政府举办的公共养老保障制度与私人养老储蓄制度的协同，是强制性保障与自愿性保障的匹配组合。为此，世界各国普遍建立的强制性养老保障制度，为广泛的社会群体积极应对老年风险提供了基本的资源和保险保障通道；同时，为有效应对长寿风险、保证老年收入的充足，各国积极鼓励自愿性养老储蓄制度发展，以拓宽养老保障来源，提升总体老年保障水平。事实上，养老保障体系的"多层次"架构设计并非普适，它提供的仅仅是一个政策组合的可能性框架，各国更多的是根据本国资本市场、制度历史路径、改革目标、财政及行政管理结构等情况选择合适的制度，推进多层次改革。① 普遍而言，各国养老保障制度架构中，通常包括强制性保障与自愿养老储蓄两个部分的内容。

### （一）多层次养老保障体系中的强制保障

人口老龄化对全球经济社会发展产生着广泛影响，也重塑着老年社会的生产生活方式、家庭构成和生活安排。从相关历史数据来看，包括西欧和美国在内的多数发达国家，代际赡养和多代家庭成员共同居住的比例急剧降低，更多老年人单独居住或是仅仅与同样年老的配偶、尚未结婚的子女居住在一起，家庭脆弱性明显，这使得社会化养老保障支持不可或缺。

从全球各地区人口老龄化发展看，欧洲是最早进入深度老龄化社会且老龄化水平较高的地区，社会抚养比高，法定养老保障健全，呈现多元福利的特征。美洲国家人口老龄化水平和社会抚养比较欧洲低，北美国家私人养老金市场发达；养老金私有化改革趋势下，拉美国家一度呈现向基金制转型的制度特征，建立强制性职业年金计划和个人账户养老金计划的国家较多。亚太地区国家内部发展差异大，有以日本为代表的东亚国家，人口老龄化水平和社会抚养比较高，法定养老保险制度相对健全；也存在东

---

① Holzmann, R., Packard, T. and Cuesta, J., "*Extending Coverage in Multi-Pillar Pension Systems: Constraints and Hypotheses, Preliminary Evidence and Future Research Agenda,*" World Bank Group, 2000.

南亚、南亚等地区人口年龄结构年轻化，法定保险保障制度仍待建设。非洲国家人口年龄结构普遍年轻化，因此，该地区高水平的社会抚养比主要集中于对少年人口的抚养，强制性的养老保障制度建设相对薄弱。

1. 欧洲国家和地区①

（1）老龄化程度和社会抚养比普遍较高

欧洲国家和地区进入老龄社会早，老年风险保障制度相对完备。从人口老龄化程度看，欧洲约90%国家和地区65岁及以上人口占总人口的比例超14%，普遍进入深度老龄化社会，其中，芬兰、瑞典、保加利亚、希腊、意大利、葡萄牙、摩纳哥、马恩岛、德国9个国家和地区已进入超老龄化社会。约64%的欧洲国家和地区社会抚养比已普遍超过50%，摩纳哥（75.1%）、法国（60.8%）、芬兰（60.3%）、瑞典（60.1%）、马恩岛157.8%意大利（57.6%）5国的社会抚养比居欧洲国家和地区前六。由于老龄化程度高、人口预期寿命长，欧洲国家法定退休年龄也普遍较高，多数在65岁及以上，冰岛、挪威、希腊、意大利、葡萄牙等国在2018年前后法定退休年龄已到达到67岁。欧洲大多数国家男性和女性的法定退休年龄基本一致，部分东欧国家存在差别，女性法定退休更早，甚至低于60岁。

（2）较高费率水平的法定养老保险普遍建立

以此为背景下，第一层次的法定养老保险是欧洲各国普遍建立的基本制度，并以养老、遗嘱、残障保险的形式鼓励雇主和雇员共同缴费，雇主缴费高于雇员。从费率水平看，养老保险综合费率在社会保险总费率中占有较大比重，甚至在许多国家接近于社会保险总费率。

西欧国家的法定养老保险费率呈现"一低一高"两趋势。一是爱尔兰、卢森堡和安道尔等国费率较低，卢森堡个人费率8%，安道尔雇主费率16.5%，为低费率国家中雇主和雇员缴费的上限；二是法国、英国、荷兰等国社会保险总费率和养老保险费率较高，其中，法国和荷兰总费率达到47.4%和38.14%，养老保险费率分别为25.5%和24.27%，但荷兰个人养老保险费率占到了18%。

中欧国家中，除瑞士养老保险费率偏低，其他国家均在18.6%至29.5%

---

① 国家含地区，为论述方便，用国家代替，后文不再赘述。

之间，其中总费率相对低的德国为18.6%，匈牙利29.5%的总费率为该区域最高。相比之下，养老保险缴费雇主承担更多，个人缴费最高为列支敦士登，为12.7%。

南欧国家，除塞浦路斯、保加利亚、马耳他等国养老保险费率相对偏低外，西班牙、葡萄牙、意大利等国均设置了20%以上的高费率，但养老保险缴费多由雇主承担，西班牙个人缴费率最低，为4.7%，但雇主缴费占23.6%；葡萄牙个人缴费率最高，为11%。

东欧国家费率水平分布在25%以上，其中克罗地亚和土耳其的费率最低，为20%，俄罗斯和乌克兰个人无须缴费；克罗地亚、罗马尼亚雇主无须缴费；总费率最高的为拉脱维亚，达35.09%，个人费率最高的为罗马尼亚，达25%，雇主费率最高的为白俄罗斯，达28%（见表7-3）。

表7-3　欧洲国家和地区法定基本养老保险及相关参数

单位：%，岁

| 国家和地区 | | 65岁及以上老年人口占比 | 社会抚养比 | 总费率（雇员/雇主） | 养老、遗嘱、残障保险（雇员/雇主） | 法定退休年龄 | |
| --- | --- | --- | --- | --- | --- | --- | --- |
| | | | | | | 男 | 女 |
| 北欧 | 丹麦 | 19.7 | 52.5 | 8[bc]<br>（8[b]/0[bc]） | 0[b] | 65 | 65 |
| | 芬兰 | 21.2 | 60.3 | 27.24[b]<br>（7.88[b]/19.36） | 24.1<br>（6.35/17.75） | 65 | 65 |
| | 冰岛 | 14.4 | 52.7 | 19.35<br>（4/15.35） | 19.35<br>（4/15.35） | 67 | 67 |
| | 挪威 | 16.8 | 52.9 | 24.3[c]<br>（8.2/16.1[c]） | 24.3<br>（8.2/16.1） | 67 | 67 |
| | 瑞典 | 20.0 | 60.1 | 27.97<br>（7/20.97） | 17.91[a]<br>（7/10.91[a]） | e | e |
| 东欧 | 阿尔巴尼亚 | 13.2 | 44.1 | 24.5<br>（9.49/15.01） | 21.6<br>（8.8/12.8） | 65 | 60.66 |
| | 白俄罗斯 | 14.8 | 46.1 | 35.3<br>（1/34.3） | 29<br>（1/28） | 61 | 56 |

| 国家和地区 | | 65 岁及以上老年人口占比 | 社会抚养比 | 总费率（雇员/雇主） | 养老、遗嘱、残障保险（雇员/雇主） | 法定退休年龄 | |
|---|---|---|---|---|---|---|---|
| | | | | | | 男 | 女 |
| 东欧 | 克罗地亚 | 19.7 | 56.6 | 37.2 (20/17.2) | 20 (20/0) | 65 | 62 |
| | 爱沙尼亚 | 19.5 | 55.8 | 37.4 (3.6/33.8) | 22 (2/20) | 63.5 | 63.5 |
| | 拉脱维亚 | 19.8 | 54.2 | 35.09 (11/24.09) | 35.09 (11/24.09) | 63.25 | 63.25 |
| | 立陶宛 | 19.0 | 51.1 | 30.48 (3/22.3) | 25.3 (3/22.3) | 63.67 | 62.33 |
| | 摩尔多瓦 | 10.9 | 36.2 | 29 (6/23) | 29 (6/23) | 62.33 | 57.5 |
| | 罗马尼亚 | 17.9 | 49.5 | 27.25 (25/2.25) | 25 (25/0) | 65 | 60.75 |
| | 俄罗斯 | 14.2 | 46.6 | 25.1 (0/25.1) | 22 (0/22) | 60 | 55 |
| | 塞尔维亚 | 17.4 | 51.1 | 37.8 (19.9/17.9) | 26 (14/12) | 65 | 62 |
| | 斯洛文尼亚 | 19.1 | 51.6 | 38.2 (22.1/16.1) | 24.35 (15.5/8.85) | 65 | 64 |
| | 土耳其 | 8.2 | 49.5 | 25 (10/15) | 20 (9/11) | 60 | 58 |
| | 乌克兰 | 16.5 | 47.0 | 22 (0/22) | 22 (0/22) | 60 | 57 |
| 南欧 | 保加利亚 | 20.8 | 53.9 | 24.7 (10.58/14.12) | 19.8 (8.78/11.02) | 64.08 | 61.17 |
| | 塞浦路斯 | 13.4 | 43.4 | 15.6 (7.8/7.8) | 15.6 (7.8/7.8) | 65 | 65 |
| | 希腊 | 20.4 | 52.9 | 28.12[b] (7.07/21.05[b]) | 20 (6.67/13.33) | 67 | 67 |

续表

| 国家和地区 | | 65 岁及以上老年人口占比 | 社会抚养比 | 总费率（雇员/雇主） | 养老、遗嘱、残障保险（雇员/雇主） | 法定退休年龄 | |
|---|---|---|---|---|---|---|---|
| | | | | | | 男 | 女 |
| 南欧 | 意大利 | 23.0 | 57.6 | 38.66[b]<br>（9.19[b]/29.47） | 33<br>（9.19/23.81） | 66.58 | 66.58 |
| | 马耳他 | 19.4 | 51.2 | 20<br>（10/10） | 20<br>（10/10） | 62 | 62 |
| | 葡萄牙 | 21.5 | 54.2 | 34.75[c]<br>（11/23.75[c]） | 34.75<br>（11/23.75） | 66.33 | 66.33 |
| | 圣马力诺 | 19.6 | 53.3 | 42.7<br>（7.9/34.8） | 25.5<br>（7.4/18.1） | 65 | 65 |
| | 西班牙 | 19.4 | 51.8 | 37.33<br>（6.25/31.08） | 28.3<br>（4.7/23.6） | 65.5 | 65.5 |
| 西欧 | 安道尔 | 15.6 | 42.9 | 22<br>（6.5/16.5） | 22<br>（6.5/16.5） | 65 | 65 |
| | 比利时 | 18.6 | 55.4 | 23.52<br>（9.52/14） | 16.36[a]<br>（7.5/8.86） | 65 | 65 |
| | 法国 | 19.7 | 60.8 | 47.4[c]<br>（11.35/36.05[c]） | 25.5<br>（10.4/15.1） | 62 | 62 |
| | 爱尔兰 | 13.9 | 55.2 | 12.6<br>（4/8.6） | 12.6<br>（4/8.6） | 66 | 66 |
| | 卢森堡 | 14.3 | 44.4 | 17.4[b]<br>（8.25[b]/9.16） | 16<br>（8/8） | 65 | 65 |
| | 摩纳哥 | 32.2 | 75.1 | 29.72[c]<br>（6.55/23.17[c]） | 14.62[a]<br>（6.55[a]/8.07[a]） | 65 | 65 |
| | 荷兰 | 18.8 | 54.3 | 38.14<br>（27.65/10.49） | 24.27<br>（18/6.27） | 66 | 66 |
| | 英国 | 18.5 | 56.8 | 29.75[b]<br>（14.05/15.7[b]） | 25.8<br>（12/13.8） | 65 | 63 |
| | 格恩西岛 | 19.6 | 51.7 | 13.2<br>（6.6/6.6） | 13.2<br>（6.6/6.6） | 65 | 65 |

续表

| 国家和地区 | | 65 岁及以上老年人口占比 | 社会抚养比 | 总费率（雇员/雇主） | 养老、遗嘱、残障保险（雇员/雇主） | 法定退休年龄 男 | 法定退休年龄 女 |
|---|---|---|---|---|---|---|---|
| 西欧 | 马恩岛 | 20.4 | 57.8 | 23.8 (11/12.8) | 23.8 (11/12.8) | 65 | 63 |
| 西欧 | 泽西岛 | 16.3 | 48.3 | 12.5 (6/6.5) | 12.5 (6/6.5) | 65 | 65 |
| 中欧 | 奥地利 | 19.2 | 49.9 | 41.65 (17.03/24.62) | 22.8 (10.25/12.55) | 65 | 60 |
| 中欧 | 捷克 | 19.0 | 51.1 | 31.78 (6.5/25.28) | 28 (6.5/21.5) | 63.17 | 62.67 |
| 中欧 | 德国 | 21.5 | 52.7 | 39.93 (19.37/20.55) | 18.6 (9.3/9.3) | 65.58 | 65.58 |
| 中欧 | 匈牙利 | 18.6 | 49.0 | 34 (14.5/19.5) | 29.5 (10/19.5) | 63.5 | 63.5 |
| 中欧 | 列支敦士登 | 17.4 | 48.5 | 30[bc] (14.7/15.3[bc]) | 25.6 (12.7/12.9) | 65 | 65 |
| 中欧 | 波兰 | 16.8 | 52.9 | 32.82 (13.71/19.11) | 27.52 (11.26/16.26) | 65 | 60 |
| 中欧 | 斯洛伐克 | 15.1 | 43.8 | 29.6 (9.4/20.2) | 24 (7/17) | 62.38 | 62.38 |
| 中欧 | 瑞士 | 18.4 | 49.9 | 19.55[bc] (9.72[bc]/9.82[bc]) | 16.8 (8.4/8.4) | 65 | 64 |

注：（1）a 代表该项目合并在其他项目中；b 代表非标准融资，分类别的缴费标准较多；c 代表雇主直接向被保险人支付全部费用或提供福利；e 代表退休年龄完全灵活。（2）社会抚养比，指 14 岁及以下和 65 岁及以上人口之和，与 15～64 岁的劳动适龄人口的比值。（3）多数国家在法定退休年龄之外均设置有提前退休年龄。（4）塞浦路斯，属于亚、非、欧海上交通要塞交界处的地中海岛国。部分资料显示其地理上属于亚洲，但该国于 2004 年 5 月 1 日加入欧盟，且在原资料的欧洲板块出现。为方便分析，以经济地理为标准，本书表中将其归属为南欧岛国。

资料来源：SSA, ISSA, *Social Security Programs throughout the World：The Europe*, 2018（SSA Publication, No. 13 - 11801, 2018）。

### （3）多层次体系下的强制保障项目类别全面

欧洲国家的强制性老年保障项目相对全面，如表 7 - 4 所示。一是北欧五国，普遍建立有普惠式的国民年金制度，其余国家大多以缴费的收入关联型养老金计划和非缴费的家计调查型养老金计划为主，部分国家为参保者在缴费计划框架内提供了均一制养老金，以保障其基本收入；二是冰岛、挪威、法国、列支敦士登、瑞士5国建立有强制性的职业年金；三是瑞典、克罗地亚、爱沙尼亚、拉脱维亚、罗马尼亚、俄罗斯、保加利亚、圣马力诺、波兰和斯洛伐克10国建立有强制性的个人账户养老金计划。

强有力的"零支柱"和"一支柱"为国民提供全面的基本保障。欧洲国家多数以福利国家模式为基础，为低收入老年群体和全体国民提供基本保障。其中，占比最大的是收入关联型养老金计划和家计调查型养老金计划，两类组合项目基本覆盖欧洲所有国家。芬兰、挪威、瑞典、希腊等国家在缴费型养老金计划基础上，为国民提供非缴费普惠型养老金，是福利国家的典型；卢森堡、波兰、斯洛伐克等国都建立了政府提供的最低养老金。值得注意的是，位于南欧地区的马耳他不仅提供普遍的收入关联型养老金和家计调查型养老金，还同时为国民提供均一制养老金和普惠式国民年金，强化了强制性养老金计划的基本保障功能。

表 7-4　欧洲国家和地区强制性养老保障制度建立情况

| 国家和地区 | | 零支柱 | | 一支柱 | | 二支柱 | | 三支柱 |
|---|---|---|---|---|---|---|---|---|
| | | 非缴费型计划 | | 缴费型计划 | | 强积金[a] | 职业/企业年金 | 个人账户养老金计划 |
| | | 家计调查型养老金 | 国民年金/普惠型养老金 | 均一制/基础养老金 | 收入关联型养老金 | | | |
| 北欧 | 丹麦 | | √[c] | | √ | | | |
| | 芬兰 | √ | √[c] | | √ | | | |
| | 冰岛 | √ | √[c] | | √ | | √ | |
| | 挪威 | | √[c] | | √ | | √ | |
| | 瑞典 | | √[c] | | √ | | | √ |
| 东欧 | 阿尔巴尼亚 | √ | | | √ | | | |
| | 白俄罗斯 | √ | | √[b] | √[b] | | | |
| | 克罗地亚 | | | | √ | | | √ |
| | 爱沙尼亚 | √ | | √[b] | √[b] | | | √ |
| | 拉脱维亚 | √ | | | √ | | | √ |

| 国家和地区 | | 零支柱 | | 一支柱 | | 二支柱 | | 三支柱 |
|---|---|---|---|---|---|---|---|---|
| | | 非缴费型计划 | | 缴费型计划 | | | | |
| | | 家计调查型养老金 | 国民年金/普惠型养老金 | 均一制/基础养老金 | 收入关联型养老金 | 强积金ª | 职业/企业年金 | 个人账户养老金计划 |
| 东欧 | 立陶宛 | √ | | √b | √b | | | |
| | 摩尔多瓦 | √ | | | √ | | | |
| | 罗马尼亚 | | | | √ | | | √ |
| | 俄罗斯 | √ | | √b | √b | | | √ |
| | 塞尔维亚 | | | | √ | | | |
| | 斯洛文尼亚 | | | | √ | | | |
| | 土耳其 | | | | √ | | | |
| | 乌克兰 | √ | | | √ | | | |
| 南欧 | 保加利亚 | √ | | | √ | | | √ |
| | 塞浦路斯 | √ | | | √ | | | |
| | 希腊 | √ | √ | | √ | | | |
| | 意大利 | √ | | | √d | | | |
| | 马耳他 | √ | √ | √ | √ | | | |
| | 葡萄牙 | √ | | | √ | | | |
| | 圣马力诺 | √ | | √b | √b | | | √ |
| | 西班牙 | √ | | | √ | | | |
| 西欧 | 安道尔 | √ | | | √ | | | |
| | 比利时 | √ | | | √ | | | |
| | 法国 | √ | | | √ | | √ | |
| | 爱尔兰 | √ | | √ | | | | |
| | 卢森堡 | | | √b,d | √b,d | | | |
| | 摩纳哥 | √ | | | √ | | | |
| | 荷兰 | √ | | √ | | | | |
| | 英国 | √ | | √ | √ | | | |
| | 格恩西岛 | | | √ | | | | |
| | 马恩岛 | | | √ | √ | | | |
| | 泽西岛 | | | √ | | | | |

续表

| 国家和地区 | | 零支柱 | | 一支柱 | | 二支柱 | | 三支柱 |
|---|---|---|---|---|---|---|---|---|
| | | 非缴费型计划 | | 缴费型计划 | | 强积金a | 职业/企业年金 | 个人账户养老金计划 |
| | | 家计调查型养老金 | 国民年金/普惠型养老金 | 均一制/基础养老金 | 收入关联型养老金 | | | |
| 中欧 | 奥地利 | √ | | | √ | | | |
| | 捷克 | | | √b | √b | | | |
| | 德国 | √ | | | √ | | | |
| | 匈牙利 | | | | √ | | | |
| | 列支敦士登 | | | | √ | | √ | |
| | 波兰 | | | √b | √b,d | | | √c |
| | 斯洛伐克 | | | | √d | | | √ |
| | 瑞士 | | | √b | √b | | √ | |

注：（1）a 代表欧洲没有强积金计划；b 代表养老金公式包含统一费率部分和收入关联因素；c 指国民年金/普惠型养老金的收支与缴费无关，但额度有所差异；d 指政府提供有保障的最低养老金。（2）本表包括本书区分使用的"多层次"和"多支柱"以及"一/二/三层次"和"一/二/三"支柱，前者侧重不同养老金计划的层次性、顺序性和目标定位的差异，后者仅指作为老年保障项目之一的养老金计划本身，以所在层次的序号进行区分。

资料来源：SSA，ISSA，*Social Security Programs Throughout the World：The Europe*，2018（SSA Publication，No. 13 – 11801，2018）。

2. 美洲国家和地区

（1）老龄化程度和社会抚养比低于欧洲

美洲国家和地区的人口老龄化水平远低于欧洲，大多数美洲国家刚刚进入老龄社会，65 岁及以上老年人口比重低于 14%；7 个国家 65 岁及以上老年人口比重仍在 7% 以下，尚未进入老龄社会；进入深度老龄社会的国家和地区仅 6 个，包括美国（15.8%）、加拿大（17.2%）、乌拉圭（14.8%）、巴巴多斯（15.8%）、百慕大群岛（19.7%）、古巴（15.2%）。尽管美洲国家和地区老龄化程度相对较低，然而大多数国家和地区社会抚养比仍在 50% 上下，约 2 个 15～64 岁的劳动适龄人口需要抚养 1 个幼小和老年人群。

（2）较低费率水平的法定养老保险普遍建立

美洲国家和地区普遍建立有法定养老保险制度，由于私人养老金在个人养老保障中权重更大，因此强制性保障水平较低，费率也普遍低于欧洲国家，各国缴费差异明显。美国（12.4%）和加拿大（10.2%）处于中等偏下水平，拉美地区从5.5%到28%不等。其中，养老保险缴费率为10%及以下的有14个国家地区，10%~20%的国家和地区有18个，20%及以上的有5个。巴拉圭养老保险缴费率相对较高，达23%，而牙买加和危地马拉仅为5.5%。雇主缴费率也呈现较大差距，秘鲁雇主未匹配缴费，而巴西雇主缴费高达20%。

与欧洲不同，受养老金私有化和结构化改革的影响，美洲国家和地区更多鼓励个人缴费，拉美地区的秘鲁、乌拉圭、智利、巴拿马等国的总费率和养老费率，雇主缴费均低于雇员，阿根廷、巴巴多斯、厄瓜多尔、玻利维亚四国雇员缴纳养老保险费也高于雇主。美洲地区绝大部分国家和地区法定退休年龄在65岁左右，海地退休年龄最低，为55岁（见表7-5）。

表7-5 美洲国家和地区法定基本养老保险及相关参数

单位：%，岁

| 国家和地区 | | 65岁及以上老人占比 | 社会抚养比 | 总费率（雇主/雇员） | 养老、遗嘱、残障保险（雇主/雇员） | 法定退休年龄 | |
|---|---|---|---|---|---|---|---|
| | | | | | | 男 | 女 |
| 美加地区 | 美国 | 15.8 | 52.7 | 14.3[b]（8.1[b]/6.2） | 12.4（6.2/6.2） | 66 | 66 |
| | 加拿大 | 17.2 | 49.5 | 14.088[c]（7.368[c]/6.72） | 10.2（5.1/5.1） | 65 | 65 |
| 拉美地区 | 哥斯达黎加 | 9.5 | 44.7 | 34.42[b]（24.08[b]/10.34） | 13.17（8.33/4.84[a]） | 65 | 65 |
| | 哥伦比亚 | 8.5 | 46.1 | 32.848[c]（24.848[c]/8） | 16（12.0/4.0） | 62 | 57 |
| | 巴西 | 8.9 | 43.4 | 29（21/8） | 28（20/8） | 65 | 60 |
| | 阿根廷 | 11.1 | 56.0 | 27.23[b]（16.23[b]/11） | 21.74（10.74/11.0） | 65 | 60 |
| | 阿鲁巴岛 | 13.6 | 45.7 | 25.45[b]（16.95[b]/8.5） | 22.5（14.0/8.5） | 62.5 | 62.5 |
| | 秘鲁 | 8.1 | 51.2 | 22.63[b,c]（9.63[b,c]/13） | 13（0/13） | 65 | 65 |

续表

| 国家和地区 | | 65 岁及以上老人占比 | 社会抚养比 | 总费率（雇主/雇员） | 养老、遗嘱、残障保险（雇主/雇员） | 法定退休年龄 | |
|---|---|---|---|---|---|---|---|
| | | | | | | 男 | 女 |
| 拉美地区 | 乌拉圭 | 14.8 | 54.9 | 22.5[b]（7.5[b]/15） | 22.5（7.5/15） | 60 | 60 |
| | 智利 | 11.5 | 45.5 | 22.46[b]（4.86[b]/17.6） | 10.53（1.53/10） | 65 | 60 |
| | 巴巴多斯 | 15.8 | 49.6 | 21.85（11.75/10.1） | 17.6（8.75/8.85） | 67 | 67 |
| | 厄瓜多尔 | 7.2 | 54.3 | 21.16[b]（12.42[b]/8.74） | 8.96（2.22/6.74） | 60 | 60 |
| | 委内瑞拉 | 7.3 | 53.7 | 16.25[b]（11.75[b]/4.5） | 13（9.0/4.0） | 60 | 55 |
| | 洪都拉斯 | 4.7 | 57.3 | 15.48[b]（10.48[b]/5） | 6（3.5/2.5） | 65 | 60 |
| | 巴拿马 | 8.1 | 54.2 | 14[b,c]（4.25[b,c]/9.75） | 13.5（4.25/9.25） | 62 | 57 |
| | 玻利维亚 | 7.2 | 62.0 | 39.92[b]（27.71[b]/12.21） | 15.21（3/12.21） | 60 | 60 |
| | 尼加拉瓜 | 5.2 | 54.9 | 28.5（21.5/7） | 17.25（12.5/4.75） | 60 | 60 |
| | 萨尔瓦多 | 8.3 | 54.8 | 25.5（15.25/10.25） | 15（7.75/7.25） | 60 | 55 |
| | 巴拉圭 | 6.4 | 55.9 | 25.5b（16.5b/9） | 23（14.0/9.0） | 60 | 60 |
| | 多米尼加 | 12.1 | 50.4 | 21.3（15.39/5.91） | 9.97（7.1/2.87） | 64 | 64 |
| | 圭亚那 | 6.5 | 53.1 | 14（8.4/5.6） | 14（8.4/5.6） | 65 | 65 |
| | 特立尼达和多巴哥 | 10.7 | 45.3 | 13.2[b]（8.8[b]/4.4） | 13.2（8.8/4.4） | e | e |

| 国家和地区 | | 65 岁及以上老人占比 | 社会抚养比 | 总费率（雇主/雇员） | 养老、遗嘱、残障保险（雇主/雇员） | 法定退休年龄 | |
|---|---|---|---|---|---|---|---|
| | | | | | | 男 | 女 |
| 拉美地区 | 墨西哥 | 7.2 | 51.0 | 11.1<br>（9.1/2） | 8.65<br>（6.9/1.75） | 68 | 68 |
| | 百慕大群岛 | 19.7 | 57.3 | 10[b,c]<br>（5[b,c]/5[c]） | 10[c]<br>（5[c]/5[c]） | 65 | 65 |
| | 巴哈马 | 7.3 | 42.3 | 9.8<br>（5.9/3.9） | 9.8<br>（5.9/3.9） | 65 | 65 |
| | 牙买加 | 8.8 | 48.3 | 5.5[b]<br>（2.75[b]/2.75） | 5.5<br>（2.75/2.75） | 65 | 65 |
| | 古巴 | 15.2 | 45.8 | 17<br>（14.5/2.5） | 17<br>（14.5/2.5） | 65 | 60 |
| | 危地马拉 | 4.8 | 64.6 | 15.5<br>（10.67/4.83） | 5.5<br>（3.67/1.83） | 60 | 60 |
| | 安提瓜岛和巴布达 | 8.8 | 44.7 | 13.0[b]<br>（7.5[b]/5.5） | 13<br>（7.5/5.5） | 62 | 62 |
| | 圣卢西亚岛 | 9.8 | 39.5 | 10<br>（5.0/5.0） | 10<br>（5.0/5.0） | 65 | 65 |
| | 圣文森特和格林纳丁斯 | 9.6 | 47.3 | 10<br>（5.5/4.5） | 10<br>（5.5/4.5） | 62 | 62 |
| | 格林纳达 | 9.6 | 49.7 | 9[b]<br>（5[b]/4） | 8<br>（4.0/4.0） | 60 | 60 |
| | 英属维尔京群岛 | 10.1 | 36.4 | 8.5<br>（4.5/4.0） | 8.5<br>（4.5/4.0） | 65 | 65 |
| | 海地 | 11.12 | 4.9 | 20<br>（11.0/9.0） | 12<br>（6.0/6.0） | 55 | 55 |
| | 多米尼加岛 | 12.1 | 50.4 | 12.75<br>（6.75/6） | 12.75<br>（6.75/6.0） | 64 | 64 |
| | 圣基茨和尼维斯 | 10.0 | 42.6 | 11<br>（6.0/5.0） | 10<br>（5.0/5.0） | 62 | 62 |

| 国家和地区 | | 65 岁及以上老人占比 | 社会抚养比 | 总费率（雇主/雇员） | 养老、遗嘱、残障保险（雇主/雇员） | 法定退休年龄 | |
|---|---|---|---|---|---|---|---|
| | | | | | | 男 | 女 |
| 拉美地区 | 苏里南 | 6.9 | 51.7 | $9^b$<br>(6.5$^b$/2.5) | 9<br>(6.5/2.5) | 60 | 60 |
| | 伯利兹 | 4.7 | 53.9 | c<br>（c/c） | c<br>（c/c） | 65 | 65 |

注：（1）表中以受雇者群体（如工薪族）为代表，不体现自雇人士和政府资助项目的缴款率。（2）a 指部分或所有福利由其他项目提供资金；b 指雇主直接向被保险人支付全部费用或提供福利；c 指没有统一标准的缴费信息；e 代表退休年龄完全灵活。

资料来源：SSA，ISSA，*Social Security Programs Throughout the World：The Americas*，2019（SSA Publication，No. 13 – 11804，2020）。

（3）强制性的私人养老金制度一度成为部分国家养老保障的主体

如表 7 - 6 所示，与北欧福利国家模式不同，美洲地区养老保险制度私有化特征明显，仅加拿大、圭亚那、苏里南、墨西哥、玻利维亚建立了有条件限制的普惠型养老金；均一制养老金提供较少；相反，智利、秘鲁、墨西哥等 11 个拉美国家均建立了强制性的个人账户养老金计划，且逐渐向新人关闭收入关联型公共养老金计划的准入通道。普遍而言，家计调查型养老金和收入关联型养老金计划仍是美洲地区的基本制度。

①美加两国的基本养老保险制度

美国的基本养老保险制度（简称 OASDI）是全国性的，基本实现了对就业人员的全覆盖。制度主要由养老及遗嘱保险（OASI）、残障保险（DI）两部分构成，覆盖企业雇员（包括年收入为 2100 美元）、对部分群体有年净收入限制要求，宗教团体成员、非居民雇员和临时工，以及在外国政府或组织注册教育机构工作的学生不被该制度覆盖。该制度采取了专项税收保障模式，资金来源于雇主和雇员共同缴纳的工薪税（Payroll Tax），由 OASDI 信托基金统一管理。

加拿大的基本养老保障计划主要包括以下三类。一是全国统一的联邦退休金计划（Canada Pension Plan，CPP）。二是具有区域特征的退休金计划，典型的如魁北克退休金计划（适用于魁北克地区）（Quebec Pension Plan，QPP）或与其相似的区域性计划。全国性养老金计划适用于 18 至 69 岁之间在加拿大工作的雇员及自雇者，临时工及年收入低于 3500 加元的雇员未被包括在联邦退休金计划内。不论是全国统一的联邦计划还是区域性计划，均由雇主和雇员共同缴费。如果加拿大全境某地区建立了与 QPP 相当的计划，雇员则可以选择退出 CPP，退休金可以在两个计划之间转移。三是由政府供款、仅适用于加拿大合法居民的老年保障计划（Old-Age Security，OAS），该计划包括普惠型的老年津贴和老年救助计划。

②收入关联型养老金与家计调查型养老金仍是各国基本制度

拉美国家和地区建立缴费型养老金计划的国家有 34 个，其中，仅阿根廷、牙买加在建立收入关联型养老金的基础上同时提供了均一制养老金，而委内瑞拉、百慕大群岛和阿鲁巴岛只建立了均一给付的基础养老金计划。建立非缴费型养老金计划的国家有 28 个，除了圭亚那、苏里南、墨西哥、玻利维亚建立了普惠型养老金，其他拉美国家和地区的零支柱养老保障基本由家计调查型养老金供给。

③强制性个人账户养老金计划一度成为养老金私有化改革的典型

在全球私有化浪潮和自由主义的影响下，一度盛行于拉美地区的强制性基金制养老金制度转轨，成为全球养老保障改革的焦点。百慕大群岛和阿鲁巴岛两国将职业年金确定为强制性养老保障，要求雇主为雇员匹配供款。养老金私有化改革最具有代表性的是 1981 年在智利进行的基金制改革，通过建立了个人账户，强制缴费完全积累的私人养老金计划建立，对激发劳动力市场活力、活跃资本市场发挥了阶段性的积极作用。部分拉美国家和地区一度效仿智利模式，掀起了盛极一时的养老金私有化改革。尽管目前多数国家又将强制性的基金积累模式调整回现收现付，然而 2018 年前后，巴拿马、乌拉圭、哥斯达黎加、智利等 11 个国家都曾普遍推广强制性的个人养老金制度。

表 7 - 6　美洲国家和地区强制性养老保障制度建立情况

| 国家和地区 | | 零支柱 | | 一支柱 | | 二支柱 | | 三支柱 |
| --- | --- | --- | --- | --- | --- | --- | --- | --- |
| | | 非缴费型计划 | | 缴费型计划 | | 强积金 | 职业/企业年金 | 个人账户养老金计划 |
| | | 家计调查型养老金 | 国民年金/普惠型养老金 | 均一制/基础养老金 | 收入关联型养老金 | | | |
| 美加 | 美国 | √ | | | √ | | | |
| | 加拿大 | √ | √ᵈ | | √ | | | |

续表

| 国家和地区 | | 零支柱 | | 一支柱 | | 二支柱 | | 三支柱 |
|---|---|---|---|---|---|---|---|---|
| | | 非缴费型计划 | | 缴费型计划 | | 强积金 | 职业/企业年金 | 个人账户养老金计划 |
| | | 家计调查型养老金 | 国民年金/普惠型养老金 | 均一制/基础养老金 | 收入关联型养老金 | | | |
| 拉美地区 | 阿根廷 | √ | | √[b] | √[b] | | | |
| | 牙买加 | √ | | √[b] | √[b] | | | |
| | 安提瓜岛和巴布达 | √ | | | √ | | | |
| | 巴哈马 | √ | | | √ | | | |
| | 巴巴多斯 | √ | | | √ | | | |
| | 伯利兹 | √ | | | √ | | | |
| | 古巴 | √ | | | √ | | | |
| | 巴西 | √ | | | √ | | | |
| | 厄瓜多尔 | √ | | | √ | | | |
| | 危地马拉 | √ | | | √ | | | |
| | 海地 | √ | | | √ | | | |
| | 巴拉圭 | √ | | | √ | | | |
| | 圣基茨和尼维斯 | √ | | | √ | | | |
| | 圣文森特和格林纳丁斯 | √ | | | √ | | | |
| | 特立尼达和多巴哥 | √ | | | √ | | | |
| | 圭亚那 | | √ | | √ | | | |
| | 苏里南 | | √ | | √ | | | |
| | 圣卢西亚岛 | | | | √ | | | |
| | 格林纳达 | | | | √ | | | |
| | 多米尼加岛 | | | | √ | | | |
| | 尼加拉瓜 | | | | √ | | | |
| | 英属维尔京群岛 | | | | √ | | | |

续表

| 国家和地区 | 零支柱 | | 一支柱 | | 二支柱 | | 三支柱 |
|---|---|---|---|---|---|---|---|
| | 非缴费型计划 | | 缴费型计划 | | 强积金 | 职业/企业年金 | 个人账户养老金计划 |
| | 家计调查型养老金 | 国民年金/普惠型养老金 | 均一制/基础养老金 | 收入关联型养老金 | | | |
| 拉美地区 | 委内瑞拉 | √ | | √ | | | | |
| | 百慕大群岛 | √ | | √ | | | √ | |
| | 阿鲁巴岛 | | | √ | | | √ | |
| | 巴拿马 | √ | | | √ | | | √ |
| | 乌拉圭 | √ | | | √ | | | √ |
| | 哥斯达黎加 | √ | | | √ | | | √ |
| | 智利 | √ | | | √e | | | √c |
| | 萨尔瓦多 | √ | | | √e | | | √c |
| | 哥伦比亚 | √ | | | √ | | | √c |
| | 秘鲁 | √ | | | √ | | | √c |
| | 墨西哥 | | √ | | √e | | | √c |
| | 洪都拉斯 | | | | √ | | | √ |
| | 玻利维亚 | | √ | | | | | √c |
| | 多米尼加 | | | | | | | √c |

注：b 指该项福利包括统一费率部分和基于收入或保险年限的组成部分；c 指政府提供有保障的最低养老金；d 指普惠型养老金通过收入测试予以补充；e 指与收入关联的社会保险制度对新加入者关闭，并逐步取消。

资料来源：SSA，ISSA，*Social Security Programs Throughout the World：The Americas*，2019（SSA Publication，No. 13 – 11804，2020）。

3. 亚太地区

（1）老龄化程度普遍较低、社会抚养比普遍较高

亚洲太平洋地区的多数国家老龄化程度普遍较低，法定退休年龄在部分国家不足 60 岁；但社会总抚养比普遍趋高，少儿人口抚养比在其中占据较大权重。

一是进入老龄社会的国家少，仅 14 个，分别为日本（27%，66.5%）、澳大利亚（15.5%，52.7%）、新西兰（15.3%，54.1%）、格鲁吉亚（14.9%，

51.6%）、韩国（13.9%，37.7%）、新加坡（12.9%，38.7%）、以色列（11.7%，65.6%）、泰国（11.4%，40.2%）、亚美尼亚（11.2%，45.4%）、斯里兰卡（10.1%，51.7%）、黎巴嫩（8.5%，46.2%）、帕劳（8.5%，38.6%）、越南（7%，43.3%）、哈萨克斯坦（7.0%，53.7%）。①

二是少数国家出现的极值与其他国家平均水平差距大，如日本，其65岁及以上老年人占总人口的比重达27.0%，早早就进入了超老龄化社会，社会抚养比接近70%，老龄化和社会抚养水平远高于其他已进入老龄社会的国家。

三是部分国家和地区人口老龄化程度与社会抚养水平表现不一致。在进入老龄社会的亚洲国家和地区中，韩国65岁及以上老年人达13.9%，然而，其劳动适龄人口对"一老一小"的社会总抚养比不足40%；更多国家和地区65岁及以上老年人口占比极低，社会抚养比却相对高，如塔吉克斯坦、吉尔吉斯斯坦、土库曼斯坦、哈萨克斯坦、巴基斯坦等。

四是东南亚、南亚国家和部分岛国普遍呈现人口年龄结构年轻化的趋势，较高的社会抚养比中包含了大部分14岁及以下的人口，青少年抚养负担相对较重，老年赡养负担轻，如老挝、尼泊尔、菲律宾、柬埔寨、所罗门群岛等。

（2）各国法定养老保险费率水平差异大

由于亚太地区国家老龄化水平差距较大、社会保障制度建立及完备程度也存在差异，因此，各地区法定养老保险费率差异较大，在0%至37%的区间内，多数国家和地区雇主缴费高于雇员缴费或与雇员缴费平分。费率在10%及以下的国家和地区有13个，10%~20%的国家和地区有20个，20%~30%的国家和地区有12个，30%以上的3个。其中，新加坡费率最高，达37%，柬埔寨未设立养老保险项目，乌兹别克斯坦人口老龄化水平低，但养老保险费率相对较高，达35%；亚太地区老龄化水平和社会抚养比最高的是日本，养老保险缴费雇主和雇员各承担9.15%，总费率18.3%，约占社会保险总费率的2/3。

亚太地区国家平均退休年龄偏低，泰国、新加坡、斐济、瓦努阿图等

---

①　括号内比例分别代表老龄化水平（65岁及以上老年人口占比）和社会抚养比（14岁及以下人口与65岁及以上人口之和占15~64岁劳动适龄人口的比重）。

国的退休年龄为 55 岁；退休年龄最高的是以色列，达到 70/68 岁。

表 7 - 7　亚太地区法定基本养老保险及相关参数

单位：%，岁

| 国家和地区 | 65 岁及以上老人占比 | 社会抚养比 | 总费率（雇主/雇员） | 养老、遗嘱、残障保险（雇主/雇员） | 法定退休年龄 | |
|---|---|---|---|---|---|---|
| | | | | | 男 | 女 |
| 乌兹别克斯坦 | 4.5 | 48.0 | 35（25/10） | 35（25/10） | 60 | 55 |
| 日本 | 27.0 | 66.5 | 29.74（15.29/14.45） | 18.3（9.15/9.15） | 65 | 65 |
| 越南 | 7.1 | 43.3 | 27（18.5/9） | 22（14/8） | 60 | 55 |
| 塔吉克斯坦 | 3.5 | 63.2 | 26（25/1） | 26（25/1） | 63 | 58 |
| 阿塞拜疆 | 6.0 | 41.4 | 26[c]（22.5[c]/3.5） | 25（22/3） | 63.5 | 60.5 |
| 吉尔吉斯斯坦 | 4.5 | 57.1 | 25.25（15.25/10） | 25.25（15.25/10） | 63 | 58 |
| 土库曼斯坦 | 4.3 | 54.3 | 22（22/0） | 20（20/0） | 62 | 57 |
| 伊朗 | 5.4 | 41.1 | 22[c]（17[c]/5） | 19（14/5） | 60 | 55 |
| 沙特阿拉伯 | 3.3 | 39.8 | 22[c]（12[c]/10） | 18（9/9） | 58 | 53 |
| 巴林岛 | 2.4 | 28.4 | 20[c]（13[c]/7） | 15（9/6） | 60 | 55 |
| 阿曼 | 2.4 | 31.9 | 18.5[c]（11.5[c]/7） | 17.5（10.5/7） | 60 | 55 |
| 哈萨克斯坦 | 7.0 | 53.7 | 13.5[c]（3.5[c]/10） | 13.5（3.5/10） | 63 | 58.5 |
| 泰国 | 11.4 | 40.2 | 10.2（5.2/5.0） | 6[b]（3[b]/3[b]） | 55 | 55 |
| 老挝 | 4.0 | 58.5 | 10（5.25/4.75） | 5（2.5/2.5） | 60 | 55 |
| 澳大利亚 | 15.5 | 52.7 | 9.5[c]（9.5[c]/0） | 9.5（9.5/0） | 65.5 | 65.5 |
| 缅甸 | 5.7 | 48.3 | 5[d]（3[d]/2[d]） | a（a/a） | e | e |

续表

| 国家和地区 | 65 岁及以上老人占比 | 社会抚养比 | 总费率（雇主/雇员） | 养老、遗嘱、残障保险（雇主/雇员） | 法定退休年龄 | |
|---|---|---|---|---|---|---|
| | | | | | 男 | 女 |
| 以色列 | 11.7 | 65.6 | 3.82（3.43/0.3） | 1.94（1.6/0.3） | 70 | 68 |
| 新加坡 | 12.9 | 38.7 | 37[a,c]（17[c]/20[a]） | 37[a]（17/20[a]） | 55 | 55 |
| 印度 | 6.0 | 51.0 | 34.5（20.75/13.75） | 28（16/12） | 58 | 58 |
| 马来西亚 | 6.3 | 44.1 | 26.25[c]（14.95[c]/11.7） | 25（13.5/11.5） | 55 | 55 |
| 斯里兰卡 | 10.1 | 51.7 | 23[a,c]（15[c]/8[a]） | 23（15/8） | 55 | 50 |
| 约旦 | 3.8 | 64.8 | 21.75[c]（14.25[c]/7.5） | 17.5（11/6.5） | 60 | 55 |
| 斐济 | 6.3 | 53.1 | 18[c]（10[c]/8） | 18（10/8） | 55 | 55 |
| 卡塔尔 | 1.3 | 17.9 | 15[c]（10[c]/5） | 15（10/5） | 60 | 60 |
| 基里巴斯 | 3.9 | 63.6 | 15[c]（7.5[c]/7.5） | 15（7.5/7.5） | 65 | 65 |
| 黎巴嫩 | 8.5 | 46.2 | 14.5[c]（14.5[c]/0） | 8.5（8.5/0） | 60 | 60 |
| 巴基斯坦 | 4.5 | 64.7 | 12[a]（11/1[a]） | 6（5/1） | 60 | 55 |
| 韩国 | 13.9 | 37.7 | 11.25（6/5.15） | 9（4.5/4.5） | 61 | 61 |
| 格鲁吉亚 | 14.9 | 51.6 | 4[c]（2[c]/2） | 4（2/2） | 65 | 60 |
| 亚美尼亚 | 11.2 | 45.4 | 2.5[a]（0/2.5[a]） | 2.5[a]（0/2.5[a]） | 63 | 63 |
| 新西兰 | 15.3 | 54.1 | 0[c]（0[c]/0） | 0（0/0） | 65 | 65 |
| 菲律宾 | 4.8 | 57.5 | 0[a]（0[a]/0[a]） | a（a/a） | 60 | 60 |
| 叙利亚 | 4.3 | 69.3 | 24.1[c]（17.1[c]/7） | 21.1（14.1/7） | 60 | 55 |

续表

| 国家和地区 | 65岁及以上老人占比 | 社会抚养比 | 总费率（雇主/雇员） | 养老、遗嘱、残障保险（雇主/雇员） | 法定退休年龄 男 | 法定退休年龄 女 |
|---|---|---|---|---|---|---|
| 尼泊尔 | 5.8 | 58.0 | 20[c]（10[c]/10） | 20（10/10） | 58 | 58 |
| 科威特 | 2.3 | 30.6 | 18.5[c]（10.5[c]/8） | 17.5（10/7.5） | 53 | 53 |
| 文莱 | 4.6 | 38.2 | 17[c]（8.5[c]/8.5） | 17（8.5/8.5） | 60 | 60 |
| 也门 | 2.9 | 74.9 | 16[c]（10[c]/6） | 15（9/6） | 60 | 55 |
| 萨摩亚 | 5.6 | 73.0 | 14[c]（7[c]/7） | 14（7/7） | 65 | 65 |
| 所罗门群岛 | 3.5 | 73.5 | 12.5[a,c]（7.5[c]/5[a]） | 12.5[a]（7.5/5[a]） | 50 | 50 |
| 不丹 | 4.9 | 45.8 | 10[c]（5[c]/5） | 10（5/5） | 56 | 56 |
| 印尼 | 5.3 | 48.5 | 9.24[c]（6.24[c]/3） | 9（6/3） | 56 | 56 |
| 孟加拉国 | 5.1 | 50.3 | 0[c]（0[c]/0） | 0（0/0） | 65 | 62 |
| 马绍尔群岛 | 4.2 | 62.6 | 16（8/8） | 16（8/8） | 61 | 61 |
| 密克罗尼西亚 | 4.8 | 61.1 | 15（7.5/7.5） | 15（7.5/7.5） | 65 | 65 |
| 巴布亚新几内亚 | 3.8 | 66.0 | 14.4[c]（8.4[c]/6） | 14.4（8.4/6） | 55 | 55 |
| 帕劳 | 8.5 | 38.6 | 14（7/7） | 14（7/7） | 60 | 60 |
| 瓦努阿图 | 4.4 | 67.5 | 8[c]（4[c]/4） | 8（4/4） | 55 | 55 |
| 柬埔寨 | 4.4 | 55.5 | 3.4[c]（3.4[c]/0） | …（…/…） | e | e |

注：（1）表中以受雇者群体（如工薪族）为代表，不体现自雇人士和政府资助项目的缴款率；（2）表中"…"指未建立该项法定计划；（3）a指没有统一标准的缴费信息，b指部分或所有福利由其他项目提供资金，c指雇主直接向被保险人支付全部费用或提供福利，e代表退休年龄完全灵活。

资料来源：SSA，ISSA，*Social Security Programs Throughout the World：Asia and the Pacific*，2018（SSA Publication，No. 13 – 11804，2019）。

（3）多层次体系下的强制性保障各国制度差异大

①日本的基本养老保险制度

亚太地区，日本作为超级老龄化国家，养老保障体系相对完善。现行的基本养老保障计划包括均一给付的国民养老金计划（A Flat-Rate Benefit under the National Pension Program，NP）和与收入关联的雇主养老金计划（Employees' Pension Insurance Program，EPI）。国民养老金计划覆盖年龄为20~59岁的日本居民，60~64岁的居民可以选择自愿参与；参与国民养老金计划的居民每月需向账户内固定缴纳一定数额的供款，政府需承担福利成本和管理总成本50%的缴费。雇主养老金计划适用于70岁及以下的受雇者，超过70岁可自愿参与该计划，但兼职人员未被包含在制度内；该计划的缴费按31个工资等级计算，由雇主和雇员各自缴纳月工资等级收入的9.15%，政府支付总的管理费用。

②多层次体系中的主体制度类别多样

如表7-8所示，与欧洲和美洲不同，亚太地区各国、各区域制度差异较大。一是欧洲和美洲广泛存在的收入关联型养老金计划和家计调查型养老金计划，在亚洲许多国家内并未被建立。二是在缺少传统基本养老保障的情况下，新加坡、马来西亚、印度尼西亚、不丹、所罗门群岛、斯里兰卡、瓦努阿图等13个国家实施了基金完全积累的强积金计划，约占亚太地区国家总数的1/3。强积金计划本质上是由雇员缴费、雇主匹配缴费的强制储蓄计划，大多数存在于发展中国家，该计划累积基金通常由公共部门或政府统一管理，其待遇在满足一定条件后可一次性支取，有的也可转化为年金产品或养老金。三是由雇主发起的强制性年金计划在亚太地区整体发展缓慢，较典型的是澳大利亚的超级年金，巴布亚新几内亚也建立起较成熟的强制性职业年金计划。四是亚美尼亚、吉尔吉斯斯坦、哈萨克斯坦、塔吉克斯坦、乌兹别克斯坦、格鲁吉亚、文莱等7个国家建立了强制性的个人养老金计划。五是在现有框架内，柬埔寨未建立任何强制性的养老保障计划。

③多数国家养老保障不足

亚太地区大多数国家的强制性保障制度由单一支柱支撑，总体保障水平仍待提升。如表7-8所示，48个国家中，仍有22个国家未建立家计调查型养老金制度，有 15 个国家仅建立了强制的收入关联型养老金计划、强积金或其他类型的职业年金计划；48 个国家中，没有建立收入关联型养老金计划的国家接近 40%。建立有个人账户养老金计划的国家多通过国民年金计划或家计调查型养老金计划的设计与其匹配组合，而建立均一制养老金的国家较少，仅为 6 个。总体而言，亚太地区强制性的多层次养老金计划组合不足，多通过单一的现收现付制度或基金积累制度来实现强制性的基本保障。

表 7 - 8　亚太地区强制性养老保障制度建立情况

| 国家和地区 | 零支柱 非缴费型计划 | | 一支柱 缴费型计划 | | 二支柱 | | 三支柱 |
| --- | --- | --- | --- | --- | --- | --- | --- |
| | 家计调查型养老金 | 国民年金/普惠养老金 | 均一制/基础养老金 | 收入关联型养老金 | 强积金 | 职业/企业年金 | 个人账户养老金计划 |
| 亚美尼亚 | √ | | √[a] | √[a] | | | √ |
| 吉尔吉斯斯坦 | √ | | √[a] | √[a] | | | √ |
| 哈萨克斯坦 | √ | √ | | √ | | | √ |
| 塔吉克斯坦 | √ | | | √ | | | √ |
| 乌兹别克斯坦 | √ | | | √ | | | √ |
| 格鲁吉亚 | | √ | | | | | √ |
| 文莱 | | √ | | | √ | | √ |
| 印度 | √ | | | √ | √ | | |
| 印度尼西亚 | | | | √ | √ | | |
| 萨摩亚 | | √ | | | √ | | |
| 基里巴斯 | | √ | | | √ | | |
| 新加坡 | √ | | | | √ | | |
| 尼泊尔 | √ | | | | √ | | |
| 斐济 | √ | | | | √ | | |
| 马来西亚 | √ | | | | √ | | |
| 不丹 | | | | | √ | | |
| 所罗门群岛 | | | | | √ | | |
| 斯里兰卡 | | | | | √ | | |
| 瓦努阿图 | | | | | √ | | |
| 澳大利亚 | √ | √ | | | | √ | |
| 巴布亚新几内亚 | | | | | | √ | |

续表

| 国家和地区 | 零支柱 | | 一支柱 | | 二支柱 | | 三支柱 |
|---|---|---|---|---|---|---|---|
| | 非缴费型计划 | | 缴费型计划 | | 强积金 | 职业/企业年金 | 个人账户养老金计划 |
| | 家计调查型养老金 | 国民年金/普惠养老金 | 均一制/基础养老金 | 收入关联型养老金 | | | |
| 阿塞拜疆 | √ | | √ | √ | | | |
| 菲律宾 | √ | | √ᵃ | √ᵃ | | | |
| 新西兰 | √ | √ | | | | | |
| 以色列 | √ | | √ | | | | |
| 日本 | | | √ | √ | | | |
| 巴林岛 | √ | | | √ | | | |
| 约旦 | √ | | | √ | | | |
| 科威特 | √ | | | √ | | | |
| 阿曼 | √ | | | √ | | | |
| 卡塔尔 | √ | | | √ | | | |
| 沙特阿拉伯 | √ | | | √ | | | |
| 韩国 | √ | | | √ | | | |
| 泰国 | √ | | | √ | | | |
| 土库曼斯坦 | √ | | | √ | | | |
| 越南 | √ | | | √ | | | |
| 孟加拉国 | √ | | | | | | |
| 伊朗 | | | | √ | | | |
| 巴基斯坦 | | | | √ | | | |
| 老挝 | | | | √ | | | |
| 黎巴嫩 | | | | √ | | | |
| 马绍尔群岛 | | | | √ | | | |
| 密克罗尼西亚 | | | | √ | | | |
| 帕劳 | | | | √ | | | |
| 叙利亚 | | | | √ | | | |
| 也门 | | | | √ | | | |
| 缅甸 | | | | √ᵇ | | | |
| 柬埔寨 | | | | | | | |

注：a 指该计划包括统一费率部分、基于收入或保险年限的组成部分；b 指该计划尚未实施。

资料来源：SSA，ISSA，*Social Security Programs Throughout the World：Asia and the Pacific*，2018（SSA Publication，No. 13－11804，2019）。

4. 非洲国家

（1）人口结构年轻化、少儿抚养比普遍高

如表 7-9 所示，非洲国家的人口结构普遍年轻化，除摩洛哥（7.0%）、突尼斯（8.3%）、塞舌尔（8.9%）、毛里求斯（11.5%）四国 65 岁及以上老年人口达到 7%，刚刚进入老龄化社会以外，其余国家 65 岁及以上老年人口占比基本未超过 5%，多数国家均维持在 3% 及以下的水平。

然而，与此形成鲜明对比的是多数国家极高的社会抚养比，如布隆迪（91.2%）、莫桑比克（91.2%）、坦桑尼亚（91.6%）、乌干达（98.3%）、布基纳法索（90.0%）、冈比亚（90.2%）、马里（100.2%）、尼日尔（111.3%）、安哥拉（96.4%）、乍得（97.5%）、刚果民主共和国（96.8%）等国，劳动适龄人口对"一老一小"的社会抚养已达 1:1。非洲国家的社会抚养重担主要集中于对 14 岁及以下青少年及幼儿的抚养。

（2）相对低费率水平的法定养老保险制度基本建立

非洲国家养老、遗嘱、残障保险费率在 0% 至 30% 之间，其中大部分国家总费率在 20% 及以下，10% 左右居多，埃及缴费率高达 30%，为所有非洲国家中最高。除了赤道几内亚雇主缴费为雇员的近 5 倍外，非洲国家雇主费率通常高于个人。由于非洲老龄化水平低，其退休年龄普遍在 50 至 65 岁之间（其中莱索托的法定退休年龄为 70 岁），大部分国家没有提前退休规定。

表 7-9　非洲国家法定基本养老保险及其相关参数

单位：%，岁

| 国家和地区 | | 65 岁及以上老人占比 | 社会抚养比 | 总费率（雇员/雇主） | 养老、遗嘱、残障保险（雇员/雇主） | 法定退休年龄 | |
|---|---|---|---|---|---|---|---|
| | | | | | | 男 | 女 |
| 北非 | 阿尔及利亚 | 6.4 | 56.0 | 34[b]<br>(9/25[b]) | 18.25[a]<br>(7[a]/11.25[a]) | 60 | 55 |
| | 埃及 | 5.2 | 62.7 | 40<br>(14/26) | 30<br>(13/17) | 60 | 60 |
| | 利比亚 | 4.5 | 47.8 | 14.25[b]<br>(3.75/10.5[b]) | 14.25<br>(3.75/10.5) | 65 | 60 |

| 国家和地区 | | 65 岁及以上老人占比 | 社会抚养比 | 总费率（雇员/雇主） | 养老、遗嘱、残障保险（雇员/雇主） | 法定退休年龄 | |
|---|---|---|---|---|---|---|---|
| | | | | | | 男 | 女 |
| 北非 | 摩洛哥 | 7.0 | 51.9 | 19.86[b]<br>(4.48/15.38[b]) | 11.89[a]<br>(3.96[a]/7.93[a]) | 60 | 60 |
| | 苏丹 | 3.6 | 78.8 | 25[b]<br>(8/17[b]) | 25<br>(8/17) | 65 | 65 |
| | 突尼斯 | 8.3 | 47.7 | 24.65<br>(8.91/15.74) | 12.50[a]<br>(4.74[a]/7.76[a]) | 60 | 60 |
| 东非 | 布隆迪 | 2.6 | 91.2 | 13[b]<br>(4/9[b]) | 10<br>(4/6) | 60 | 60 |
| | 吉布提 | 4.3 | 53.5 | 14.7[b]<br>(4.0/10.7[b]) | 8<br>(4/4) | 60 | 60 |
| | 埃塞俄比亚 | 3.5 | 77.1 | 18[b]<br>(7/11[b]) | 18<br>(7/11) | 60 | 60 |
| | 肯尼亚 | 2.7 | 74.8 | 10[b]<br>(5/5[b]) | 10<br>(5/5) | 60 | 60 |
| | 卢旺达 | 3.1 | 75.0 | 8.6[b]<br>(3.3/5.3[b]) | 6<br>(3/3) | 60 | 60 |
| | 塞舌尔 | 8.9 | 45.5 | 6[b]<br>(3/3[b]) | 6<br>(3/3) | 63 | 63 |
| | 坦桑尼亚 | 3.1 | 91.6 | 21[b]<br>(10/11[b]) | 20<br>(10/10) | 60 | 60 |
| | 乌干达 | 2.2 | 98.3 | 15[b]<br>(5/10[b]) | 15<br>(5/10) | 55 | 55 |
| 南非 | 赞比亚 | 2.5 | 88.4 | 10[b]<br>(5/5[b]) | 10<br>(5/5) | 55 | 55 |
| | 安哥拉 | 2.5 | 96.4 | 11[b]<br>(3/8[b]) | 11<br>(3/8) | 60 | 60 |
| | 津巴布韦 | 2.8 | 77.9 | 7.0[b]<br>(3.5/3.5[b]) | 7.0<br>(3.5/3.5) | 60 | 60 |
| | 博茨瓦纳 | 4.1 | 54.4 | 0<br>(0[b]/0[b]) | 0<br>(0/0) | 65 | 65 |

| 国家和地区 | 65 岁及以上老人占比 | 社会抚养比 | 总费率（雇员/雇主） | 养老、遗嘱、残障保险（雇员/雇主） | 法定退休年龄 | |
|---|---|---|---|---|---|---|
| | | | | | 男 | 女 |
| **南非** 斯威士兰 | 3.2 | 67.2 | 10[b]<br>(5/5[b]) | 10<br>(5/5) | 50 | 50 |
| 莱索托 | 4.5 | 66.1 | 0<br>(0[b]/0[b]) | 0<br>(0/0) | 70 | 70 |
| 纳米比亚 | 3.6 | 66.9 | 1.8[b]<br>(0.9/0.9[b]) | 1.8<br>(0.9/0.9) | 60 | 60 |
| 南非 | 5.5 | 52.1 | 2[b]<br>(1/1[b]) | 0[a]<br>(0[a]/0[a]) | 60 | 60 |
| 马达加斯加 | 3.0 | 77.5 | 14[b]<br>(1/13[b]) | 10.5<br>(1.0/9.5) | 60 | 60 |
| 马拉维 | 2.9 | 87.6 | 15[b]<br>(5/10[b]) | 15<br>(5/10) | 50 | 50 |
| 毛里求斯 | 11.5 | 41.5 | 12.5[b]<br>(4.0/8.5[b]) | 9[a]<br>(3/6[a]) | 60 | 60 |
| 莫桑比克 | 3.2 | 91.2 | 7[b]<br>(3/4[b]) | 7<br>(3/4) | 60 | 55 |
| **西非** 贝宁 | 3.3 | 84.2 | 20.0[b]<br>(3.6/16.4[b]) | 10.0<br>(3.6/6.4) | 60 | 60 |
| 布基纳法索 | 2.4 | 90.0 | 21.5[b]<br>(5.5/16.0[b]) | 11.0<br>(5.5/5.5) | 56 | 56 |
| 佛得角 | 4.5 | 52.2 | 24.5<br>(7.5/17.0) | 10<br>(3/7) | 65 | 60 |
| 科特迪瓦 | 2.9 | 82.6 | 21.75b<br>(6.30/15.45b) | 14.0<br>(6.3/7.7) | 60 | 60 |
| 冈比亚 | 2.4 | 90.2 | 16[b]<br>(5/11b) | 15<br>(5/10) | 60 | 60 |
| 加纳 | 3.4 | 71.6 | 18.5[b]<br>(5.5/13.0[b]) | 18.5<br>(5.5/13.0) | 60 | 60 |

续表

| 国家和地区 | | 65岁及以上老人占比 | 社会抚养比 | 总费率（雇员/雇主） | 养老、遗嘱、残障保险（雇员/雇主） | 法定退休年龄 | |
|---|---|---|---|---|---|---|---|
| | | | | | | 男 | 女 |
| 西非 | 几内亚 | 3.2 | 82.5 | 23[b]<br>(5/18[b]) | 18.5<br>(5.5/13.0) | 55 | 55 |
| | 几内亚比绍 | 3.1 | 79.9 | 24[b]<br>(8/16[b]) | 22<br>(8/14) | 60 | 60 |
| | 利比里亚 | 3.1 | 80.4 | 10[b]<br>(4/6[b]) | 8<br>(4/4) | 60 | 60 |
| | 马里 | 2.5 | 100.2 | 18.0[b]<br>(3.6/14.4[b]) | 9.0<br>(3.6/5.4) | 58 | 58 |
| | 毛里塔尼亚 | 3.2 | 75.1 | 14[b]<br>(1/13[b]) | 9<br>(1/8) | 60 | 60 |
| | 尼日尔 | 2.6 | 111.3 | 21.65[b]<br>(5.25/16.40[b]) | 11.50<br>(5.25/6.25) | 60 | 60 |
| | 尼日利亚 | 2.7 | 87.2 | 19[b]<br>(8/11[b]) | 18<br>(8/10) | 50 | 50 |
| | 塞内加尔 | 3.0 | 84.3 | 22.0<br>(5.6/16.4) | 14.0<br>(5.6/8.4) | 55 | 55 |
| | 塞拉利昂 | 2.5 | 79.5 | 15[b]<br>(5/10[b]) | 15<br>(5/10) | 60 | 60 |
| | 多哥 | 2.9 | 79.1 | 21.5[b]<br>(4.0/17.5[b]) | 16.5<br>(4.0/12.5) | 60 | 60 |
| 中非 | 喀麦隆 | 3.2 | 84.1 | 17.15[b]<br>(4.2/12.95[b]) | 8.4<br>(4.2/4.2) | 60 | 60 |
| | 中非共和国 | 3.6 | 86.9 | 22[b]<br>(3/19[b]) | 7<br>(3/4) | 60 | 60 |
| | 乍得 | 2.5 | 97.5 | 20.0[b]<br>(3.5/16.5[b]) | 8.5<br>(3.5/5.0) | 60 | 60 |
| | 刚果民主共和国 | 3.0 | 96.8 | 18[b]<br>(5/13[b]) | 10<br>(5/5) | 65 | 60 |

续表

| 国家和地区 | | 65 岁及以上老人占比 | 社会抚养比 | 总费率（雇员/雇主） | 养老、遗嘱、残障保险（雇员/雇主） | 法定退休年龄 | |
|---|---|---|---|---|---|---|---|
| | | | | | | 男 | 女 |
| 中非 | 刚果共和国 | 3.4 | 83.6 | 24.28[b]（4.0/20.28[b]） | 12（4/8） | 57 | 57 |
| | 赤道几内亚 | 2.8 | 66.3 | 26.0（4.5/21.5） | 26.0（4.5/21.5） | 60 | 60 |
| | 加蓬 | 4.4 | 67.6 | 18.5[b]（2.5/16.0[b]） | 7.5（2.5/5.0） | 55 | 55 |
| | 圣多美和普林西比 | 2.8 | 82.8 | 10（4/6） | 10（4/6） | 62 | 62 |

注：（1）表中以受雇者群体（如工薪族）为代表，不体现自雇人士和政府资助项目的缴款率；（2）a 指部分或所有福利由其他项目提供资金，b 指雇主直接向被保险人支付全部费用或提供福利。

资料来源：SSA，ISSA，*Social Security Programs Throughout the World：Africa*，2019（SSA Publication，No. 13 – 11804，2020）。

（3）多层次体系下的强制性保障类别单一、保障不足

非洲国家的养老金制度主要以收入关联型养老金计划为主，覆盖少数正规就业者。缴费型计划内的均一制养老金制度建立极少，仅马达加斯加、纳米比亚有建立；非缴费型计划偏少，仅埃及、莫桑比克、纳米比亚、南非、佛得角五国建立起了家计调查型养老金计划；肯尼亚、毛里求斯、塞舌尔、博茨瓦纳、埃斯瓦蒂尼、莱索托、纳米比亚七国建立了有条件限制的普惠型养老金计划；肯尼亚、马拉维、尼日利亚建立有强制性个人账户养老金计划。比较来看，肯尼亚的强制性养老保障制度相对完备。

①收入关联的法定养老保障覆盖人群极其有限

非洲地区的基本养老保障主要依靠缴费型收入关联计划。东非和南非地区共有 9 个国家建立了不同的非缴费型养老金计划，而北非、西非、中非地区除了收入关联型养老金计划外，几乎再无其他类型基本养老保障计划，建立了均一制养老金的国家也仅有马达加斯加和纳米比亚。这意味着非洲大多数国家的基本养老保障仅覆盖少数正规就业者，低收入群体和老年弱势群体未得到有效保障，无法抵御老年贫困风险。

②强制性基金积累的养老金计划建立少

非洲地区不仅缺乏全面、多样的基础性养老保障，受经济发展水平低、制度探索时间短等影响，仅有加纳建立了强制性职业年金，肯尼亚、马拉维、尼日利亚建立了个人账户养老金计划，社会化的养老保障制度和总体保障远远不足。

表 7 - 10　非洲国家强制性养老保障制度建立情况

| 国家和地区 | | 零支柱 | | 一支柱 | | 二支柱 | | 三支柱 |
| --- | --- | --- | --- | --- | --- | --- | --- | --- |
| | | 非缴费型计划 | | 缴费型计划 | | | | |
| | | 家计调查型养老金 | 国民年金/普惠型养老金 | 均一制/基础养老金 | 收入关联型养老金 | 强积金 | 职业/企业年金 | 个人账户养老金计划 |
| 北非 | 阿尔及利亚 | | | | √ | | | |
| | 埃及 | √ | | | √ | | | |
| | 利比亚 | | | | √ | | | |
| | 摩洛哥 | | | | √ | | | |
| | 苏丹 | | | | √ | | | |
| | 突尼斯 | | | | √ | | | |
| 东非 | 布隆迪 | | | | √ | | | |
| | 吉布提 | | | | √ | | | |
| | 埃塞俄比亚 | | | | √ | | | |
| | 肯尼亚 | | √ | | | √ | | √ |
| | 卢旺达 | | | | √ | | | |
| | 塞舌尔 | | √ | | √ | | | |
| | 坦桑尼亚 | | | | √ | | | |
| | 乌干达 | | | | | √ | | |
| 南非 | 赞比亚 | | | | √ | | | |
| | 安哥拉 | | | | √ | | | |
| | 津巴布韦 | | | | √ | | | |
| | 博茨瓦纳 | | √ | | | | | |
| | 斯威士兰 | | √ | | √ | √ | | |

续表

| 国家和地区 | | 零支柱（非缴费型计划） | | 一支柱（缴费型计划） | | 二支柱 | | 三支柱 |
|---|---|---|---|---|---|---|---|---|
| | | 家计调查型养老金 | 国民年金/普惠型养老金 | 均一制/基础养老金 | 收入关联型养老金 | 强积金 | 职业/企业年金 | 个人账户养老金计划 |
| 南非 | 莱索托 | | √ | | | | | |
| | 纳米比亚 | √ | √ | √ | | | | |
| | 南非 | √ | | | | | | |
| | 马达加斯加 | | | √ᵃ | √ᵃ | | | |
| | 马拉维 | | | | | | | √ |
| | 毛里求斯 | | √ | | √ | | | |
| | 莫桑比克 | √ | | | √ | | | |
| 西非 | 贝宁 | | | | √ | | | |
| | 布基纳法索 | | | | √ | | | |
| | 佛得角 | √ | | | √ | | | |
| | 科特迪瓦 | | | | √ | | | |
| | 冈比亚 | | | | √ | √ | | |
| | 加纳 | | | | √ | | √ | |
| | 几内亚 | | | | √ | | | |
| | 几内亚比绍 | | | | √ | | | |
| | 利比里亚 | | | | √ | | | |
| | 马里 | | | | √ | | | |
| | 毛里塔尼亚 | | | | √ | | | |
| | 尼日尔 | | | | √ | | | |
| | 尼日利亚 | | | | | | | √ |
| | 塞内加尔 | | | | √ | | | |
| | 塞拉利昂 | | | | √ | | | |
| | 多哥 | | | | √ | | | |
| 中非 | 喀麦隆 | | | | √ | | | |
| | 中非共和国 | | | | √ | | | |

续表

| 国家和地区 | | 零支柱 | | 一支柱 | | 二支柱 | | 三支柱 |
|---|---|---|---|---|---|---|---|---|
| | | 非缴费型计划 | | 缴费型计划 | | 强积金 | 职业/企业年金 | 个人账户养老金计划 |
| | | 家计调查型养老金 | 国民年金/普惠型养老金 | 均一制/基础养老金 | 收入关联型养老金 | | | |
| 中非 | 乍得 | | | | √ | | | |
| | 刚果民主共和国 | | | | √ | | | |
| | 刚果共和国 | | | | √ | | | |
| | 赤道几内亚 | | | | √ | | | |
| | 加蓬 | | | | √ | | | |
| | 圣多美和普林西比 | | | | √ | | | |

注：a 指该计划包括统一费率部分、基于收入或保险年限的组成部分。

资料来源：SSA，ISSA，*Social Security Programs Throughout the World：The Africa*，2019（SSA Publication No. 13 – 11803，2020）。

### （二）主要经济体多层次养老保障体系中的基金制养老储蓄计划[①]

不同于强制性养老保障计划在全球的普遍建立，基金制养老金计划尤其是私人养老储蓄计划，在世界主要经济体尤其是发达国家发展成熟，覆盖面相对更广。

1. 资产规模及分布

随着人口老龄化趋势的发展，国家更加积极地推进基金积累制养老金计划发展，鼓励人们为充足的退休收入保障进行更多的储蓄，多层次养老金体系改革自20世纪80年代以来已成为各国养老保障改革的重要方向。

从资产规模看，截至2021年末，OECD国家基金制养老储蓄资产累计达58.9万亿美元，加上部分非OECD国家和地区，全球总资产达60.6万亿美元，较2020年同比上涨7%，是2001年资产规模的近4倍（见图7－3）。

---

[①] 本部分分析的"基金制养老储蓄计划"，涵盖了所有为未来养老金给付融资的基金制养老金计划，主要包括第二支柱的职业年金计划、第三支柱的个人养老金计划及其他公共的强制性积累计划，通常分为养老基金和私人养老金计划两部分。从形式上看，涵盖了保险合同等多种养老金融产品形态；从管理主体和覆盖范围看，涵盖公共或私人管理的、覆盖公共部门或私人部门的所有基金制养老金计划。唯一例外的是，由雇主管理的非基金制私人养老金计划也包含其中。

其中，养老基金约占 OECD 国家养老储蓄资产总额的 64%，除此之外的其余退休储蓄工具还包括雇主建立的确定给付的预存积累计划、保险公司提供的养老保险合同或由银行或投资公司管理的养老储蓄产品。[①]

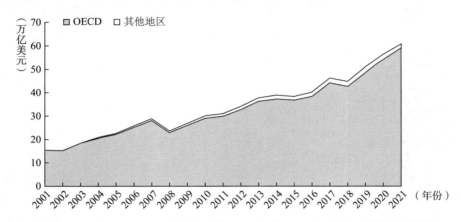

**图 7 - 3    2001 ~ 2021 年全球养老基金和私人养老金计划资产规模增长情况**

资料来源：OECD，*Pension Markets in Focus* 2022（Paris：OECD Publishing，2023）。

从资产分布看，养老基金和私人养老金计划资产规模存量最大的地区集中在北美洲的加拿大和美国，其次是荷兰、瑞士和英国等西欧国家以及澳大利亚、日本等地，资产规模超 1 万亿美元；全球报告数据的 90 个国家中，69 个国家养老基金和私人养老金计划资产规模仍在 0.2 万亿美元以下，涉及全球大部分地区。

2020 年，OECD 国家养老储蓄计划总体资产规模基本与其 GDP 总量持平，但又有所差异。美国、英国、加拿大、荷兰、澳大利亚、瑞士、丹麦等大部分养老储蓄计划资产积累多的国家，其资产规模也达到 GDP 的 1 ~ 3 倍。表 7 - 11 中涉及中国的养老储蓄计划指企业年金，其基金规模在 OECD 国家和其他非 OECD 经济体中排名 12，为 3442.59 亿美元，位居韩国和巴西之后，位于法国和德国之前。然而，我国企业年金基金规模占 GDP 的比重却较小，仅为 2.2%。中国也是 OECD 国家和其他非 OECD 经济体中建立公共养老储蓄基金的 24 个国家之一，涉及的全国社会保障基金[②]规模为

---

① OECD，*Pension Markets in Focus* 2022（Paris：OECD Publishing，2023）。

② 即在 2000 年建立，由全国社会保障基金理事会管理的战略储备基金。

4472.39 亿美元，排名第 4，位于美国、日本、韩国之后，加拿大之前，然而，相比中国国民经济发展的总体体量，其占比仍然较小，为 GDP 总量的 2.9%。

表 7-11　2020 年全球主要经济体养老基金资产规模情况

单位：%，百万美元

| | 退休储蓄计划 | | 公共养老储备基金 | |
|---|---|---|---|---|
| | 占 GDP 的比重 | 资产规模 | 占 GDP 的比重 | 资产规模 |
| OECD 国家 | | | | |
| 澳大利亚 | 131.7 | 1794300 | 8.2 | 110571 |
| 奥地利 | 6.6 | 30634 | x | x |
| 比利时 | 40.4 | 223702 | x | x |
| 加拿大 | 179.7 | 3081679 | 25.6 | 438314 |
| 智利 | 75.8 | 208482 | 4.4 | 10787 |
| 哥伦比亚 | 32.0 | 93053 | | |
| 哥斯达黎加 | 36.9 | 21657 | | |
| 捷克共和国 | 9.5 | 25347 | x | x |
| 丹麦 | 229.4 | 882109 | x | x |
| 爱沙尼亚 | 21.8 | 7170 | x | x |
| 芬兰 | 64.1 | 186741 | 33.6 | 97939 |
| 法国 | 12.2 | 344114 | 6.7 | 186400 |
| 德国 | 8.2 | 338469 | 1.2 | 45492 |
| 希腊 | 1.0 | 2016 | x | x |
| 匈牙利 | 5.6 | 8922 | x | x |
| 冰岛 | 206.9 | 47842 | x | x |
| 爱尔兰 | 35.5 | 162459 | x | x |
| 以色列 | 68.9 | 300489 | 17.0 | 73253 |
| 意大利 | 12.7 | 256417 | 5.4 | 107828 |
| 日本 | 30.1 | 1564587 | 33.0 | 1714783 |
| 韩国 | 31.7 | 560037 | 45.1 | 795652 |
| 拉脱维亚 | 19.5 | 7004 | x | x |
| 立陶宛 | 9.5 | 5723 | 1.6 | 959 |
| 卢森堡 | 2.9 | 2246 | 33.6 | 23943 |

| | 退休储蓄计划 | | 公共养老储备基金 | |
|---|---|---|---|---|
| | 占 GDP 的比重 | 资产规模 | 占 GDP 的比重 | 资产规模 |
| 墨西哥 | 22.8 | 264022 | 0.2 | 1965 |
| 荷兰 | 212.7 | 2088702 | x | x |
| 新西兰 | 34.1 | 80111 | 13.5 | 28272 |
| 挪威 | 12.3 | 49398 | 7.5 | 26366 |
| 波兰 | 7.9 | 48934 | 2.5 | 15209 |
| 葡萄牙 | 22.0 | 54606 | 8.5 | 19898 |
| 斯洛伐克共和国 | 14.4 | 16192 | x | x |
| 斯洛文尼亚 | 8.0 | 4605 | x | x |
| 西班牙 | 14.5 | 199627 | 0.2 | 2419 |
| 瑞典 | 108.9 | 663486 | 31.8 | 171626 |
| 瑞士 | 167.0 | 1331372 | 6.2 | 46702 |
| 土耳其 | 3.4 | 23069 | x | x |
| 英国 | 126.8 | 3593710 | 1.8 | 47282 |
| 美国 | 169.9 | 35491205 | 13.4 | 2811716 |
| OECD | 99.9 | 54064238 | 13.9 | 6777376 |
| 其他主要经济体 | | | | |
| 阿根廷 | | | 12.8 | 41649 |
| 巴西 | 28.2 | 404028 | x | x |
| 中国 | 2.2 | 344259 | 2.9 | 447239 |
| 印度 | 9.3 | 249050 | | |
| 印度尼西亚 | 2.0 | 21701 | | |
| 俄罗斯 | 6.1 | 87489 | x | x |
| 沙特阿拉伯 | | | | |
| 南非 | 92.1 | 312355 | x | x |

注：（1）"x"为因制度缺失等原因，该项目不可用；（2）各国养老储蓄计划的基金规模统计有专指，详见原报告图表备注。中国的养老储蓄计划仅涉及企业年金基金，公共养老储备基金为全国社保基金。

资料来源：OECD，*Pension at A Glance* 2021（Paris：OECD Publishing，2022）。

## 2. 制度类别

从养老基金和私人养老金计划的制度类别看，主要包括（半）强制型计划、自愿性职业年金计划和激励型自动默认加入计划三类。（1）芬兰、挪威、瑞士等国，雇主需履行法定义务为雇员建立强制性的基金制养老金计划。（2）丹麦、荷兰和瑞典等国，雇主虽无法定义务，但在劳动合同或相关契约中需要对雇主养老金制度的建立进行协商约定，带有半强制性特征；一些拉美国家和欧洲国家也并不强制要求雇主为雇员建立养老金计划，但对雇员加入雇主选择的一些私人养老基金（如智利、哥伦比亚和墨西哥）和主权养老基金计划（如丹麦）有一定要求。（3）激励型自动默认加入计划养老金计划主要通过自动加入机制的设计鼓励个人缴费。近年来更流行的是，使用自动加入机制，鼓励雇员更多地参与养老储蓄，如爱沙尼亚、立陶宛、新西兰、波兰、土耳其和英国等，自动加入的雇员如不再参与，可在一定期限内选择退出。

3. 覆盖面

从各类养老基金和私人养老金计划的人群覆盖面来看，强制型计划覆盖面最广，在主要覆盖的 30 个 OECD 国家和地区中，约有 15 个国家和地区的覆盖面超过就业人员的 75%，较典型的包括丹麦的劳动力市场补充计划（Labor-market Supplementary Pension，ATP）、瑞典的实账积累养老金制度（Premium Pension System，PPS）、中国香港的强积金制度（Mandatory Provident Fund Schemes，MPF）、丹麦的半强制职业年金计划（Quasi-Mandatory Occupational Plans，QMO）。在丹麦、芬兰、冰岛、瑞典等北欧国家和拉脱维亚，几乎所有的劳动适龄人口都参加了强制性的基金制养老金计划。智利和哥斯达黎加的强制性个人养老金账户普遍覆盖所有劳动适龄人群；但在其他一些拉美国家，如哥伦比亚和秘鲁，人们可以选择公共的现收现付制或私营的基金积累制养老金计划，因此，针对正规就业人员的强制性养老金计划覆盖面相对较低。强制性私人养老金计划覆盖率最低的国家是尼日利亚和马拉维。

引入自动加入机制的自愿性养老金计划也得到一定发展。由于设置有自愿退出选择权，一定期限内，默认进入养老金计划的人群可以选择退出，因此，其覆盖面也因不同国家就业者对这一激励机制的敏感度不同而有所差异。较典型的如新西兰，针对新雇员的自动加入机制实施 14 年后，至 2021 年末，已基本达到强制性制度的覆盖水平，全国约 80.8% 的劳动适龄人口加入了该计划。英国也于 2012 年起为符合条件的就业者引入自动加入机制，这使得英国的雇主养老金计划覆盖率也超过了 50%。相比之下，波

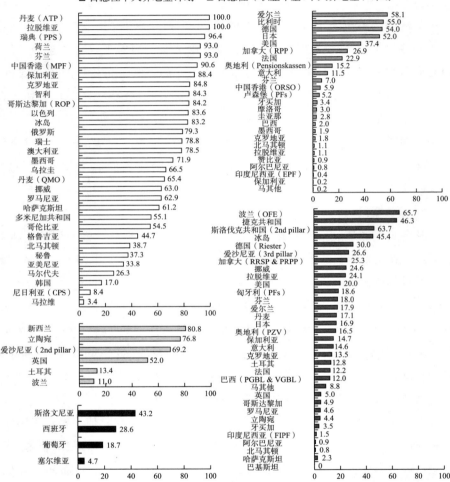

**图 7 - 4　2021 年基金制和私人养老金计划对就业者的覆盖面（单位：%）**

注：图中各国名称后批注英文简称即为对应国家具体的基金制或私人养老金计划
名称。

资料来源：OECD，Pension Markets in Focus 2022（Paris：OECD Publishing，2023）。

兰和土耳其由于就业者对这类养老金计划普遍缺乏信任，在引入自动加入
机制后，其覆盖率仍然较低。分类别看，对于自愿性的个人养老金计划，
波兰、捷克、斯洛伐克、冰岛的参与率较高，均在 40% 以上，德国的里斯
特计划参与率为 30%；自动加入机制也促进了自愿性职业年金的发展，德
国、爱尔兰、比利时、日本都有超过一半的劳动年龄人口加入该计划。

4. 投资收益

养老金资产在金融市场的投资表现是推进基金制养老金计划发展的重要因素。积极地投资回报不仅能增强确定缴费型计划（Defined Benefit，DB模式）对福利刚性的承诺和制度安全性，还将增加养老金计划参与者从确定缴费型计划（Defined Contribution，DC模式）中获得丰厚养老资产和退休福利的机会，提高养老金总体替代率。

从2021年的数据看，涉及OECD和部分非OECD的79个国家和地区中，41个国家和地区的养老金计划在扣除相关费用后取得了正的实际投资回报率，OECD国家和地区实际平均净投资回报率约为3%。其中，一些市场份额较大的国家养老基金实际净投资回报率高于OECD国家和地区平均水平，如澳大利亚、加拿大、瑞士；美国与平均水平基本持平；波兰、日本和哥斯达黎加取得了OECD国家和地区中最强劲的投资表现，实际投资回报率分别为15.46%、12.71%和12.32%，如表7-12所示。

然而，一些国家的私人养老金计划却没有实现正的实际净投资回报，特别是部分非OECD国家和地区，并未表现出预期的投资回报，如表7-13所示。37个非OECD国家和地区中有19个国家和地区的实际投资回报率为负，这使得非OECD国家和地区的平均投资业绩在2021年也呈现负值。总体而言，近年来受整体宏观经济形势的影响，资本市场的总体投资回报率偏低，养老基金的实际回报率同步受到影响，一些前期已积极向单一基金制转轨的国家，也逐渐回归现收现付，加强了对基本收入保障的制度建设。

表7-12 2019~2021年OECD国家和地区养老基金和私人养老金计划的投资回报率

单位：%

| 国家和地区 | 名义投资回报率 | | | 实际投资回报率 | | |
|---|---|---|---|---|---|---|
| | 2019年 | 2020年 | 2021年 | 2019年 | 2020年 | 2021年 |
| 澳大利亚 | 7.60 | 0.27 | 15.10 | 5.91 | 0.62 | 10.84 |
| 奥地利 | 11.00 | 2.51 | 7.40 | 9.16 | 1.35 | 3.02 |
| 比利时 | 14.27 | 4.14 | 7.68 | 13.41 | 3.71 | 1.86 |
| 加拿大 | 9.15 | 6.33 | 10.07 | 6.74 | 5.56 | 5.03 |
| 智利 | 15.24 | 5.71 | 3.72 | 11.88 | 2.66 | -3.2 |
| 哥伦比亚 | 15.24 | 8.97 | 9.24 | 11.02 | 7.24 | 3.42 |

| 国家和地区 | 名义投资回报率 | | | 实际投资回报率 | | |
|---|---|---|---|---|---|---|
| | 2019 年 | 2020 年 | 2021 年 | 2019 年 | 2020 年 | 2021 年 |
| 哥斯达黎加 | 13.48 | 9.05 | 16.02 | 11.78 | 8.09 | 12.32 |
| 捷克 | 1.74 | 1.07 | 0.78 | −1.4 | −1.2 | −5.5 |
| 刚果 | 10.91 | 9.22 | 6.32 | 10.05 | 8.69 | 3.12 |
| 爱沙尼亚 | 8.43 | 4.00 | 11.91 | 6.56 | 4.83 | −0.21 |
| 芬兰 | 11.49 | 4.70 | 14.73 | 10.48 | 4.46 | 10.89 |
| 德国 | 4.69 | 2.94 | 4.12 | 3.11 | 3.23 | −1.13 |
| 希腊 | 10.33 | 2.06 | 5.80 | 9.48 | 4.49 | 0.65 |
| 匈牙利 | 9.38 | 3.88 | 2.35 | 5.21 | 1.11 | −4.66 |
| 冰岛 | 13.86 | 12.59 | 15.02 | 11.59 | 8.70 | 9.42 |
| 爱尔兰 | 20.00 | 5.00 | 17.90 | 18.48 | 6.04 | 11.73 |
| 以色列 | 11.43 | 5.02 | 14.73 | 10.76 | 5.76 | 11.60 |
| 意大利 | 6.02 | 2.79 | 4.34 | 5.50 | 2.99 | 0.43 |
| 日本 | 1.60 | −1.28 | 12.26 | 1.09 | −1.87 | 12.71 |
| 韩国 | | 3.04 | 2.96 | | 2.41 | −0.71 |
| 拉脱维亚 | 9.85 | 2.33 | 7.71 | 7.42 | 2.84 | −0.20 |
| 立陶宛 | 10.00 | 5.43 | 18.08 | 7.08 | 5.18 | 6.80 |
| 卢森堡 | 7.75 | 2.84 | 6.24 | 5.96 | 2.27 | 2.01 |
| 墨西哥 | 13.32 | 12.71 | 7.08 | 10.21 | 9.27 | −0.25 |
| 荷兰 | 15.92 | 7.67 | 7.90 | 12.84 | 6.63 | 2.07 |
| 挪威 | 9.62 | 7.48 | 8.11 | 8.14 | 5.96 | 2.66 |
| 波兰 | 0.93 | −2.27 | 25.50 | −2.22 | −4.45 | 15.46 |
| 葡萄牙 | 7.86 | 3.88 | 4.33 | 7.41 | 4.12 | 1.54 |
| 斯洛伐克 | 6.39 | 2.71 | 6.26 | 3.34 | 1.14 | 0.42 |
| 斯洛文尼亚 | 5.84 | 2.13 | 3.66 | 3.94 | 3.25 | −1.16 |
| 西班牙 | 8.54 | 1.25 | 7.87 | 7.69 | 1.79 | 1.24 |
| 瑞典 | 11.34 | 5.87 | | 9.42 | 5.36 | |
| 瑞士 | 10.15 | 4.21 | 7.83 | 9.98 | 5.06 | 6.20 |
| 土耳其 | 20.16 | 19.58 | 22.91 | 7.45 | 4.34 | −9.68 |
| 美国 | 12.27 | 9.28 | 10.29 | 9.76 | 7.81 | 3.04 |

资料来源：OECD，*Pension Markets in Focus* 2022（Paris：OECD Publishing，2023）。

表 7 – 13　2019～2021 年部分非 OECD 国家养老基金和私人养老金计划的投资回报率

单位：%

| 国家和地区 | 名义投资回报率 | | | 实际投资回报率 | | |
|---|---|---|---|---|---|---|
| | 2019 年 | 2020 年 | 2021 年 | 2019 年 | 2020 年 | 2021 年 |
| 阿尔巴尼亚 | 3.93 | 3.48 | 3.37 | 2.75 | 2.40 | − 0.34 |
| 安哥拉 | 5.51 | 6.00 | 5.80 | − 9.74 | − 15.27 | − 16.71 |
| 亚美尼亚 | 13.28 | 11.20 | 2.77 | 12.46 | 7.27 | − 4.67 |
| 博茨瓦纳 | 8.01 | 0.81 | | 5.69 | − 1.31 | |
| 保加利亚 | 6.71 | 2.49 | 5.09 | 2.78 | 2.34 | − 2.47 |
| 克罗地亚 | 8.43 | 0.92 | 6.44 | 6.96 | 1.61 | 0.91 |
| 多米尼加 | 10.22 | 9.78 | 17.50 | 6.34 | 4.01 | 8.30 |
| 埃及 | 13.27 | 14.31 | 12.02 | 5.76 | 8.43 | 5.83 |
| 萨尔瓦多 | 6.22 | 4.16 | 5.55 | 6.23 | 4.25 | − 0.53 |
| 格鲁吉亚 | 7.30 | 10.32 | 10.24 | 0.28 | 7.73 | − 3.25 |
| 加纳 | | | 1.57 | | | − 9.81 |
| 圭亚那 | 1.76 | 0.87 | 0.79 | − 0.3 | − 0.08 | − 4.62 |
| 香港（中国） | 12.20 | 11.70 | − 0.3 | 9.08 | 12.71 | − 2.64 |
| 印度 | 7.63 | 13.40 | 7.11 | 0.26 | 8.43 | 1.43 |
| 印度尼西亚 | 8.21 | 8.65 | 5.95 | 5.34 | 6.96 | 4.00 |
| 哈萨克斯坦 | 6.30 | 10.28 | 10.28 | 0.86 | 2.67 | 1.73 |
| 肯尼亚 | | 6.23 | 8.79 | | 0.57 | 2.90 |
| 科索沃 | 8.36 | 3.28 | 10.11 | 7.09 | 3.19 | 3.19 |
| 列支敦士登 | 9.96 | 3.20 | 6.77 | 9.79 | 4.04 | 5.16 |
| 澳门（中国） | 6.06 | 5.97 | 0.48 | 3.41 | 6.90 | − 0.52 |
| 马拉维 | 12.97 | 13.11 | 19.00 | 1.27 | 5.11 | |
| 马尔代夫 | 5.07 | 5.06 | 5.01 | 3.73 | 6.48 | 4.98 |
| 马耳他 | | 3.02 | 8.51 | | 2.83 | 5.77 |
| 摩洛哥 | | | 5.00 | | | 1.72 |
| 莫桑比克 | 16.84 | | | 12.88 | | |
| 纳米比亚 | | 6.84 | 16.92 | | 4.35 | 11.89 |
| 尼日利亚 | 11.39 | 18.26 | 6.17 | − 0.53 | 2.17 | − 8.17 |
| 北马其顿 | 10.63 | 3.84 | 9.64 | 10.15 | 1.55 | 4.56 |
| 巴基斯坦 | 10.35 | 10.52 | 4.98 | − 2.98 | 2.35 | − 6.51 |

续表

| 国家和地区 | 名义投资回报率 | | | 实际投资回报率 | | |
|---|---|---|---|---|---|---|
| | 2019 年 | 2020 年 | 2021 年 | 2019 年 | 2020 年 | 2021 年 |
| 巴拿马 | 6.39 | 5.29 | 3.36 | 6.46 | 6.97 | 0.72 |
| 秘鲁 | 12.12 | 8.56 | 4.47 | 10.06 | 6.27 | -2.36 |
| 罗马尼亚 | 11.41 | 7.03 | 6.19 | 7.10 | 4.86 | -1.84 |
| 俄罗斯 | 8.13 | 5.11 | | 4.93 | 0.18 | |
| 塞尔维亚 | 8.10 | 2.10 | 2.44 | 6.14 | 0.83 | -5.02 |
| 新加坡 | 3.87 | 3.87 | 3.87 | 3.08 | 3.85 | -0.08 |
| 喀麦隆 | 5.25 | 0.11 | | 1.23 | -2.86 | |
| 苏里南 | 11.24 | 18.48 | 20.62 | 6.74 | -26.29 | -24.92 |
| 泰国 | 3.08 | -1.09 | 4.22 | 2.18 | -0.82 | 2.01 |
| 特立尼达和多巴哥 | 6.49 | 3.34 | | 6.10 | 2.49 | |
| 乌干达 | 8.90 | 13.00 | 14.30 | 5.16 | 9.12 | 11.10 |
| 乌克兰 | 12.59 | 9.31 | | 8.19 | 4.10 | |
| 乌拉圭 | 12.93 | 9.99 | 12.09 | 3.80 | 0.52 | 3.83 |
| 赞比亚 | 10.00 | 13.35 | 16.30 | -1.54 | -4.93 | -0.05 |
| 津巴布韦 | | | 29.84 | | | -19.22 |

资料来源：OECD, *Pension Markets in Focus* 2022 （Paris：OECD Publishing, 2023）。

5. 资产份额

如表 7 - 14 所示，2021 年，26 个 OECD 国家和 20 个非 OECD 国家中，大多数国家拥有的第二层次职业年金计划为确定给付型（DB）。就资产规模而言，DB 计划占据相对突出的地位，一些国家的养老金市场，DB 计划占总资产的比重超过 90%，如芬兰和瑞士。然而，从第二、第三层次合计的基金制养老金计划看，DB 型职业年金的资产占比低于确定缴费型（DC 型）职业年金和个人养老金计划资产的总和，尤其在拉美、中欧和东欧部分国家，并未建立 DB 型职业年金。

近二十年来，随着 DC 型职业年金计划和个人养老金计划的发展，DB 计划资产占比下降趋势非常明显。如 DB 计划资产占比一度较高的美国，从 2001 年起，其比重已从 43.4% 下降到 2011 年的 36.3%，并进一步下降到了 2021 年的 29.6%。年金资产从 DB 计划中转出最快的国家是以色列，2001 年，其 DB

计划资产占总体养老金资产的比重达 91.0%，到 2021 年，这一比重下降到了 47.3%。自 1995 年以来，以色列的 DB 计划已不对新成员开放，而是鼓励人们更多地加入 DC 计划。与之类似，意大利也于 1993 年关闭了加入 DB 计划的通道，新成员可以自行选择加入 DC 计划；冰岛在 2016 年的国家和市政雇员养老金计划改革中，也将 DB 计划转为了 DC 计划；欧洲一些主要的养老金市场，如荷兰和英国，也逐渐由 DB 计划向 DC 计划过渡。

　　第三支柱个人养老金计划是多层次养老保障体系中的重要组成部分，发挥着重要的补充养老保障作用。在缺失 DB 型和 DC 型职业年金计划的国家里，第三支柱个人养老金计划为国民提供着重要的退休储蓄保障，如智利、捷克、爱沙尼亚、匈牙利、立陶宛、哈萨克斯坦、秘鲁、乌拉圭等。在加拿大、丹麦、波兰、美国和尼日利亚等 OECD 国家，个人养老金计划仍然占养老金总资产比重的 30% 以上。少数国家如芬兰、法国、瑞士，由于完备的国民养老保障体系和职业年金计划，个人养老金计划并不受到推崇，资产份额约占所有养老金资产的 10% 左右（见表 7 - 14）。

表 7 - 14　2001~2021 年部分 OECD 国家和非 OECD 国家职业年金和
个人养老金计划资产份额

单位：%

| | 职业年金（DB 计划） | | | 职业年金（DC 计划） | | | 个人养老金计划 | | |
|---|---|---|---|---|---|---|---|---|---|
| | 2001 年 | 2011 年 | 2021 年 | 2001 年 | 2011 年 | 2021 年 | 2001 年 | 2011 年 | 2021 年 |
| OECD 国家 | | | | | | | | | |
| 澳大利亚 | | 10.4 | | | 28.4 | | | 61.2 | |
| 加拿大 | 62.4 | 58.4 | | 2.9 | 3.6 | | 34.7 | 38.0 | |
| 智利 | x | x | x | | | | 100.0 | 100.0 | 100.0 |
| 哥伦比亚 | x | x | x | x | x | x | 100.0 | 100.0 | 100.0 |
| 哥斯达黎加 | | | 29.1 | | | 5.4 | | | 65.5 |
| 捷克 | x | x | x | x | x | x | 100.0 | 100.0 | 100.0 |
| 丹麦 | 2.5 | 1.6 | 1.1 | 62.9 | 61.4 | 71.0 | 34.6 | 37.0 | 27.9 |
| 爱沙尼亚 | x | x | x | x | x | x | 100.0 | 100.0 | 100.0 |
| 芬兰 | | 89.1 | 92.5 | | 0.4 | 0.0 | | 10.6 | 7.5 |
| 法国 | | 28.0 | 22.6 | | 63.6 | 67.2 | | 8.4 | 10.2 |
| 匈牙利 | x | x | x | | | | 100.0 | 100.0 | 100.0 |

续表

| | 职业年金（DB 计划） | | | 2 职业年金（DC 计划） | | | 个人养老金计划 | | |
|---|---|---|---|---|---|---|---|---|---|
| | 2001 年 | 2011 年 | 2021 年 | 2001 年 | 2011 年 | 2021 年 | 2001 年 | 2011 年 | 2021 年 |
| 冰岛 | 17.0 | 23.6 | 6.0 | 81.7 | 61.1 | 79.1 | 1.3 | 15.3 | 14.9 |
| 以色列 | 91.0 | 76.4 | 47.3 | x | x | x | 9.0 | 23.6 | 52.7 |
| 意大利 | 40.1 | 9.9 | 2.6 | 56.8 | 68.6 | 61.9 | 3.1 | 21.5 | 35.4 |
| 韩国 | | 19.3 | 26.3 | | 5.6 | 19.0 | | 75.1 | 54.7 |
| 拉脱维亚 | x | x | x | | 2.8 | 1.1 | | 97.2 | 98.9 |
| 立陶宛 | x | x | x | x | x | x | 100.0 | 100.0 | 100.0 |
| 墨西哥 | | 20.1 | 10.1 | | 1.4 | 0.6 | | 78.5 | 89.4 |
| 新西兰 | 30.0 | 24.2 | | 27.0 | 30.1 | | 43.0 | 45.7 | |
| 波兰 | x | x | x | 0.1 | 1.5 | 11.4 | 99.9 | 98.5 | 88.6 |
| 葡萄牙 | | | 38.6 | | | 11.3 | | | 50.0 |
| 斯洛伐克 | x | x | x | x | x | x | 100.0 | 100.0 | 100.0 |
| 西班牙 | | 47.8 | 34.6 | | 6.9 | 7.6 | | 45.3 | 57.8 |
| 瑞士 | | 89.0 | 90.6 | x | x | x | | 11.0 | 9.4 |
| 图尔基 | | 71.0 | | | 3.2 | | | 25.8 | |
| 美国 | 43.4 | 36.3 | 29.6 | 23.3 | 25.1 | 27.5 | 33.3 | 38.6 | 42.8 |
| 非 OECD 国家 | | | | | | | | | |
| 阿尔巴尼亚 | x | x | x | x | 69.6 | 50.7 | x | 30.4 | 49.3 |
| 亚美尼亚 | x | x | x | x | x | x | x | 100.0 | 100.0 |
| 巴西 | | 54.9 | 41.5 | | 5.9 | 6.9 | | 39.2 | 51.7 |
| 保加利亚 | x | x | x | 0.0 | 0.1 | 0.1 | 100.0 | 99.9 | 99.9 |
| 克罗地亚 | x | x | x | | 0.9 | 1.0 | | 99.1 | 99.0 |
| 多米尼加 | | 16.5 | 6.0 | | 0.1 | 0.0 | | 83.4 | 94.0 |
| 圭亚那 | | | 88.1 | | | 11.9 | | | x |
| 马恩岛 | | | 66.3 | | | 23.0 | | | 10.8 |
| 哈萨克斯坦 | x | x | x | x | x | x | 100.0 | 100.0 | 100.0 |
| 列支敦士登 | | 36.4 | 11.8 | | 63.6 | 88.2 | x | x | x |
| 马拉维 | | | 4.6 | | | 95.4 | | | x |
| 马尔代夫 | x | x | x | x | x | x | | 100.0 | 100.0 |
| 马耳他 | x | x | x | x | | 0.8 | x | | 99.2 |
| 摩洛哥 | x | x | x | 100.0 | 100.0 | 100.0 | x | x | x |

续表

| | 职业年金（DB 计划） | | | 2 职业年金（DC 计划） | | | 个人养老金计划 | | |
|---|---|---|---|---|---|---|---|---|---|
| | 2001 年 | 2011 年 | 2021 年 | 2001 年 | 2011 年 | 2021 年 | 2001 年 | 2011 年 | 2021 年 |
| 纳米比亚 | | 72.5 | | | 27.5 | | | 0.0 | |
| 尼日利亚 | | 39.9 | 21.4 | x | x | x | | 60.1 | 78.6 |
| 秘鲁 | x | x | x | x | x | x | 100.0 | 100.0 | 100.0 |
| 罗马尼亚 | x | x | x | x | x | x | x | 100.0 | 100.0 |
| 乌干达 | | | 4.9 | | | 95.1 | | | 0.0 |
| 乌拉圭 | x | x | x | x | x | x | 100.0 | 100.0 | 100.0 |

注：" x" 为因制度缺失等原因，该项目不可用。

资料来源：OECD，*Pension Markets in Focus* 2022 （Paris：OECD Publishing，2023）。

## 三　多层次养老保障协同发展的全球趋势

### （一）第一层次养老金制度的主体保障功能实现回归

在 20 世纪 80 年代兴起的养老金私有化改革后，强化现收现付的公共养老金制度仍然是各国养老金政策和改革关注的重点。

一是提升退休人员的最低生活水平。智利、拉脱维亚、墨西哥、斯洛伐克等国均强化了对低收入群体的社会保护。德国在与缴费关联的养老金计算上增加了个人补充性待遇，斯洛文尼亚提升了最低养老金标准，澳大利亚、加拿大、罗维、瑞典也都采取了相关改革措施提升基本养老保障水平。

智利在 2019 年立法逐步提升基本养老金（PBS）计划和补充性公共融资养老金（APS）计划的待遇水平，到 2022 年两项养老金各提升 50%。基本养老金计划主要惠及未能从与收入关联的 DC 计划中获得任何收入的个人，补充性公共融资养老金计划则致力于提升 DC 型个人养老金计划的待遇水平，激励人们留在这一养老金计划中。根据 OECD 模型预测，全职业年龄的低收入就业者，未来养老金水平提升额将达到 1/3，提前领取行为将使参保者仅能获得 67% 的养老金，为此，政府也将加大对提前提取养老金的低收入人群的补助，尽可能降低其因提前赎回资金而遭受的待遇损失。

拉脱维亚和墨西哥均大幅提升了养老保障水平，改革了缴费关联的最低养老金办法。2020 年，拉脱维亚的最低养老金和非缴费型养老金均上涨

25%；2021年，非缴费型养老金待遇标准与人均可支配收入挂钩，设定为其中位数的25%，这将意味着两项养老金将额外增加70%。此外，缴费满15年后，每多缴费一年，最低养老金将上涨2%。墨西哥的非缴费型养老金于2019年被引入，主要惠及2021年7月之后年满65岁的老年人，这一养老金的实际收益预计到2024年将合计提升75%，其基本养老金替代率也将达到社会平均工资的25%的水平。那些退休年龄达到65岁、历年以社会平均工资为基数缴费，且缴费年限超过24年的退休人员，最低养老金替代率也将从30%提升至63%，翻一番。最低养老金水平的提升，强化了DC计划以外的老年收入屏障。

二是强化公共养老金体系内的基本保障。发达国家中较典型的改革是，2021年德国针对那些缴费至少满33年的低收入人群引入的个人养老金待遇补充计划。改革实施后，受惠个人或夫妻双方对应该计划的月均养老金将分别达到1250欧元和1950欧元，个人养老金水平将达到社会平均工资的29%；即使是高收入群体，改革后个人及夫妻双方对应该项目的月均养老金也将分别提升至1600欧元和2300欧元；若选择提前退休，则仅能提取60%的资金。从改革实施的效果来看，个人养老金待遇补充计划提升了约90%的、至少工作满35年的低收入人群的养老金水平，预计有130万养老金领取者将获得补充收入，65岁及以上老年人占受益者的大多数。养老金上涨的资金来源于国家财政，补贴规模约占年均GDP总量的0.04%。

为缓解低利率环境对养老基金及老年收入的影响，2020年，澳大利亚放松了家计调查时使用的资产标准；部分养老金计划设定了与实际投资回报率无关的固定收益率。2021年，加拿大通过立法，决定从2022年7月起，为年满75岁及以上的老年人上涨10%的基本养老金；瑞典也引入新的养老金补充计划，提升后的月养老金水平为社会平均工资的23%～44%，补贴资金来源于中央政府，约占瑞典GDP的0.1%。[①]

**（二）养老金自动待遇调整机制不断推进**

自动待遇调整机制是各国为优化财税结构、保证制度的充足性而探索建立的可持续机制，是对宏观经济环境变化的同步适应和偿付能力风险的积极

---

① OECD, *Pensions at a Glance 2021: OECD and G20 Indicators*（OECD Publishing，2022）.

应对。由于养老金给付具有福利刚性和长期性的特征，待遇自动调整机制的建立，能够使养老金制度参数随着预期寿命、人口比率、基金平衡性等指标的自动变化而自然调整，体现出与经济社会发展的同步性和成长性。近年来，强制性养老金计划的待遇自动调整得到强化，如表 7－15 所示。

目前，至少约 2/3 的 OECD 国家建立有自动或半自动的待遇调整机制，从其机制设计和影响因子来看类别多样。确定给付的 DB 型养老金计划待遇调整通常与人口因素和经济因素密切关联；目前 OECD 国家中有 12 个国家建立有强制或半强制的 DC 或 FDC 计划，同时有 6 个国家建立有名义账户（NDC）计划，其待遇调整机制也因不同养老金计划的模式差异而有所区别。

此外，有 7 个国家将待遇调整的参照标准与预期寿命相挂钩，6 个国家将其与预期寿命、人口比率或工资水平相关联；7 个国家建立有平衡机制。大多数国家的待遇调整机制主要根据经济社会人口发展的参数变化完全自动调整，部分国家为半自动设计，涉及更多的政治考量和政策因素。

未建立任何自动待遇调整机制的国家包括奥地利、比利时、捷克、法国、匈牙利、爱尔兰、以色列、韩国、新西兰、斯洛伐克、斯洛文尼亚、西班牙、瑞士和土耳其 14 国。

表 7－15　强制性养老金计划中的自动待遇调整机制设计

| | 实账积累的确定缴费型计划（FDC） | 名义账户制（NDC） | 退休年龄与预期寿命关联 | 待遇与预期寿命、人口比率、工资（GDP，可持续因子）关联 | 平衡机制 |
|---|---|---|---|---|---|
| 澳大利亚 | A | | | | |
| 奥地利 | | | | | |
| 比利时 | | | | | |
| 加拿大 | | | | | B |
| 智利 | A | | | | |
| 哥伦比亚 | A | | | | |
| 哥斯达黎加 | A | | | | |
| 捷克 | | | | | |
| 丹麦 | A | | S | | |
| 爱沙尼亚 | A | | A | A | |

续表

| | 实账积累的确定缴费型计划（FDC） | 名义账户制（NDC） | 退休年龄与预期寿命关联 | 待遇与预期寿命、人口比率、工资（GDP，可持续因子）关联 | 平衡机制 |
|---|---|---|---|---|---|
| 芬兰 | | | A | A | A |
| 法国 | | | | | |
| 德国 | | | | | A |
| 希腊 | | A | A | A | |
| 匈牙利 | | | | | |
| 冰岛 | A | | | | |
| 爱尔兰 | | | | | |
| 以色列 | | | | | |
| 意大利 | | A | A | | |
| 日本 | | | | A | |
| 韩国 | | | | | |
| 拉脱维亚 | A | A | | | |
| 立陶宛 | | | | A | |
| 卢森堡 | | | | | S |
| 墨西哥 | A | | | | |
| 荷兰 | | | A | | A |
| 新西兰 | | | | | |
| 挪威 | A | A | | | |
| 波兰 | | A | | | |
| 葡萄牙 | | | A | A | |
| 斯洛伐克 | | | | | |
| 斯洛文尼亚 | | | | | |
| 西班牙 | | | | | |
| 瑞典 | A | A | | | A |
| 瑞士 | | | | | |
| 土耳其 | | | | | |
| 英国 | A | | | | |
| 美国 | | | | | A |

注：A代表完全自动调整；S代表半自动调整，每一次激活需要政策性授权；B代表自动备选机制，支持性的自动调整仅仅适用于替代性解决方案的政治授权缺失，政策进程将自动触发。

资料来源：OECD，*Pension at A Glance* 2021（Paris：OECD Publishing，2022）。

### （三）　致力于养老金总体替代率的提高

抵御老年风险，提高养老金总体替代率，为老年群体提供充足的退休收入保障是各国长期致力的制度建设目标。各国通过结构性改革和参数式改革相结合的方式促进补充养老保障计划发展，激励人们多缴费，并通过增加财政转移支付提升法定养老金计划的保障水平。

如表 7 - 16 所示，理论替代率测算以 22 岁为工作年龄起点，连续缴费基于全职业年限直至退休，各国因退休年龄不同替代率水平存在差异，总体呈现以下趋势。一是多数国家强制性养老金计划的保障力度持续向低收入老年群体倾斜。部分国家高收入群体与低收入群体之间的替代率相差数倍，如比利时、加拿大、捷克、爱尔兰、以色列、新西兰、挪威、英国等，高低收入群体替代率差距均超过 2 倍，各国纷纷采取相应措施将其控制在合理水平。二是多数发达国家强制性养老金计划的替代率偏低，实行 DC 计划的国家最低收入保障仍存在较大发展空间，自愿性补充养老金计划仍需扩大覆盖面。如澳大利亚、加拿大、智利、爱沙尼亚、爱尔兰、日本、韩国、立陶宛、波兰、南非，其正常工作收入人群的强制性养老金计划替代率仍在 40% 以下。三是受强制性 DC 计划的影响，多数国家正常收入群体与高收入群体的养老金收入差距将不断缩小，甚至将达到基本一致的水平，如澳大利亚、智利、哥伦比亚等。中国的低收入群体强制性养老金计划替代率几近 100%，正常收入群体和高收入群体的替代率分别为 71.6% 和 62.1%。

表 7 - 16　不同收入水平下的强制性养老金计划总体理论替代率

单位：岁，%

| 国家和地区 | 退休年龄 | 低中高工资水平 | | | 国家和地区 | 退休年龄 | 低中高工资水平 | | |
| --- | --- | --- | --- | --- | --- | --- | --- | --- | --- |
| | | 0.5 | 1.0 | 2.0 | | | 0.5 | 1.0 | 2.0 |
| 澳大利亚 | 67 | 62.7 | 31.3 | 31.3 | 荷兰 | 69 | 73.1 | 69.7 | 68.0 |
| 奥地利 | 65 | 74.1 | 74.1 | 57.3 | 新西兰 | 65 | 65.9 | 39.8 | 19.9 |
| 比利时 | 67 | 67.5 | 43.4 | 29.2 | 挪威 | 67 | 60.6 | 46.0 | 28.9 |
| 加拿大 | 65 | 53.2 | 38.8 | 22.3 | 波兰 | 65 | 31.8 | 30.6 | 30.0 |
| 智利 | 65 | 41.9 | 31.3 | 31.3 | 葡萄牙 | 68 | 76.3 | 74.9 | 72.5 |
| 哥伦比亚 | 62 | 100.0 | 74.8 | 74.8 | 斯洛伐克 | 64 | 62.6 | 53.1 | 46.7 |

续表

| 国家和地区 | 退休年龄 | 低中高工资水平 | | | 国家和地区 | 退休年龄 | 低中高工资水平 | | |
|---|---|---|---|---|---|---|---|---|---|
| | | 0.5 | 1.0 | 2.0 | | | 0.5 | 1.0 | 2.0 |
| 哥斯达黎加 | 65 | 73.1 | 71.9 | 68.0 | 斯洛文尼亚 | 62 | 62.3 | 42.0 | 41.4 |
| 捷克共和国 | 65 | 81.2 | 49.0 | 32.9 | 西班牙 | 65 | 73.9 | 73.9 | 67.0 |
| 丹麦 | 74 | 125.1 | 80.0 | 61.3 | 瑞典 | 65 | 61.4 | 53.3 | 67.2 |
| 爱沙尼亚 | 71 | 47.7 | 28.0 | 18.2 | 瑞士 | 65 | 53.1 | 44.1 | 23.0 |
| 芬兰 | 68 | 56.6 | 56.6 | 56.6 | 土耳其 | 65 | 73.3 | 73.3 | 73.3 |
| 法国 | 66 | 60.2 | 60.2 | 51.9 | 英国 | 67 | 70.6 | 49.0 | 38.2 |
| 德国 | 67 | 46.5 | 41.5 | 33.0 | 美国 | 67 | 49.6 | 39.2 | 27.9 |
| 希腊 | 66 | 84.7 | 72.6 | 66.6 | OECD | 66.1 | 64.5 | 51.8 | 44.4 |
| 匈牙利 | 65 | 62.5 | 62.5 | 62.5 | | | | | |
| 冰岛 | 67 | 72.9 | 51.8 | 51.8 | | | | | |
| 爱尔兰 | 66 | 59.4 | 29.7 | 14.9 | 阿根廷 | 65 | 99.0 | 76.1 | 64.6 |
| 以色列 | 67 | 61.7 | 41.5 | 20.7 | 巴西 | 65 | 88.4 | 88.4 | 84.8 |
| 意大利 | 71 | 74.6 | 74.6 | 74.6 | 中国 | 60 | 90.6 | 71.6 | 62.1 |
| 日本 | 65 | 43.2 | 32.4 | 26.9 | 印度 | 58 | 56.4 | 56.4 | 37.7 |
| 韩国 | 65 | 43.1 | 31.2 | 18.6 | 印度尼西亚 | 65 | 55.3 | 55.3 | 55.3 |
| 拉脱维亚 | 65 | 43.4 | 43.4 | 43.4 | 俄罗斯 | 65 | 56.9 | 47.2 | 42.3 |
| 立陶宛 | 65 | 31.5 | 19.7 | 13.8 | 沙特阿拉伯 | 47 | 59.6 | 59.6 | 59.6 |
| 卢森堡 | 62 | 90.4 | 76.6 | 69.7 | 南非 | 60 | 29.8 | 14.9 | 7.4 |
| 墨西哥 | 65 | 80.9 | 61.2 | 53.6 | EU27 | 66 | 63.9 | 54.3 | 49.1 |

注：（1）以上数据根据 OECD 模型测算，以男性退休人员为参照，女性替代率水平低于男性；（2）低收入群体（平均工资的 0.5 倍）、正常收入群体（平均工资的 1 倍）、高收入群体（平均工资的 2 倍）；（3）替代率即养老金占平均工资收入的比重。

资料来源：OECD，*Pension at A Glance* 2021（Paris：OECD Publishing，2022）。

此外，受退休年龄和家庭事务的影响，女性就业者的平均缴费工资和工作年限均低于男性，不同性别之间的退休金存在待遇鸿沟，如图 7－5 所示。日本作为人口老龄化最严重的国家之一，65 岁及以上老年人因性别差异产生的养老金替代率鸿沟接近 50％，待遇差超过 40％ 的 5 个国家分别为墨西哥（42.3％）、奥地利（40.6％）、英国（40.5％）、卢森堡（40.4％）、荷兰（40.1％）。性别鸿沟，也是近年来多层次养老保障协同发展和制度优化关注的重点方向。

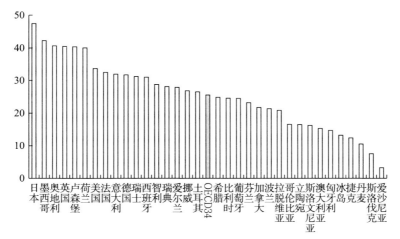

**图 7 - 5　OECD 国家 65 岁及以上不同性别老年人平均退休金差距**

资料来源：OECD, *Pensions at A Glance* 2021（Paris：OECD Publishing，2022）。

**（四）老年贫困人口的经济保障得到更多关注**

促进多层次养老保障协同发展，各国在重视老年保障水平充足性的同时，也更加注重对老年贫困人口的兜底保障。

一是致力于优化老年收入结构，提升补充养老保障的支持力度。具体如图 7 - 6 所示。（1）包括公共养老金在内的公共转移支付仍然是大多数国家老年人群的主要收入来源，卢森堡、比利时、芬兰、奥地利四国公共转移支付占家庭总收入的比重已超过 80%，法国、葡萄牙、爱尔兰、捷克、希腊、意大利、斯洛文尼亚、阿根廷、西班牙 9 国紧随其后，占比仍在 70%以上。（2）多数国家退休后选择继续工作的老年人仍然占有较大比重，如墨西哥、韩国工作收入占老年总体收入的比重均超过 50%，智利、拉脱维亚、日本等国来自继续工作的收入占老年总体收入的比重超 40%，OECD 国家的平均占比约 25%。（3）私人职业年金转移支付占比较高的典型国家为荷兰和英国，均超过 30%。加拿大的个人养老金收入最高，达 44%。从 OECD 国家的平均收入结构来看，私人补充养老金计划的替代率仍有较大的提升空间，这也是近年来各国多层次改革的重要方向。

二是防止贫困风险，强化对高龄老人尤其是女性老年群体的经济支持。如表 7 - 17 所示，老年人群是贫困风险的高发人群，其收入贫困率高于总人

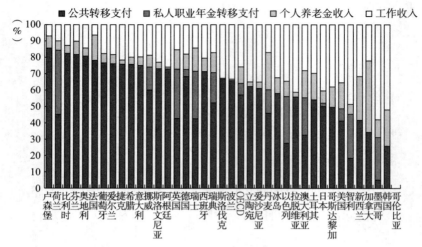

**图 7 - 6　OECD 国家退休人员收入来源**

注：（1）公共转移支付，即公共养老金和财政转移支付收入；（2）私人职业年金转移支付，包括养老金、离职补偿金、死亡抚恤及其他；（3）个人养老金收入，包括私营个人养老金及收益；（4）工作收入，包括雇佣收入和自雇收入两部分；（5）大部分国家数据来源于 2018 年。

资料来源：OECD, *Pensions at A Glance* 2021（Paris：OECD Publishing, 2022）。

口，75 岁及以上的高龄老人陷入收入贫困状态的人口比重高于 66 岁到 75 岁之间的老年群体，在老年人口内部呈现不同年龄阶段的组间差距。女性老年群体收入贫困发生率也远高于男性，为此，多数国家开始关注风险群体的内部差异，对高龄女性老年群体实施了差异化的补贴政策。

## 四　多层次养老保障协同发展的机制探索与典型案例

多层次养老保障协同发展，不仅需要强化公共养老保障体系、激活补充养老金制度，更需要创新多层次协同发展的体制机制，打通同类别但不同项目之间养老金计划的转移接续通道，增强制度的灵活性和便携性，

国际社会建立基金积累的职业年金和个人养老金计划的国家，多以养老个人账户制度为载体，但大部分国家的个人账户功能集中体现在账户管理和基金积累上，未充分发挥个人账户在多层次体系中的枢纽作用。一些发达国家的职业年金计划包含多种类别，除传统的养老基金外，也涉及多样化的养老金融产品组合，能够与第三层次个人养老金计划相互转接，满足雇员和雇主缴费的选择偏好和在不同层次养老金计划间的优化配置。较

表 7-17　按年龄和性别划分的老年收入贫困率

单位：%，岁

| 国家 | 65 岁及以上老年人 | | | | | 总人口收入贫困率 |
| | 收入贫困率 | 按年龄结构分 | | 按性别分 | | |
| | | 66~75 | 75+ | 男性 | 女性 | |
| 澳大利亚 | 23.7 | 21.6 | 27.1 | 21.0 | 26.2 | 12.4 |
| 奥地利 | 10.0 | 10.6 | 9.2 | 7.4 | 12.1 | 9.4 |
| 比利时 | 8.5 | 7.1 | 10.3 | 7.2 | 9.5 | 8.2 |
| 加拿大 | 12.3 | 10.2 | 15.7 | 9.3 | 15.0 | 11.6 |
| 智利 | 17.6 | 17.7 | 17.4 | 17.6 | 17.5 | 16.5 |
| 哥伦比亚 | 17.0 | 16.4 | 17.8 | 17.8 | 16.3 | 20.5 |
| 哥斯达黎加 | 10.4 | 9.4 | 12.2 | 4.7 | 14.8 | 6.1 |
| 捷克 | 3.0 | 2.0 | 4.5 | 2.2 | 3.7 | 6.1 |
| 丹麦 | 37.6 | 28.8 | 47.5 | 24.6 | 44.2 | 16.3 |
| 爱沙尼亚 | 7.2 | 4.3 | 11.3 | 6.0 | 8.2 | 6.5 |
| 芬兰 | 4.4 | 4.0 | 4.9 | 3.3 | 5.2 | 8.4 |
| 法国 | 9.1 | 9.6 | 8.8 | 7.6 | 10.4 | 9.8 |
| 德国 | 7.5 | 7.2 | 7.7 | 6.0 | 8.7 | 12.1 |
| 希腊 | 4.9 | 5.3 | 4.2 | 3.0 | 6.1 | 8.0 |
| 匈牙利 | | | | | | |
| 拉脱维亚 | 39.0 | 33.4 | 44.7 | 29.1 | 43.7 | 17.5 |
| 立陶宛 | 25.2 | 23.3 | 27.1 | 11.3 | 32.1 | 15.5 |
| 卢森堡 | 7.1 | 6.7 | 7.9 | 5.2 | 9.2 | 11.4 |
| 墨西哥 | 26.6 | 23.9 | 31.0 | 25.5 | 27.6 | 15.9 |
| 荷兰 | 3.1 | 2.0 | 4.9 | 2.8 | 3.5 | 8.3 |
| 新西兰 | 10.6 | 7.7 | 15.2 | 6.6 | 14.0 | 10.9 |
| 挪威 | 4.3 | 2.5 | 7.2 | 2.2 | 6.2 | 8.4 |
| 波兰 | 12.8 | 13.4 | 11.9 | 8.1 | 15.8 | 9.8 |
| 葡萄牙 | 9.0 | 8.0 | 10.2 | 7.0 | 10.5 | 10.4 |
| 斯洛伐克 | 5.0 | 4.5 | 6.0 | 2.6 | 6.5 | 7.7 |
| 斯洛文尼亚 | 12.1 | 9.6 | 15.9 | 7.2 | 15.7 | 7.5 |
| 西班牙 | 10.2 | 9.2 | 11.3 | 10.1 | 10.2 | 14.2 |
| 瑞典 | 11.4 | 8.5 | 15.4 | 7.5 | 14.8 | 9.3 |
| 瑞士 | 16.5 | 14.0 | 19.6 | 14.7 | 18.0 | 9.2 |
| 土耳其 | 11.1 | 9.0 | 14.6 | 9.2 | 12.5 | 14.4 |

续表

| 国家 | 65 岁及以上老年人 | | | | | 总人口收入贫困率 |
|---|---|---|---|---|---|---|
| | 收入贫困率 | 按年龄结构分 | | 按性别分 | | |
| | | 66~75 | 75+ | 男性 | 女性 | |
| 冰岛 | 3.1 | 4.0 | 1.1 | 4.5 | 1.7 | 4.9 |
| 爱尔兰 | 7.4 | 6.4 | 7.5 | 5.2 | 8.3 | 7.4 |
| 以色列 | 20.6 | 16.8 | 26.4 | 18.0 | 22.6 | 16.9 |
| 意大利 | 11.3 | 10.4 | 12.2 | 8.1 | 13.7 | 14.2 |
| 日本 | 20.0 | 16.4 | 23.9 | 16.4 | 22.8 | 15.7 |
| 韩国 | 43.4 | 34.6 | 55.1 | 37.1 | 48.3 | 16.7 |
| 英国 | 15.5 | 12.8 | 19.2 | 12.6 | 18.0 | 12.4 |
| 美国 | 23.1 | 19.7 | 28.3 | 19.6 | 25.9 | 17.8 |
| OECD | 13.1 | 11.4 | 15.3 | 10.1 | 15.1 | 11.3 |
| 俄罗斯 | 12.0 | 13.2 | 10.3 | 7.0 | 14.5 | 11.5 |
| 南非 | 20.7 | 20.5 | 21.1 | 13.3 | 24.7 | 26.6 |

注：收入贫困率，即收入低于家庭可支配收入 50% 的人群占比。

资料来源：OECD, *Pensions at A Glance 2021* (Paris: OECD Publishing, 2022)。

为典型的是美国，由于其多层次养老保障体系的建设以私人养老金制度为主体，资本市场发达，第三支柱个人养老金计划中的个人退休账户（Individual Retirement Account，简称 IRA）建立较早。该账户除了具备储蓄性质外，还具有打通第二、三层次养老金制度壁垒的功能，为雇员和雇主提供了灵活便携的缴费和匹配缴费通道，在促进不同养老金计划间的纵向转移接续、激活自愿性养老金储蓄计划的参与上有着先期的探索。

**（一）IRA 计划及其账户类型**

美国约在 20 世纪 40 年代进入老龄社会，到 1973 年，65 岁及以上老年人口约占 10.47%，[①] 老龄化引起的系列问题不断显现，但当时联邦社保基金和雇主养老金计划覆盖不完全，一些老年人退休生活难以得到有效保障，美国财政压力增加，经济社会发展也受到制约。在此背景下，1974 年，美国国会出台政策拟通过建立一个员工福利计划的综合标准来保护并提高国民退休收入，历史上第一个传统个人退休账户（传统 IRA）建立，并不断得到发展。

目前，美国个人退休账户主要包含传统 IRA、雇主资助型 IRA、罗斯 IRA 三类，主要涉及两大功能。一是为尚未被雇主退休金计划[②]覆盖的雇员提供一个递延纳税账户，使雇员可以通过这一账户为退休生活进行养老储蓄；二是由于个人退休账户的灵活便携，兼具资金转移功能，可以帮助劳动者实现当期收入向年金化的退休收入转换，也可为工作变动的雇员提供资金转移通道，将原雇主计划中的养老金权益转移到个人退休账户中，以此保留雇主退休计划资产，增强账户积累基金的流动性，盘活养老储蓄资金。

1. 传统 IRA

传统 IRA 最初只面向未参加雇主退休金计划的雇员，缴费与雇员工资挂钩，但设置上限是每年缴费 1500 美元或个人薪酬的 15% 中的较低额。传统 IRA 计划能够享受税收递延型缴费，即采用 EET 模式[③]，个人存入 IRA

---

① 美国人口普查局。根据联合国的认定标准，当一个国家或地区 65 岁及以上老年人口数量占总人口比例超过 7% 时，就意味着这个国家或地区进入了老龄社会。

② 通常指职业年金计划。

③ EET，即在缴费和投资关联环节免税，在领取待遇环节交税。T 即 tax，表示征税；E 即 ex，表示递延纳税或免除税收。

计划个人账户中的缴款额在当期免税，直到领取时才需要对领取额缴税。这一延迟纳税模式在制度建立之初，吸引了大部分工薪家庭的参与。工薪家庭在退休后所适用的累进税率显著低于工作期间，加入 IRA 计划能有效降低其个人税收负担。传统 IRA 在制度 建立初期有效提升了退休收入保障制度的覆盖面，增强了退休资产的流动性，为养老金个人账户制度的发展提供了参考路径。1974 年以后，美国国会对个人退休账户制度进行多次改革，IRA 计划得以进一步发展（见表 7 - 18）。

表 7 - 18 IRA 计划账户类型及改革演进

| 建立时间 | 重要政策 | 政策内容 | 针对人群 | 政策目的 |
| --- | --- | --- | --- | --- |
| 1974 年 | 《雇员退休收入保障法案》 | 建立传统 IRA | 符合条件的年龄在 70.5 岁及以下的雇员 | 提升退休收入保障覆盖面、增强退休资产的流动性 |
| 1978 年 | 《收入法案》 | 建立 SEP IRA | 中小型企业雇主 | 鼓励小型企业设立个人退休账户，解决中小企业的退休保障问题 |
| 1986 年 | 《税制改革法》 | 建立 SAR-SEP IRA | 中小型企业雇主 | |
| 1996 年 | 《小企业就业保护法案》 | 建立 SIMPLEIRA | 雇员人数少于 100 人的小型企业雇主 | |
| 1997 年 | 《纳税人减免法案》 | 建立 Roth IRA | 不同年龄阶段尤其是收入处于增长阶段的年轻人 | 提升 IRA 的吸引力，满足各年龄层次的养老储蓄需求 |

资料来源：根据美国社会保障总署相关资料整理。

20 世纪 70 年代后，受经济滞胀的影响，1981 年美国对 IRA 计划实施 "普适" 原则，即通过放低参与者准入门槛，将 70.5 岁及以下的所有雇员纳入其中，并提高缴费上限为每年 2000 美元或薪酬的 100% 中的最低额。通过系列规定的调整，传统 IRA 计划吸纳了大量中低收入人群缴费，1982 ~ 1986 年，平均每年缴费额约达 344 亿美元，每年新增缴费的账户数量超过 81%，传统 IRA 计划呈现爆发式增长。

然而，"普适" 原则使 IRA 计划覆盖面扩大的同时，也增加了当期税收减免规模，减少了财政收入。因此，1986 年美国对 IRA 计划的可减税缴费限定资格进行了调整，要求达到更高条件的雇员才能向账户缴费，同时为了消除资格限定对 IRA 缴费的负面影响，首次设定非减税缴费，未来待遇领取时，该部分权益提取则不再重复缴税，这为 TEE 模式①的个人退休账户计划推行奠定了基础。资格限定下，IRA 计划的税收递延缴费规模从 1986 年的 378 亿美元直线下降到 1987 年的 141 亿美元，这一下降趋势一直持续到 20 世纪 90 年代中期。②

2. 雇主资助型 IRA

考虑到中小企业规模有限、利润波动大，1978 年美国建立了"简化个人退休账户"（SEP IRA）。实行该计划的小企业根据公司经营情况自行为雇员缴费，缴费限额不做强制要求，但必须由公司创造的额外利润缴纳。1986 年美国的《税制改革法》将"薪酬抵扣"加入原来的"简化个人退休账户"中，创建了 SAR-SEP IRA 计划，规定雇员薪酬也可用于缴费。1996 年，美国对雇主资助型 IRA 进行了扩展，允许雇员及其无工作的配偶申请共同的 IRA，可和雇员共同缴费，同时还创立了"小企业雇员储蓄激励匹配计划"（SIMPLE IRA），允许雇员人数不超过 100 人的小企业建立该项计划，很大程度上保障了小企业就业人员的社会福利。与此同时，1986 年引入的"薪酬抵扣"个人退休账户（SAR-SEPIRA）关闭，但原本已经建立该计划的小企业可以继续保留。

3. 罗斯 IRA

1997 年，罗斯③个人账户（Roth IRA）建立，账户缴费不再享受税收递延的优惠，但这类账户的优势也是多方面的，账户资金在缴费阶段已足额缴税，提取时不用再缴税，IRA 持有者在持有期间所产生的投资收益也完全免税。除此之外，罗斯 IRA 在一些特定条件下允许提前支取，账户持有人即使达到 70.5 岁及以后仍然可以向账户缴费，这些优势使罗斯 IRA 同样受到很大部分群体的青睐。数据显示，罗斯个人账户在美国开立的第一年，缴费额就达到了 8.6 亿美元。同时，其强大的吸引力激励了许多传统 IRA 持有者进行资产的重新整合和分配。1998 年，由传统 IRA 向罗斯 IRA 转移的资产规模高达 39.3 亿美元。

---

① TEE，即在缴费环节征税，投资和领取环节免税。T 即 tax，表示征税；E 即 ex，表示递延纳税或免税。

② 根据美国投资协会 IRA 报告相关资料整理。

③ 以改革者名字为命名。

总体而言，美国个人退休账户制度进入门槛较低，无论是正规就业人员还是非正规就业人员，只要有劳动收入都可以参与，为大部分没有被雇主计划覆盖的劳动者提供了补充层次的养老保障，为也为非正规就业和中小企业的职业年金计划建立提供了重要的替代和补充通道。

**（二）IRA 计划发展现状**

直至今日，个人退休账户制度（IRA）在美国家庭养老储蓄中仍然发挥着重要作用。作为多层次养老保障的第三支柱，IRA 具有双重功能，一是为个人和家庭提供自愿性的养老储蓄通道，有利于养老金制度的扩面；二是通过养老金权益在不同计划和账户间的转移接续，实现多层次体系的联动和协同发展。IRA 计划的功能性提升了养老金计划的便携性和灵活性，降低了养老金制度固化带来的权益损失。经过近半个世纪的发展，IRA 已经成为美国养老保障体系中不可或缺的重要组成部分，主要呈现覆盖范围广、资金规模大、转移接续灵活等特点。

1. 覆盖范围

IRA 计划增加了补充养老金计划的人群参与、扩大了制度覆盖面。如表7 - 19 所示，至 2022 年，约有 5500 万户美国家庭至少拥有一个 IRA 账户，占美国家庭总户数的 41.9%，这意味着接近一半的美国家庭参与了 IRA 计划。其中，传统 IRA 因为建立时间长且具有税收优惠，在美国中低收入家庭中较受青睐，尽管其对可减税的缴费额有上限规定，但仍有约 4090 万户美国家庭持有该类型个人退休账户，约占美国家庭总户数的 31.2%。相比而言，罗斯 IRA 由于实行 TEE 模式，在缴费阶段缴税，提取时免税，该计划反而在中高收入家庭中更受欢迎，约有 3230 万户美国家庭持有这一类型的个人退休账户，占家庭总户数的 24.6%。另外还有 490 万户家庭持有雇主资助型 IRA，这类家庭约占美国家庭总户数的 3.7%。

表 7 - 19　2000 ~ 2022 年美国家庭持有 IRA 账户类型及占比

| 年份 | 拥有 IRA 的家庭占比（%） | | | | 持有该类 IRA 的家庭占比（%） | | | |
|---|---|---|---|---|---|---|---|---|
| | 至少一个 IRA | 传统 IRA | 雇主资助型 IRA | 罗斯 IRA | 至少一个 IRA | 传统 IRA | 雇主资助型 IRA | 罗斯 IRA |
| 2000 | 38.0 | 30.5 | 7.2 | 9.8 | 35.7 | 28.7 | 6.8 | 9.2 |
| 2005 | 43.0 | 34.0 | 8.4 | 14.5 | 37.9 | 30.0 | 7.4 | 12.8 |

续表

| 年份 | 拥有 IRA 的家庭占比（%） | | | | 持有该类 IRA 的家庭占比（%） | | | |
|---|---|---|---|---|---|---|---|---|
| | 至少一个 IRA | 传统 IRA | 雇主资助型 IRA | 罗斯 IRA | 至少一个 IRA | 传统 IRA | 雇主资助型 IRA | 罗斯 IRA |
| 2010 | 48.6 | 38.5 | 9.4 | 19.5 | 41.4 | 32.8 | 8.2 | 14.5 |
| 2015 | 40.2 | 30.4 | 6.7 | 20.3 | 32.3 | 24.4 | 5.4 | 16.3 |
| 2016 | 42.5 | 32.1 | 7.2 | 21.9 | 33.8 | 25.5 | 5.7 | 17.4 |
| 2017 | 43.9 | 35.1 | 7.6 | 24.9 | 34.8 | 27.8 | 6.0 | 19.7 |
| 2018 | 42.6 | 33.2 | 7.5 | 22.5 | 33.4 | 26.0 | 5.9 | 17.6 |
| 2019 | 46.4 | 36.1 | 7.8 | 24.9 | 36.1 | 28.1 | 6.1 | 19.4 |
| 2020 | 47.9 | 36.8 | 8.6 | 26.3 | 37.3 | 28.6 | 6.7 | 37.3 |
| 2021 | 47.7 | 36.6 | 8.6 | 27.3 | 36.7 | 28.2 | 6.6 | 21.0 |
| 2022 | 55.0 | 40.9 | 4.9 | 32.3 | 41.9 | 31.2 | 3.7 | 24.6 |

注：雇主资助型 IRA 包括 SEP IRA、SAR-SEP IRA、SIMPLE IRA。

资料来源：ICI, *The Role of IRAs in US Households' Saving for Retirement*。

值得注意的是，IRA 持有者不仅是美国养老金计划第三支柱的参与者，也同时在第二层次职业年金计划中扮演了重要的养老储蓄角色。至 2022 年，近 9/10 拥有 IRA 账户的家庭也同时参与了第二层次的雇主资助型退休储蓄计划，其中，75% 为 DC 型养老金计划。不难看出，IRA 账户持有者表现出了更强烈的养老储蓄倾向，也比普通美国家庭更愿意承担一定限度的储蓄投资风险。

此外，IRA 账户持有率随着家庭主要劳动力年龄的增加而增加。相关数据显示，68% 的 IRA 账户持有者为年龄在 45 岁及以上的个人。这反映了储蓄的生命周期效应，即在家庭成员年轻时，他们倾向于为教育或房产融资，而随着年龄的增长，人们倾向于专注与养老退休有关的储蓄。虽然持有 IRA 账户的家庭涵盖了不同的收入范围，但 IRA 账户的持有率随着家庭收入的增加而显著提高。相关数据显示，2022 年中期，年收入在 50000 美元及以上的家庭，54% 都拥有 IRA 账户，相比之下，收入低于 50000 美元的家庭中只有 21% 参与了 IRA 计划。可见，低收入家庭更多专注于近期的支出需求，养老储蓄倾向较低，他们更多通过社会保障满足基本的福利需求。[1]

---

① 根据美国投资协会官网相关年度报告数据整理。

2. 资产规模

1995 年，美国养老金总资产约为 6.9 万亿美元，经过几十年的发展，2022 年养老金总资产达到 34.4 万亿美元，资产规模显著扩大。位于第三层次的个人养老金计划，随着越来越多的人对 IRA 账户的持有，其积累的资产规模也迅速扩大，从 1995 年的 1.3 万亿美元，增长至 2022 年末的 11.7 万亿美元，增长了 8 倍，约占养老金总资产的 1/3，如图 7 - 7 所示。

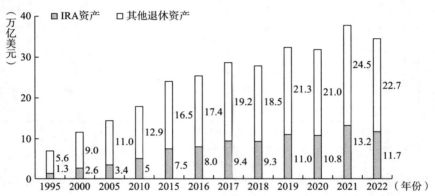

图 7 - 7　1995 ~ 2022 年美国 IRA 计划与其他养老金计划资产规模

资料来源：根据美国投资协会官网数据整理绘制。

得益于完善的养老金制度体系和发达的金融市场，美国退休市场养老金总资产体量较大，2022 年占同期 GDP 的比重高达 135.11%，超过全球养老金市场的一半，如图 7 - 8 所示。在资产占比上，至 2022 年末，美国 IRA 资

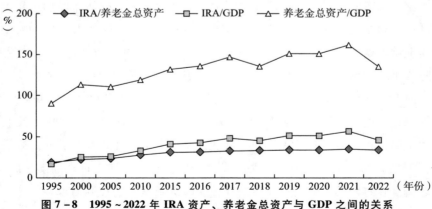

图 7 - 8　1995 ~ 2022 年 IRA 资产、养老金总资产与 GDP 之间的关系

资料来源：根据美国投资协会和世界银行相关数据计算绘制。

产达到 11.7 万亿美元，占据美国退休市场养老金总资产的 34%，超过 1/3，而这一数据在 1995 年为 18.8%，不到养老金总资产的 1/5；与 GDP 相比，2022 年 IRA 资产为同期 GDP 的 46%。IRA 资产规模的扩大，促进了个人退休账户制度的发展，也促进了个人养老金计划惠及面的提升。

**（三）IRA 计划的转移接续通道及其重要意义**

美国个人退休账户除了具备储蓄功能外，还有效打破了不同养老金计划之间的制度壁垒，实现了同一层次不同养老金计划间、第二层次与第三层次间养老计划的联通和互补。为了避免工作变动等造成养老金账户资金沉淀，美国个人退休账户在设计上充分考虑了劳动力流动及其对养老金计划便携性的需求，允许补充层次各养老金计划权益转移接续，提升了个人账户的制度弹性。

1. 多层次体系间的账户资金转移

如表 7-20 所示，只要满足对应条件，不同类型的 IRA 计划之间，IRA 计划与不同类型的职业年金计划之间，均可实现资金和权益的转移，体现的是第二、第三层次养老金计划间的联动。

表 7-20　美国不同计划间养老金权益转移通道

| 类　别 | 罗斯 IRA | 传统 IRA | SIMPLE IRA | SEP IRA | 457（b） | 合格计划a | 403（b）a | 指定罗斯计划b |
|---|---|---|---|---|---|---|---|---|
| 罗斯 IRA | √ | | | | | | | |
| 传统 IRA | √ | √ | √c | √ | √ | √ | √ | |
| SIMPLE IRA | √c | √c | √ | √c | √c | √c | √c | |
| SEP IRA | √ | √ | √c | √ | √ | √ | √ | |
| 457（b） | √ | √ | √c | √ | √ | √ | √ | √ |
| 合格计划a | √ | √ | √c | √ | √ | √ | √ | √ |
| 403（b）a | √ | √ | √c | √ | √ | √ | √ | √ |
| 指定罗斯计划b | √ | | | | | | | √ |

注：（1）上标 a 指税前计划，上标 b 指定罗斯计划包括 401（k）、403（b）或 457（b），上标 c 指计划两年后可以转移；（2）表中合格计划包括利润分享计划、401（k）计划、现金认购计划和 DB 计划。

资料来源：根据美国国税局官网相关报告整理。

在美国，大部分就业者因为工作变动、裁员、辞职、退休以及其他原因等，会选择将退休储蓄计划内的养老金资产进行转存或整合。从雇主举办的退休金计划转出的资金推动了 IRA 计划的快速增长。相关数据显示，美国从第二层次雇主退休金计划（DC 或 DB 模式）中转移到第三层次传统 IRA 计划中的权益值从 2000 年的 2256 亿美元增长至 2019 年的 5360 亿美元，近二十年间增长了 3104 亿美元。① 而截至 2022 年，所有持有传统 IRA 的美国家庭，约 60% 的 IRA 账户都包含了转移资产，大部分来源于第二层次雇主资助型退休计划。这意味着，从第二层次雇主养老金账户转存至 IRA 账户的资金构成了传统型 IRA 的主要资金来源，这也充分体现了美国补充层次养老金计划的高度灵活性，制度的弹性设计促进了美国个人养老金制度的发展，也为我国养老金计划的纵向转移接续和第二、三层次养老金计划通道的打通提供了借鉴思路。401（k）计划与 IRA 计划的三种互通机制如图 7 - 9 所示。

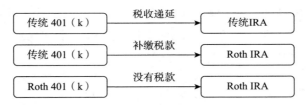

**图 7 - 9　401（k）计划与 IRA 计划的三种互通机制**

注：401（k）计划即美国的企业年金计划类别之一，多覆盖企业及其雇员。
资料来源：根据美国国税局官网相关文件整理绘制。

2. 同层次体系内的账户资金转移

除了与第二层次的雇主资助型退休金计划之间可实现资产的转存与整合外，同处于第三层次的 IRA 账户间也可以灵活地进行相互转账。传统型 IRA、雇主资助型 IRA 账户的资金，如果想要转移到罗斯 IRA 账户，只需要补缴转账资金相应的所得税就可以实现转存，这种转存方式被称为 Roth 转换。目前，罗斯 IRA 因采用 TEE 税收模式，在一些特定条件下还允许提前支取，同时，账户持有人即使达到 70.5 岁及以后仍然可以向账户缴费，相比起其他 IRA 账户，具有更少的领取限制和要求，因此广受收入正处在增

---

① "The Role of IRAs in US Households' Saving for Retirement," ICI, 2022, https://www.ici.org/research/retirement/role-of-iras.

长阶段的年轻人群青睐。基于这些优势，Roth 转换规模增长迅速，2019 年，Roth 转换的规模达到了 170 亿美元，占罗斯 IRA 新增资金的 29.5%。

3. 不同养老金计划间资金转移的动因与款项提取

大多数持有传统 IRA 计划的家庭存在转存的情况，养老金融资产得以保存和优化配置，也促进了养老资产在第二、三层次养老资金池中相互流通，避免养老金账户资金沉淀。促使家庭将资产从雇主资助型退休金计划转移到传统 IRA 中的原因主要包括以下几个方面。首先，绝大多数的持有者表示不愿意将资产留在前雇主那里，而是希望把累积的余额转存到自己的个人退休账户中；其次，IRA 账户持有者将资产从雇主资助的退休金计划转移到自己的传统 IRA 账户中，便于进行资产整合与分配；最后，也有 62% 的 IRA 持有者表示将资产转移至 IRA 账户中是为了继续享受政府的税收优惠政策。不论是 TEE 模式还是 EET 模式，都针对不同的人群，在税收上给予了 IRA 所有者多样化的优惠方式，这将持续吸引美国适龄人群将资产转移至 IRA 账户中。

相比之下，IRA 的提取并不频繁，而且大多与退休有关，传统 IRA 提款的持有者 90% 为退休人员。美国法律规定，个人在 59.5 岁及之前提取传统 IRA 一般会受到提款应税部分 10% 的罚款；超过 59.5 岁但未满 72 岁的纳税人可以不受罚地提取 IRA 余额，但一般不做要求；年龄在 72 岁及以上的传统 IRA 所有者必须根据预期寿命每年提取一定数额的资金，否则他们将支付一定的罚款，这些每年提取的资金被称为"最低要求领取额"（Required Minimum Distributions）。这一规定并不鼓励提前支取和短时间内领取大额 IRA 资金，保证了老年人在一定年龄之后能每年领取到必要的生活费用，最大限度地保障了晚年生活的稳定性，降低生活窘迫风险。传统 IRA 计划提款情况如图 7 - 10 所示。

4. IRA 计划转移接续的重要意义

总的来看，在多层次养老金体系的协同发展和优化改革中，IRA 计划充分体现了不同养老金计划之间的互补作用，EET 或 TEE 不同形式的税收模式也为 IRA 的发展提供了动力，同时也实现了个人养老金计划中政府、企业和个人责任的有机结合。IRA 在美国多层次养老保障体系改革中产生的积极影响主要表现在以下几个方面。

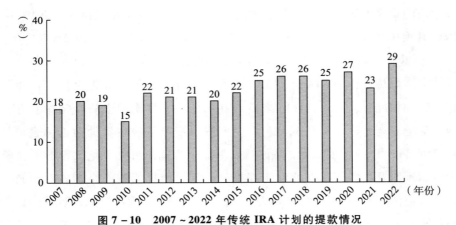

**图 7 – 10    2007 ~ 2022 年传统 IRA 计划的提款情况**

资料来源：根据美国投资协会官网数据查询绘制。

一是有利于资金的筹集，IRA 将个人闲散资金以及原退休金计划中沉淀的资金集聚起来，为个人退休生活提供了充实的养老金来源，充分发挥了第三层次养老金计划的补充作用；二是打通了养老保障体系中各支柱间的资金转移通道，打破了养老金制度壁垒，使美国补充层次养老金计划具备了高度灵活性，为全球的个人退休账户制度发展提供了参考路径；三是有利于理性投资，机构投资获得的回报往往优于个人投资，IRA 由基金公司管理，基于投资体量大、投资范围广以及专业化的投资策略和方式可以更好地提高投资效率和投资收益的稳健性；四是 IRA 计划的灵活性和便携性，也为适应非正规经济发展，促进养老储蓄计划在中小微企业扩面提供了可及和可得的制度通道，以个人账户为载体的多层次养老保障体系转移衔接机制成为改革优化的可借鉴样本。

# 参考文献

［1］〔美〕安格斯·迪顿：《逃离不平等：健康、财富及不平等起源》，崔传刚译，中信出版社，2014。

［2］边恕、宋经翔、孙雅娜：《中国城乡居民养老金缓解老年贫困的效应分析——基于绝对贫困与相对贫困双重视角》，《辽宁大学学报》（哲学社会科学版）2020年第1期。

［3］蔡昉：《未富先老与中国经济增长的可持续性》，《国际经济评论》2012年第1期。

［4］蔡昉：《新中国70年经济发展成就、经验与展望》，《中国党政干部论坛》2019年第8期。

［5］蔡昉：《有力有效应对人口老龄化挑战》，《人民日报》2021年6月15日，第13版。

［6］蔡桂全、张季风：《中国老年人家庭储蓄成因的实证研究——基于遗产动机的视角》，《人口学刊》2020年第4期。

［7］陈斌：《数字经济对社会保障制度的影响研究进展》，《保险研究》2022年第3期。

［8］陈丹妮：《人口老龄化对家庭金融资产配置的影响——基于CHFS家庭调查数据的研究》，《中央财经大学学报》2018年第7期。

［9］陈典、郑晓冬、方向明：《农村低保对贫困家庭消费的影响》，《中国人口科学》2022年第5期。

［10］陈良瑾主编《中国社会工作百科全书》，中国社会出版社，1994。

［11］陈宪：《市场经济中的政府行为》，立信会计出版社，1995。

［12］成欢、林义：《多层次养老保险协同发展的联动机制及配套政策研

究》,《经济理论与经济管理》2019 年第 9 期。

[13] 成欢、林义:《老龄化背景下我国养老保险"统账模式"的制度优化路径探索》,《社会保障研究》(北京)2013 年第 2 期。

[14] 成欢:《我国多层次养老保险体系的制度优化与路径选择》,西南财经大学出版社,2016。

[15] 丹尼尔·布尔、陈斌:《数字化时代的德国福利国家:主要挑战与发展之道》,《社会保障评论》2019 年第 2 期。

[16] 党俊武:《老龄金融是应对人口老龄化的战略制高点》,《老龄科学研究》2013 年第 5 期。

[17] 董克用、施文凯:《从个人账户到个人养老金:城乡居民基本养老保险结构性改革再思考》,《社会保障研究》2019 年第 1 期。

[18] 董克用、施文凯:《加快建设中国特色第三支柱个人养老金制度:理论探讨与政策选择》,《社会保障研究》2020 年第 2 期。

[19] 董克用、孙博:《从多层次到多支柱:养老保障体系改革再思考》,《公共管理学报》2011 年第 1 期。

[20] 董克用、孙博、张栋:《从养老金到养老金融:中国特色的概念体系与逻辑框架》,《公共管理与政策评论》2021 年第 6 期。

[21] 董克用、姚余栋主编《中国养老金融发展报告(2019)》,社会科学文献出版社,2019。

[22] 杜鹏、李龙:《新时代中国人口老龄化长期趋势预测》,《中国人民大学学报》2021 年第 1 期。

[23] 杜鹏、孙鹃娟、张文娟、王雪辉:《中国老年人的养老需求及家庭和社会养老资源现状——基于 2014 年中国老年社会追踪调查的分析》,《人口研究》2016 年第 6 期。

[24] 杜鹏、翟振武、陈卫:《中国人口老龄化百年发展趋势》,《人口研究》2005 年第 6 期。

[25] 多米尼克·拉沙勒、格列塔·卡托切蒂、王爱松:《数字时代的社会保障——应对社会保障体系的新挑战和机遇》,《国际社会科学杂志》(中文版)2022 年第 3 期。

[26] Ekkehardt Ernst、Rossana Merola、Daniel Samaan:《人工智能经济学:

对劳动世界的未来产生的影响》，《中国劳动》2019 年第 11 期。

[27] 樊纲治、王宏扬：《家庭人口结构与家庭商业人身保险需求——基于中国家庭金融调查（CHFS）数据的实证研究》，《金融研究》2015 年第 7 期。

[28] 范叙春、朱保华：《预期寿命增长、年龄结构改变与我国国民储蓄率》，《人口研究》2012 年第 4 期。

[29] 房连泉、毛冰雪：《人工智能时代社会保障制度的变革路径——基于就业市场新形态的研究综述》，《北京工业大学学报》（社会科学版）2022 年第 6 期。

[30] 房连泉：《全面建成多层次养老保障体系的路径探讨——基于公共、私人养老金混合发展的国际经验借鉴》，《经济纵横》2018 年第 3 期。

[31] 封进：《人口老龄化、社会保障及对劳动力市场的影响》，《中国经济问题》2019 年第 5 期。

[32] 封进：《中国养老保险体系改革的福利经济学分析》，《经济研究》2004 年第 2 期。

[33] 高和荣：《人工智能时代的社会保障：新挑战与新路径》，《社会保障评论》2021 年第 3 期。

[34] 高庆波：《中国养老金发展指数（2018）》，《经济研究参考》2019 年第 14 期。

[35] 高书生：《关于推行"低门槛与可持续的社会保障新计划"的初步设想》，《内部文稿》2002 年第 15 期。

[36] 高书生：《社会保障改革何去何从》，中国人民大学出版社，2006。

[37] 高书生：《社会保障：我们该走哪条路》，《经济研究参考》2004 年第 18 期。

[38] 龚锋、余锦亮：《人口老龄化、税收负担与财政可持续性》，《经济研究》2015 年第 8 期。

[39] 关信平：《相对贫困治理中社会救助的制度定位与改革思路》，《社会保障评论》2021 年第 1 期。

[40] 桂世勋、倪波：《老人经济供给"填补"理论研究》，《人口研究》1995 年第 6 期。

[41] 何文炯：《数字化、非正规就业与社会保障制度改革》，《社会保障评论》2020 年第 3 期。

[42] 胡鞍钢、刘生龙、马振国：《人口老龄化、人口增长与经济增长——来自中国省际面板数据的实证证据》，《人口研究》2012 年第 3 期。

[43] 胡宝刚、黄刚：《在企业保障向社会保障转变过程中建立多层次共同负担养老保险机制》，《安徽大学学报》1998 年第 3 期。

[44] 胡秋明：《可持续养老金制度改革的理论与政策研究》，中国劳动社会保障出版社，2011。

[45] 黄敦平、徐馨荷、方建：《中国普惠金融对农村贫困人口的减贫效应研究》，《人口学刊》2019 年第 3 期。

[46] 贾男：《老龄化背景下退休对城镇家庭金融资产选择的影响——基于模糊断点回归设计》，《统计研究》2020 年第 4 期。

[47] 贾男、周颖、杨天池：《二孩生育对家庭金融资产配置有何影响——数量效应与政策效应评估》，《财经科学》2021 年第 1 期。

[48] 蹇滨徽、徐婷婷：《家庭人口年龄结构、养老保险与家庭金融资产配置》，《金融发展研究》2019 年第 6 期。

[49] 蓝嘉俊、杜鹏程、吴泓苇：《家庭人口结构与风险资产选择——基于 2013 年 CHFS 的实证研究》，《国际金融研究》2018 年第 11 期。

[50] 劳动人事部保险福利局编《城镇集体经济组织职工社会保险办法汇集》，劳动人事出版社，1983。

[51] 李海舰、赵丽：《数字经济时代大型平台企业新业态从业人员的劳动权益保障》，《改革》2023 年第 1 期。

[52] 李丽芳、柴时军、王聪：《生命周期、人口结构与居民投资组合——来自中国家庭金融调查（CHFS）的证据》，《华南师范大学学报》（社会科学版）2015 年第 4 期。

[53] 李萌、陆蒙华、张力：《老年贫困特征及政策含义——基于 CHARLS 数据的分析》，《人口与经济》2019 年第 3 期。

[54] 李珍、黄万丁：《城镇职工基本养老保险个人账户向何处去》，《国家行政学院学报》2016 年第 5 期。

[55] 廖进球：《论市场经济中的政府》，中国财政经济出版社，1998。

[56] 林闽钢:《相对贫困的理论与政策聚焦——兼论建立我国相对贫困的治理体系》,《社会保障评论》2020 年第 1 期。

[57] 林义等:《企业年金的理论与政策研究》,西南财经大学出版社,2006。

[58] 林义等:《统筹城乡社会保障制度建设研究》,社会科学文献出版社,2013。

[59] 林义:《发展我国企业补充养老保险的设想》,《财经科学》1997 年第 5 期。

[60] 林义:《积极应对人口老龄化挑战的战略思维》,《西华师范大学学报》(哲学社会科学版)2016 年第 2 期。

[61] 林义、林熙:《居民养老保险制度待优化》,《中国社会保障》2014 年第 12 期。

[62] 林义、林熙:《人口老龄化与养老保险制度可持续发展需要重视的问题》,《老龄科学研究》2015 年第 3 期。

[63] 林义、林熙:《人口老龄化与养老保险制度可持续发展需要重视的问题》,《老龄科学研究》2015 年第 3 期。

[64] 林义:《论多层次社会保障模式》,经济改革与社会保障国际研讨会,1992。

[65] 林义:《社会保险制度分析引论》,西南财经大学出版社,1997。

[66] 林义:《文化与社会保障改革发展漫谈》,《中国社会保障》2012 年第 3 期。

[67] 林义:《我国多层次养老保障体系优化与服务拓展》,《社会保障评论》2022 年第 5 期。

[68] 林义:《养老保险改革的理论与政策》,西南财经大学出版社,1997。

[69] 林义:《中国多层次养老保险的制度创新与路径优化》,《社会保障评论》2017 年第 3 期。

[70] 刘二鹏:《中国老年贫困及其致贫因素差异分析——基于多维贫困视角的实证与比较》,《湖南农业大学学报》(社会科学版)2018 年第 3 期。

[71] 刘穷志、何奇:《人口老龄化、经济增长与财政政策》,《经济学(季

刊)》2013 年第 1 期。

[72] 刘一伟、汪润泉:《"加剧"还是"缓解":社会保障转移支付与老年贫困——基于城乡差异视角的分析》,《山西财经大学学报》2017 年第 2 期。

[73] 柳清瑞、刘淑娜:《农村基本养老保险的减贫效应——基于 PSM-DID 的实证分析》,《人口与发展》2019 年第 3 期。

[74] 卢亚娟、张菁晶:《农村家庭金融资产选择行为的影响因素研究——基于 CHFS 微观数据的分析》,《管理世界》2018 年第 5 期。

[75] 卢亚娟、张雯涵、孟丹丹:《社会养老保险对家庭金融资产配置的影响研究》,《保险研究》2019 年第 12 期。

[76] 鲁全:《生产方式、就业形态与社会保险制度创新》,《社会科学》2021 年第 6 期。

[77] 鲁全:《我国多层次养老金制度体系框架已初步建成》,和讯网,2022 年 11 月 14 日,http://insurance. hexun. com/2022－11－14/207093223. html。

[78] 吕越、谷玮、包群:《人工智能与中国企业参与全球价值链分工》,《中国工业经济》2020 年第 5 期。

[79] 穆光宗、张团:《我国人口老龄化的发展趋势及其战略应对》,《华中师范大学学报》(人文社会科学版)2011 年第 5 期。

[80] 穆怀中、闫琳琳:《新型农村养老保险参保决策影响因素研究》,《人口研究》2012 年第 1 期。

[81] 穆怀中:《一维到三维:人口老龄化层次提升与养老保障结构优化》,《中国软科学》2023 年第 1 期。

[82] 倪红福、李善同、何建武:《人口结构变化对消费结构及储蓄率的影响分析》,《人口与发展》2014 年第 5 期。

[83] 彭浩然:《中国基本养老保险个人账户的改革方向——基于个人账户改革四次争论的思考》,《社会科学辑刊》2021 年第 2 期。

[84] 彭希哲、胡湛:《当代中国家庭变迁与家庭政策重构》,《中国社会科学》2015 年第 12 期。

[85] 彭希哲、胡湛:《公共政策视角下的中国人口老龄化》,《中国社会科

学》2011 年第 3 期。

［86］蒲晓红、成欢：《西部地区新型农村社会养老保险制度水平的评估》，《经济理论与经济管理》2012 年第 8 期。

［87］蒲晓红、王雅：《职业年金计发完毕后的机关事业单位养老金待遇测算研究》，《社会保障研究》2021 年第 4 期。

［88］戚聿东、丁述磊、刘翠花：《数字经济时代新职业发展与新型劳动关系的构建》，《改革》2021 年第 9 期。

［89］齐明珠、张成功：《老龄化背景下年龄对家庭金融资产配置效率的影响》，《人口与经济》2019 年第 1 期。

［90］齐明珠、张成功：《人口老龄化对居民家庭投资风险偏好的影响》，《人口研究》2019 年第 1 期。

［91］宋晓梧、王新梅：《职工基本养老保险个人账户占比不宜提高——与周小川先生商榷》，《社会保障评论》2020 年第 3 期。

［92］宋晓梧、王义桅、张怡恬、岳经纶、李春根、金维刚、席恒、丁元竹、申曙光、林义：《"共同富裕与社会保障治理"笔谈》，《社会保障评论》2022 年第 3 期。

［93］宋晓梧：《中国社会保障体制改革与发展报告》，中国人民大学出版社，2001。

［94］宋晓梧：《中国社会保障制度 70 年演变及展望》，《中国劳动》2019 年第 10 期。

［95］孙建勇主编《养老金：趋势与挑战》，董克用等译，中国发展出版社，2007。

［96］孙建勇主编《养老金：制度与体系》，史建平等译，中国发展出版社，2007。

［97］孙建勇主编《养老金：治理与投资》，孙建勇等译，中国发展出版社，2007。

［98］孙洁、孙守纪：《非缴费型养老金计划及其减贫效果比较研究——美国和加拿大的比较分析》，《学习与实践》2013 年第 8 期。

［99］孙鹃娟：《中国城乡老年人的经济收入及代际经济支持》，《人口研究》2017 年第 1 期。

[100] 孙陆军、张恺悌：《中国城市老年人的贫困问题》，《人口与经济》，2003 年第 5 期。

[101] 孙涛、黄少安：《非正规制度影响下中国居民储蓄、消费和代际支持的实证研究——兼论儒家文化背景下养老制度安排的选择》，《经济研究》2010 年第 1 期。

[102] 孙早、侯玉琳：《工业智能化如何重塑劳动力就业结构》，《中国工业经济》2019 年第 5 期。

[103] 唐钧：《市场经济与社会保障》，黑龙江人民出版社，1995。

[104] 汪伟、艾春荣：《人口老龄化与中国储蓄率的动态演化》，《管理世界》2015 年第 6 期。

[105] 汪伟：《经济增长、人口结构变化与中国高储蓄》，《经济学》（季刊）2010 年第 1 期。

[106] 汪伟：《人口老龄化、生育政策调整与中国经济增长》，《经济学（季刊）》2017 年第 1 期。

[107] 王春超、丁琪芯：《智能机器人与劳动力市场研究新进展》，《经济社会体制比较》2019 年第 2 期。

[108] 王德文、蔡昉、张学辉：《人口转变的储蓄效应和增长效应——论中国增长可持续性的人口因素》，《人口研究》2004 年第 5 期。

[109] 王德文、张恺悌：《中国老年人口的生活状况与贫困发生率估计》，《中国人口科学》2005 年第 1 期。

[110] 王金水、许琪：《居住安排、代际支持与老年人的主观福祉》，《社会发展研究》2020 年第 3 期。

[111] 王军、常红：《人工智能对劳动力市场影响研究进展》，《经济学动态》2021 年第 8 期。

[112] 王宁、庄亚儿：《中国农村老年贫困与养老保障》，《西北人口》2004 年第 2 期。

[113] 王三秀：《积极老龄化与我国老年贫困治理路径新探索》，《江淮论坛》2016 年第 1 期。

[114] 王永钦、董雯：《机器人的兴起如何影响中国劳动力市场？——来自制造业上市公司的证据》，《经济研究》2020 年第 10 期。

［115］ 王增文：《城镇职工基本养老保险个人账户超额支出：测度与评价》，《社会保障评论》2017 年第 2 期。

［116］ 王震：《人口流动与养老金地区差距：基于回归的不平等分解》，《劳动经济研究》2017 年第 1 期。

［117］ 魏华林、杨霞：《家庭金融资产与保险消费需求相关问题研究》，《金融研究》2007 年第 10 期。

［118］ 温忠麟、叶宝娟：《中介效应分析：方法和模型发展》，《心理科学进展》2014 年第 5 期。

［119］ 邬沧萍：《积极应对人口老龄化理论诠释》，《老龄科学研究》2013 年第 1 期。

［120］ 邬沧萍、彭青云：《重新诠释"积极老龄化"的科学内涵》，《中国社会工作》2018 年第 17 期。

［121］ 吴洪、徐斌、李洁：《社会养老保险与家庭金融资产投资——基于家庭微观调查数据的实证分析》，《财经科学》2017 年第 4 期。

［122］ 吴敬琏等：《社会保障体系建设专家谈》，《劳动保障通讯》2000 年第 10 期。

［123］ 席恒：《融入与共享：新业态从业人员社会保险实现路径》，《社会科学》2021 年第 6 期。

［124］ 解垩：《公共转移支付与老年人的多维贫困》，《中国工业经济》2015 年第 11 期。

［125］ 解垩：《养老金与老年人口多维贫困和不平等研究——基于非强制养老保险城乡比较的视角》，《中国人口科学》2017 年第 5 期。

［126］ 徐静、徐永德：《生命历程理论视域下的老年贫困》，《社会学研究》2009 年第 6 期。

［127］ 徐志刚、宁可、钟甫宁、纪月清：《新农保与农地转出：制度性养老能替代土地养老吗？——基于家庭人口结构和流动性约束的视角》，《管理世界》2018 年第 5 期。

［128］ 许飞琼：《商业保险与社会保障关系的演进与重构》，《中国人民大学学报》2010 年第 2 期。

［129］ 薛惠元、仙蜜花：《灵活就业人员参加养老保险的制度选择——基于

职保与城乡居保制度比较的视角》，《保险研究》2015 年第 2 期。

[130] 杨建海：《构建中国特色的农村多层次养老保障体系》，《中国社会科学报》2019 年第 8 期。

[131] 杨菊华、姜向群、陈志光：《老年社会贫困影响因素的定量和定性分析》，《人口学刊》2010 年第 4 期。

[132] 杨俊：《个人账户养老保险制度管理的"账户化"研究——以新加坡、智利和瑞典为借鉴》，《社会保障评论》2018 年第 3 期。

[133] 杨立雄：《中国老年贫困人口规模研究》，《人口学刊》2011 年第 4 期。

[134] 杨一心、何文炯：《养老保险"参而不缴"及其基金效应》，《中国人口科学》2015 年第 6 期。

[135] 姚战琪、夏杰长：《资本深化、技术进步对中国就业效应的经验分析》，《世界经济》2005 年第 1 期。

[136] 于洪、曾益：《退休年龄、生育政策与中国基本养老保险基金的可持续性》，《财经研究》2015 年第 6 期。

[137] 于新亮、严晓欢、上官熠文、于文广：《农村社会养老保险与家庭相对贫困长效治理——基于隔代照顾的视角》，《中国农村观察》2022 年第 1 期。

[138] 袁志刚、张冰莹：《养老体系、家庭资产需求与金融结构研究》，《复旦学报》（社会科学版）2020 年第 4 期。

[139] 约翰·威廉姆森、孙策、张松、林义：《中国养老保险制度改革：从 FDC 层次向 NDC 层次转换》，《经济社会体制比较》2004 年第 3 期。

[140] 曾毅、冯秋石：《中国高龄老人健康状况和死亡率变动趋势》，《人口研究》2017 年第 4 期。

[141] 曾毅：《中国人口老化、退休金缺口与农村养老保障》，《经济学》（季刊）2005 年第 3 期。

[142] 翟振武、陈佳鞠、李龙：《2015～2100 年中国人口与老龄化变动趋势》，《人口研究》2017 年第 4 期。

[143] 翟振武、陈佳鞠、李龙：《中国人口老龄化的大趋势、新特点及相应养老政策》，《山东大学学报》（哲学社会科学版）2016 年第 3 期。

［144］ 翟振武、郑睿臻：《人口老龄化与宏观经济关系的探讨》，《人口研究》2016 年第 2 期。

［145］ 张车伟：《"十四五"中国就业新变化和新机遇》，《新经济导刊》2020 年第 3 期。

［146］ 张冲：《中国人口结构对人身保险市场发展的影响研究》，《保险研究》2013 年第 4 期。

［147］ 张海鹰主编《社会保障辞典》，经济管理出版社，1993。

［148］ 张建伟、胡隽：《发展商业养老保险 构筑多层次农民养老保障体系》，《求实》2007 年第 6 期。

［149］ 张文娟、付敏：《中国老年人的多维贫困及其变化趋势》，《人口研究》2022 年第 4 期。

［150］ 赵文哲、董丽霞：《人口结构、储蓄与经济增长——基于跨国面板向量自回归方法的研究》，《国际金融研究》2013 年第 9 期。

［151］ 郑秉文：《改革开放 30 年中国流动人口社会保障的发展与挑战》，《中国人口科学》2008 年第 5 期。

［152］ 郑秉文：《中国企业年金何去何从——从〈养老保险管理办法（草案）〉谈起》，《中国人口科学》2006 年第 2 期。

［153］ 郑秉文：《中国社保"碎片化制度"危害与"碎片化冲动"探源》，《甘肃社会科学》2009 年第 3 期。

［154］ 郑秉文、周晓波、谭洪荣：《坚持统账结合与扩大个人账户：养老保险改革的十字路口》，《财政研究》2018 年第 10 期。

［155］ 郑功成等：《中国社会保障制度变迁与评估》，中国人民大学出版社，2002。

［156］ 郑功成：《多层次社会保障体系建设：现状评估与政策思路》，《社会保障评论》2019 年第 1 期。

［157］ 郑功成：《共同富裕与社会保障的逻辑关系及福利中国建设实践》，《社会保障评论》2022 年第 1 期。

［158］ 郑功成：《理性深化养老保险制度改革》，《中国人民大学学报》2015 年第 3 期。

［159］ 郑功成：《中国社会保障 70 年发展（1949—2019）：回顾与展望》，

《中国人民大学学报》2019 年第 5 期。

[160] 郑功成：《中国社会保障 30 年》，人民出版社，2008。

[161] 郑功成：《中国社会福利改革与发展战略：从照顾弱者到普惠全民》，《中国人民大学学报》2011 年第 2 期。

[162] 郑功成：《中国社会救助制度的合理定位与改革取向》，《国家行政学院学报》2015 年第 4 期。

[163] 郑功成：《中国养老金：制度变革、问题清单与高质量发展》，《社会保障评论》2020 年第 1 期。

[164] 郑功成主编《中国社会保障改革与发展战略》（养老保险卷），人民出版社，2011。

[165] 郑伟、林山君、陈凯：《中国人口老龄化的特征趋势及对经济增长的潜在影响》，《数量经济技术经济研究》2014 年第 8 期。

[166] 郑伟、孙祁祥：《中国养老保险制度变迁的经济效应》，《经济研究》2003 年第 10 期。

[167] 中共中央党史和文献研究院编《习近平扶贫论述摘编》，中央文献出版社，2018。

[168] 中国保险学会、《中国保险史》编审委员会编《中国保险史》，中国金融出版社，1998。

[169] 中国老龄科学研究中心编著《中国城乡老年人口状况一次性抽样调查数据分析》，中国标准出版社，2003。

[170] 中国社会保障体系研究课题组：《中国社会保障制度改革：反思与重构》，《社会学研究》2000 年第 6 期。

[171] 周广肃、李力行、孟岭生：《智能化对中国劳动力市场的影响——基于就业广度和强度的分析》，《金融研究》2021 年第 6 期。

[172] 周弘、张浚：《走向人人享有保障的社会：当代中国社会保障的制度变迁》，中国社会科学出版社，2015。

[173] 周卉：《国外社会养老保险关系转移接续政策借鉴——以欧盟和美国为例》，《地方财政研究》2014 年第 11 期。

[174] 朱文佩、林义：《金融素养、金融普惠性与养老金融资产配置》，《山西财经大学学报》2022 年第 3 期。

［175］ 朱文佩、林义：《养老金融发展与家庭金融资产配置的国际经验借鉴》，《西南金融》2022 年第 7 期。

［176］ 庄巨忠：《中国劳动世界的未来议题二：人工智能和技术进步对人力资源社会保障工作的影响》，《中国劳动》2018 年第 10 期。

［177］ Aaron, Henry, "The Social Insurance Paradox," *Canadian Journal of Economics and Political Science*, 1966, 32, pp. 371 – 374.

［178］ Alkire, S., Foster, J., "Counting and Multidimensional Poverty Measurement," *Journal of Public Economics*, 2011, 95, pp. 476 – 487.

［179］ Anderson, K. M., "Promoting the Multi-Pillar Model? The EU and the Shift toward Multi-Pillar Pension Systems," In Borgmann-Prebil et al. (eds.), *Promoting Solidarity in the Europen Union* (NY: Oxford University Press, 2010), pp. 216 – 234.

［180］ Angus. J., Reeve. P., "Ageism: A Threat to Aging Well in the 21st Century," *The Journal of Applied Gerontology*, 2006, 25 (2), pp. 137 – 152.

［181］ Arntz, M., Gregory, T., Zierahn, U., "The Risk of Automation for Jobs in OECD Countries: A Comparative Analysis," *OECD Social, Employment and Migration Working Papers*, 2016.

［182］ Barr, N., "Reforming Pensions: Myths, Truths, and Policy Choices," *International Social Security Review*, 2002, 55 (2), pp. 3 – 36.

［183］ Becker, S., "Digital Structural Change and the Welfare State in the 21st Century," *Deutsche Bank Research*, 2019.

［184］ Bloom, D. E., Canning, D., Fink, G., "Population Aging and Economic Growth," *Globalization and Growth*, 2010, p. 297.

［185］ Bonciu, F., "Evaluation of the Impact of the 4th Industrial Revolution on the Labour Market," *Romanian Economic and Business Review*, 2017, 12 (2), pp. 7 – 16.

［186］ Börsch-Supan, A., "From Traditional DB to Notional DC Systems: The Pension Reform Process in Sweden, Italy, and Germany," *Journal of the European Economic Association*, 2005, 3 (2 – 3), pp. 458 – 465.

［187］ Ce Shen, John B. Williamson, "Does A Universal Non-Contributory Pension Scheme Make Sense for Rural China," *Journal of Comparative Social Welfare*, 2006, 22 (2), pp. 143 – 153.

[188] David P. Bernstein, *Essays on Social Security Reform and Multi-Pillar Pension Plans* (Office of Economic Policy U. S. Treasury, 2009).

[189] Delfani, N. , Deken, J. D. , Dewilde, C. , "Poor Because of Low Pension or Expensive Housing? The Combined Impact of Pension and Housing Systems on Poverty among the Elderly," *International Journal of Housing Policy*, 2015, 15 (3), pp. 260 – 284.

[190] Eichhorst, W. , Rinne, U. , "Digital Challenges for the Welfare State," *IZA Institute of Labor Economics Policy Paper*, 2017, 134.

[191] Feldstein Martin, Liebman Jeffrey, "Realizing the Potential of Chinas Social Security Pension System," *China Economic Times*, 2006.

[192] Feldstein, Martin, "Social Security, Induced Retirement and Aggregate Capital Accumulation," *Journal of Political Economy*, 1974, 82 (5), pp. 75 – 95.

[193] Feldstein, Martin, "Social Security Pension Reform in China," *China Economic Review*, 1999, 10, pp. 99 – 107.

[194] Feldstein, M. , Samwick, A. , *The Transition Path in Privatizing Social Security* (University of Chicago Press, 2008).

[195] Feldstein, M. , "The Missing Piece in Policy Analysis: Social Security Reform," *The American Economic Review*, 1996, 86 (2), pp. 1 – 14.

[196] Fox Louise, Palmer Edward, "New Approaches to Multi-Pillar Pension Systems: What in the World Is Going On," *The Year* 2000 *International Research Conference on Social Security*, 2000.

[197] Harahap, N. J. , Rafika, M. , "Industrial Revolution 4. 0 and the Impact on Human Resources," *Ecobisma* (*Jurnal Ekonomi, Bisnis Dan Manajemen*), 2020, 7 (1), pp. 89 – 96.

[198] Holzmann, R. , et al. , "Old-Age Income Support in the 21st Century— An International Perspective on Pension Systems and Reform," World Bank Group, 2005.

［199］ Holzmann Robert, Hinz Richard, "Old-Age Income Support in the 21st Century—An International Perspective on Pension Systems and Reform," *World Bank Group*, 2005.

［200］ Holzmann, Robert, Packard, T., and Cuesta, J., "Extending Coverage in Multi-Pillar Pension Systems: Constraints and Hypotheses," World Bank Group, 2000.

［201］ Holzmann, R., Wels, J., "The Cross-Border Portability of Social Security Benefits: Status and Progress," *International Social Security Review*, 2020, 73 (1), pp. 65 – 97.

［202］ Ionescu, O. C., "The Evolution and Sustainability of Pension Systems the Role of the Private Pensions in Regard to Adequate and Sustainable Pensions," *Journal of Knowledge Management*, *Economics and Information Technology*, 2013, pp. 159 – 181.

［203］ ISSA, "ISSA Strategy for the Extension of Social Security Coverage," *International Social Security Association*, Geneva, 2010.

［204］ James, E., "How Can China Solve its Old Age Security Problem? The Interaction Between Pension, State-owned Enterprise and Financial Market Reform," *Prepared for Conference on Financial Sector Reform in China*, Harvard University, 2001.

［205］ Kindleberger, C. P., "Bernhard Harms Lecture: The Aging Economy," *Review of World Economics*, 1978, 114 (3), pp. 407 – 421.

［206］ Landerretche, O. M., Martínez, C., "Voluntary Savings, Financial Behavior, and Pension Finance Literacy: Evidence from Chile," *Journal of Pension Economics & Finance*, 2013, 12 (3), pp. 251 – 297.

［207］ Li, X., Wang, X., Xu, W., "The Information Technology Revolution and Structural Labor Change: Evidence from China," *Economic Modelling*, 2022, 115.

［208］ Lusardi, A., Keller, P. A., and Keller, A. M., "New Ways to Make People Save: A Social Marketing Approach," *National Bureau of Economic Research*, 2009.

[209] Mark C. Dofman, Robert Holzmann, Philip OKeefe, Dewen Wang, Yvonne Sin, and Richard Hinz, "Chinas Pension System: A Vision," *World Bank Group*, 2013.

[210] Mckinnon, R., "Introduction: Social Security and the Digital Economy-Managing Transformation," *International Social Security Review*, 2019, 72 (3), pp. 5 – 16.

[211] Michael, S. R., Alden, S. J., "Elderly Poverty Alleviation through Living with Family," *Population Economics*, 1995, 8, pp. 383 – 405.

[212] Mitchell, O. S., Barreto, F. A., "After Chile, what? Second-round pension reforms in Latin America," *National Bureau of Economic Research Working Paper*, 1997.

[213] Mulvey, R. G., "Research Programme on Social Security, Insurance, Savings and Employment-The Fourth Pillar: A Summary of the Geneva Association Research Programme for 1993 European Year of Older People and Solidarity between Generations," *The Geneva Papers on Risk and Insurance*, 1993, 18 (68), pp. 302 – 316.

[214] Nicholas Barr, Peter Diamond, "Pension Reform in China: Issues, Options and Recommendations," *London School of Economics, Massachusetts Institute of Technology, Boston*, 2010.

[215] OECD, *Pension Markets in Focus* 2022 (OECD Publishing, 2023).

[216] OECD, *Pensions at A Glance* 2021: *OECD and G20 Indicators* (OECD Publishing, 2022).

[217] Žokalj, M., "The Impact of Population Aging on Public Finance in the European Union," *Financial Theory and Practice*, 2016, 40 (4), pp. 383 – 412.

[218] Olivera, J., "Welfare, Inequality and Financial Consequences of A Multi-pillar Pension System: A Reform in Peru," *Working Papers of Department of Economics*, 2009.

[219] Pham, Q. C., Madhavan, R., Righetti, L., Smart, W., Chatila, R., "The Impact of Robotics and Automation on Working Conditions and

Employment," *IEEE Robotics & Automation Magazine*, 2018, 25 (2), pp. 126 – 128.

[220] Piggott, John, Bei, Lu, "China-Pension Reform and the Development of Pension Systems: An Evaluation of World Bank Assistance," *World Bank Working Paper*, 2007.

[221] Schelkle, W., "EU Pension Policy and Financialisation: Purpose without Power," *Journal of European Public Policy*, 2019, 26 (4), pp. 1 – 18.

[222] Sinn, H. W., "Why A Funded Pension System Is Needed and Why It Is Not Needed," *International Tax and Public Finance*, 2000, 7 (4), pp. 389 – 410.

[223] SSA, ISSA, *Social Security Programs Throughout the World: Asia and the Pacific*, 2018 (SSA Publication, No. 13 – 11802, 2019).

[224] SSA, ISSA, *Social Security Programs Throughout the World: The Africa*, 2019 (SSA Publication, No. 13 – 11803, 2019).

[225] SSA, ISSA, *Social Security Programs Throughout the World: The Americas*, 2019 (SSA Publication, No. 13 – 11804, 2020).

[226] SSA, ISSA, *Social Security Programs Throughout the World: The Europe*, 2018 (SSA Publication, No. 13 – 11801, 2018).

[227] Townsend, P., "The Structured Dependency of the Elderly: The Creation of Social Policy in the Twentieth Century," *Ageing and Society*, 1981, 1, pp. 5 – 28.

[228] Walker, A., "The Social Creation of Poverty and Dependency in Old Age," *Journal of Social Policy*, 1980, 9, pp. 49 – 75.

[229] Williamson, J. B., Williams, M., *The Notional Defined Contribution Model: An Assessment of the Strengths and Limitations of A New Approach to the Precision of Old Age Security* (Center for Retirement Research at Boston College, 2003).

[230] Willmore Larry, Universal Pensions in Low Income Countries, "Initiative for Policy Dialogue, Pensions and Social Insurance Section," Discussion Paper, No. IPD – 01 – 05, 2004, Available at SSRN: http://ssrn. com/

abstract = 381180.

[231] World Bank, *Averting the Old-Age crisis*: *Polities Protect the Old and Promote Growth* (NY: Oxford University Press, 1994)

[232] Zimmer, Z., Fen-Fang, C., "Social Support and Change in Depression among Older Adults in Taiwan," *Journal of Applied Gerontology*, 2012, 31 (6), pp. 764 – 782.

# 后　记

本书距笔者博士学位论文成稿和第一部专著出版已近十年。彼时，覆盖城乡居民的基本养老保险制度刚刚实现统一，职业年金初步试行，企业年金个人所得税政策和基金投资扩容新政展露端倪，个人税收递延型养老保险试点在政府工作报告中被多次提及，尚待落地，第二、三支柱的"白纸画画"，让民众对中国多层次养老保险体系的制度优化和路径选择充满了遐想。长期致力于推动各国多层次养老金体系改革的世界银行，也在2013年出版了 China's Pension System：A Vision，传递和表达了国际观察者的声音和关注。

一路走来，中国多层次养老保障协同发展提速，积极老龄化迈入新的探索阶段。

2017年，试行13年之久的《企业年金办法》正式出台，个人税收递延型商业养老保险局地试点也于2018年5月1日正式落地，"积极应对人口老龄化战略"和"发展多层次、多支柱养老保险体系"相继在《中华人民共和国国民经济和社会发展第十四个五年规划和2035年远景目标纲要》和党的二十大报告中得以明确，直至2022年，第三支柱个人养老金试点正式启动，养老目标基金、养老信托、养老理财、个人养老金账户等概念不断被人们知晓，"养老金融"也成为2023年中央金融工作会议提出的五篇大文章之一。

以国家社会科学基金青年项目"积极老龄化视阈下多层次养老保障协同发展的机制创新及路径优化研究"（项目号：18CRK002）为依托，本书正是近年来积极老龄化战略推进下多层次养老保障改革优化的追踪研究成果。课题研究经历了多层次养老保障公众认知从无到有的转变，考察了人工智能、大数据等新技术冲击下的新业态涌现和劳动力市场变革，见证了保险扶贫的创新探索和中国全面脱贫目标的实现，评估了大疫之后的减税降费和社会保障"稳定器""减震阀"功能的充分发挥，也亲历着个人养老金产品的创新和账户开立的如火如荼。课题研究充分考虑了多层次养老保障协同发展的系统环境变化，立足跨学科视角，力求从历史与现实的结合上、理论与实践的结合上、国际经验与国内试点创新的结合上，系统回应多重风险叠加下多层次养老保障协同发展的若干关键问题。

课题研究取得一系列阶段性成果：在《经济理论与经济管理》《社会保障评论》等刊物上发表论文多篇，并获《人大复印报刊资料》全文转载；获成都市雏鹰计划论文成果奖二、三等奖 2 项，研究报告获四川省金融学会年度科研成果奖一等奖 2 项，并以人工智能等新技术发展对四川就业和社会保险的影响、对成渝城市群养老保障一体化的影响为研究问题，成功获得四川省政府政务调研课题、省科技厅软科学项目的资助研究；参与了高质量的学术会议研讨；课题调研覆盖北京、上海、杭州、武汉、贵阳、成都、重庆等地，总结了有益的实践经验。

研究的顺利完成，要特别感谢西南财经大学林义教授的大力支持和持续指导。作为国内外知名的社会保障学者和多项国家社科重大项目的首席专家，林老师搭建了学术研究的理想平台，带领优秀的团队长期致力于多层次社会保障体系的研究并产出高质量成果，我很庆幸能有别样的缘分和宝贵的机会，持续在林老师的带领下探索一系列有温度、有深度、有情怀、能惠民、有使命、能担当的社会科学问题。

感谢四川大学林熙副教授、西南财经大学刘斌博士、成都工业学院陈安庆副教授对课题的支持与贡献。感谢我的研究生余祥波、肖琴、段雪莲、谢晟邦、袁琳、马静同学在课题调研、资料整理、模型构建、数据分析中的贡献，感谢社会保障及相关领域专家学者的大力支持，也感谢课题研究中为数据资料搜集提供帮助的相关部门和机构。

结题成果和本书的撰写，恰在我德国访学期间完成。感恩这段沉浸而宝贵的时光，感谢西华大学校领导和经济学院院领导对我赴德访学的指导与关心，感谢同事们对我的支持与帮助。感谢在德期间为我提供重要学术支持和指导的合作教授们。感谢我的家人和朋友。

　　一个好的出版社和专业尽责的出版人总是激励着作者多出成果、出好的成果。本书的顺利出版，要特别感谢社会科学文献出版社贾立平老师的严谨、专业、尽心和帮助，感谢高雁老师带领的优秀团队和出版社各位专业老师的大力支持和辛苦付出。

　　积极的老龄社会，不止于高质量的多层次养老保障体系构建，课题研究让我们付出了很多的努力，也留给我们更远的路要走。

**图书在版编目（CIP）数据**

积极老龄化与多层次养老保障协同发展研究／成欢
著. -- 北京：社会科学文献出版社，2023.12
ISBN 978 - 7 - 5228 - 2784 - 1

Ⅰ. ①积… Ⅱ. ①成… Ⅲ. ①养老 - 保障体系 - 研究
- 中国 Ⅳ. ①D669.6

中国国家版本馆 CIP 数据核字（2023）第 218428 号

## 积极老龄化与多层次养老保障协同发展研究

著　　者／成　欢

出 版 人／冀祥德
责任编辑／贾立平
责任印制／王京美

出　　版／社会科学文献出版社·经济与管理分社（010）59367226
　　　　　　地址：北京市北三环中路甲 29 号院华龙大厦　邮编：100029
　　　　　　网址：www. ssap. com. cn
发　　行／社会科学文献出版社（010）59367028
印　　装／三河市尚艺印装有限公司

规　　格／开　本：787mm × 1092mm　1/16
　　　　　　印　张：22.75　字　数：361 千字
版　　次／2023 年 12 月第 1 版　2023 年 12 月第 1 次印刷
书　　号／ISBN 978 - 7 - 5228 - 2784 - 1
定　　价／138.00 元

读者服务电话：4008918866